Data-Science-Crashkurs

Dr. Steffen Herbold ist Professor für Methoden und Anwendungen maschinellen Lernens am Institut für Software und Systems Engineering der Technischen Universität Clausthal, wo er die Forschungsgruppe AI Engineering leitet. Zuvor hat er an der Universität Göttingen promoviert und habilitiert und am Karlsruher Institut für Technologie einen Lehrstuhl vertreten. In der Forschung beschäftigt er sich mit der Entwicklung und Qualitätssicherung der Lösung von Problemen durch maschinelles Lernen, z.B. zur effizienteren Softwareentwicklung, der Prognose von Ernteerträgen oder auch der Erkennung von aeroakustischen Geräuschquellen.

Steffen Herbold

Data-Science-Crashkurs

Eine interaktive und praktische Einführung

dpunkt.verlag

Steffen Herbold
steffen.herbold@tu-clausthal.de

Lektorat: Christa Preisendanz
Lektoratsassistenz: Anja Weimer
Copy-Editing: Ursula Zimpfer, Herrenberg
Layout & Satz: Birgit Bäuerlein
Herstellung: Stefanie Weidner
Umschlaggestaltung: Helmut Kraus, *www.exclam.de*
Druck und Bindung: mediaprint solutions GmbH, 33100 Paderborn

Bibliografische Information der Deutschen Nationalbibliothek
Die Deutsche Nationalbibliothek verzeichnet diese Publikation in der Deutschen Nationalbibliografie; detaillierte bibliografische Daten sind im Internet über *http://dnb.d-nb.de* abrufbar.

ISBN:
Print 978-3-86490-862-0
PDF 978-3-96910-618-1
ePub 978-3-96910-619-8
mobi 978-3-96910-620-4

Wieblinger Weg 17
69123 Heidelberg

Hinweis:
Dieses Buch wurde auf PEFC-zertifiziertem Papier aus nachhaltiger Waldwirtschaft gedruckt. Der Umwelt zuliebe verzichten wir zusätzlich auf die Einschweißfolie.

Schreiben Sie uns:
Falls Sie Anregungen, Wünsche und Kommentare haben, lassen Sie es uns wissen: *hallo@dpunkt.de*.

5 4 3 2 1 0

Vorwort

Willkommen beim Data-Science-Crashkurs. Wenn Sie bereits öfter etwas von Big Data, maschinellem Lernen, der künstlichen Intelligenz oder Data Science gehört haben und wissen wollen, welche Methoden sich hinter diesen Begriffen verbergen, sind Sie hier genau richtig. Dieses Buch richtet sich an alle, die mehr über die Möglichkeiten der Datenanalyse lernen wollen, ohne gleich tief in die Theorie oder bestimmte Methoden einzusteigen. Auch wenn Sie sich am besten schon etwas in der Informatik und/oder Mathematik auskennen, so kann man den Großteil auch verstehen, wenn man sich einfach nur für Daten interessiert und vor Mathe in der Schule keine Angst hatte.

Wir fangen an, indem wir die Definitionen der Begriffe einführen und dann betrachten, wie Data-Science-Projekte üblicherweise ablaufen. Dann geht's los mit den Daten. Zuerst lernen wir die Daten selbst mithilfe von Statistiken und Visualisierungen kennen. Sodann tauchen wir in die Welt der Algorithmik ein: Assoziationsregeln zum Auffinden von Beziehungen, Clustering, um Gruppen ähnlicher Daten zu finden, Klassifikation, um Kategorien zuzuweisen, Regression, um Zusammenhänge zu lernen, Zeitreihenanalyse, um zeitliche Zusammenhänge auszunutzen. Im letzten Teil betrachten wir, wie wir Texte zu Zahlen werden lassen, mit denen wir rechnen können, welche Rolle die Statistik für die Bewertung von Ergebnissen spielt und wie man mit Big Data arbeiten kann.

Wenn Sie wollen, können Sie sich nur mit den Methoden beschäftigen. Alle Methoden werden aber auch praktisch demonstriert: Im ganzen Buch befinden sich Quelltextbeispiele und das Ergebnis der Ausgabe. Hierdurch können Sie gleichzeitig verstehen, welche Methoden es gibt und wie Sie diese anwenden. Das Buch selbst wurde komplett mithilfe von *Jupyter Notebooks* geschrieben. In diesen Notebooks können Sie direkt im Webbrowser den Quelltext selbst ausführen, um die Ergebnisse interaktiv nachzuvollziehen. Sie können den Quelltext hierbei auch beliebig anpassen, zum Beispiel, um besser zu verstehen, was passiert, wenn sich Parameter eines Modells ändern. Im Anhang wird erklärt, wie Sie sich das Buch auf Ihrem eigenen Rechner »installieren«.

Am Ende der meisten Kapitel gibt es praktische Übungen, die Sie zur Vertiefung und für ein besseres Verständnis bearbeiten können. Beispiellösungen für diese Aufgaben können Sie sich in der Onlineversion des Buches anschauen[1]. Wenn Sie mal unterwegs sind, können Sie auch einfach in der Onlineversion weiterlesen. Für einige Kapitel gibt es keine Übungen. In diesen Kapiteln geht es großteils um Definitionen (Kap. 1 und 2) oder einen Ausblick (Kap. 13). Bei Kapitel 12 wird eine Big-Data-Umgebung benötigt. Auch wenn man hierfür kleinere Beispiele definieren könnte, müssten sowohl eine Python- als auch eine Java-Umgebung für eine Übung eingerichtet und passend konfiguriert werden, was aber über den bei einem Crashkurs angebrachten Aufwand hinausgeht.

Mit Quellenangaben wird in diesem Buch insgesamt eher sparsam umgegangen: Das Ziel ist ein breiter Überblick und ein Verständnis des Themas. Für die Vertiefung gibt es zu jedem Kapitel, häufig sogar zu den Abschnitten innerhalb der Kapitel, ausreichend eigene Fachliteratur. Welche Bücher jeweils für Sie geeignet sind, kann man nicht pauschal sagen, das hängt vom jeweiligen Ziel und Wissensstand der Leserschaft ab. Durch die aktuelle Verbreitung findet man zu jedem Thema auch zusätzliche Informationen im Internet, wenn man nach den entsprechenden Begriffen sucht. Die meisten Quellen, die hier im Buch genannt sind, verweisen auf besonders wichtige Definitionen oder Anwendungen; in wenigen Fällen, wenn ein Thema wirklich nur sehr kurz behandelt wird, auch zur weiterführenden Fachliteratur. In der Printversion des Buches sind diese Quellen durch die Autoren, Titel und Jahreszahlen angegeben, wie es in Literaturlisten üblich ist. In der Onlineversion wird direkt auf die Quellen verlinkt, falls möglich mithilfe von *Document Object Identifiern* (DOIs): Dies sind persistente Identifier, die auch in vielen Jahren noch funktionieren sollten und zu den Homepages der Verlage weiterleiten.

Der Fokus des Buches liegt darauf, wie Analysen für Daten erstellt werden. Drei für die Anwendung wichtige Aspekte betrachten wir nicht: Wie man Daten sammelt, wie man Daten aus einer Datenbank laden kann und den operativen Einsatz von erstellten Analysen. Das Datensammeln ist von Anwendungsfall zu Anwendungsfall verschieden. Oft liegen schon Daten vor. Andernfalls muss individuell auf Basis der Problemstellung eine Lösung entwickelt werden. Das Laden von Daten hängt vom Datenformat ab. Bei kleineren Projekten werden häufig CSV-Dateien verwendet, wie wir es in den Übungen machen. Aber auch andere Formate wie JSON sind bei Dateien üblich. Hier muss man einfach bei den Bibliotheken nach den entsprechenden Möglichkeiten zum Laden suchen. Im Fall von Datenbanken kann man die Daten häufig mit der Anfragesprache SQL laden. SQL ist für sich genommen jedoch bereits ein Thema, das ganze Bücher füllt. Da das Laden von Daten für unseren Crashkurs sekundär ist, verzichten wir daher auf

1. *https://data-science-crashkurs.de*

eine Einführung in Datenbanken und SQL. Beim operativen Einsatz geht es nicht nur um die Modelle und ihre Güte, sondern auch darum, wie diese in ein Softwaresystem eingebunden werden, wie dieses System getestet wird und wie hiermit bei einer Continuous Integration umgegangen wird. Hierbei handelt es sich um für die Softwaretechnik wesentliche Fragen, die jedoch die Analysen nicht direkt beeinflussen.

In diesem Buch verwenden wir vorwiegend die weibliche Bezeichnung von Rollen. Die Ausnahme ist die Rolle des Data Scientist. Im Englischen ist das Wort geschlechtslos und die Begriffe »Scientistin« oder »die Data Scientist« klingen eher komisch.

Ich wünsche Ihnen, liebe Leserinnen und Leser, viel Spaß und einen maximalen Erkenntnisgewinn mit diesem Buch.

Über Ihr Feedback würde ich mich freuen (*steffen.herbold@tu-clausthal.de*).

Steffen Herbold
Clausthal-Zellerfeld, Oktober 2021

Inhaltsübersicht

Inhaltsverzeichnis

1 Big Data und Data Science

Zuerst wollen wir uns etwas mit Begriffen beschäftigen, um zu verstehen, worum es beim Thema Data Science geht. Aufbauend auf dem Begriff Big Data wird aufgezeigt, was eigentlich alles zu Data Science gehört und welche Fähigkeiten Data Scientists benötigen.

1.1 Einführung in Big Data

Den Begriff *Big Data* gibt es jetzt bereits seit einigen Jahren und der ursprüngliche mit diesem Thema verbundene Hype ist längst Vergangenheit. Stattdessen gibt es neue Buzzwords, wie das *Internet der Dinge* (engl. *Internet of Things*), die *künstliche Intelligenz* (engl. *Artificial Intelligence*), und hierbei insbesondere auch die *tiefen neuronalen Netze* (engl. *Deep Neural Network*, *Deep Learning*). Nichtsdestotrotz ist Big Data mit diesen neuen Themen eng verbunden und häufig eine Voraussetzung oder zumindest eine verwandte Technologie.

Trotz der anhaltenden Relevanz des Themas ist dennoch häufig kein gutes Verständnis für den Unterschied zwischen vielen Daten und Big Data vorhanden. Ein gutes Verständnis der Besonderheiten und Eigenschaften von Big Data und von den damit verbundenen Implikationen und Problemen ist jedoch zwingend notwendig, wenn man auf Big Data aufbauende Technologien in Projekten einsetzen will. Der Grund für Missverständnisse rund um den Begriff Big Data ist einfach: Wir denken intuitiv an »große Datenmengen«. Eine derart vereinfachte Begriffsdefinition ignoriert jedoch wesentliche Aspekte von Big Data. Backups sind ein gutes Beispiel für große Datenmengen, die nicht Big Data sind. In modernen Rechenzentren werden Backups auf Hintergrundspeichern mit einer hohen Bitstabilität, aber auch einer hohen Latenz gespeichert. Dort lagern häufig riesige Datenmengen in der Hoffnung, dass sie nie gebraucht werden, bevor sie gelöscht oder überschrieben werden. Es gibt noch einen weiteren Grund, warum es unpraktisch ist, Big Data nur über das Datenvolumen zu definieren: Wir müssten die Definition ständig anpassen, da die Speicherkapazitäten, die Rechenkraft und der Arbeitsspeicher stetig wachsen.

Eine bessere und allgemein akzeptierte Definition für Big Data basiert auf den *drei Vs*[1].

> **Definition von Big Data:**
>
> Als Big Data bezeichnet man Daten, die ein hohes *Volumen*, eine hohe *Geschwindigkeit* (engl. *velocity*) und eine hohe *Vielfalt* (engl. *variety*) haben, sodass man kosteneffiziente und innovative Informationsverarbeitungsmethoden benötigt, um Wissen zu generieren, Entscheidungen zu treffen oder Prozesse zu automatisieren.

Zum besseren Verständnis zerlegen wir nun diese Definition in ihre Einzelteile und betrachten diese genauer. Hierbei wird klar werden, warum Big Data mehr ist als nur Datenvolumen.

1.1.1 Volumen

Auch wenn das Datenvolumen nicht der einzig wichtige Faktor ist, ist es dennoch entscheidend. Nicht umsonst heißt es Big Data. Dass keine bestimmte Datengröße das Kriterium sein kann, wird schon klar, wenn man sich überlegt, dass Google die Forschungsarbeit, in der MapReduce vorgestellt wurde, bereits 2006 publiziert hat [Dean & Ghemawat 2008]. Zu diesem Zeitpunkt war ein Terabyte noch ein sehr großes Datenvolumen. Im Jahr 2021 ist dies lediglich die Festplattengröße des Laptops, auf dem dieses Buch geschrieben wurde. Ein weiteres Beispiel ist das Wachstum des Datenvolumens, das im Internet jährlich übertragen wird (Abb. 1–1).

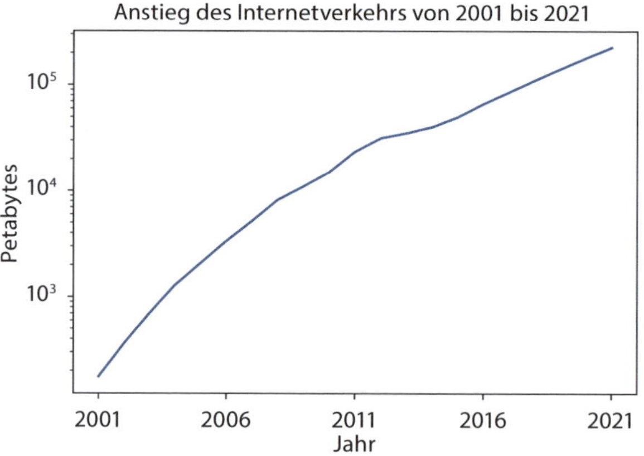

Abb. 1–1 *Wachstum des Datenvolumens im Internetverkehr*

---

1. *https://www.gartner.com/en/information-technology/glossary/big-data*

Eine vereinfachte Richtlinie für das Datenvolumen lautet, dass es mehr Daten sein müssen, als in den Arbeitsspeicher moderner Server passen. Besser ist es jedoch, wenn man sich einfach die Frage stellt, ob es möglich ist, die Daten (oft) zu kopieren, insbesondere auch über Netzwerkverbindungen. Ist dies nicht mehr der Fall, handelt es sich vermutlich um genug Daten, um von Big Data zu sprechen. In extremen Fällen sind die Daten sogar so groß, dass man sie gar nicht über das Netzwerk kopieren kann. Stattdessen nutzt man das *Sneaker Net*[2]: Die Daten werden direkt auf Festplatten verschickt. In Bezug auf den Datendurchsatz ist ein mit Festplatten beladenes Transportflugzeug unschlagbar. Die Latenz lässt jedoch zu wünschen übrig. Ein Beispiel für eine Anwendung, die ohne das Sneaker Net nicht geklappt hätte, ist die Erstellung des ersten Bilds von einem schwarzen Loch [Whitwam 2019].

1.1.2 Velocity/Geschwindigkeit

Die Velocity ist die *Geschwindigkeit,* mit der neue Daten generiert, verarbeitet und/ oder ausgewertet werden müssen. Es gibt viele Beispiele für Daten, die eine hohe Geschwindigkeit haben, zum Beispiel die durch Sensoren wie LIDAR und Kameras erfassten Daten von autonomen Fahrzeugen. Derartige Daten können in kürzester Zeit ein sehr hohes Volumen erreichen. Die Firma Waymo hat zum Beispiel einen zwei Terabyte großen Datensatz, der während elf Fahrstunden gesammelt wurde, veröffentlicht[3]. Daten, die mehr oder weniger kontinuierlich in hoher Geschwindigkeit generiert werden, nennt man auch *Streamingdaten.*

Eine besondere Schwierigkeit beim Umgang mit Streamingdaten besteht darin, dass diese oft in nahezu Echtzeit verarbeitet werden müssen. Beim autonomen Fahren ist dies sofort klar, schon alleine wegen der Sicherheit. Doch das gilt auch für viele andere Anwendungen, zum Beispiel für das Sortieren des Nachrichtenstreams in sozialen Netzwerken. Hier kommt zwar niemand zu schaden, die Nutzer würden einen Dienst aber schnell verlassen, wenn die Ladezeiten zu lang sind. Entsprechend müssen beim Umgang mit Streamingdaten in der Regel zwei Anforderungen gleichzeitig erfüllt werden: Daten müssen sehr schnell empfangen werden und dürfen dann auch nicht lange in einem Zwischenspeicher landen bzw. sich dort befinden, sondern müssen sofort verarbeitet und ausgewertet werden. Hierdurch ergibt sich eine Art inverse Korrelation zwischen der Geschwindigkeit und dem Datenvolumen: Je höher die Geschwindigkeit, desto weniger Daten reichen aus, um Daten zu Big Data werden zu lassen. Oder an einem Beispiel: Ein Gigabyte pro Tag zu verarbeiten ist einfacher als ein Gigabyte pro Sekunde.

2. *https://en.wikipedia.org/wiki/Sneakernet*
3. *https://waymo.com/open/*

1.1.3 Variety/Vielfalt

Die Vielfalt der Daten ist der dritte große Aspekt von Big Data. Mittlerweile ist die Analyse von Bildern, Videos und Texten zu einer normalen Anwendung geworden. Dies war jedoch noch nicht der Fall, als der Begriff Big Data geprägt wurde. Im Zeitraum um die Jahrtausendwende lagen die Daten, die analysiert werden sollten, üblicherweise strukturiert vor, zum Beispiel in relationalen Datenbanken. Die Daten waren entweder numerisch oder in feste Kategorien eingeteilt. Das änderte sich im Laufe der 2000er-Jahre, dadurch dass das Internet allgegenwärtig wurde und wir immer mehr Computertechnik in unseren Alltag übernommen haben, zum Beispiel in Form von Smartphones. Hier entstanden Daten eher auf unstrukturierte Weise, zum Beispiel durch Webseiten, die ad hoc von Nutzern erstellt wurden. Es ist daher kein Zufall, dass Google den Begriff Big Data und die damit verbundenen Technologien mitgeprägt hat: Die Indizierung des stetig wachsenden und komplexer werdenden Internets zwang dazu, die vorhandenen Techniken rapide weiterzuentwickeln. Hierbei mussten nicht nur immer größere Datenmengen verarbeitet werden, sondern vor allem eine Vielfalt von Datenformaten, insbesondere Text- und Bilddaten, später auch Videodaten.

Insgesamt gibt es viel mehr unstrukturierte Daten als strukturierte Daten. Dies wird üblicherweise als Pyramide dargestellt (Abb. 1–2), in der zwischen *unstrukturierten*, *quasistrukturierten*, *semistrukturierten* und *strukturierten* Daten unterschieden wird.

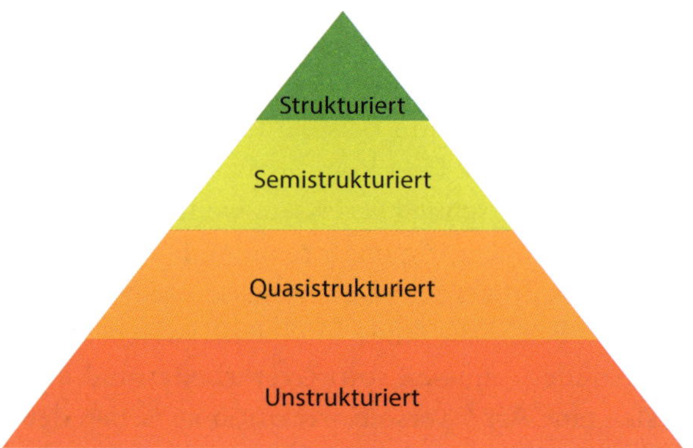

Abb. 1–2 *Datenpyramide*

An der Spitze der Pyramide sind die strukturierten Daten, zum Beispiel Tabellen in relationalen Datenbanken, *Comma-Separated-Value*-(CSV-)Dateien und Ähnliches. Strukturierte Daten kann man im Normalfall direkt in ein Analysetool laden, ohne dass Vorverarbeitungsschritte notwendig sind. Die Vorverarbeitung beschränkt sich daher bei strukturierten Daten höchstens auf Aufgaben wie das Säubern der Daten, um beispielsweise ungültige Datenpunkte oder Ausreißer zu filtern.

Als Nächstes kommen die semistrukturierten Daten, zum Beispiel XML und JSON. Der Hauptunterschied zwischen strukturierten und semistrukturierten Daten ist die Flexibilität der Datenformate. Bei strukturierten Daten ist beispielsweise in der Regel der Typ einer Spalte fest definiert. Dies ist bei semistrukturierten Daten anders: Hier trifft man oftmals auf verschachtelte Strukturen, die man für die Analyse erst aufbrechen muss. Außerdem gibt es häufig optionale Felder, wodurch die Verarbeitung komplizierter werden kann. Dennoch kann man mit semistrukturierten Daten überwiegend einfach arbeiten, da diese auch ohne großen Aufwand in viele Analyseumgebungen importiert werden können.

Im Allgemeinen gilt für strukturierte und semistrukturierte Daten gemeinsam, dass es feste Datenformate und/oder Anfragesprachen gibt, mit denen man einfach die benötigten Informationen extrahieren und laden kann. Dies ist in den beiden unteren Ebenen der Pyramide nicht mehr der Fall. Quasistrukturierte Daten haben zwar eine fest definierte Struktur, es ist aber ein gewisser Aufwand erforderlich, um an die benötigten Informationen zu kommen. Als Beispiel betrachten wir die Ausgabe des Befehls `ls -l`, mit dem man sich in einem Linuxterminal die Dateien in einem Ordner anzeigen lassen kann.

```
%ls -l
```

```
total 6792
drwxr-xr-x 1 sherbold sherbold     512 Mar 24 14:23 data/
-rw-r--r-- 1 sherbold sherbold    2957 May  5 14:30 howto.ipynb
drwxr-xr-x 1 sherbold sherbold     512 Apr 27 17:04 images/
-rw-r--r-- 1 sherbold sherbold   63683 May  6 11:52 kapitel_01.ipynb
-rw-r--r-- 1 sherbold sherbold  113117 May 10 10:11 kapitel_02.ipynb
-rw-r--r-- 1 sherbold sherbold   24576 May 10 10:08 kapitel_03.ipynb
-rw-r--r-- 1 sherbold sherbold  886609 May 10 10:10 kapitel_04.ipynb
-rw-r--r-- 1 sherbold sherbold   39543 May  6 16:44 kapitel_05.ipynb
-rw-r--r-- 1 sherbold sherbold 1664391 May  6 18:50 kapitel_06.ipynb
-rw-r--r-- 1 sherbold sherbold 2679078 May 10 09:05 kapitel_07.ipynb
-rw-r--r-- 1 sherbold sherbold  199328 May 10 09:23 kapitel_08.ipynb
-rw-r--r-- 1 sherbold sherbold  446103 May 10 09:39 kapitel_09.ipynb
-rw-r--r-- 1 sherbold sherbold  579843 May 10 09:50 kapitel_10.ipynb
-rw-r--r-- 1 sherbold sherbold  148082 May 10 09:58 kapitel_11.ipynb
-rw-r--r-- 1 sherbold sherbold   54300 May  6 12:11 kapitel_12.ipynb
-rw-r--r-- 1 sherbold sherbold    5967 May  6 15:16 kapitel_13.ipynb
-rw-r--r-- 1 sherbold sherbold    4927 May  5 14:30 notations.ipynb
-rw-r--r-- 1 sherbold sherbold    3887 May  6 11:59 vorwort.ipynb
```

Man sieht eine klare Struktur in den Daten: Die meisten Zeilen beinhalten die Benutzerrechte, gefolgt von der Anzahl der Symlinks auf die Datei, dem Benutzer und der Gruppe, die die Datei besitzen, der Dateigröße, dem Datum der letzten Änderung und zuletzt dem Namen. Diese Struktur kann man nutzen, um einen Parser zu schreiben, der die Daten einliest, zum Beispiel mithilfe von einem regulären Ausdruck. Wir können also eine Struktur über quasistrukturierte Daten legen, indem wir die Struktur durch einen Parser selbst definieren. Dies ist zwar mehr Aufwand als bei strukturierten und semistrukturierten Daten, aber man kommt dennoch zuverlässig an die benötigten Informationen. Trotzdem kann es sehr leicht passieren, dass sich die Struktur ändert und der selbst geschriebene Parser nicht mehr funktioniert. Daher ist das Lesen von quasistrukturierten Daten fehleranfällig, da man eventuell Sonderfälle übersieht oder sich das Datenformat ändern kann. Man sollte also den oft signifikanten Wartungsaufwand bei der Verarbeitung von quasistrukturierten Daten für die Nutzung im Produktivbetrieb berücksichtigen.

Die unstrukturierten Daten sind auf der untersten Ebene der Pyramide. Hier befindet sich der Großteil der Daten: Bilder, Videos und Text. Die Herausforderung bei diesen Daten ist es, eine Struktur zu bestimmen, die man später verarbeiten kann. Hier gibt es keine Faustformel, es hängt stattdessen von den konkreten Daten und der geplanten Anwendung ab. Hinzu kommt, dass unstrukturierte Daten häufig vermischt sind. Dieses Buch ist ein gutes Beispiel: Wir haben eine Mischung aus natürlicher Sprache, Bildern, Formatinformationen (z.B. Überschriften, Listen) und Quelltext.

1.1.4 Innovative Informationsverarbeitungsmethoden

Auch wenn die drei *Vs* als die zentralen Eigenschaften von Big Data angesehen werden, sind die anderen Teile der Definition auch wichtig, um zu verstehen, dass Big Data mehr ist als einfach nur viele Daten, die möglicherweise schnell generiert werden und verschiedene Formate haben. Der nächste Teil der Definition spricht von dem Bedarf an *innovativen Informationsverarbeitungsmethoden*. Das bedeutet, dass man für Big Data nicht einen normalen Arbeitsplatzrechner oder sogar ein traditionelles Batch-System in einem Großrechner, in dem sich viele Rechenknoten einen Speicher über das Netzwerk teilen, nutzen kann. Stattdessen ist die *Datenlokalität* (engl. *data locality*) wichtig, da man in der Regel keine Kopien der Daten über das Netzwerk erzeugen kann. Dies hat zu einer Transformation geführt, sodass es immer mehr Infrastrukturen gibt, in denen Rechenkraft und schneller, verteilter Speicher direkt integriert sind. Als Big Data ein neues Konzept war, gab es solche Technologien noch nicht. Heutzutage hat man viele Möglichkeiten, allein bei der Apache Foundation[4] gibt es unter anderem Hadoop, Spark, Storm, Kafka, Cassandra, Hive, HBase, Giraph und viele weitere Technologien, die hochprofessionell als Open Source entwickelt und von vielen Unternehmen zur Verarbeitung von Big Data eingesetzt werden.

4. *https://www.apache.org/*

1.1.5 Wissen generieren, Entscheidungen treffen, Prozesse automatisieren

Der letzte Teil der Big-Data-Definition bedeutet, dass Big Data kein Selbstzweck ist. Man spricht nur dann von Big Data, wenn man die Daten auch zum Erreichen eines Ziels nutzt. Ziele können der reine Erkenntnisgewinn sein, die Unterstützung der Entscheidungsfindung oder sogar die Automatisierung ganzer Geschäftsprozesse. Dieser Aspekt der Definition ist so wichtig, dass er häufig als weiteres V betrachtet wird: *Value*.

1.1.6 Noch mehr Vs

Die Definition von Gartner, die wir hier im Buch verwenden, hat »nur« drei Vs. Die Definition von Big Data durch Wörter, die mit V anfangen, ist jedoch so populär, dass es verschiedene Erweiterungen gibt mit bis zu 42 (!) Vs [Shafer 2017]. Die 42 Vs sollte man aber eher als Satire verstehen, die zeigen soll, dass mehr Vs nicht immer zu einer besseren Definition führen. Nichtsdestotrotz gibt es seriöse Definitionen mit bis zu zehn Vs[5]. Ein zusätzliches V hatten wir bereits: *Value*, also die Wertschöpfung durch Big Data. Die *Korrektheit* (engl. *veracity*) ist ein weiteres V, was häufig als hochrelevant eingeschätzt wird. Je mehr Daten man auswertet, desto schwieriger wird es, sicherzustellen, dass die Daten zuverlässig sind und sich Ergebnisse reproduzieren lassen. Dies ist insbesondere dann schwer, wenn sich die Datenquellen oft ändern, zum Beispiel bei der Analyse von Nachrichten oder der sozialen Medien. Volume, Velocity, Variety, Veracity und Value zusammen ergeben die Fünf-V-Definition von Big Data, die stark verbreitet ist. Weitere Vs betrachten wir an dieser Stelle nicht mehr.

1.2 Einführung in Data Science

Auch wenn der Begriff *Data Science* als Buzzword sehr populär ist, existiert noch keine allgemein akzeptierte Definition. Hierfür gibt es vermutlich zwei Gründe: Erstens ist der Begriff sehr generisch, sodass jede Verwendung von Daten, die in irgendeiner Form als »wissenschaftlich« betrachtet wird, als Data Science bezeichnet werden kann. Und zweitens gibt es einen großen Hype um diesen Begriff, weshalb Firmen, Fördermittelgeber und öffentliche Institutionen mit diesem Begriff Werbung für sich betreiben wollen.

Aus diesem Grund können wir hier leider auch keine kurze und einprägsame Definition für diesen Begriff geben. Stattdessen betrachten wir, welche Konzepte unter anderem als Data Science angesehen werden, und schauen uns Beispiele für Data-Science-Anwendungen an.

5. *https://tdwi.org/articles/2017/02/08/10-vs-of-big-data.aspx*

1.2.1 Was gehört zu Data Science?

Data Science kombiniert Methoden aus der Mathematik, Statistik und Informatik mit dem Ziel, datengetriebene Anwendungen zu entwickeln oder Wissen zu generieren. Die Wertschöpfung ist also sehr ähnlich zu Big Data. Der Hauptunterschied zwischen den Begriffen liegt auf dem Fokus auf große Datenmengen bei Big Data, der bei Data Science nicht gegeben sein muss.

Mathematik ist häufig das Fundament, auf dem die Datenanalyse definiert wird. Die Modelle über die Daten, die erstellt werden, sind im Endeffekt nichts anderes als eine mathematische Beschreibung von Aspekten der Daten. Man könnte also Data Science als mathematische Modellierung verstehen. Die Rolle der Mathematik ist jedoch größer als die einer »Beschreibungssprache« für Modelle. Teilgebiete der Mathematik liefern die Methoden, die man braucht, um Modelle zu bestimmen.

- *Optimierung* beschreibt, wie man die optimale Lösung für eine Zielfunktion findet, sodass die gefundene Lösung gewisse Nebenbedingungen erfüllt. Die Zielfunktion und die Nebenbedingungen werden bei Data Science häufig direkt aus den Daten ermittelt, sodass die Lösung optimal für die gegebenen Daten ist.
- *Stochastik* ist ein Teilgebiet der Mathematik, das sich mit zufälligen Verhalten durch Zufallsvariablen und stochastischen Prozessen befasst. Stochastik bildet daher eine wichtige Grundlage für die Theorie des maschinellen Lernens, und stochastische Modelle werden häufig genutzt, um Daten zu beschreiben.
- Ohne die *Geometrie* könnte man keine Daten, die räumlich verteilt sind, analysieren, zum Beispiel geografische Daten oder der 3-dimensionale Raum vor einem Fahrzeug.
- *Wissenschaftliches Rechnen* wird immer häufiger nicht nur genutzt, um Daten für Analysen zu simulieren, sondern auch, um Modelle über Daten durch Simulation zu bestimmen.

Die Statistik befasst sich mit der Analyse von Daten durch Stichproben, zum Beispiel das Schätzen der den Daten zugrunde liegenden Verteilungen, Zeitreihenanalysen oder die Entwicklung von statistischen Tests, mit denen man auswerten kann, ob Effekte zufällig oder signifikant sind.

- *Lineare Modelle* sind eine vielfältig einsetzbare Methode, um Daten zu beschreiben, um daraus Zusammenhänge zu erkennen oder Trends zu ermitteln.
- *Inferenz* ist ein ähnliches Verfahren, nur dass Wahrscheinlichkeitsverteilungen statt linearer Modelle genutzt werden, um die Daten zu beschreiben.
- *Zeitreihenanalyse* nutzt die interne Struktur von Daten, die über die Zeit gemessen wurden. Hierbei werden zum Beispiel saisonale Effekte oder andere sich wiederholende Muster genutzt, um die Struktur der Zeitreihe zu modellieren und zukünftige Werte vorherzusagen.

Ohne die Informatik wären die mathematischen und statistischen Verfahren nicht durch Computer ausführbar. Doch auch die theoretische Informatik liefert wichtige Grundlagen für Data Science.

- *Datenstrukturen und Algorithmen* sind die Grundlage von jeder effizienten Umsetzung von Algorithmen. Ohne das Verständnis von Datenstrukturen, wie Bäumen, Hashmaps und Listen, sowie von der Laufzeitkomplexität von Algorithmen wären Datenanalysemethoden nicht skalierbar auf große Datenmengen.
- Die *Informationstheorie* liefert das nötige Verständnis über die Entropie (Unsicherheit in den Daten) und gemeinsame Information von Daten und ist damit die Grundlage für viele Algorithmen des maschinellen Lernens.
- *Datenbanken* werden benötigt, um Daten effizient zu speichern und zugreifbar zu machen. SQL ist als Anfragesprache nicht nur bei relationalen Datenbanken, sondern auch bei NoSQL-Datenbanken allgegenwärtig.
- *Paralleles und verteiltes Rechnen* sind notwendig, um das Arbeiten mit großen Datenmengen und hoher Rechenkraft zu ermöglichen.
- Die klassische *künstliche Intelligenz* liefert die Grundlagen für die logische Modellierung und die Definition von Regelsystemen für viele Data-Science-Anwendungen. In diesem Buch unterscheiden wir explizit zwischen künstlicher Intelligenz und maschinellem Lernen. Wir benutzen den Begriff *künstliche Intelligenz,* um Anwendungen wie Deep Blue [Newborn 1997], die regelbasierte Schach-Engine, die als erster Computer Gary Kasparow im Schach besiegt hat, zu beschreiben.
- *Softwaretechnik* ist für die Operationalisierung von Anwendungen und das Management von Data-Science-Projekten notwendig.

Und zuletzt gibt es natürlich noch das *maschinelle Lernen*, was häufig auch als definierender Aspekt von Data Science gesehen wird. Das maschinelle Lernen kombiniert Mathematik, Statistik und Informatik auf geschickte Art und Weise. Je nachdem welche Methoden man betrachtet, können alle drei Disziplinen das maschinelle Lernen für sich beanspruchen. Durch maschinelles Lernen versucht man, Wissen aus Daten zu gewinnen, sodass das Wissen die Daten nicht nur beschreibt, sondern auch auf weitere Daten und Applikationen angewendet werden kann, zum Beispiel durch neuronale Netze, Entscheidungsbäume und Mustererkennung.

1.2.2 Beispielanwendungen

So unterschiedlich wie die Grundlagen von Data Science sind, so verschieden sind auch die Anwendungen in der Forschung, Industrie und Gesellschaft. Hier sind fünf kurze Beispiele:

- *Alpha Go* ist ein Beispiel für ein intelligentes selbstlernendes System. Vor einigen Jahren überraschte Alpha Go die Fachwelt, weil es scheinbar aus dem Nichts kam und einen der weltbesten Spieler im Go besiegte. Go gilt als besonders schwieriges Spiel, zum Beispiel im Verhältnis zu Schach, und Computer waren bis dahin gerade mal auf dem Niveau von Amateuren und stellten keine Herausforderung für professionelle Spieler dar. Alpha Go kombinierte klassische regelbasierte künstliche Intelligenz mit statistischen Monte-Carlo-Simulationen und selbstlernenden neuronalen Netzen, um dies zu erreichen.
- Die *Robotik* nutzt maschinelles Lernen, um den Robotern beizubringen, sich zu bewegen. Mit der Zeit können Roboter zum Beispiel lernen, durch welche Bewegungen sie das Umfallen verhindern können [Hwangbo et al. 2019].
- *Marketing* setzt auf Data Science, um im Internet gezielt Werbung schalten zu können. Die dahinter liegende Industrie erwirtschaftet Milliarden, indem Nutzern relevante Werbung basierend auf ihrem Verhalten im Internet gezeigt wird.
- In der *Medizin* werden Daten immer häufiger genutzt, um Entscheidungen zu unterstützen. IBM Watson, das erste Computerprogramm, das Menschen im Jeopardy besiegt hat[6], wird heutzutage zum Beispiel auch eingesetzt, um geeignete Krebstherapien auszuwählen[7]. (Auch wenn das nicht so gut klappt, wie man es sich ursprünglich erhofft hat [Strickland 2019].)
- Im *autonomen Fahren* wird maschinelles Lernen für verschiedene Aufgaben genutzt, zum Beispiel für die Erkennung von Objekten, wie Verkehrsschildern, anderen Autos oder Fußgängern.

6. *https://www.ibm.com/ibm/history/ibm100/us/en/icons/watson/*
7. *https://www.ibm.com/marketplace/clinical-decision-support-oncology*

1.3 Fähigkeiten von Data Scientists

Data Scientists sind weder Informatikerinnen, Mathematikerinnen, Statistikerinnen oder Domänenexpertinnen. Der perfekte Data Scientist bringt eine Kombination von allem als Fähigkeiten mit:

- Gute mathematische Fähigkeiten, insbesondere über Optimierung und Stochastik
- Sicherer Umgang mit Methoden aus der Statistik, insbesondere Regression, statistische Tests und Inferenz
- Gute Programmierkenntnisse, sicherer Umgang mit Datenbanken, Datenstrukturen, parallelem Rechnen und Big-Data-Technologien
- Problemloser Wechsel zwischen den obigen Fähigkeiten und sicherer Umgang mit Technologien, die in der Schnittstelle liegen, insbesondere dem maschinellen Lernen
- Genug Wissen über die Domäne, um die Daten zu verstehen, Fragestellungen zu definieren und zu erarbeiten, ob und wie diese Fragen mithilfe von Daten beantwortet werden können

Außerdem müssen Data Scientists teamfähig sein, um mit Domänenexpertinnen auf der einen Seite und technischen Expertinnen auf der anderen Seite zusammenarbeiten zu können. Die Domänenexpertinnen helfen den Data Scientists, die Daten, Fragestellungen und Projektziele zu verstehen. Die technischen Expertinnen helfen bei der Umsetzung von Projekten, insbesondere bei der Operationalisierung.

Nicht zuletzt sollten Data Scientists zwar den notwendigen Enthusiasmus mitbringen, um sich für die Arbeit mit Daten begeistern zu können, aber auch die notwendige Skepsis, um die Problemstellung nach wissenschaftlichen Prinzipien anzugehen. Das heißt insbesondere auch, dass man alles tun sollte, um auszuschließen, dass etwas nur aus Zufall funktioniert, und rigoros überprüfen muss, ob Modelle wirklich wie gewünscht funktionieren.

Wenn man sich dieses Fähigkeitsprofil anschaut, wird schnell klar, dass die Anzahl der Personen, die alles mitbringen, begrenzt ist. Microsoft Research hat sich daher mit der Fragestellung befasst, was Data Scientists im Arbeitsalltag leisten und welche Arten von Data Scientists es gibt [Kim et al. 2017]. Hierbei wurden acht Arten von Data Scientists bestimmt:

- *Polymath* sind die Alleskönner, die das gesamte oben beschriebene Profil erfüllen und alles von der zugrunde liegenden Mathematik bis hin zu den Big-Data-Infrastrukturen verstehen.
- *Data Evangelists* analysieren selbst Daten, verbreiten aber auch die Erkenntnisse und Modelle. Sie setzen sich insbesondere auch dafür ein, dass aus ihren Modellen Produkte entwickelt werden.

- *Data Preparers* sammeln Daten und bereiten diese für die Analyse auf.
- *Data Analyzers* analysieren Daten, die ihnen zur Verfügung gestellt werden.
- *Data Shapers* kombinieren die beiden vorigen Rollen, das heißt, sie sammeln und analysieren Daten.
- *Platform Builders* sammeln nicht nur Daten, sondern entwickeln und administrieren ganze Plattformen, die zur Datensammlung und Analyse genutzt werden können.
- *Moonlighters 50%* und *Moonlighters 20%* sind Teilzeit-Data-Scientists, die zwar auch eine Data-Science-Rolle ausfüllen, aber nur als ein Bruchteil ihrer täglichen Arbeit.
- *Insight Actors* sind die Nutzer von Analysen und Modellen.

2 Der Prozess von Data-Science-Projekten

Prozesse sind der Kern jeder Aktivität, auch wenn man sich dessen oft gar nicht bewusst ist. Menschen führen Aktivitäten durch das Anwenden von Techniken durch. Die Prozesse steuern und organisieren diese Aktivitäten und beschreiben die Techniken, die eingesetzt werden. Abbildung 2–1 zeigt die Beziehung von Menschen, Techniken und Prozessen.

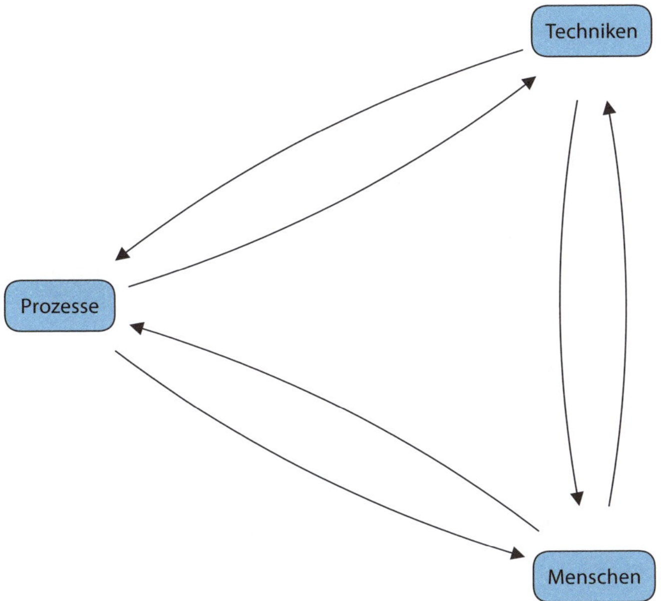

Abb. 2–1 Beziehung von Menschen, Techniken und Prozessen

Das Ziel eines guten Prozesses ist es, die Menschen zu unterstützen, zum Beispiel indem sichergestellt wird, dass wichtige Aktivitäten nicht vergessen werden, oder durch die Verwendung von geeigneten Werkzeugen zum Lösen von Problemen. Prozesse erreichen dies, indem sie geeignete Best Practices beschreiben. Diese Best Practices sollten auf Basis der erfolgreichen Anwendung in der Vergangenheit bestimmt werden. Hierdurch soll das Wissen und der Erfolg aus vergangenen Projekten konserviert und genutzt werden, um die Fähigkeiten der Menschen zu unterstützen und das Risiko, dass ein Projekt fehlschlägt, zu reduzieren. Dies funktioniert jedoch nur, wenn die Prozesse von Menschen auch unterstützt werden.

Wenn die Menschen den Prozess nicht akzeptieren oder nicht an seinen Nutzen glauben, erreicht man das Gegenteil und erhöht stattdessen das Risiko von Projekten. Daher sollten die Personen die notwendigen Schulungen erhalten, um die Techniken einzusetzen und ihren Nutzen zu kennen. Außerdem muss man sicherstellen, dass die Techniken auch zum Prozess passen.

Man sollte sich auch immer bewusst sein, dass es nicht *den einen Prozess* gibt, der perfekt zu jedem Projekt passt. Man sollte den Prozess daher immer an die Situation anpassen, man spricht hier auch vom *Tailoring*. Hierbei sind die zur Verfügung stehenden Techniken und der Projektkontext zu berücksichtigen, zum Beispiel die Größe und Priorität des Projekts, ob es sicherheitskritische Aspekte gibt oder ob die Mitarbeiterinnen Vorwissen aus ähnlichen Projekten mitbringen.

2.1 Der generische Data-Science-Prozess

Abbildung 2–2 zeigt den generischen Prozess für Data-Science-Projekte, der aus sechs Phasen besteht.

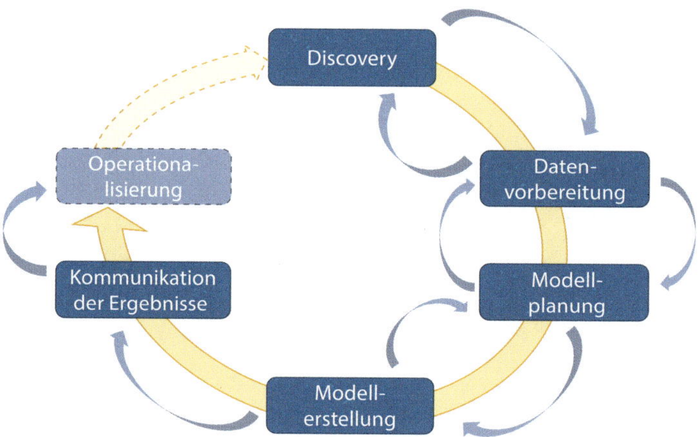

Abb. 2–2 *Überblick über den generellen Prozess von Data-Science-Projekten*

Der Prozess ist iterativ, das heißt, dass mehrere Wiederholungen aller Phasen innerhalb eines Projekts möglich sind. Innerhalb einer Iteration kann man nur zu den vorherigen Phasen zurück, solange man die Ergebnisse der Iteration noch nicht kommuniziert hat. Der Grund hierfür ist offensichtlich: Sobald man die Projektergebnisse übermittelt hat, zum Beispiel an das Management, die Kunden oder andere Forscher in Form einer Publikation, kann man diese nicht ohne Weiteres ändern. Im Folgenden betrachten wir die Projektphasen im Detail.

2.1.1 Discovery

Jedes Data-Science-Projekt beginnt mit der *Discovery Phase*. Das Ziel der Discovery ist es, die Projektdomäne, Ziele und Daten zu verstehen. Anhand der gesammelten Informationen wird beurteilt, ob die für das Projekt notwendigen Ressourcen verfügbar sind, und die weiteren Projektschritte werden geplant.

Der Data Scientist muss das notwendige Wissen erlangen, um die Domäne des Projekts zu verstehen, insbesondere den Anwendungsfall, der adressiert werden soll. Häufig wird der Data Scientist hierbei von Domänenexpertinnen unterstützt, die die notwendigen Informationen liefern. Dies kann zum Beispiel bedeuten, dass sie zur Verfügung stehen, um Fragen zu beantworten, oder auch dass Anforderungen in Form von Interviews und Workshops gesammelt werden. Hierdurch lernt der Data Scientist auch bereits die Daten und Informationsquellen kennen. Dieses Wissen ist notwendig, um das Projekt zu verstehen und die Ergebnisse zu interpretieren. Es kann sein, dass der Data Scientist bereits selbst Experte oder Expertin in der Anwendungsdomäne ist, zum Beispiel weil dies nicht das erste derartige Projekt ist. Dennoch ist es häufig sinnvoll, den Anwendungsfall zusammen mit weiteren Domänenexpertinnen zu betrachten, um sicherzustellen, dass keine wesentlichen Aspekte übersehen werden.

Als Teil des Lernprozesses der Domäne sollte auch die Vergangenheit nicht außer acht gelassen werden. Bei Forschungsprojekten ist es in der akademischen Welt üblich, zuerst die verwandten Forschungsarbeiten zu identifizieren und den Stand der Forschung aufzuarbeiten. Ähnlich sollte man auch in der Wirtschaft vorgehen: Gab es vielleicht bereits frühere Projekte mit einem ähnlichen Ziel? Falls ja, warum sind diese gescheitert bzw. warum wird dieses Projekt jetzt neu durchgeführt? Die alten Projektergebnisse – sowohl positive als auch negative – sind ideale Quellen, um Projektrisiken zu identifizieren. Hierbei sollte man sich auch nicht nur auf das eigene Unternehmen beschränken. Im Rahmen der Möglichkeiten des Urheber- und Patentrechts ist eine Analyse der Konkurrenzprodukte oft hilfreich, um mögliche Lösungen zu verstehen.

Sobald der Data Scientist die Domäne verstanden hat, kann er oder sie anfangen, aus den genannten Zielen eine Problembeschreibung zu erarbeiten, die durch die Datenanalyse gelöst werden soll. Diese Problembeschreibung ist nicht identisch zu den wirtschaftlichen Zielen oder Forschungsinteressen: Während die Ziele nicht direkt mit den Daten, sondern eher mit der Anwendung zusammenhängen, formuliert die Problembeschreibung die Ziele als Datenanalyseproblem um. Dies ist dem Data Scientist nur möglich, da er oder sie vorher die Domäne und den Anwendungsfall mithilfe der Domänenexpertinnen kennengelernt hat. Zur Problembeschreibung gehört auch eine Analyse der Stakeholder, zum Beispiel müssen die Stakeholder, deren Daten benötigt werden, identifiziert werden. Weitere wichtige Stakeholder sind diejenigen, die von der Analyse direkt betroffen sind, zum Beispiel weil ihre Arbeit dadurch unterstützt werden soll. Neben Stakeholdern müssen auch die aktuellen Probleme aufgearbeitet werden, sofern dies nicht schon geschehen ist. Hierdurch wird die Motivation vom Projekt geklärt und das Verständnis der Ziele verbessert. Anschließend werden die Projektziele, Erfolgskriterien und Risiken des Projekts klar definiert, um eine verbindliche Grundlage für das weitere Vorgehen zu schaffen.

Durch die oben beschriebenen Aktivitäten bekommt der Data Scientist ein Grundverständnis der Daten, die im Projekt genutzt werden. Grundsätzlich muss man hierbei zwischen Daten, die bereits vorhanden sind (zum Beispiel in einem Data Warehouse), und Daten, die noch gesammelt werden müssen, unterscheiden. In beiden Fällen obliegt es dem Data Scientist, sich zunächst einen Überblick über den Umfang und die Struktur der Daten zu verschaffen sowie ein abstraktes Verständnis der verfügbaren Informationen zu erlangen. Andernfalls wäre die abschließende Analyse der verfügbaren und benötigten Ressourcen nicht möglich.

Während der Discovery befasst man sich auch mit dem *wissenschaftlichen* Teil von Data Science. Datenanalysen sollten nicht rein explorativ sein. Stattdessen sollten klare Erwartungen in Form von Hypothesen, die getestet werden können, formuliert werden. Andernfalls erhöht man das Risiko, dass die Projektergebnisse sich nicht über die im Projekt verfügbaren Daten hinaus generalisieren lassen. Die Hypothesen steuern auch das Vorgehen in den weiteren Phasen des Projekts. Es sollten zum Beispiel Erwartungen definiert werden, welche Daten nützlich sind, wie man sie verwenden sollte und welches Wissen man aus den Daten gewinnen möchte. Auch wenn der Data Scientist hauptverantwortlich für die Hypothesen ist, sollten diese immer mit Domänenexpertinnen besprochen werden, um ihre Plausibilität zu prüfen.

Der letzte Schritt der Discovery ist die Entscheidung, ob das Projekt machbar ist. Diese Auswertung sollte die identifizierten Risiken und die verfügbaren Ressourcen berücksichtigen. In jedem Fall sollten die folgenden Ressourcen berücksichtigt werden:

- Die *technologischen Ressourcen*, zum Beispiel Datenspeicher, verfügbare Rechenkraft sowie die Verfügbarkeit und die Kosten eventuell benötigter Softwarelizenzen
- Die *benötigten Daten*, das heißt, es stellt sich die Frage, ob bereits ausreichend Daten vorhanden sind oder ob mit vertretbarem Aufwand im Rahmen des Projekts die benötigten Daten zu sammeln sind. Die Betrachtung besteht aus zwei Aspekten:
  1. Ist die Anzahl der Datenpunkte ausreichend?
  2. Hat man für jeden Datenpunkt die benötigten Informationen? Falls noch Daten gesammelt werden müssen, sollte man dies bei den Projektrisiken immer berücksichtigen.
- Die *Arbeitszeit*, sowohl in Kalenderzeit als auch in Personenmonaten. Die Kalenderzeit ist die Dauer des Projekts. Für Projekte, deren Kalenderzeit weniger als ein Jahr ist, sollte man auch noch berücksichtigen, in welchen Monaten

des Jahres das Projekt durchgeführt werden soll, da die üblichen Urlaubszeiten bedeuten können, dass Mitarbeiterinnen nicht wie erwartet zur Verfügung stehen. Wenn Projekte in einem internationalen Umfeld durchgeführt werden, sollte man hierbei auch die lokalen Gepflogenheiten der jeweiligen Projektpartner nicht vergessen. Personenmonate sind ein verbreitetes Mittel, um den Entwicklungsaufwand abzuschätzen, der für ein Projekt investiert wird. Zwei Mitarbeiterinnen, die je einen Monat am Projekt arbeiten, entsprechen zwei Personenmonaten. Man sollte bei der Betrachtung der Arbeitszeit aber nie vergessen, dass zwei Mitarbeiterinnen in der Regel nicht doppelt so effizient sind wie eine Mitarbeiterin. Diese Phänomen ist in der Softwareentwicklung auch als der *Mythical Man-Month* [Brooks 1975] bekannt.

- Die *Mitarbeiterinnen* (gerne auch Human Resources genannt), das heißt die Personen, die für das Projekt zur Verfügung stehen. Hierbei sollte insbesondere betrachtet werden, ob das Fähigkeitsprofil der Mitarbeiterinnen zu den Anforderungen des Projekts passt.

Sofern ausreichend Ressourcen verfügbar und die Risiken kontrollierbar sind, kann das Projekt gestartet werden.

Beispiel:

Ein Kunde ist Besitzer eines Webshops für Kleidung. Der Kunde möchte gerne die Anzahl seiner Verkäufe durch *Cross-Selling* erhöhen, das heißt, Kunden sollen dazu gebracht werden, weitere Produkte in den Warenkorb zu legen. Unsere Aufgabe ist es, eine Anwendung hierfür zu entwickeln, die auf den vergangenen Verkaufsdaten basiert. Die Discovery könnte in etwa so aussehen:

- Wir führen ein Interview mit dem Kunden durch, um herauszufinden, ob der Kunde bereits eine Idee hat, wie mehr Cross-Selling ermöglicht werden könnte. Wir finden heraus, dass der Kunde gezielte Werbung während des Einkaufs schalten möchte, sobald ein Produkt in den Warenkorb gelegt wird. Diese Information liefert uns eine Kernanforderung des Projekts, andernfalls wäre zum Beispiel auch E-Mail-Marketing denkbar gewesen.
- Wir schauen uns Webshops an, die bereits ähnliche Lösungen benutzen.
- Wir definieren die Problembeschreibung als das Ziel, geeignete Werbung vorherzusagen, basierend auf dem vergangenen Verhalten des Kunden, dem vergangenen Verhalten aller Kunden sowie dem aktuellen Inhalt des Warenkorbs.
- Wir identifizieren zwei wichtige Stakeholder:
    1. Den Besitzer des Webshops als Auftraggeber, Ansprechpartner auf Kundenseite und Domänenexperten.
    2. Die Kunden des Webshops, die für sich relevante Produkte kaufen wollen und eine gute User Experience (UX) bei der Benutzung der Software wünschen.

Unpassende Werbung könnte die Benutzererfahrung verschlechtern, sehr gute Werbung sogar verbessern.

→

- Wir identifizieren keine Probleme mit dem Status quo, die gelöst werden sollen. Es geht also um eine reine Optimierung der Einnahmen.
- Aus diesen Erkenntnissen definieren wir zwei konkrete Projektziele:
  1. Erhöhung der Anzahl der verkauften Produkte und dadurch Steigerung des Umsatzes
  2. Gleichbleibende oder verbesserte UX
- Die Erfüllung der Projektziele soll durch die Beobachtung des Umsatzes sowie durch eine Umfrage unter den Benutzern bezüglich ihrer Zufriedenheit bestimmt werden. Das Projekt gilt als erfolgreich, wenn der Umsatz sich um mindestens 5% erhöht und die Benutzerzufriedenheit sich nicht verschlechtert. Sie identifizieren eine mögliche Verschlechterung der Benutzerzufriedenheit, die zu einem Abfall des Umsatzes führt, als Hauptrisiko des Projekts.
- Als Daten stehen uns hauptsächlich die Transaktionen von vergangenen Einkäufen zur Verfügung. Diese Daten beinhalten, welche Kunden welche Produkte innerhalb einer Bestellung gekauft haben. Die Daten liegen in einer relationalen Datenbank vor. Weitere Daten stehen uns nicht zur Verfügung.
- Wir formulieren drei Hypothesen:
  1. Produkte, die in der Vergangenheit häufig zusammen gekauft wurden, werden auch in der Zukunft häufig zusammen gekauft.
  2. Es gibt saisonale Muster in den Verkaufsdaten (zum Beispiel für Winter- und Sommerkleidung), die relevant sind für die Werbung.
  3. Die Kategorien, durch die sich die Produkte beschreiben lassen, sind relevant für die Werbung, insbesondere die Marken und die Art der Kleidung.
- Wir sind der Meinung, dass die Ressourcen ausreichen, um eine Pilotstudie durchzuführen, in der die Machbarkeit von nützlichen Vorhersagen für Cross-Selling-Werbung geprüft wird. Eine detaillierte Evaluation der Benutzererfahrung sowie eine Operationalisierung der Ergebnisse für den produktiven Betrieb ist mit den zur Verfügung stehenden Ressourcen nicht realistisch. Im Falle einer erfolgreichen Machbarkeit der Vorhersagen wird dies in einem Folgeprojekt umgesetzt.

2.1.2 Datenvorbereitung

Mit dem Abschluss der Discovery beginnt die technische Arbeit des Projekts, bei der die *Daten für die Analyse vorbereitet* werden (engl. *preprocessing*). Hierbei gibt es zwei wesentliche Ziele:

1. Die Infrastruktur für die Datenanalyse muss erstellt werden und alle relevanten Daten müssen in diese Infrastruktur geladen werden.
2. Der Data Scientist sollte ein tiefgehendes und detailliertes Verständnis der Daten erlangen.

Der Aufwand für die Vorbereitung der Infrastruktur hängt stark vom Projekt ab. Er kann nahezu trivial und mit wenigen Zeilen Quelltext erledigt sein oder mehrere Personenjahre an Ressourcen verschlingen. Ist das Datenvolumen relativ klein und die Daten können durch eine einzelne SQL-Abfrage geladen werden, ist diese Aufgabe in kürzester Zeit erledigt. Handelt es sich wiederum um ein Big-Data-Projekt, in dem die Daten erst noch gesammelt werden müssen oder wo der

Zugriff auf die Daten schwierig ist (zum Beispiel aus Sicherheits- oder Datenschutzbedenken), kann dies extrem aufwendig sein.

Der grundsätzliche Prozess des Ladens von Daten in die Analyseinfrastruktur wird *ETL* genannt: *Extract*, *Transform*, *Load*. Zuerst werden die Daten von ihrem aktuellen Speicherort extrahiert. Dies bedeutet, dass der Code zum Laden der Daten aus Dateien und Datenbanken oder zum Sammeln von Daten aus anderen Quellen (zum Beispiel dem Internet durch »Scraping«) geschrieben wird. Sobald die Daten extrahiert sind, werden sie in das benötigte Format konvertiert. Diese Transformation beinhaltet üblicherweise auch die Qualitätskontrolle der Daten: Zum Beispiel kann man hier unvollständige oder nicht plausible Datenpunkte entfernen. Weiterhin müssen die Daten häufig restrukturiert und in andere Formate konvertiert werden. Das kann zum Beispiel bedeuten, dass Informationen aus verschiedenen Quellen integriert werden. Es kann aber auch heißen, dass Informationen neu aufgeteilt werden. Zum Beispiel könnte man den Inhalt von Blogposts in verschiedene Felder aufteilen: Titel, Inhalt und Kommentare. Bei textuellen Daten kann es auch herausfordernd sein, diese in ein einheitliches Textformat zu konvertieren, da es viele verschiedene Codierungen für Textdaten gibt, zum Beispiel ASCII, ISO-8859, UTF-8 und UTF-16, um nur einige gängige zu nennen. Ähnliche Probleme kann es bei Datumsformaten geben. Ob 04/05/21 sich auf den 4. Mai oder den 5. April bezieht, hängt davon ab, ob die amerikanische oder britische Konvention verwendet wird. Ob es sich um das Jahr 2021 oder 1921 handelt, hängt vom Zeitpunkt ab, an dem dieses Datum geschrieben wurde. Sobald alle Daten transformiert sind, können sie in die Analyseumgebung geladen werden.

Häufig kann man ETL auch in ELT abwandeln, indem man die Transformation und das Laden der Daten vertauscht. In diesem Fall werden die Rohdaten direkt in die Analyseumgebung geladen und benötigte Transformationen werden innerhalb der Analyseumgebung durchgeführt. Ob ETL oder ELT die bessere Wahl ist, hängt vom Anwendungsfall ab. Ein guter Grund, warum man ELT statt ETL nutzen sollte, besteht darin, dass die Transformationen so komplex sind, dass man sie ohne die Rechenkraft der Analyseumgebung nicht durchführen kann. Ein weiterer Vorteil von ELT ist, dass man verschiedene Transformationen ausprobieren und flexibel miteinander vergleichen kann. Zuletzt gibt es auch Anwendungen, die vom Zugriff auf die Rohdaten profitieren können, da diese zum Beispiel dann auch von Algorithmen als Merkmal verwendet werden können. Auf der anderen Seite ist ETL zu favorisieren, wenn die Transformationen sehr zeitaufwendig sind und nicht mehrfach bei jedem Laden der Daten durchgeführt werden sollen oder wenn man die Transformationen direkt bei einem Datenbankzugriff durchführen kann.

Ein weiterer wesentlicher Aspekt der Datenvorbereitung ist das detaillierte Verständnis der Daten. Dies bedeutet das Studium der Dokumentation der Daten. Sofern diese nicht vorhanden oder nicht ausreichend ist, müssen die Daten mithilfe von Domänenwissen interpretiert werden. Im Idealfall kennt der Data Scientist zum Abschluss dieser Phase alle Details der Daten, zum Beispiel die Bedeutung jeder Spalte in einer relationalen Datenbank oder welche Arten von Dokumenten es gibt und wie diese strukturiert sind. Diese Arbeit kann man auch als Lernen der *Metadaten* bezeichnen, also der Daten über die Daten. Zusätzlich zu den Metadaten sollten auch die Daten selbst *erkundet* werden – eine Aktivität, die häufig eng mit den Transformationen von ETL zusammenhängt. Hierzu betrachtet man zum Beispiel Statistiken und Visualisierungen (siehe Kap. 4). Hierdurch kann man beispielsweise Erkenntnisse über die Wahrscheinlichkeitsverteilungen der Daten gewinnen, ungültige Daten identifizieren oder Skaleneffekte entdecken und entfernen, um die Daten besser zu vereinheitlichen.

Diese detaillierte Betrachtung der Daten erlaubt es dem Data Scientist auch, zu erkennen, welche Daten wirklich wertvoll für das Projekt sind und welche Daten eventuell doch nicht benötigt werden. Hierbei muss man ein gesundes Mittelmaß finden: Auf der einen Seite geht man ein Risiko ein, wenn man Daten frühzeitig entfernt, da man etwas übersehen haben könnte und die Daten eventuell doch nützlich wären. Auf der anderen Seite reduziert man die Komplexität des Projekts, wenn weniger Daten vorhanden sind. Insbesondere wenn große Datenmengen entfernt werden können, kann sich der Analyseaufwand stark reduzieren.

Am Ende der Datenvorbereitung sind alle Daten für die Analyse verfügbar und alle benötigten Transformationen sind definiert und durchgeführt.

Beispiel:

Die Verkaufsdaten sind in einer relationalen Datenbank gespeichert, die 352.152 Transaktionen beinhaltet. Im Mittel wurden 2,3 Gegenstände in einer Transaktion gekauft. Für jede Transaktion sind ein Zeitstempel im ISO-8601-Format und ein pseudonymisierter Identifier des Benutzers, der die Gegenstände gekauft hat, verfügbar. In einer zweiten Tabelle werden die Informationen über die Gegenstände selbst gespeichert, unter anderem: der Preis und die Kategorien, denen ein Gegenstand zugeordnet ist (Herrenbekleidung, Damenbekleidung, Hose, Pullover, Socken, Herstellermarke). Es gibt noch weitere Daten, wie zum Beispiel die Bezahlart, diese werden jedoch als für dieses Projekt nicht relevant eingestuft und nicht für die Analyse verwendet.

Das Datenvolumen beträgt ca. ein Gigabyte. Daher entscheiden wir uns für einen ELT-Prozess, da das Laden der Daten aus der Datenbank nur etwa eine Minute dauert und man die Daten flexibel in der Analyseumgebung erkunden kann und währenddessen die benötigten Transformationen definiert.

Beim Erkunden der Daten entdecken wir 2.132 Transaktionen ohne Gegenstände. Diese entfernen wir, da es sich um ungültige Datenpunkte handelt. Außerdem stellen wir fest, dass die Kleidung einiger Marken nur selten gekauft werden. Daher fassen wir diese Marken in einer neuen Kategorie »Sonstige Marken« zusammen.

→

Wir bestimmen außerdem vier Repräsentationen der Transaktionen, die für die Cross-Selling-Analyse nützlich sein könnten:

- Identisch zur Datenbank, das heißt direkt durch die verkauften Gegenstände.
- Die Gegenstände werden durch die Art der Kleidung ersetzt.
- Die Gegenstände werden durch die Marke ersetzt.
- Die Gegenstände werden durch die Kombination von der Art der Kleidung und der Marke ersetzt.

Die verschiedenen Repräsentationen ermöglichen es Ihnen, das Cross-Selling auf bestimmte Kleidungstypen oder Marken zu fokussieren.

2.1.3 Modellplanung

Das Ziel der *Modellplanung* ist das Design des Analysemodells. Hierzu muss man aus den verschiedenen Möglichkeiten, wie die Datenanalyse gestaltet werden kann, ein geeignetes Modell auswählen, das sowohl zu den Daten als auch zum Analyseziel passt. Es gibt verschiedene Aspekte, die bei der Modellauswahl berücksichtigt werden müssen. Das Projektziel gibt üblicherweise die grundsätzliche Art des Modells vor:

1. *Assoziationsregeln* können benutzt werden, um Regeln zu finden, die relevante Beziehungen innerhalb von Transaktionen beschreiben (Kap. 5).
2. *Clusteranalyse* ist dazu geeignet, Gruppierungen innerhalb von Daten zu finden (Kap. 6).
3. *Klassifikation* wird benutzt, um vorherzusagen, zu welcher Kategorie Daten gehören (Kap. 7).
4. *Regressionsmodelle* beschreiben den Zusammenhang zwischen Merkmalen der Daten und können benutzt werden, um kontinuierliche Werte vorherzusagen (Kap. 8).
5. *Zeitreihenanalyse* berücksichtigt zeitliche Abhängigkeiten zwischen Datenpunkten, um zukünftige Entwicklungen abzuschätzen (Kap. 9).

Bei der Modellplanung muss man aus den vielen Möglichkeiten, wie man zum Beispiel ein Klassifikationsmodell erstellen kann, eine für das Projekt passende auswählen. Es gibt viele Aspekte, die diese Auswahl beeinflussen. Hier sind einige wichtige Fragen, deren Beantwortung bei der Modellauswahl hilft:

1. Ist es wichtig, dass man die Modelldetails als Mensch nachvollziehen kann, oder reicht es, wenn das Modell definierten Metriken gemäß gut ist? Ein *Whitebox*-Modell kann vom Data Scientist und eventuell sogar von Domänenexpertinnen benutzt werden, um die Logik, die das Modell verwendet, im Detail nachzuvollziehen. Dies kann zum Beispiel wichtig sein, damit die Nutzer des Modells in der Lage sind, Verantwortung für die Entscheidungen, die mithilfe der Mo-

delle getroffen werden, zu übernehmen. Wenn dies für den Anwendungsfall als weniger wichtig betrachtet wird, kann man auch *Blackbox*-Modelle verwenden. Hier versteht man dann zwar in der Regel nicht, wie die Entscheidungen zustande gekommen sind, dafür sind solche Modelle häufig präziser. Der Grund für die höhere Präzision liegt darin, dass die interne Komplexität nicht von der Interpretierbarkeit beschränkt ist. Ein Beispiel für ein Whitebox-Modell sind Entscheidungsbäume, in denen anhand einfacher Regeln (größer, kleiner, gleich) Merkmale in einer festgelegten Reihenfolge bewertet werden, um zu einer Entscheidung zu gelangen. Ein Beispiel für Blackbox-Modelle sind *tiefe neuronale Netze* (engl. *Deep Neural Network*), in denen es Millionen von Parametern gibt, die eine für Menschen nicht nachvollziehbare mathematische Funktion beschreiben. Eventuell ist die Nachvollziehbarkeit der Entscheidungen sogar ein zwingendes Kriterium, wie es derzeit (für einige Anwendungen) im Rahmen einer neuen EU-Richtlinie für künstliche Intelligenz angedacht wird.

2. Wie hoch ist das Datenvolumen? Obwohl in der Regel alle Modelle besser werden, wenn mehr Daten zur Verfügung stehen, gibt es starke Unterschiede zwischen den Modellen. Auf der einen Seite steht die Modellperformance, die sich mit der Datengröße für unterschiedliche Modelle mit anderen Trends entwickelt (Abb. 2–3). Auf der anderen Seite geht es um die Laufzeit für das Training und die Vorhersagen: Wenn die Berechnungen zu komplex sind, kann es schwierig sein, ein Modell mit einem großen Datenvolumen zu trainieren.
3. Welche Modelle wurden in der Vergangenheit in diesem Kontext erfolgreich verwendet? Hier sollte man auf das gesammelte Wissen aus der Discovery zurückgreifen.
4. Mit welchen Modellen hat das Projektteam die meiste Erfahrung? Gerade wenn es mehrere geeignete Kandidaten gibt, ist es sinnvoll, ein Modell zu wählen, das von den Mitarbeiterinnen bereits gut verstanden wird.

Damit Data Scientists ein geeignetes Modell auswählen können, ist es wichtig, dass sie nicht nur Detailwissen über wenige Modelle haben, sondern eine Vielzahl von Modellen kennen, um für jeden Kontext geeignete Modelle identifizieren zu können.

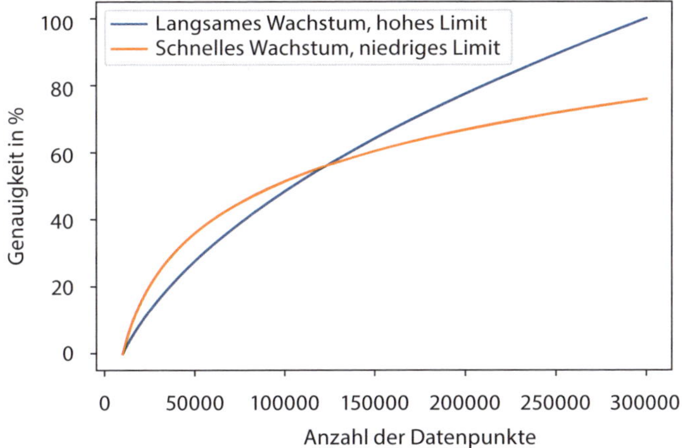

Abb. 2–3 *Vergleich der Güte zweier fiktiver Modelle, bezogen auf die Datengröße*

In Abbildung 2–3 ist zu erkennen, dass das orange Modell besser ist, wenn nur wenige Daten zur Verfügung stehen. Das blaue Modell ist besser, wenn viele Daten verfügbar sind. In diesem fiktiven Beispiel könnte das orange Modell für Random Forests und das blaue Modell für tiefe neuronale Netze stehen. Diese Modelle werden in Kapitel 7 eingeführt.

Auch wenn die Auswahl des Modells ein entscheidender Faktor für den Projekterfolg ist, macht sie in der Regel nur einen relativ kleinen Teil der Modellplanung aus. Weitere wichtige Aktivitäten sind:

- Die Auswahl von *Merkmalen* (engl. *feature*), die die Grundlage für die Modelle sind. Hierbei müssen auch die genauen Berechnungsvorschriften für die Merkmale definiert werden und der Umgang mit Daten, die nicht plausibel sind.
- Die Auswertungskriterien für die Modelle müssen durch *Gütemaße* definiert werden, mit denen die Modellqualität bewertet werden kann. Die Gütemaße können zum Beispiel in Bezug auf die allgemeine Genauigkeit oder bestimmte Fehlerklassen definiert werden.
- *Statistische Methoden* und *Visualisierungen* zur Interpretation der Ergebnisse müssen definiert werden.
- Die Daten müssen eventuell in verschiedene Teilmengen unterteilt werden, zum Beispiel in *Trainingsdaten* zum Trainieren von Modellen, *Validierungsdaten* zur Auswahl des besten Modells und *Testdaten* zur Bewertung der Güte des besten Modells (siehe Kap. 3).
- Im Fall von Big Data muss eine Arbeitsumgebung geschaffen werden, in der man mit den Daten oder einer kleinen Teilmenge der Daten experimentieren kann.

Beispiel:

Wir entscheiden uns für den Apriori-Algorithmus zum Bestimmen von Assoziationsregeln, um Produkte, die häufig gemeinsam gekauft wurden, zu identifizieren. Für die Varianten der Daten, in denen wir die Produkte durch Kategorien ersetzt haben, möchten wir ein Random-Forest-Regressionsmodell nutzen, um vorherzusagen, mit welcher Wahrscheinlichkeit bestimmte Produkte gekauft werden, basierend auf dem Inhalt des Warenkorbs. Je nach Qualität der Ergebnisse dieser Modelle planen wir außerdem noch, die Modelle gegebenenfalls in einer zweiten Iteration zu verändern, um Verbesserungen zu erreichen. Als ein Risiko, das zu einer solchen zweiten Iteration führen kann, sehen wir, dass eventuell zu viele günstige Produkte vorhergesagt werden, sodass selbst richtige Vorhersagen nur geringe Auswirkungen auf den Umsatz haben würden. Die Güte der Modellqualität bewerten wir auf Basis der Häufigkeit wie zufällig aus dem Warenkorb entfernte Gegenstände richtig vorhergesagt werden. Um die Analyse der Modellqualität zu unterstützen, planen wir, eine Visualisierung zu erstellen, die uns hilft zu verstehen, welche Produkte häufig gemeinsam gekauft werden. Außerdem entschließen wir uns, unsere Daten anhand der Zeitstempel in drei Teildatensätze zu unterteilen: Die ältesten 50% der Daten sollen zum Trainieren der Modelle benutzt werden, die nächsten 25% als Validierungsdaten und die neuesten 25% als Testdaten.

2.1.4 Modellerstellung

Zur *Modellerstellung* müssen wir den notwendigen Code schreiben, um die geplanten Modelle zu trainieren. Häufig gibt es mehrere Iterationen zwischen der Modellplanung und der Modellerstellung. Innerhalb dieser Iterationen wird das Modell stückweise basierend auf den Erkenntnissen von Zwischenauswertungen verbessert. So können zum Beispiel Probleme, die man spät in den Daten entdeckt, noch behoben oder Potenziale für die Verbesserung genutzt werden. Wichtig ist jedoch, dass für diese iterativen Verbesserungen nur die Trainings- und Validierungsdaten verwendet werden. Die Testdaten darf man nur zur abschließenden Bewertung der Modellqualität benutzen. Wenn die Testdaten mehrfach verwendet werden, degenerieren sie zu Validierungsdaten (siehe Kap. 3).

Man könnte die Modellplanung und die Modellerstellung auch als eine Phase betrachten. Der Grund, weshalb wir diese hier als getrennte Phasen beschreiben, besteht darin, dass die Modellerstellung sehr teuer und zeitintensiv sein kann, zum Beispiel wenn riesige neuronale Netze in einem gemieteten Cluster in der Cloud trainiert werden. Da dies nicht oft wiederholt werden kann, hilft es, das Training als separaten Teil des Prozesses hervorzuheben.

Beispiel:

Wir entschließen uns, das Modell mit der Programmiersprache Python basierend auf den Bibliotheken pandas, scikit-learn und mlextend zu erstellen. Wir können das Modell auf einer normalen Workstation trainieren und evaluieren.

2.1.5 Kommunikation der Ergebnisse

Irgendwann kommt der Punkt, an dem der Zyklus von iterativen Modellplanungs- und Modellerstellungsschritten beendet wird und die finalen *Projektergebnisse kommuniziert* werden. Üblicherweise ist dies entweder der Fall, wenn die Zeit oder die geplanten Ressourcen verbraucht sind, die gewünschte Modellqualität erreicht ist, keine Verbesserungen mehr möglich sind oder es absehbar ist, dass kein adäquates Modell gefunden wird. Die Projektergebnisse müssen dann den relevanten Stakeholdern mitgeteilt werden. Welche dies sind, hängt vom Projekt ab. In der Industrie können das zum Beispiel die Kunden oder das höhere Management sein. In der Hochschule könnte das der Betreuer einer Abschlussarbeit sein oder andere forschende Personen. Die Form, in der die Ergebnisse kommuniziert werden, hängt ebenfalls vom Kontext ab. Häufig gibt es eine Abschlusspräsentation, eventuell auch Projektberichte oder wissenschaftliche Fachartikel.

Egal in welcher Form die Ergebnisse kommuniziert werden, der wichtigste Aspekt ist, dass klar wird, ob die Projektziele erreicht wurden oder nicht und, als direkte Folgerung, ob das Projekt erfolgreich war. Zusätzlich sollte man noch die wichtigsten Erkenntnisse des Projekts herausstreichen, zum Beispiel ob das Modell Gewinne erhöht oder Kosten reduziert, wie der erwartete Return on Investment (ROI) ist oder welche Auswirkungen auf das operative Geschäft oder weitere Projekte erwartet werden. Domänenexpertinnen sind häufig auch an Details interessiert, zum Beispiel welche Merkmale wichtig sind und wie diese mit den Ergebnissen zusammenhängen. Gerade wenn etwas Unerwartetes passiert, kann dies zu spannenden Erkenntnissen führen. Bei Forschungsprojekten kommt hinzu, dass man auch klar kommunizieren muss, inwiefern die Erkenntnisse den Stand der Forschung voranbringen.

Beispiel:

Die Assoziationsregeln für Kategorien von Produkten in Kombination mit der Vorhersage von geeigneten Gegenständen durch das Regressionsmodell liefern die besten Ergebnisse. Wir schätzen, dass sich die Verkäufe um 10% erhöhen lassen und dass der Umsatz hierdurch um 6% steigen wird. Wir finden außerdem heraus, dass unsere Modelle nur dann zuverlässig funktionieren, wenn wir zwischen Damen- und Herrenbekleidung unterscheiden. Andernfalls sagt das Regressionsmodell zu häufig Damenbekleidung voraus.

2.1.6 Operationalisierung

Wenn die Ergebnisse des Modells gut genug sind, wird unter Umständen die Entscheidung getroffen, das Modell im *operationellen Betrieb* einzusetzen. Hiermit ist in der Regel ein signifikanter Aufwand verbunden: Oft muss das Modell in der operationellen Umgebung neu implementiert werden. Hierbei müssen sowohl die Sicherheitsaspekte der Umgebung als auch die Laufzeitanforderungen respektiert werden. Wenn das Modell zum Beispiel direkt innerhalb einer Datenbank ausgeführt werden soll, muss man es in der Regel von Grund auf neu programmieren. Wegen dieses oft hohen Aufwands ist die Operationalisierung häufig ein separates Projekt.

Wenn man sich dafür entscheidet, ein Modell in den operationellen Betrieb zu übernehmen, sollte dies pilotiert, also zuerst in einem kleinen Kontext ausprobiert werden. Diese Pilotstudie ist ein Sicherheitsnetz und soll gewährleisten, dass die Erwartungen bezüglich der Modelleigenschaften, die man auf den Testdaten überprüft hat, auch im operationellen Betrieb gültig sind. Es kann zum Beispiel Unterschiede geben, weil sich die Benutzer nicht so verhalten, wie wir dies erwarten, da sich das Nutzerverhalten im Laufe der Zeit verändert hat.

Die Alterung der Daten ist ein Problem für die Operationalisierung, das man nicht unterschätzen sollte: Nicht nur die Daten altern, sondern auch die Modelle. Als Folge verschlechtert sich häufig die Güte der Modelle mit der Zeit. Damit dies kein Problem wird, sollte als Teil der Operationalisierung definiert werden, wann und wie die Modellqualität regelmäßig überprüft wird und unter welchen Umständen das Modell durch ein auf neuen Daten trainiertes Modell ersetzt wird.

Beispiel:

Unser Kunde ist zufrieden mit den Projektergebnissen und möchte das Modell in seinem Webshop durch eine Pilotstudie testen. Die Pilotstudie zeigt die Vorhersagen bei zufällig ausgewählten Kunden und protokolliert, ob weitere Produkte basierend auf den Vorhersagen gekauft wurden. Die Pilotstudie läuft einen Monat. Unabhängig davon, ob Nutzer die Vorhersagen sehen oder nicht, werden alle Nutzer eingeladen, an einer Umfrage zur Zufriedenheit mit dem Webshop teilzunehmen. Diese Umfrage soll zeigen, wie sich die gezielt platzierte Werbung auf die Kundenzufriedenheit auswirkt. Nach Abschluss der Pilotstudie wird die Entscheidung getroffen, ob das Modell in Zukunft immer eingesetzt wird, ob basierend auf der Umfrage Verbesserungen in Bezug auf die Kundenzufriedenheit notwendig sind oder ob sich der Einsatz nicht lohnt, da die platzierte Werbung ignoriert wird.

2.2 Rollen in Data-Science-Projekten

In jedem Prozess gibt es *Rollen,* die ausgefüllt werden müssen. Eine Rolle ist eine Funktion oder Tätigkeit, die einen bestimmten Teil einer Operation oder eines Prozesses durchführt. Mit anderen Worten: Rollen beschreiben die Verantwortlichkeiten und Aufgaben der Personen, die an einem Prozess beteiligt sind. In der Praxis sind Rollen oft mit Jobtiteln verbunden, zum Beispiel »Softwareentwicklerin«, »Projektmanagerin« oder »Data Scientist«. Im Allgemeinen gibt es jedoch keine Eins-zu-eins-Beziehung von Rollen und Personen. Eine Person kann mehrere Rollen ausfüllen und mehrere Personen können die gleiche Rolle haben. Es kann zum Beispiel mehrere »Data Scientists« in einem Projekt geben und diese »Data Scientists« können noch weitere Rollen haben. Einer könnte zum Beispiel noch zusätzlich der »Projektmanager« sein, eine andere die »Datenbankadministratorin«.

Wir betrachten sieben Rollen in Data-Science-Projekten. Bitte beachten Sie, dass es in der Praxis, insbesondere in großen Projekten oder im Rahmen der Operationalisierung, häufig noch weitere Rollen gibt, zum Beispiel Softwareentwicklerinnen, Softwarearchitektinnen, Cloud-Architektinnen, Community Managerinnen und Testerinnen. Außerdem betrachten wir das Rollenmodell aus der Perspektive der Industrie. Es gibt jedoch für jede Rolle auch ein Gegenstück in der akademischen Welt, das wir auch anführen.

2.2.1 Anwenderin

Die Anwenderinnen sind der Teil der Zielgruppe, die später die Projektergebnisse direkt benutzen sollen. Sie sind daher wichtige Stakeholder und häufig auch Domänenexpertinnen, die man für ein besseres Verständnis konsultieren kann. Die Anwenderinnen können helfen, die Daten zu verstehen und die Güte der Ergebnisse einzuordnen, um die Rolle eines Projekts in einem Geschäftsprozess zu verstehen. Auch wenn man die Anwenderinnen immer konsultieren sollte, ist dies spätestens dann zwingend notwendig, wenn die Projektergebnisse operationalisiert werden sollen. In akademischen Projekten sind alle, die die Forschungsergebnisse direkt oder indirekt in ihrer täglichen Arbeit nutzen, die Anwender. Wenn Forschung sich bereits im Stadium des Industrietransfers befindet, sind die Anwenderinnen die gleichen wie bei industriellen Projekten. In der akademischen Welt sind die Anwenderinnen in der Regel andere Forscherinnen.

Auch wenn die Anwenderinnen eine wichtige Rolle in Projekten innehaben, was sich auch insbesondere in modernen agilen Prozessmodellen wie Scrum[1] widerspiegelt, werden sie häufig nicht im Tagesgeschäft von Projekten, sondern eher zu festen Zeitpunkten konsultiert.

2.2.2 Projektsponsorin

Ohne die Sponsorin gäbe es kein Projekt. Die Projektsponsorinnen entscheiden, welche Projekte gestartet werden, und stellen die benötigten Ressourcen bereit. Entsprechend könnten die Projektsponsorinnen die Mitglieder des Managements einer Firma sein oder aber auch Kundinnen, die einen Auftrag erteilen. Die Projektsponsorinnen sind auch für die Beurteilung, ob ein Projekt erfolgreich ist, wichtig. Sie entscheiden, ob sie mit den Ergebnissen zufrieden sind und ob weitere Ressourcen für Folgeprojekte bereitgestellt werden, zum Beispiel um ein Ergebnis zu operationalisieren. In der akademischen Welt sind die Projektsponsorinnen in der Regel die *Principal Investigator (PIs)*, also Professorinnen und Postdoktorandinnen.

---

1. *https://www.scrumalliance.org/*

Ähnlich wie die Anwenderinnen sind die Projektsponsorinnen in der Regel nicht im Tagesgeschäft involviert. Stattdessen sind sie nur an Meilensteinen beteiligt, wenn wesentliche Projektergebnisse vorgestellt werden und wichtige Entscheidungen getroffen werden müssen.

2.2.3 Projektmanagerin

Die Projektmanagerin organisiert die Projektarbeit und das Tagesgeschäft. Die Aufgaben umfassen unter anderem die Ressourcenplanung (finanziell, Betreuung der Mitarbeiterinnen, Rechenzeit) sowie die Überwachung des Projektfortschritts. Die Projektmanagerin ist dafür verantwortlich, dass Meilensteine und Projektziele zu den geplanten Zeitpunkten erreicht und die Qualitätsziele dabei erfüllt werden. Damit dies gewährleistet ist, bewertet die Projektmanagerin regelmäßig die Risiken und leitet sofern notwendig Maßnahmen zur Minimierung des Risikos ein. Im Extremfall kann das bedeuten, dass die Projektmanagerin auch entscheiden muss, dass ein Projekt gescheitert ist und nicht fortgeführt wird. Alternativ könnten aber auch zusätzliche Ressourcen beantragt oder die Ziele angepasst werden. Im akademischen Umfeld ist die Projektmanagerin in der Regel auch die Projektsponsorin oder eine wissenschaftliche Mitarbeiterin der Projektsponsorin.

2.2.4 Dateningenieurin

Eine Dateningenieurin beschäftigt sich mit dem ELT/ETL der Daten und ist verantwortlich dafür, die Daten in einer skalierbaren Analyseumgebung zur Verfügung zu stellen. Die Dateningenieurinnen brauchen daher ein gutes Verständnis der Technologien zum Sammeln, Speichern und Verarbeiten von Daten. Insbesondere bei Big-Data-Projekten oder wenn größere Mengen an Daten noch gesammelt werden müssen, kann dies sehr herausfordernd sein. In akademischen Projekten gibt es in der Regel keine Trennung zwischen der Dateningenieurin und dem Data Scientist. In einigen Disziplinen ist das Bereitstellen der Daten jedoch so aufwendig, dass es auch hier Spezialistinnen gibt, zum Beispiel in der Genetik und der Hochenergiephysik. Das Human Genome Project[2] und das CERN[3] sind daher nicht nur für die Biologie und Physik hochrelevant, sondern auch Treiber von Technologien zum Umgang mit großen Datenmengen.

---

2. *https://www.genome.gov/human-genome-project*
3. *https://home.cern/*

2.2.5 Datenbankadministratorin

Die Datenbankadministratorin unterstützt die Dateningenieurinnen und Data Scientists durch die Bereitstellung und Administration von Datenbanken als Teil der Analyseumgebung für das Projekt. Die Aufgaben umfassen die Installation und Konfiguration von (verteilten) Datenbanken und Rechenclustern, inklusive der benötigten Werkzeuge für die Datenanalyse. Ob diese Rolle mit der Dateningenieurin oder dem Data Scientist zusammenfällt, hängt von der Organisation ab: Wenn es zum Beispiel ein extra Rechenzentrum gibt oder eine Organisationseinheit für die Nutzung und Bereitstellung von Cloud-Ressourcen, wird die Rolle in der Regel separat gehandhabt. Andernfalls fallen diese Aufgaben häufig direkt mit anderen Tätigkeiten im Projekt zusammen.

2.2.6 Data Scientist

Der Data Scientist ist Experte für die Datenanalyse und Modellierung und hierfür verantwortlich. Daher muss man als Data Scientist ein detailliertes Verständnis von Modellierungs- und Analysetechniken mitbringen, damit für ein Projekt geeignete Methoden ausgewählt werden können. Als Data Scientist trägt man wesentliche Verantwortung für den Projekterfolg und das Erreichen der Projektziele. Wenn klar wird, dass dies nicht möglich ist oder Risiken identifiziert werden, muss man als Data Scientist eng mit dem Projektmanagement zusammenarbeiten, um geeignete Schritte einzuleiten. Die Rolle des Data Scientist ist eng verwandt mit der Rolle von Business Intelligence Analysts, die es bereits in der Industrie gibt. Bei Business Intelligence handelt es sich gewissermaßen um den Vorreiter von Data Science in der Industrie, wobei hier der Fokus eher auf der Analyse des Status quo liegt, während Data-Science-Projekte häufig auch in die Zukunft blicken, um Vorhersagen und automatisierte Entscheidungen zu ermöglichen.

2.3 Deliverables

Als *Deliverables* bezeichnet man greifbare und virtuelle Projektergebnisse. Welche Deliverables erstellt werden, wird häufig als Teil des Projektplans und in Verträgen definiert und ist eng verbunden mit den Meilensteinen von Projekten. Die Deliverables müssen die Erwartung der Stakeholder erfüllen und sind ein wesentliches Kriterium für den Projekterfolg. Bei Data-Science-Projekten gibt es üblicherweise verschiedene Deliverables, von denen wir die wichtigsten hier nennen wollen.

2.3.1 Sponsorenpräsentation

Die Sponsorenpräsentation adressiert das große Ganze und hat in der Regel eine nicht technische Zielgruppe, wie Anwenderinnen, Projektsponsorinnen und das Projektmanagement. Der Fokus der Sponsorenpräsentation sollte daher auf klaren Botschaften bezüglich des Anwendungsfalls liegen. Man sollte die Güte eines Modells zum Beispiel nicht durch eines der im maschinellen Lernen verwendeten Gütemaße ausdrücken, sondern eher in für den Geschäftsprozess relevanten Kriterien. Man sollte zum Beispiel nicht von »wahr-positiven«, sondern von dem Prozentsatz von korrekt identifizierten Kundinnen sprechen. Die Präsentation sollte darauf ausgelegt sein, die Entscheidungsfindung zu stützen. Was genau das bedeutet, hängt vom Kontext und den Adressatinnen ab. Für Anwenderinnen könnte man die Präsentation zum Beispiel auf die zu erwartenden Änderungen im Geschäftsprozess zuschneiden.

Einfache Visualisierungen wie Balkendiagramme, Liniendiagramme und eventuell einfache Histogramme können hierbei unterstützend eingesetzt werden. Bei Histogrammen sollten die Bins so gewählt werden, dass sie intuitiv Sinn ergeben. Detaillierte Visualisierungen über Modelldetails sollten vermieden werden.

2.3.2 Analystenpräsentation

Die Analystenpräsentation ist an eine technisch versierte Zielgruppe gerichtet, zum Beispiel andere Data Scientists. Diese Präsentation sollte ebenfalls das große Ganze und die Kernbotschaften abdecken. Es sollte jedoch auch betrachtet werden, wie die Datenanalyse durchgeführt wurde, zum Beispiel welche Algorithmen verwendet wurden. Je nach Zielgruppe und der zur Verfügung stehenden Zeit kann man beliebig tief in die Modelldetails abtauchen oder muss diese eher oberflächlich behandeln. Im Allgemeinen sollte man in dieser Präsentation nichts »Offensichtliches« wiederholen: Wenn Standardalgorithmen verwendet wurden, sollte man diese zum Beispiel nicht ausführlich beschreiben. Stattdessen sollte der Fokus eher auf Aspekten wie unerwarteten Problemen, die aufgetaucht sind, kreativen Lösungsansätzen und neu entwickelten Verfahren liegen.

Insgesamt kann die Analystenpräsentation also deutlich komplexer sein als die Sponsorenpräsentation. Dennoch sollte man immer im Blick behalten, dass die Zielgruppe in der zur Verfügung stehenden Zeit die präsentierten Inhalte auch »verdauen« kann. Man kann also durchaus komplexere Visualisierungen verwenden, wenn diese jedoch mit Details überladen werden, ist dies kontraproduktiv.

2.3.3 Quelltext

Der zur Datenanalyse entwickelte Quelltext ist in der Regel auch ein Deliverable. Dieser Quelltext ist oft nur ein Prototyp und kein auf Wiederverwendbarkeit ausgelegtes Werkzeug oder eine Programmbibliothek. Meistens liegt nur ein Haufen von Quelltextdateien und ausführbaren Skripten vor. Im schlimmsten Fall beinhalten diese sogar noch maschinenspezifische Informationen, wie lokale Pfade zu den Daten. Auch wenn Clean Code ein sekundärer Aspekt ist, sollte dennoch auch hier bereits auf die Wiederverwendbarkeit geachtet werden. Der Quelltext ist nämlich gleichzeitig auch eine exakte Spezifikation der erstellten Modelle. Daher ist der Quelltext, egal wie »hacky« er ist, eine wichtige Ressource, auch wenn er möglicherweise neu geschrieben, aufgeräumt oder adaptiert werden muss.

2.3.4 Technische Spezifikation

Zur Ausführung des Quelltextes muss man die technische Spezifikation kennen. Hier werden die Befehle und die Umgebung zur Ausführung beschrieben, zum Beispiel welche Betriebssysteme unterstützt werden, welche Softwarepakete benötigt werden, welche Abhängigkeiten verfügbar sein müssen und wie der Quelltext übersetzt und ausgeführt werden kann. Häufig wird dies vernachlässigt, sodass die technische Spezifikation fehlt, nicht aktuell oder unvollständig ist. In der Konsequenz ist der Quelltext nicht oder nur mit hohem Aufwand nutzbar. Gute Data Scientists sorgen dafür, dass dies nicht der Fall ist, zum Beispiel durch *Replication Kits* mit allen Informationen zur Replikation der Ergebnisse in der Forschung und saubere Paketierung des Quelltextes in der Industrie.

2.3.5 Daten

Wenn im Rahmen eines Projekts Daten gesammelt werden, sind diese Daten selbst eventuell auch ein Deliverable. Durch das Teilen oder Archivieren der Daten kann man die Durchführung zukünftiger Projekte ermöglichen oder unterstützen. Insbesondere in der Forschung ist das Teilen von Daten üblich und wichtig, um es anderen forschenden Personen zu ermöglichen, Ergebnisse nachzuvollziehen und darauf aufzubauen. Ob und wie die Daten geteilt werden können, hängt von der Sensitivität und dem Volumen der Daten ab. Das Teilen großer Datensätze kann kostenintensiv sein, was hier eventuell abschreckt. Wenn die Daten persönliche Informationen beinhalten, sodass die *Data Privacy* eine Rolle spielt, kann es notwendig sein, die Daten zu anonymisieren, oder auch komplett verboten sein, die Daten zu teilen. Ähnliches kann auch in einem industriellen Kontext mit internen Daten eines Unternehmens gelten. Wenn Daten geteilt werden, sollte dies den *FAIR-Prinzipien* genügen:

- *Findable*
  Die Daten müssen einfach zu finden sein, zum Beispiel durch einen Digital Object Identifier (DOI).
- *Accessible*
  Der Zugriff auf die Daten muss einfach sein.
- *Interoperable*
  Alle notwendigen Informationen zur Nutzung der Daten sollten bekannt sein.
- *Reusable*
  Die Daten sollten mit einer Lizenz versehen sein, die die Wiederverwendung erlaubt, und entsprechend den in einer Community geltenden Standards geteilt werden.

3 Allgemeines zur Datenanalyse

Bevor wir uns in die Algorithmen zur Modellierung mithilfe von Daten stürzen, brauchen wir noch einige Grundlagen. Hierbei handelt es sich um allgemeine Konzepte, die nicht von einer bestimmten Art der Analyse oder Daten abhängen und die wir immer wieder benötigen. Außerdem geben wir in diesem Kapitel auch einen Überblick über die Arten von Algorithmen, die es gibt.

3.1 Das No-free-Lunch-Theorem

Das erste Konzept ist eine fundamentale Aussage über Optimierungsalgorithmen, das *No-free-Lunch-Theorem* (NFL). Das Theorem selbst ist sehr theoretisch, wenn Sie sich nur für die (sehr wichtigen!) praktischen Auswirkungen interessieren, springen Sie einfach direkt zur umgangssprachlichen Definition. Die mathematische Formulierung des NFL lautet wie folgt.

No-free-Lunch-Theorem:

Sei d_m^y eine geordnete Menge der Kardinalität m mit Kostenwerten $y \in Y$. Sei $f: X \rightarrow Y$ eine Funktion, die optimiert werden soll. Sei $P(d_m^y | f, m, a)$ die bedingte Wahrscheinlichkeit, die Kosten d_m^y durch m wiederholte Ausführungen des Algorithmus a für die Funktion f zu beobachten.

Für jedes Paar von Algorithmen a_1 und a_2 gilt:

$$\sum_f P(d_m^y | f, m, a_1) = \sum_f P(d_m^y | f, m, a_2)$$

Einen Beweis für das Theorem findet man in der Literatur [Wolpert & Macready 1997]. Die Gleichung des NFL besagt, dass die Summe der Wahrscheinlichkeiten, bestimmte Kosten zu erhalten, gleich ist, wenn man die Gesamtheit aller Funktionen f betrachtet, unabhängig vom Algorithmus. Einfacher formuliert bedeutet das NFL:

No-free-Lunch-Theorem (umgangssprachlich):

Alle Algorithmen sind gleich, wenn man alle möglichen Optimierungsprobleme betrachtet.

Diese Aussage entspricht nicht der Intuition, die man durch das praktische Arbeiten mit Daten erworben hat. Für bestimmte Probleme merkt man sehr wohl, dass einige Algorithmen besser sind als andere. Dies wird durch das NFL aber auch gar nicht ausgeschlossen, im Gegenteil. Ein Algorithmus kann durchaus für einige Funktionen f besser sein als andere Algorithmen. Aus dem NFL folgt aber, dass dieser Algorithmus dann bei allen anderen Problemen unterdurchschnittlich sein muss. Das ist auch die wichtige praktische Konsequenz des NFL: *Es gibt keinen Algorithmus, der für alle Probleme optimal ist!* Stattdessen hängt der optimale Algorithmus zur Lösung eines Problems vom Problem selbst ab. Daher auch der Name des Theorems: Es gibt kein »Gratisessen«, also einen Algorithmus für alle Probleme. Stattdessen müssen sich Data Scientists ihr Essen verdienen, indem sie passende Algorithmen kennen und auswählen.

Das heißt natürlich auch, dass es nicht ausreicht, sich auf eine bestimmte Art von Algorithmus zu spezialisieren. Dieser Algorithmus kann mathematisch beweisbar gar nicht in jeder Situation die beste Wahl sein. Die Falle, in die man tappen könnte, ist, dass man nicht mehr den Algorithmus an das Problem anpasst, sondern das Problem an den Algorithmus. Denn wenn man einen Hammer hat, sieht manchmal alles aus wie ein Nagel. Stattdessen sollten wir eine ganze Werkzeugbox an Algorithmen kennen. Nur dann können wir basierend auf der Problemstellung, den zur Verfügung stehenden Daten und unserer Erfahrung den am besten geeigneten Algorithmus auswählen. Dies lernt man nicht über Nacht, sondern nur aus der Erfahrung von vielen Projekten, in denen man mit verschiedenen Datensätzen und Methoden arbeitet.

3.2 Definition von maschinellem Lernen

Maschinelles Lernen ist derzeit eines der heißesten Themen in der Informatik, da es in den letzten Jahren große Fortschritte bei der Lösung von praxisrelevanten Problemen durch die immer höher werdende Rechenkraft, die größeren Datenmengen, die zur Verfügung stehen, und innovatives Design von Lernalgorithmen gab. Einige Probleme, die noch vor wenigen Jahren als extrem schwierig galten, sind jetzt durch maschinelles Lernen gelöst (siehe Kap. 1). Wenn man sich näher mit dem maschinellen Lernen beschäftigen möchte, muss man zuerst die Bedeutung des Begriffs verstehen. Es gibt viele Definition in der Literatur. Eine sehr mächtige und gleichzeitig intuitive kommt von Tom Mitchell [Michalski, Carbonell & Mitchell 1984]:

> **Definition von maschinellem Lernen:**
>
> Ein Computerprogramm lernt aus Erfahrung E in Bezug auf eine Klasse von Aufgaben T und ein Gütemaß P, wenn die Güte der Lösungen von T gemessen durch P sich mit mehr Erfahrung E verbessert.

Auf den ersten Blick wirkt diese Definition sehr abstrakt und ist schwer zu lesen. Insbesondere die abstrakten Begriffe von *Erfahrung*, einer *Klasse von Aufgaben* und der *Güte* sind intuitiv in diesem Zusammenhang schwer einzuordnen. Das ist aber der Grund, weshalb die Definition so gut ist: Maschinelles Lernen ist ein sehr vielseitiges Gebiet, was anders kaum zu fassen ist. Außerdem ist die Definition nur auf den ersten Blick komplex. Bei einer genaueren Betrachtung, was mit Erfahrung, Aufgaben und Güte gemeint ist, erscheint die Definition sehr naheliegend.

- Die *Erfahrung* ist (im Normalfall) unser Datensatz. Je mehr Daten wir haben, desto mehr Erfahrung haben wir. Es gibt außerdem auch selbstlernende Systeme, die keine externen Daten benötigen und stattdessen ihre eigenen Daten generieren, wie AlphaZero [Silver et al. 2017], das durch das Spielen gegen sich selbst lernt. In diesem Fall steigt die Erfahrung mit jedem Spiel.
- Die *Aufgaben* sind nichts anderes als die Probleme, die wir mit maschinellem Lernen lösen möchten. Wir wollen Fußgänger erkennen, damit diese von einem autonomen Fahrzeug nicht überfahren werden. Wir wollen Spiele spielen und gewinnen. Wir wollen, dass die Besucher unserer Website auf die Werbung klicken. Das sind die Aufgaben. Im Allgemeinen ist die Aufgabe eng verwandt mit dem Anwendungsfall und den Projektzielen. Etwas abstrakter kann man Klassen von Aufgaben auf Kategorien von Algorithmen abbilden, wie wir am Ende dieses Kapitels sehen werden.
- Die *Gütemaße* messen, wie gut die Aufgabe erfüllt wird. Das könnte zum Beispiel die Anzahl der korrekt erkannten Fußgänger, der gewonnenen Spiele oder die Zahl der Klicks auf Werbung sein.

Mit diesem Wissen erscheint die Definition ganz einfach: Wir betrachten einfach Algorithmen, die besser werden, wenn ihnen mehr Daten zur Verfügung stehen.

3.3 Merkmale

Im letzten Kapitel haben wir bereits oft von *Merkmalen* (engl. *feature*) gesprochen, ohne jedoch genau zu erklären, was wir damit eigentlich meinen. Die Merkmale sind eine Kernkomponente von maschinellem Lernen. Die Bedeutung von Merkmalen kann man sich gut an einem Beispiel verdeutlichen. Wenn wir uns Abbildung 3–1 anschauen, erkennen wir sofort, dass es sich um einen Wal handelt. Wie genau wir als Menschen erkennen, dass es sich um einen Wal handelt, ist nicht abschließend geklärt und immer noch Gegenstand der Forschung. Nichtsdestotrotz nehmen wir hier an, dass wir verschiedene Aspekte vom Bild erkennen und aufgrund der Aspekte dann zur Erkenntnis gelangen, dass es sich um einen Wal handelt. Man könnte zum Beispiel erkennen, dass sich ein etwa *ovales* Objekt im Vordergrund befindet, das *oben schwarz und unten weiß* ist, das *Flossen hat* und dass der *Hintergrund blau* ist. Das alles sind *Merkmale* des Bilds.

Abb. 3–1 *Bild von einem Wal*

Und so funktioniert auch maschinelles Lernen: Schlussfolgerungen über Objekte werden anhand ihrer Merkmale gezogen. Formal haben wir einen *Objektraum* $\mathcal{O}$ mit Objekten aus der realen Welt und einen *Merkmalsraum* (engl. *feature space*) $\mathcal{F}$ mit Beschreibungen der Objekte durch ihre Merkmale. Eine *Feature Map* $\phi : \mathcal{O} \rightarrow \mathcal{F}$ bildet die Objekte auf ihre Repräsentation im Merkmalsraum ab. Für unser Walbild ist der Objektraum $\mathcal{O}$ die Menge der Bilder und der Merkmalsraum hätte fünf Dimensionen: Form, Farbe oben, Farbe unten, Hintergrundfarbe und Flossen. Die Repräsentation des Bilds im Merkmalsraum wäre daher

$$\phi(Walbild) = (Oval, Schwarz, Weiß, Blau, Ja).$$

Es gibt verschiedene *Skalen,* über die Merkmale definiert sein können. Die am häufigsten verwendete Skalendefinition geht auf Steven zurück und ist auch als *Steven's Levels of Measurements* bzw. *NOIR*-Skalen bekannt [Stevens 1946]. NOIR ist ein Akronym für die vier Arten von Skalen: Nominal, Ordinal, Intervall und Rational.

Skala	Eigenschaft	Erlaubte Operationen	Beispiel
Nominal	Klassifikation oder Zugehörigkeit	$=, \neq$	Farben als Schwarz, Weiß und Blau
Ordinal	Vergleichbare Level	$=, \neq, >, <$	Größe in Small, Medium und Large
Intervall	Unterschiede und Abstände	$=, \neq, >, <, +, -$	Daten, Temperaturen
Rational	Absolute Größen und Mengen	$=, \neq, >, <, +, -, *, /$	Größe in cm, Dauer in Sekunden

Tab. 3–1 *Skalen für Merkmale*

Tabelle 3–1 fasst die Eigenschaften der Skalen zusammen. Nominale und ordinale Merkmale nennt man auch *kategorische* Merkmale, da sie ihre Werte in Kategorien darstellen. Bei nominalen Merkmalen gibt es keine Ordnung der Kategorien, das heißt, dass man zum Beispiel nicht sagen kann, welche Kategorie größer oder kleiner ist. Bei ordinalen Merkmalen gibt es eine wohldefinierte Ordnung, wir können die Kategorien also sortieren. Der Abstand zwischen den Kategorien ist nicht bekannt und auch nicht notwendigerweise gleich zwischen benachbarten Kategorien. Entsprechend kann man nur sagen, dass T-Shirts der Größe *Small* kleiner sind als *Medium* und *Medium* wiederum kleiner als *Large*. Aber wie groß der Unterschied zwischen *Small* und *Medium* ist, und ob der Unterschied zwischen *Medium* und *Large* gleich groß ist, ist nicht bekannt. Dieses Wissen hat man erst, wenn man eine Intervallskala verwendet, auf der man die Unterschiede quantifizieren kann. Wir können zum Beispiel die Temperaturdifferenz von 10°C und 5°C berechnen. Was jedoch auf Intervallskalen keinen Sinn ergibt, sind Verhältnisse. Man kann beispielsweise nicht sinnvoll sagen, dass das Datum 2000-01-01 doppelt so hoch ist wie 1000-01-01. Daher kann man Verhältnisse nur bei Merkmalen mit einer rationalen Skala sinnvoll berechnen. Wenn wir zum Beispiel die Zeit messen, die im Gregorianischen Kalender seit dem Jahr 0 vergangen ist, kann man durchaus sagen, dass 2000 Jahre Unterschied doppelt so viel ist wie 1000 Jahre.

Viele Algorithmen gehen davon aus, dass die Merkmale durch Zahlen repräsentiert werden. Während das auf Intervall- und Rationalskalen kein Problem ist, sind Nominal- und Ordinalskalen nicht numerisch. Ein einfacher Ansatz wäre es, die Kategorien einfach durchzunummerieren, zum Beispiel Schwarz als eins, Weiß als zwei und Blau als drei. Diesen Ansatz sollte man jedoch in der Regel vermeiden, da die Gefahr besteht, dass Algorithmen dann mit diesen Zahlen rechnen und zum Beispiel Differenzen bilden. Dann wäre Blau minus Weiß auf einmal Schwarz, was natürlich keinen Sinn ergibt. Eine bessere Lösung ist daher das *One-Hot Encoding*. Das Konzept hinter dem One-Hot Encoding besteht darin, eine Nominal- bzw. Ordinalskala durch viele Merkmale mit den Werten null und eins zu ersetzen. Für jede Kategorie der ursprünglichen Skala gibt es ein neues

Merkmal. Für einen Datenpunkt ist der Wert dieses neuen Merkmals eins, wenn der Datenpunkt zur entsprechenden Kategorie gehört, und ansonsten null.

Als Beispiel betrachten wir die Nominalskala mit den Werten Schwarz, Weiß, und Blau, es gilt also $x \in \{Schwarz, Weiß, Blau\}$. Wir ersetzen dieses Feature durch drei neue Features $x^{Schwarz}, x^{Weiß}, x^{Blau} \in \{0,1\}$. Die Werte der neuen Merkmale sind folgendermaßen definiert:

$$x^{Schwarz} = \begin{cases} 1 & \text{wenn } x = \text{Schwarz} \\ 0 & \text{sonst} \end{cases}$$

$$x^{Weiß} = \begin{cases} 1 & \text{wenn } x = \text{Weiß} \\ 0 & \text{sonst} \end{cases}$$

$$x^{Blau} = \begin{cases} 1 & \text{wenn } x = \text{Blau} \\ 0 & \text{sonst} \end{cases}$$

Mit diesem Ansatz transformiert man also n Kategorien in n neue Merkmale. Es ist auch möglich, ein One-Hot Encoding mit $n-1$ neuen Merkmalen zu definieren. Wir könnten im Beispiel einfach x^{Blau} weglassen und wüssten trotzdem noch eindeutig, welche Farbe es ist: Wenn $x^{Schwarz} = x^{Weiß} = 0$ gilt, muss die Farbe stattdessen Blau sein. Diese Eigenschaft sollte man insbesondere dann ausnutzen, wenn man eine Skala mit zwei Kategorien umwandelt.

Bitte beachten Sie, dass One-Hot Encoding möglicherweise nicht gut funktioniert, wenn Sie sehr viele verschiedene Kategorien haben. Dies führt zu vielen neuen Merkmalen, was bei der anschließenden Modellierung zum Problem werden kann. Hinzu kommt, dass man bei der Umwandlung von Ordinalskalen die Informationen über die Ordnung verliert. In solchen Fällen sollte man nach Möglichkeit auf Analysemethoden zurückgreifen, die direkt mit Nominal- bzw. Ordinalskalen arbeiten können.

3.4 Trainings- und Testdaten

Daten sind das Herz von jedem Data-Science-Projekt. Die Daten bestehen aus *Instanzen* von *Merkmalen*, wobei eine Instanz die Repräsentation eines Objekts der realen Welt durch seine Merkmale ist. Tabelle 3–2 zeigt uns ein Beispiel von Daten.

Form	Farbe oben	Farbe unten	Hintergrundfarbe	Flossen
Oval	Schwarz	Weiß	Blau	Ja
Rechteck	Braun	Braun	Grün	Nein
...	...	...	...	...

Tab. 3–2 *Beispiel für Instanzen von Objekten mit ihren Merkmalen*

Jede Zeile in der Tabelle ist eine Instanz, jede Spalte beinhaltet die Werte von einem Merkmal. Häufig gibt es noch eine gewisse Eigenschaft, die man aus den Merkmalen lernen möchte, sozusagen einen *Wert von Interesse*, der mit jeder Instanz verbunden wird. Tabelle 3–3 zeigt die Erweiterung der Instanzen.

Form	Farbe oben	Farbe unten	Hintergrundfarbe	Flossen	Wert von Interesse
Oval	Schwarz	Weiß	Blau	Ja	Wal
Rechteck	Braun	Braun	Grün	Nein	Bär
...	...	...	...	...	...

Tab. 3–3 *Beispiel für Instanzen von Objekten mit ihren Merkmalen und Werten von Interesse. Diese werden häufig auch als Label bezeichnet.*

Je nachdem ob dieser Wert bekannt ist und für die Erstellung eines Modells verwendet wird oder nicht, spricht man vom *überwachten* bzw. *unüberwachten Lernen* (engl. *supervised/unsupervised*).

Daten sind häufig in Form von Datensätzen organisiert. In diesem Zusammenhang sind die Begriffe *Trainingsdaten* und *Testdaten* für die Datenanalyse besonders wichtig. Die Trainingsdaten werden für die Erstellung von Modellen benutzt, das heißt für alles von der Datenexploration über die Bestimmung von geeigneten Modellen bis hin zu Experimenten, um das beste Modell auszuwählen. Man kann die Trainingsdaten so oft man will benutzen und beliebig transformieren.

Die Testdaten werden jedoch idealerweise nur ein einziges Mal verwendet, und zwar am Ende des Projekts, um zu überprüfen, ob die Ergebnisse von den Trainingsdaten auch auf andere Daten verallgemeinert werden können, und um hierdurch abzuschätzen, wie gut ein Modell im operationellen Betrieb funktionieren würde. Hierzu wird das auf den Trainingsdaten ermittelte Modell mit den Testdaten gefüttert, um die Güte auf Basis der in der Discovery definierten Kriterien zu messen.

Die Unterscheidung zwischen Trainings- und Testdaten ist wichtig, um zu gewährleisten, dass man *Overfitting* verhindert und stattdessen die *Generalisierung* sicherstellt. Overfitting bedeutet, dass das Modell die Daten auswendig lernt, statt das eigentliche Problem zu lösen. Es ist nämlich relativ einfach, ein perfektes Modell für die Trainingsdaten zu erstellen: Man lernt diese einfach auswendig und gibt diese später wieder aus. Bei beliebigen anderen Daten würde dieses Modell jedoch nicht mehr funktionieren. Die Testdaten verhindern genau das. Wenn das Modell nur auswendig gelernt hat, statt Zusammenhänge zu erkennen, wird es auf den Testdaten nicht gut funktionieren. Andersherum gilt aber auch, dass wenn ein Modell auch auf den Testdaten gute Ergebnisse liefert, es wahrscheinlich auch in der realen Anwendung wie gewünscht funktioniert.

Leider sind Daten häufig eine nur begrenzt verfügbare Ressource, da das Sammeln von Daten oft zeitaufwendig und/oder kostenintensiv ist. Auf der einen

Seite wissen wir, dass maschinelles Lernen bessere Ergebnisse liefert, wenn mehr Daten zur Verfügung stehen. Auf der anderen Seite ist die Bewertung der Güte auf den Testdaten genauer, wenn mehr Testdaten zur Verfügung stehen. Wie viele und welche Daten fürs Testen verwendet werden, ist also immer eine Abwägung, die innerhalb von einem Projekt gemacht werden muss. Im Idealfall stehen genug Daten zur Verfügung, dass man mit *Holdout*-Daten arbeiten kann. Das bedeutet, man hat einen echten Testdatensatz, der auch nur zu diesem Zweck verwendet wird. Wie viele Daten als Holdout-Daten genutzt werden, legt man üblicherweise als Prozentsatz der zur Verfügung stehenden Daten fest, zum Beispiel:

- 50 % Trainingsdaten, 50 % Testdaten,
- 66,6 % Trainingsdaten, 33,4 % Testdaten oder auch
- 75 % Trainingsdaten, 25 % Testdaten.

Es kann auch sinnvoll sein, zusätzlich noch *Validierungsdaten* zu nutzen. Validierungsdaten sind »wiederverwendbare Testdaten zur Modellauswahl«. Das heißt, dass man die Daten ähnlich wie die Testdaten verwendet, jedoch nicht nur am Ende des Projekts zur abschließenden Bewertung. Stattdessen kann man diese Daten bereits vorher nutzen, zum Beispiel um verschiedene Modelle miteinander zu vergleichen und oder um Modellparameter zu optimieren. Validierungsdaten können ebenfalls als Holdout-Daten erstellt werden, zum Beispiel mit 50 % Trainingsdaten, 25 % Validierungsdaten und 25 % Testdaten.

Für den Fall. dass nicht genug Daten zur Verfügung stehen, um mit Holdout-Daten zu arbeiten, kann man *Kreuzvalidierung* (engl. *cross-validation*) nutzen, um die Wahrscheinlichkeit von Overfitting zu reduzieren. Bei der Kreuzvalidierung gibt es keine klare Trennung zwischen Trainings- und Testdaten. Stattdessen werden alle Daten sowohl für das Training als auch für die Bewertung der Güte benutzt. Abbildung 3–2 beschreibt die *Kreuzvalidierung*. Bei *k-facher Kreuzvalidierung* (engl. *k-fold cross-validation*) werden die Daten hierfür in *k* gleich große Partitionen unterteilt. Jede Partition wird einmal für das Testen benutzt und alle anderen Partitionen für das Training.

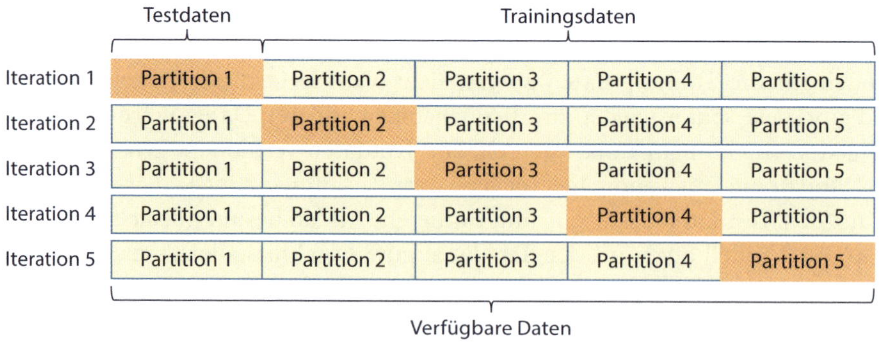

Abb. 3–2 *Verwendung von Daten zur Kreuzvalidierung*

Die Güte wird als arithmetisches Mittel der Güte auf der jeweiligen Testpartition berechnet. Bei der Kreuzvalidierung wird somit jede Instanz der Daten genau einmal in den Testdaten und $(k-1)$-mal zum Training verwendet. Der Nachteil der Kreuzvalidierung ist, dass es keine echten Testdaten gibt. Stattdessen handelt es sich vielmehr um Validierungsdaten. Dennoch verwenden wir hier auch den Begriff Testdaten, da dies in der Literatur üblich ist. Da es keine echten Testdaten gibt, ist das Risiko von Overfitting bei der Kreuzvalidierung höher als bei der Verwendung von Holdout-Daten. Daher sollte man, sofern möglich, Holdout-Daten verwenden und Kreuzvalidierung nur als Notlösung betrachten.

3.5 Kategorien von Algorithmen

Data Science ist ein vielseitiges Gebiet. Je nach Problemstellung gibt es unterschiedliche Algorithmen, die für ein Projekt geeignet sind:

- *Assoziationsregeln* befassen sich mit Zusammenhängen zwischen Gegenständen in Transaktionen. Der klassische Anwendungsfall von Assoziationsregeln ist die Vorhersage von Gegenständen, die zu einem Warenkorb noch hinzugefügt werden, basierend auf dem aktuellen Inhalt des Warenkorbs. Wir betrachten den Apriori-Algorithmus zum Bestimmen von Assoziationsregeln in Kapitel 5.
- *Clustern* beschäftigt sich mit der Suche von Gruppen, also Daten, die zueinander ähnlich sind und daher zur selben Gruppe gehören. Wir betrachten den k-Means-Algorithmus, den EM-Algorithmus, DBSCAN und Single Linkage Clustern in Kapitel 6.
- *Klassifikation* behandelt das Zuweisen von Labeln zu Objekten. Wir behandeln den k-Nearest-Neighbor-Algorithmus, Entscheidungsbäume, Random Forests, logistische Regression, Naive Bayes, Support Vector Machines und neuronale Netze in Kapitel 7.
- *Regression* sucht nach Zusammenhängen zwischen Merkmalen, eventuell mit dem Ziel, einen numerischen Wert vorherzusagen. Wir beschäftigen uns mit der linearen Regression durch Ordinary Least Squares (OLS), Ridge, Lasso und Elastic Net in Kapitel 8.
- *Zeitreihenanalyse* berücksichtigt die zeitliche Struktur von Daten, zum Beispiel bei täglichen, wöchentlichen oder monatlichen Daten. Die Zeitreihenanalyse geht über die Regression hinaus, da auch Aspekte wie die Saisonalität berücksichtigt werden. Wir betrachten ARIMA in Kapitel 9.
- *Text Mining* befasst sich mit der Analyse von unstrukturierten textuellen Daten. Grundsätzlich können alle Arten von Algorithmen zum Text Mining verwendet werden. Die Schwierigkeit liegt darin, eine geeignete Struktur für den Text zu finden und die Daten zu verarbeiten. Wir betrachten ein einfaches Text-Mining-Verfahren basierend auf einem Bag-of-Words in Kapitel 10.

Bei der Suche nach Assoziationsregeln und beim Clustern werden unüberwachte Lernverfahren, die anhand der Merkmale nach Mustern in den Daten suchen, verwendet. Daher werden solche Verfahren auch manchmal als *Mustererkennung* (engl. *pattern recognition*) bezeichnet. Klassifikation, Regression und Zeitreihenanalyse sind Beispiele für überwachtes Lernen. Das heißt, dass man für diese Ansätze den Wert von Interesse kennen muss und die Verfahren den Zusammenhang zu den Merkmalen lernen.

3.6 Übung

In der ersten Übung machen wir uns mit dem Arbeiten mit Merkmalen in Python durch *Dataframes* vertraut. Hierbei lernen wir Daten zu laden und zu filtern. Für diese Übung müssen Sie eigenständig die benötigten Funktionen aus der Programmbibliothek `pandas` heraussuchen[1]. Sollten Sie wenig Erfahrung mit Python (oder Programmierung) haben, können Sie diese Übung auch überspringen und sich stattdessen an den Quelltextbeispielen der folgenden Kapitel orientieren. Sie sollten sich aber in jedem Fall zumindest die Aufgaben durchlesen, da das Konzept der Dataframes dort erklärt wird.

Laden von CSV-Daten

Oft liegen Daten als CSV-Dateien vor. Die erste Zeile beinhaltet die Namen der Merkmale, die folgenden Zeilen jeweils die Werte einer Instanz. Laden Sie sich zuerst die für uns angepassten Daten über Insolvenzen herunter[2]. Das Original finden Sie im *UCI Archive*[3], einer großen Sammlung von Beispieldatensätzen für maschinelles Lernen. Wir haben diese Daten angepasst, indem wir die Werte einiger Merkmale gelöscht haben.

Laden Sie die CSV-Datei in einen *Dataframe* mithilfe der Bibliothek `pandas`. Dataframes sind ähnlich zu Matrizen. Es gibt jedoch einige wesentliche Unterschiede:

- Dataframes können einfacher verändert werden, indem man Zeilen/Spalten entfernt.
- Die Zeilen und Spalten von Dataframes können benannt sein, werden also nicht nur mithilfe ihres numerischen Indexes identifiziert.
- Jede Spalte kann einen anderen Typ haben. Eine Spalte könnte zum Beispiel Zeichenketten beinhalten und eine andere Gleitkommazahlen.

---

1. *https://pandas.pydata.org/*
2. *https://data-science-crashkurs.de/exercises/data/analcatdata_bankruptcy.csv*
3. *https://archive.ics.uci.edu/ml/index.php*

Nachdem die Daten geladen sind, geben Sie einige Informationen über die Daten aus:

- Wie viele Instanzen gibt es?
- Wie viele Merkmale gibt es?
- Was sind die Namen der Merkmale?

Entfernen von Merkmalen

Entfernen Sie das Merkmal `Company`.

Entfernen von Instanzen mit fehlenden Werten

Entfernen Sie alle Instanzen, bei denen ein Wert fehlt. Die fehlenden Werte sind als `NA` in der CSV-Datei markiert. Hierdurch sollten fünf Instanzen entfernt werden.

Rechnen mit Dataframes

Man kann mit Dataframes einfach rechnen. Ergänzen Sie zwei Spalten mit den Ergebnissen folgender Berechnungen:

- Die Summe der Spalten `WC/TA` und `RE/TA`
- Das Produkt der Spalten `EBIT/TA` und `S/TA`

Zusammenfügen von Dataframes

Laden Sie die Daten ein zweites Mal aus der CSV-Datei. Vereinigen Sie den Dataframe aus der vorigen Aufgabe mit den neu geladenen Daten, sodass gilt:

- Das Merkmal `Company` ist wieder Teil des neuen Dataframes.
- Die Instanzen mit fehlenden Werten sind weiterhin entfernt.
- Die berechneten Merkmale (Summe, Produkt) sind Teil des neuen Dataframes.

Auswahl von Teilmengen

Nutzen Sie den zusammengefügten Dataframe, um Teilmengen der Instanzen und Merkmale zu bestimmen:

- Die Instanzen 10 bis 20 und alle Merkmale
- Die Merkmale in den ersten vier Spalten und alle Instanzen
- Die Merkmale `WC/TA` und `EBIT/TA` und alle Instanzen
- Alle Merkmale und nur die Instanzen, bei denen `RE/TA` kleiner als -20 ist.
- Alle Merkmale und nur die Instanzen, bei denen `RE/RA` kleiner als -20 ist und `bankrupt` null ist.
- Nur die Merkmale `WC/TA` und `EBIT/TA` und nur die Instanzen, bei denen `RE/RA` kleiner als -20 ist und `bankrupt` null ist.

4 Erkunden der Daten

In diesem Kapitel befassen wir uns mit Methoden, die wir einsetzen können, um die Daten zu verstehen. Man spricht auch vom *Lernen der Daten*. Das heißt, dass wir uns Wissen über die Struktur, den Umfang (z.B. Größe und Anzahl von Datenpunkten) sowie den Wertebereich der Daten aneignen müssen. Eventuell wird auch ein Verständnis der Datenquellen benötigt, wenn die Richtigkeit und Zuverlässigkeit der Daten relevant sind oder wir die Gründe für unvollständige Daten näher beleuchten wollen.

Es gibt sehr viele Methoden, die man zur Erkundung von Daten einsetzen kann. Die Erkundung selbst ist ein durch Werkzeuge unterstützter interaktiver Prozess. Es ist üblich, verschiedene Werkzeuge zu benutzen, abhängig vom Aspekt, den man aktuell erkunden möchte. Im Folgenden stellen wir einige wichtige Werkzeuge vor, die uns dabei helfen, Daten zu verstehen.

Im Folgenden nutzen wir die Notation $x=(x_1,...,x_n)$ mit $x_1,...,x_n \in \mathbb{R}$. Der Wert x beschreibt also einen Vektor von reellen Zahlen. Wenn es sich bei x um eine Teilmenge der möglichen Daten handelt, nennt man x auch *Stichprobe* (engl. *sample*). Der Einfachheit halber können Sie sich x auch einfach als Menge von Zahlen vorstellen. Dies ist zwar für die Vorstellung oft einfacher, jedoch formal nicht korrekt, da Mengen nicht das gleiche Element mehrfach enthalten können, Datensätze jedoch schon.

4.1 Texteditoren und die Kommandozeile

Bereits sehr einfache Werkzeuge können uns helfen, die Daten zu verstehen. Texteditoren und einfache Kommandozeilenbefehle wie `head`, `more` und `less` ermöglichen es, sich den Inhalt der Textdateien direkt anzusehen. Hierdurch kann man beliebige Daten, die nicht im Binärformat vorliegen, inspizieren. Das ist durchaus häufig der Fall, zum Beispiel bei *Comma-Separated Values* (CSV), der *eXtensible Markup Language* (XML) oder der *JavaScript Object Notation* (JSON). Wir könnten uns zum Beispiel direkt den Quelltext dieses Kapitels anschauen, um das Format der Daten, die in Jupyter Notebooks gespeichert werden, zu verstehen:

```
!head kapitel_04.ipynb
```

```
{
 "cells": [
  {
   "cell_type": "markdown",
   "id": "ceramic-tiger",
   "metadata": {},
   "source": [
    "# Erkunden der Daten\n",
    "\n",
   "In diesem Kapitel befassen wir uns mit Methoden, die wir einsetzen können,
     um die Daten zu verstehen. Man spricht auch vom *Lernen der Daten*. Das
     heißt, dass wir uns Wissen über die Struktur, den Umfang (z.B. Größe und
     Anzahl von Datenpunkten) sowie den Wertebereich der Daten aneignen
     müssen. Eventuell wird auch ein Verständnis der Datenquellen benötigt,
     wenn die Richtigkeit und Zuverlässigkeit der Daten relevant sind oder wir
     die Gründe für unvollständige Daten näher beleuchten wollen. \n",
```

Durch diesen einfachen Befehl, der nur die ersten Zeilen der Datei anzeigt, können wir viel über die Daten lernen: Die Daten sind im JSON-Format als Liste von Zellen (`cells`) gespeichert. Für jede Zelle werden der Typ, ein Identifier, eventuelle Metadaten sowie der Quelltext der Zelle als Liste gespeichert, wobei jeder Listeneintrag eine Zeile des Quelltextes darstellt. All das erfahren wir nur mit einem einfachen Kommandozeilenbefehl.

Bemerkung:

Man kann durch ein Ausrufezeichen als Präfix beliebige Kommandozeilenbefehle (z.B. bash) direkt aus einem Jupyter Notebook aufrufen. Daher ist `!head` in einem Jupyter Notebook äquivalent zur Eingabe von `head` direkt in der Kommandozeile. Welche Befehle zur Verfügung stehen, hängt von der Ausführungsumgebung ab. Weil die Kommandozeile von Windows den Befehl `head` nicht kennt, würde dies zum Beispiel dort eventuell nicht funktionieren.

Dies ist natürlich nur eine Möglichkeit, die Art, wie Jupyter Notebooks Daten speichern, zu betrachten. Und wie bei den meisten sehr einfachen Lösungen gibt es natürlich auch Schwächen. Es ist zum Beispiel nicht klar, ob es noch weitere Informationen gibt, die für Zellen gespeichert werden könnten, da der betrachtete Auszug eventuell nicht alle Möglichkeiten des Datenformats ausschöpft. Daher ist es auch wichtig, dass die Metadaten betrachtet werden, in diesem Fall die Dokumentation des Datenformats[1]. Dort findet man zum Beispiel heraus, dass es noch weitere Felder gibt, wie zum Beispiel das Feld `nbformat`, um die Version des Datenformats anzuzeigen. Eine gute Dokumentation der Metadaten beschreibt das Datenformat vollständig, das heißt, welche Felder es gibt, welche Informationen in einem Feld gespeichert werden und wie die Felder zusammenhängen.

1. *https://nbformat.readthedocs.io/en/latest/format_description.html*

Die Metadaten sind nicht notwendigerweise auf die Beschreibung der Daten selbst beschränkt. Es könnten zum Beispiel auch Links zu weiterführenden Informationen zur Verfügung gestellt werden. Außerdem könnten auch die Datenquellen beschrieben sein. Was man in den Metadaten üblicherweise nicht vorfindet, ist eine Beschreibung der Werte, die die Daten in einem Datensatz haben. Hier findet man höchstens Beispiele, die veranschaulichen, welche Werte angenommen werden können. Dies ist ein Nachteil gegenüber der direkten Betrachtung der Daten, wobei die Erkenntnisse über die Werte der Daten, die man mithilfe eines Texteditors bekommen kann, ebenfalls stark limitiert sind, gerade bei großen Datenmengen. Hierfür sind die Statistiken und Visualisierungen, die wir im Folgenden betrachten, deutlich besser geeignet.

4.2 Deskriptive Statistik

Die *deskriptive* Statistik beschäftigt sich mit der Beschreibung von Eigenschaften eines Datensatzes durch einzelne, häufig numerische Werte. Deskriptive Statistiken sollten nicht mit *induktiver* Statistik verwechselt werden, bei der es darum geht, Eigenschaften von Daten vorherzusagen. Entsprechend sollte man nicht annehmen, dass deskriptive Statistiken für zuverlässige Vorhersagen von zukünftigen Werten geeignet sind.

In diesem Kapitel betrachten wir die folgenden deskriptiven Statistiken:

- Die *Lage* der Daten (engl. *central tendency*) durch das *arithmetische Mittel*, den *Median* und den *Modus*
- Die *Variabilität* der Daten durch die *Standardabweichung*, den *Interquartilsabstand* (IQR) und den *Median der absoluten Abweichung vom Median* (MAD)
- Der *Datenbereich* (engl. *range*) durch das *Minimum* und *Maximum*

Es gibt noch viele weitere deskriptive Statistiken für die obigen Eigenschaften, die wir in diesem Kapitel nicht betrachten, zum Beispiel das harmonische Mittel für die Lage. Außerdem gibt es noch weitere Eigenschaften, die sich durch deskriptive Statistiken erfassen lassen, zum Beispiel die *Form* (engl. *shape*) der Daten durch die *Kurtose* (Wölbung) und die *Schiefe* (engl. *skewness*). Diese gehen jedoch über die Betrachtungen dieses Kapitels hinaus und werden häufig auch nicht benötigt, insbesondere wenn man deskriptive Statistiken zusammen mit Visualisierungen benutzt.

4.2.1 Lagemaße

Die Lage der Daten ist ein wichtiges statistisches Merkmal, das den *typischen Wert* im Zentrum der Daten beschreibt. Dies bedeutet nicht, dass viele Datenpunkte exakt diesen Wert haben oder dass man in der Zukunft erwarten könnte, häufig diesen Wert zu beobachten. Stattdessen markiert die Lage die »Mitte« der Daten. Wenn Sie sich die Daten als Stadt vorstellen, markiert die Lage also nur den Mittelpunkt der Stadt. Das heißt jedoch nicht, dass dort besonders viele Häuser stehen.

Es gibt verschiedene Wege, die Lage von Daten zu definieren. Das *arithmetische Mittel* ist definiert als

$$mean(x) = \frac{1}{n} \sum_{i=1}^{n} x_i,$$

also die Summe der Datenpunkte geteilt durch ihre Anzahl. Häufig spricht man auch einfach vom *Mittelwert* der Daten (engl. *mean*). Das arithmetische Mittel ist eine gute Beschreibung der Lage, wenn die Daten normalverteilt oder gleichverteilt sind. Im Allgemeinen sollte man das arithmetische Mittel nur verwenden, wenn zwei Eigenschaften erfüllt sind:

1. Es gibt keine »Lücken« in den Daten, also keine größeren Bereiche, in denen keine Werte liegen. Dies bedeutet insbesondere auch, dass die Daten keine Ausreißer haben sollten.
2. Die Daten sind symmetrisch um das arithmetische Mittel verteilt, das heißt, dass die Verteilung links und rechts des arithmetischen Mittels in etwa gleich sein sollte.

Statistische Methoden, die derartige Annahmen an die Verteilung von Daten machen, nennt man auch *parametrische* Statistiken. Wenn diese Eigenschaften nicht erfüllt sind, sollte man das arithmetische Mittel nicht verwenden, da der Wert eventuell die Lage nicht gut beschreibt. Wir werden uns später noch anhand von *Anscombes Quartett* anschauen, wie die Werte von Statistiken irreführend sein können.

Eine Alternative zum arithmetischen Mittel ist der *Median*, der definiert ist als

$$median(x) = \begin{cases} \bar{x}_m & \text{wenn } n \text{ ungerade ist mit } m = \frac{n+1}{2} \\ \frac{1}{2}(\bar{x}_m + \bar{x}_{m+1}) & \text{wenn } n \text{ gerade ist mit } m = \frac{n}{2}, \end{cases}$$

wobei $\bar{x}$ ein nach der Größe sortierter Vektor der Werte von x ist. Entsprechend ist der Median wortwörtlich in der Mitte der Daten: 50 % der Daten sind kleiner oder gleich dem Median und 50 % sind größer oder gleich dem Median. Im Gegensatz zum arithmetischen Mittel ist der Median eine *nicht parametrische* Statistik. Das bedeutet, dass der Median unabhängig von der Verteilung eingesetzt werden kann, zum Beispiel wenn die Annahmen an das arithmetische Mittel nicht erfüllt sind. Insbesondere ist der Median robust gegen Ausreißer, kann also nicht durch wenige besonders hohe oder niedrige Werte beeinflusst werden.

Dies kann man sich auch an einem einfachen Beispiel verdeutlichen. Zuerst betrachten wir das arithmetische Mittel und den Median für Daten, bei denen die Annahmen des arithmetischen Mittels erfüllt sind:

```
import statistics  # we use the statistics from the Python standard library

data = [8.04, 6.95, 7.58, 8.81, 8.33, 9.96, 7.24, 4.26, 10.84, 4.82, 5.68]

print('Daten ohne Ausreißer:', data)
print('mean:   ', statistics.mean(data))
print('median:', statistics.median(data))
```

```
Daten ohne Ausreißer: [8.04, 6.95, 7.58, 8.81, 8.33, 9.96, 7.24, 4.26, 10.84,
                       4.82, 5.68]
mean:    7.500909090909091
median: 7.58
```

In diesem Beispiel sind die Werte vom Median und vom arithmetischen Mittel ähnlich und beide sind gut geeignet, um die Lage zu beschreiben. Jetzt erweitern wir die Daten um einen einzelnen Ausreißer.

```
data.append(100)
print('Daten mit Ausreißer:', data)
print('mean:   ', statistics.mean(data))
print('median:', statistics.median(data))
```

```
Daten mit Ausreißer: [8.04, 6.95, 7.58, 8.81, 8.33, 9.96, 7.24, 4.26, 10.84,
                      4.82, 5.68, 100]
mean:    15.209166666666667
median: 7.81
```

Durch den Ausreißer wird das arithmetische Mittel stark beeinflusst, sodass es jetzt deutlich höher ist. Es ist sogar höher als alle Datenpunkte, die wir ursprünglich betrachtet haben. Das ist offensichtlich keine gute Beschreibung der Mitte der Daten. Im Vergleich dazu hat sich der Median kaum verändert und ist nur zum Mittelwert mit dem nächsthöheren Wert geworden, da wir jetzt eine gerade Anzahl von Datenpunkten haben.

Eine berechtigte Frage ist, warum wir das arithmetische Mittel überhaupt betrachten, wenn der Median scheinbar aufgrund seiner Robustheit überlegen ist. Die Gründe hierfür kommen aus der Stochastik. Das arithmetische Mittel ist eng verwandt mit dem Erwartungswert von Zufallsvariablen. Die Normalverteilung kann man vollständig durch den Mittelwert und die Standardabweichung beschreiben. Hieraus folgt, dass das arithmetische Mittel für die Normalverteilung die bestmögliche Schätzung für die Mitte der Daten ist. Trotzdem ist es ratsam, den Median zu verwenden, wenn wir die Verteilung der Daten nicht kennen oder wir befürchten, dass es Ausreißer gibt.

Das arithmetische Mittel und der Median sind nur für numerische Daten definiert. Es gibt jedoch auch nicht numerische Daten. Die Größe von Kleidungsstücken wird häufig in den Kategorien »Small«, »Medium« und »Large« angegeben.

Man spricht hierbei von kategorischen Daten (siehe Kap. 3). Der *Modus* der Daten kann benutzt werden, um die Lage von kategorischen Daten zu bestimmen. Der Modus ist definiert als der Wert, den man am häufigsten in einer Stichprobe x beobachtet.

```
data = ['small', 'medium', 'small', 'large', 'large', 'medium', 'medium']
print('Daten:', data)
print('Modus:', statistics.mode(data))
```

```
Daten: ['small', 'medium', 'small', 'large', 'large', 'medium', 'medium']
Modus: medium
```

Bitte beachten Sie, dass der Modus zwar gut für kategorische Daten (und manchmal auch für diskret verteilte numerische Daten) geeignet ist, aber irreführend sein kann, wenn die Daten *bimodal* oder *multimodal* sind. Derartige Daten setzen sich aus zwei oder mehr Verteilungen zusammen und haben daher mehrere »Mittelpunkte«, was sich dadurch äußert, dass mehrere Werte besonders häufig auftreten. Im Extremfall sind die Kategorien gleichverteilt, sodass es gleich viele Beobachtungen jeder Kategorie gibt. Da dann jede Kategorie die gleiche Wahrscheinlichkeit hat, ist der Modus zufällig. Außerdem sollte man den Modus nicht für kontinuierliche numerische Daten benutzen, da es hier sehr unwahrscheinlich ist, mehrfach den exakt gleichen Wert zu beobachten.

4.2.2 Variabilität

Die Variabilität misst, wie stark die Daten verstreut sind. Eine kleine Variabilität heißt, dass sich viele Daten in der Nähe der Mitte befinden. Eine hohe Variabilität bedeutet dagegen, dass die Daten sich über einen großen Bereich verteilen.

Das am häufigsten verwendete Maß für die Variabilität ist die *Standardabweichung*, die als

$$sd(x) = \sqrt{\frac{\sum_{i=1}^{n}(x_i - mean(x))^2}{n-1}}$$

definiert ist. Die Standardabweichung ist die Quadratwurzel des arithmetischen Mittels von der Abweichung der einzelnen Datenpunkte vom arithmetischen Mittel, nur dass bei der Standardabweichung durch $n-1$ statt n geteilt wird. Der Grund hierfür sind die sogenannten *Freiheitsgrade*, auf die wir hier jedoch nicht näher eingehen. Auch wenn die Formulierung etwas kompliziert klingt, ist das Konzept einfach: Die Standardabweichung misst, wie stark die beobachteten Werte vom arithmetischen Mittel abweichen. Dadurch, dass die quadratischen Abweichungen betrachtet werden, beeinflussen große Abweichungen die Standardabweichung stärker als kleine Abweichungen. Da die Standardabweichung die Variabilität in Bezug auf das arithmetische Mittel misst, ist auch klar, dass die Standardabweichung nur dann benutzt werden sollte, wenn das arithmetische Mittel eine geeignete Repräsentation für die Lage der Daten ist. Hieraus folgt auch, dass die Standardabweichung ebenfalls ein parametrisches Maß für die Variabilität ist.

Ebenso wie es mit dem Median ein nicht parametrisches Gegenstück zum arithmetischen Mittel gibt, gibt es auch nicht parametrische Statistiken für die Variabilität. Der *Interquartilsabstand* (engl. *interquartile range*) ist definiert als

$$IQR(X) = Q_{upper} - Q_{lower},$$

wobei Q_{upper} und Q_{lower} das obere und untere *Quartil* der Daten sind. Die Quartile sind analog zum Median definiert, nur mit 75 % bzw. 25 % der Daten: 75 % der Daten sind kleiner oder gleich dem oberen Quartil und 25 % der Daten sind kleiner oder gleich dem unteren Quartil. Entsprechend sind mindestens 50 % der Daten größer oder gleich dem unteren Quartil und gleichzeitig kleiner oder gleich dem oberen Quartil. Der Interquartilsabstand misst also die Größe des Bereichs, in dem sich die mittleren 50 % der Daten befinden.

Eine gute Faustregel ist, dass Sie die Standardabweichung nutzen sollten, wenn Sie das arithmetische Mittel für die Lage verwenden, und den Interquartilsabstand, wenn Sie den Median betrachten. Das folgende Beispiel demonstriert, wie sich die Probleme mit Ausreißern auch in der Standardabweichung (*sd*) widerspiegeln.

```
from scipy import stats  # we use scipy for the IQR

data = [8.04, 6.95, 7.58, 8.81, 8.33, 9.96, 7.24, 4.26, 10.84, 4.82, 5.68]
print('Daten ohne Ausreißer:', data)
print('sd: ', statistics.stdev(data))
print('IQR:', stats.iqr(data))

data.append(100)
print('Daten mit Ausreißer:', data)
print('sd: ', statistics.stdev(data))
print('IQR:', stats.iqr(data))
```

```
Daten ohne Ausreißer: [8.04, 6.95, 7.58, 8.81, 8.33, 9.96, 7.24, 4.26, 10.84,
                       4.82, 5.68]
sd:  2.031568135925815
IQR: 2.2550000000000001
Daten mit Ausreißer: [8.04, 6.95, 7.58, 8.81, 8.33, 9.96, 7.24, 4.26, 10.84,
                      4.82, 5.68, 100]
sd:  26.77235292350312
IQR: 2.465
```

Obwohl bis auf einen Datenpunkt alle Daten zwischen 4,26 und 10,84 liegen, ist die Standardabweichung ein Vielfaches von diesem Datenbereich durch den einen Ausreißer. Der Interquartilsabstand ist jedoch, ähnlich wie der Median, kaum beeinflusst.

Wenn die Annahmen an die Standardabweichung erfüllt sind, ist es jedoch ein sehr gutes Maß für die Variabilität der Daten. Ähnlich wie beim arithmetischen Mittel, ist dies insbesondere bei normalverteilten Daten der Fall, die sich durch diese beiden Maße komplett beschreiben lassen. Außerdem kann man für die Normalverteilung beweisen, dass 68 % der Daten nicht mehr als eine Standardabweichung vom arithmetischen Mittel entfernt sind, 95 % der Daten nicht mehr als zwei Standardabweichungen und 99,7 % nicht mehr als drei Standardabweichungen. Dieser Umstand ist auch als *68-95-99,7-Regel* bekannt. Für andere Verteilungen kann man ähnliche, wenn auch schwächere Aussagen über die Verteilung mithilfe der Standardabweichung treffen. Die *Chebychev-Ungleichung* gilt für alle Verteilungen mit einem endlichen Erwartungswert (vereinfacht gesagt mit einem endlichen arithmetischen Mittel) und einer endlichen Varianz, die nicht null ist. Die Varianz ist nichts anderes als das Quadrat der Standardabweichung. Aus der Chebychev-Ungleichung folgt, dass 50 % der Daten nicht mehr als $\sqrt{2} \cdot sd$ vom arithmetischen Mittel entfernt sind. Hierdurch ergibt sich auch ein direkter Zusammenhang zum Interquartilsabstand, der ebenfalls eine Aussage über die mittleren 50 % der Daten macht.

Bitte beachten Sie, dass wir uns die Variabilität für kategorische Daten hier nicht im Detail anschauen [Kader & Perry 2017]. Die Grundidee ist, dass man betrachtet, wie häufig Daten in den einzelnen Kategorien vorkommen und wie stark diese Beobachtungen einer Gleichverteilung ähneln. Je gleichmäßiger sich die Daten auf die Kategorien verteilen, desto höher die Variabilität.

4.2.3 Datenbereich

Der Datenbereich gibt den Bereich an, in dem Werte beobachtet werden können. Für numerische Daten ist dieser durch das *Minimum* (den kleinsten möglichen Wert) und das *Maximum* (den größten möglichen Wert) definiert. Beide kann man anhand einer Stichprobe x schätzen, in der man den kleinsten und größten *beobachteten* Wert als *min* und *max* ermittelt. Die Differenz dieser Werte ist dann die Größe des Datenbereichs:

$$range = max - min.$$

Auch wenn diese statistischen Merkmale auf den ersten Blick trivial erscheinen, sind sie in der Praxis sehr hilfreich, insbesondere um Probleme mit den Daten zu erkennen. Wenn der Datenbereich nicht plausibel ist, stellt man zum Beispiel fest, dass es ungültige Werte gibt. Beobachtet man ein Minimum von -1 bei einem Merkmal, das das Alter in Jahren angibt, könnte dies auf fehlende Werte hindeuten. Bei einem zu hohen Maximum könnte es Fehler beim Übertragen der Daten gegeben haben. Da ungültige Werte nicht notwendigerweise Ausreißer sind, bemerkt man diese unter Umständen nicht, wenn man nur die Lage und die Variabilität von Daten betrachtet.

4.3 Visualisierung

Visualisierungen sind ein sehr mächtiges Werkzeug, um etwas über Daten zu lernen und diese zu verstehen. Hier sehen Sie ein Beispiel von einem Tortendiagramm (die Prozentzahlen sind ausgedacht und haben keine wissenschaftliche Bedeutung).

```
# we use matplotlib for the creation of visualizations
import matplotlib.pyplot as plt
# this is only required for Jupyter notebooks
%matplotlib inline

# data to plot
labels = ['Schnelleres Verständnis', 'Bessere Langzeitmemorierung',
          'Kann Muster zeigen', 'Kann komplexe Informationen vereinfachen',
          'Kann lustige Bilder beinhalten']
sizes = [25, 25, 25, 25, 10]
colors = ['gold', 'yellowgreen', 'lightcoral', 'lightskyblue', 'pink']

# plot
plt.pie(sizes, labels=labels, colors=colors, autopct='%1.1f%%')
plt.show()
```

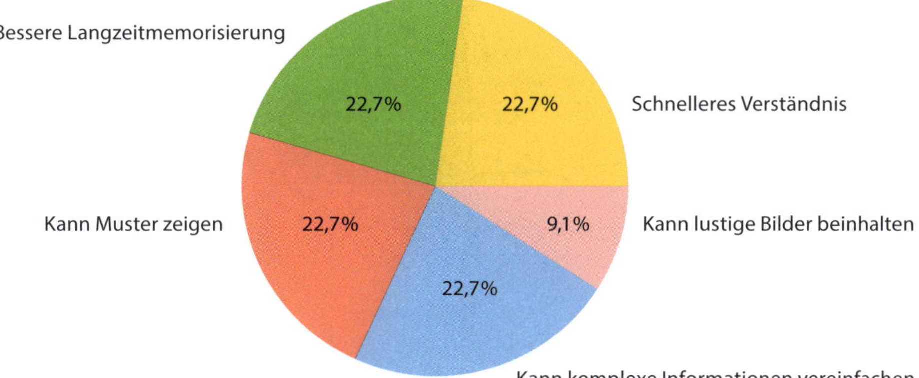

Es gibt viele Vorteile von Visualisierungen gegenüber anderen Arten, Daten darzustellen, zum Beispiel Tabellen oder deskriptive Statistik. Im Allgemeinen verarbeitet man visuelle Informationen schneller. Hierdurch kann man in der Regel schneller etwas über die Daten lernen. Hinzu kommt, dass viele Menschen sich visualisierte Informationen besser merken können.

Die Vorteile von Visualisierungen gehen jedoch über die Verarbeitungsgeschwindigkeit und die Memorisierung hinaus. Visualisierungen können auch ein Verständnis der Daten ermöglichen, das man andernfalls nicht erlangen würde, zum Beispiel über Muster in Daten und komplexe Zusammenhänge, die man sonst nicht sehen könnte. Hierfür betrachten wir das folgende Beispiel. Alice kennt Bob und Dan, Dan kennt Bob, Bob kennt Carol und Alice, und Carol kennt Alice, Bob und

Dan. Diese textuelle Beschreibung ist sehr komplex und schwer zu verstehen. Außerdem bekommt man kein intuitives Verständnis der Beziehung zwischen Alice, Bob, Carol und Dan. Jetzt betrachten wir das Gleiche als gerichteten Graphen:

```
import networkx as nx  # networkx is a powerful library for working with graphs

# Create the graph by adding edges
# The vertices are implicitly defined through the endpoints of the edges
graph = nx.DiGraph()
graph.add_edge('Alice', 'Bob')
graph.add_edge('Alice', 'Dan')
graph.add_edge('Dan', 'Bob')
graph.add_edge('Bob', 'Carol')
graph.add_edge('Bob', 'Alice')
graph.add_edge('Carol', 'Alice')
graph.add_edge('Carol', 'Bob')
graph.add_edge('Carol', 'Dan')

# Plot the graph with a shell layout
nx.draw_shell(graph, with_labels=True, node_size=2000, node_color='lightblue',
              arrowsize=20, connectionstyle='arc3, rad = 0.1')
```

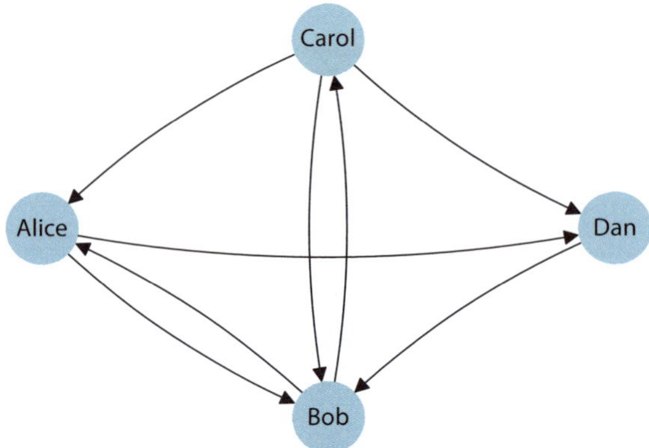

Dieser Graph ist einfach zu lesen und gibt uns ein intuitives Verständnis der Beziehungen.

Bitte beachten Sie, dass wir bei allen Grafiken in diesem Kapitel Legenden und andere Details bewusst weglassen. Stattdessen generieren wir die Grafiken mit möglichst wenig Quelltext, sodass sie trotzdem die gewünschten Erkenntnisse liefern. Der Grund hierfür ist, dass wir hier Visualisierungen als Werkzeug zur Erkundung von Daten betrachten. Wenn man ansonsten Visualisierungen für Texte (Bücher und sonstige Publikationen) oder Präsentationen erstellt, sind andere Aspekte ebenfalls relevant, zum Beispiel die konsistente Beschriftung, Farbwahl, Legenden und Titel.

4.3.1 Anscombes Quartett

Anscombes Quartett ist ein berühmtes Beispiel für Daten, in dem deskriptive Statistiken irreführend sind. Das Beispiel basiert auf vier Datensätzen $(x_1,y_1),...,(x_4,y_4)$ mit je elf Paaren aus zwei Variablen x_i und y_i, $i=1,...,4$. Tabelle 4–1 zeigt die Werte für jedes der Paare.

$x_{1,2,3}$	y_1	y_2	y_3	x_4	y_4
10	8,04	9,14	7,46	8	6,58
8	6,95	8,14	6,77	8	5,76
13	7,58	8,74	12,74	8	7,71
9	8,81	8,77	7,11	8	8,84
11	8,33	9,26	7,81	8	8,47
14	9,96	8,10	8,84	8	7,04
6	7,24	6,13	6,08	8	5,25
4	4,26	3,10	5,39	19	12,50
12	10,84	9,13	8,15	8	5,56
7	4,82	7,26	6,42	8	7,91
5	5,68	4,74	5,73	8	6,89

Tab. 4–1 *Anscombes Quartett*

Wenn wir das arithmetische Mittel und die Standardabweichung betrachten, sehen wir, dass die Werte für alle x_i und für alle y_i gleich sind.

```
import numpy as np  # we now also need numpy, the commonly used numerics
                                                      library for Python

x = np.array([10, 8, 13, 9, 11, 14, 6, 4, 12, 7, 5]) # same for x1, x2, and x3
y1 = np.array([8.04, 6.95, 7.58, 8.81, 8.33, 9.96,
               7.24, 4.26, 10.84, 4.82, 5.68])
y2 = np.array([9.14, 8.14, 8.74, 8.77, 9.26,
               8.10, 6.13, 3.10, 9.13, 7.26, 4.74])
y3 = np.array([7.46, 6.77, 12.74, 7.11, 7.81,
               8.84, 6.08, 5.39, 8.15, 6.42, 5.73])
x4 = np.array([8, 8, 8, 8, 8, 8, 8, 19, 8, 8, 8])
y4 = np.array[(6.58, 5.76, 7.71, 8.84, 8.47, 7.04,
               5.25, 12.50, 5.56, 7.91, 6.89])

print('Arithmetisches Mittel')
print('x1, x2, x3 = ', statistics.mean(x))
print('x4         = ', statistics.mean(x4))
print('y1         = ', statistics.mean(y1))
print('y1         = ', statistics.mean(y2))
print('y1         = ', statistics.mean(y3))
print('y1         = ', statistics.mean(y4))
↓
```

```
print('Standardabweichung')
print('x1, x2, x3 = ', statistics.stdev(x))
print('x4         = ', statistics.stdev(x4))
print('y1         = ', statistics.stdev(y1))
print('y1         = ', statistics.stdev(y2))
print('y1         = ', statistics.stdev(y3))
print('y1         = ', statistics.stdev(y4))
```

```
Arithmetisches Mittel
x1, x2, x3 =  9
x4         =  9
y1         =  7.500909090909091
y1         =  7.500909090909091
y1         =  7.5
y1         =  7.500909090909091
Standardabweichung
x1, x2, x3 =  3.3166247903554
x4         =  3.3166247903554
y1         =  2.031568135925815
y1         =  2.0316567355016177
y1         =  2.030423601123667
y1         =  2.0305785113876023
```

Es gibt sogar noch mehr Gemeinsamkeiten. Wenn wir eine lineare Regression von y_i durch x_i bestimmen würden (siehe Kap. 8), würden wir jedes Mal die gleiche Regressionsgerade $y=3+0{,}5 \cdot x$ finden. Statistisch sind sich diese vier Datensätze also sehr ähnlich. Wenn wir uns die Daten mit einem einfachen *Scatterplot* visualisieren, sehen wir, dass die Datensätze eigentlich sehr unterschiedlich sind.

```
xfit = np.array([4, 20])
yfit = 3+0.5*xfit

f, axes = plt.subplots(2, 2, sharey=True, sharex=True)
axes[0, 0].plot(x, y1, color='darkorange', marker='.', linestyle='none')
axes[0, 0].plot(xfit, yfit, color='navy', lw=1)
axes[0, 0].set_title('$x_1, y_1$')
axes[0, 1].plot(x, y2, color='darkorange', marker='.', linestyle='none')
axes[0, 1].plot(xfit, yfit, color='navy', lw=1)
axes[0, 1].set_title('$x_2, y_2$')
axes[1, 0].plot(x, y3, color='darkorange', marker='.', linestyle='none')
axes[1, 0].plot(xfit, yfit, color='navy', lw=1)
axes[1, 0].set_title('$x_3, y_3$')
axes[1, 1].plot(x4, y4, color='darkorange', marker='.', linestyle='none')
axes[1, 1].plot(xfit, yfit, color='navy', lw=1)
axes[1, 1].set_title('$x_4, y_4$')
plt.show()
```

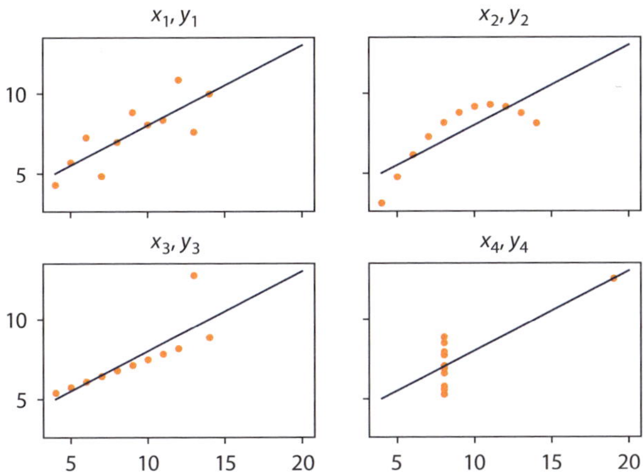

Die orangen Punkte visualisieren die Daten selbst, die blauen Linien zeigen die Regressionsgerade für $y=3+0{,}5\cdot x$, die optimal ist für die Daten. Nur auf Basis der statistischen Informationen über die Daten würde man erwarten, dass die Daten ungefähr so wie beim Paar x_1, y_1 aussehen: Die Daten haben in etwa eine lineare Beziehung mit einer leichten Streuung ohne ein klar erkennbares Muster um die Regressionsgerade. Eine lineare Beziehung zwischen x und y bedeutet, dass wenn x sich verändert, sich y um ein konstantes Vielfaches von x verändert. Das bedeutet umgekehrt auch, dass man die Beziehung von x und y sich etwa als Gerade vorstellen kann. Beim Paar x_2, y_2 ist dies nicht der Fall, stattdessen sehen die Daten eher aus wie eine auf den Kopf gestellte Parabel. Das Paar x_3, y_3 ist eigentlich perfekt linear, bis auf einen einzelnen Datenpunkt, der nach oben ausreißt und dafür sorgt, dass die blaue Regressionsgerade nicht zur eigentlichen Geraden, auf der die Daten liegen, passt. Das Paar x_4, y_4 passt nicht zu dem, was die Statistiken aussagen, die auch wieder von einem Ausreißer stark beeinflusst werden.

Die Aussage von Anscombes Quartett ist somit eindeutig: Auch wenn Statistiken gut geeignet sein können, Daten zusammenzufassen, ist es ebenso möglich, dass die Statistiken irreführend sind. Die kritische Leserin oder der aufmerksame Leser wird vielleicht bemerkt haben, dass die durch Ausreißer verursachten Probleme beim arithmetischen Mittel und der Standardabweichung zu erwarten sind. Die Probleme von Statistiken sind jedoch grundlegender und es gibt weitere Beispiele, die auch mehr statistische Marker berücksichtigen [Matejka & Fitzmaurice 2017].

4.3.2 Einzelne Merkmale

Eine grundlegende Betrachtung der Daten besteht in der Visualisierung einzelner Merkmale der Daten. Hierdurch kann man die Verteilung dieser Merkmale verstehen, ähnlich zur Beschreibung durch Statistiken. Hierzu schauen wir uns Histogramme, Densityplots, Rugs und Boxplots an.

Wir betrachten dieses Feature anhand von Daten über Hauspreise aus Boston, die 1978 veröffentlicht wurden, die wir im Folgenden einfach als Bostondaten bezeichnen werden.

```
# sklearn is a large machine learning library that we use
from sklearn import datasets
from textwrap import TextWrapper

# we use this wrapper to avoid printing lines that are too long because this
# should be readable as a book
# usually you would still just use print
wrapper = TextWrapper(width=65, replace_whitespace=False, break_long_words=False)
def wrap_print(string):
    for line in string.split('\n'):
        print('\n'.join(wrapper.wrap(line)))

boston = datasets.fetch_openml(data_id=531)
wrap_print(boston.DESCR)
```

```
**Author**:
**Source**: Unknown - Date unknown
**Please cite**:

The Boston house-price data of Harrison, D. and Rubinfeld, D.L.
'Hedonic
prices and the demand for clean air', J. Environ. Economics &
Management,
vol.5, 81-102, 1978.   Used in Belsley, Kuh & Welsch, 'Regression
diagnostics
...', Wiley, 1980.   N.B. Various transformations are used in the
table on
pages 244-261 of the latter.
Variables in order:
CRIM     per capita crime rate by town
ZN       proportion of residential land zoned for lots over
25,000 sq.ft.
INDUS    proportion of non-retail business acres per town
CHAS     Charles River dummy variable (= 1 if tract bounds river;
0 otherwise)
NOX      nitric oxides concentration (parts per 10 million)
RM       average number of rooms per dwelling
AGE      proportion of owner-occupied units built prior to 1940
DIS      weighted distances to five Boston employment centres
RAD      index of accessibility to radial highways
TAX      full-value property-tax rate per $10,000
PTRATIO  pupil-teacher ratio by town
B        1000(Bk - 0.63)^2 where Bk is the proportion of blacks
by town
LSTAT    % lower status of the population
MEDV     Median value of owner-occupied homes in $1000's

Information about the dataset
CLASSTYPE: numeric
CLASSINDEX: last

Downloaded from openml.org.
```

Die obige Beschreibung ist ein Beispiel für Metadaten, in diesem Fall die Dokumentation der Daten.

Bemerkung:

Die Bostondaten werden immer häufiger kritisiert und wurden zum Beispiel auch als Beispieldatensatz aus scikit-learn entfernt. Der Grund hierfür ist, dass die Daten aus ethischer Sicht hochproblematisch sind: Die Daten sind teilweise rassistisch, insbesondere das Merkmal `B`. In diesem Buch verwenden wir diese Daten dennoch weiter und nutzen den Datensatz, um nicht nur zu zeigen, wie man Daten analysieren kann, sondern auch als Beispiel, dass man ethische Aspekte von Daten und Modellen niemals vergessen sollte.

Wir werfen jetzt einen genaueren Blick auf das Merkmal `MEDV`, den Median des Werts der Eigenheime in 1000 Dollar. *Histogramme* sind eine einfache und oft effektive Art, etwas über die Verteilung von Daten zu lernen.

```
fig, ax = plt.subplots()
ax.hist(boston.target, bins=50)
ax.set_xlabel('Wert in 1000 $')
ax.set_ylabel('Häufigkeit')
plt.show()
```

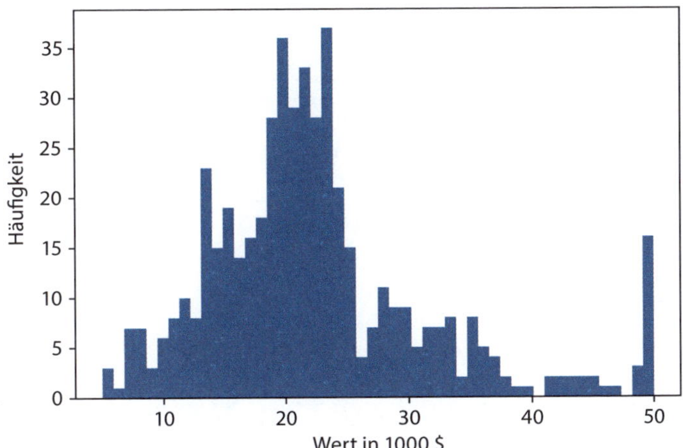

Das Histogramm zeigt, wie häufig Werte vorkommen. Hierfür wird der Wertebereich in sogenannte *Bins* unterteilt. Der Begriff *Bin* ist vom englischen Wort für Gruppieren abgeleitet. Das Histogramm gibt an, wie viele Datenpunkte in jedem Bin liegen. Im obigen Beispiel haben wir 50 Bins. Das Histogramm verrät uns viel über die Daten.

- Die Daten zwischen 0 und 30 scheinen normalverteilt zu sein. Dies erkennt man daran, dass die Daten ungefähr eine *Glockenform* (engl. *bell-shape*) bilden, was für die Normalverteilung typisch ist. Der Mittelwert dieser Normalverteilung liegt ca. bei 22. Dies erkennt man am *Peak* in diesem Wertebereich. Die Standardabweichung kann man nicht genau ablesen, aber mithilfe der oben diskutierten 68-95-99-Regel grob abschätzen. Der Wert sollte sich zwischen 7 und 11 befinden.

- Neben dieser Normalverteilung gibt es noch viele Werte am rechten Rand der Grafik, also bei genau 50. Dies deutet darauf hin, dass es in Wirklichkeit vermutlich auch noch Werte oberhalb von 50 gibt, diese aber zusammengefasst wurden. Die eigentliche Bedeutung des Werts 50 sind somit nicht Häuser mit einem Wert von 50.000 Dollar, sondern Häuser, die mindestens 50.000 Dollar wert sind.
- Es gibt einen *Tail* auf der rechten Seite des Grafik, also Häuser, die teuer sind. Diese Häuser kommen zwar vor, lassen sich aber nicht mehr durch die Normalverteilung erklären. Solche Daten nennt man auch *Rechtsschief* (engl. *right skew*).

Wir können uns `MEDV` auch mithilfe von einem Densityplot anschauen.

```
import seaborn as sns  # seaborn is a visualization library build on top of
matplotlib

fig, ax = plt.subplots()
sns.kdeplot(boston.target, ax=ax)
ax.set_xlabel('Wert in 1000 $')
ax.set_ylabel('Dichte')
plt.show()
```

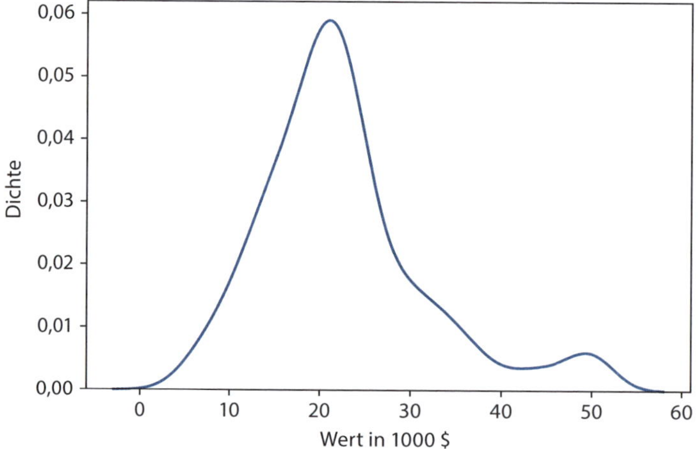

Vereinfacht gesagt, zeigen Densityplots eine Schätzung der Dichtefunktion der Wahrscheinlichkeitsverteilung der Daten. Wir können uns das als eine Art kontinuierliches Histogramm vorstellen. Der Vorteil von Densityplots gegenüber Histogrammen ist, dass es oft einfacher ist, die Verteilung der Daten zu erkennen. Im obigen Beispiel treten die Glockenform und die Position des Peaks deutlicher hervor und man kann dadurch die Normalverteilung in der linken Hälfte des Plots besser erkennen. Densityplots haben jedoch auch einige Nachteile im Vergleich zu Histogrammen. Ein kleiner Nachteil ist, dass es schwierig ist, die Werte der y-Achse zu interpretieren. Während ein Histogramm eine klare Aussage über die Anzahl der Datenpunkte in einem Bin erlaubt, sieht man im Densityplot lediglich die *Dichte* als Wert zwischen 0,0 und 1,0. Die Dichte ist mehr oder weniger der Anteil der Daten, der an einem bestimmten Punkt auf der x-Achse zu erwarten ist.

Der zweite Nachteil der Densityplots ist gravierender. Das Histogramm zeigt uns klar die vielen Datenpunkte mit dem Wert 50 und auch, dass es keine Datenpunkte mit einem höheren Wert gibt. Im Densityplot sieht man bei der 50 nur einen kleinen Peak, den man auch als weitere Normalverteilung mit dem Mittelwert 50 am rechten Rand der Daten interpretieren könnte. Das ist irreführend und versteckt die wahre Verteilung der Daten. Dieses Risiko lässt sich bei Densityplots auch nicht vermeiden, da es mit der Technik, wie die Dichte geschätzt wird, zusammenhängt. Solche Fehlinterpretationen der Daten sind dann wahrscheinlich, wenn die Daten nicht sehr dicht verteilt sind (großer Datenbereich mit verhältnismäßig wenig Datenpunkten), sowie an den Grenzen der beobachteten Daten. Hier geht die geschätzte Dichtefunktion automatisch über den beobachteten Datenbereich hinaus, was eventuell aber der Interpretation eines Merkmals widerspricht. Man erkennt im obigen Plot zum Beispiel auch, dass die Werte kleiner 0 nicht eine Dichte von 0 haben, was bedeuten würde, dass einige Eigenheime einen negativen Wert hätten.

Bemerkung:

Densityplots werden mithilfe von *Kernel Density Functions* (KDE) erstellt, in der Regel mittels der Dichtefunktion der Normalverteilung. Diese Dichtefunktion wird dann an jedem Datenpunkt mit *Skalierungs-* und *Bandbreitenparametern* geschätzt. Anschließend werden alle diese geschätzten Dichtefunktionen aufaddiert, um den Densityplot zu erstellen. Hierdurch kann man auch das Verhalten an den Grenzen erklären: Die Dichtefunktion, die an den äußersten Punkten der Daten geschätzt wird, geht aufgrund der Symmetrie der Normalverteilung automatisch über den Datenbereich hinaus. Die Skalierung der Schätzung führt dazu, dass ein seltsames Verhalten, wie viele gleiche Werte an einer Grenze in der aufsummierten Dichtefunktion, nicht stark auffällt.

Ein einfaches Mittel, dieses Problem zu vermeiden, besteht darin, einen *Rug* (dt. Teppich) anzuzeigen. Der *Rug* hat seinem Namen daher, weil er wie ein Teppich unter den Plot gelegt wird.

```
fig, ax = plt.subplots()
sns.kdeplot(boston.target, ax=ax)
sns.rugplot(boston.target, ax=ax)
ax.set_xlabel('Wert in 1000 $')
ax.set_ylabel('Dichte')
plt.show()
```

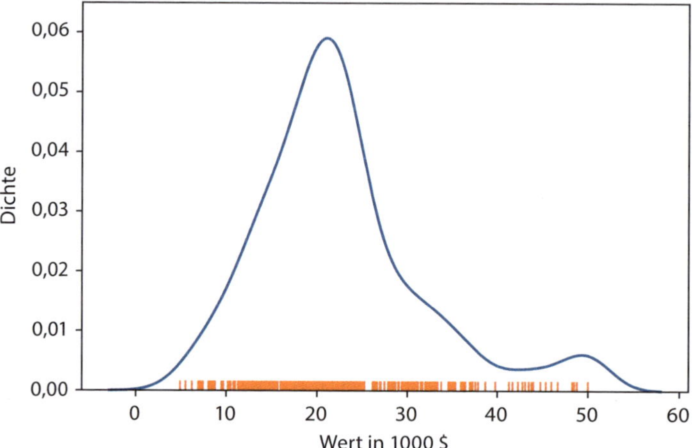

Der Rug zeigt, wo sich wirklich Datenpunkte befinden. In Kombination mit dem Densityplot können wir also sehen, dass es keine Datenpunkte kleiner als 5 oder größer 50 gibt. Wir erkennen auch, dass die Region zwischen 38 und 50 nur relativ dünn besiedelt ist, wobei die Punkte in diesem Bereich etwa gleichverteilt zu sein scheinen. Hierzu passt, dass der Densityplot in diesem Bereich fast parallel zur x-Achse verläuft. Dies zeigt, dass der Rug hilfreich ist, um weitere Erkenntnisse über die Daten zu gewinnen und Fehlinterpretationen zu vermeiden.

Man kann auch einfach alle oben betrachteten Ansätze kombinieren und Histogramm, Densityplot und Rug zusammen visualisieren.

```
fig, ax = plt.subplots()
# stat='density' scales the plot to match the y-axis of the density plot
# alpha=0.2 makes the bars transparent for better readability
sns.histplot(boston.target, stat='density', alpha=0.2, bins=50, ax=ax)
sns.kdeplot(boston.target, ax=ax)
sns.rugplot(boston.target, ax=ax)
ax.set_xlabel('Wert in 1000 $')
ax.set_ylabel('Dichte')
plt.show()
```

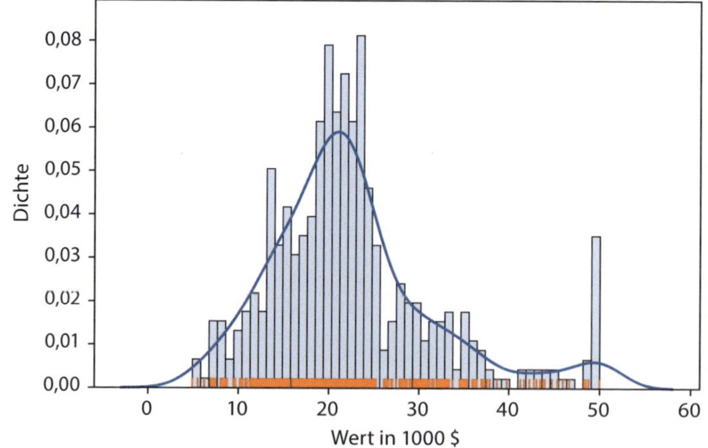

In diesem Plot können wir sehen, wo es Datenpunkte gibt (Rug), wie viele Daten in jedem Bereich liegen (Bins), und bekommen außerdem noch eine Schätzung der Dichtefunktion (Densityplot). Wir kombinieren also alle Vorteile von Histogrammen und Densityplots. Lediglich das Problem der Interpretation der y-Achse der Densityplots bleibt, wir können also nicht ablesen, wie viele Datenpunkte genau in einem Bin liegen. Falls dies relevant ist, muss man auf ein reines Histogramm zurückgreifen.

Das Merkmal `MEDV` verhält sich aus statistischer Sicht relativ gut: Es ist großteils normalverteilt, wenn auch etwas rechtsschief. Außerdem gibt es noch eine Gruppierung aller Werte, die größer sind als 50. Dies kann unter Umständen später zu Problemen führen und sollte berücksichtigt werden. Jetzt schauen wir uns ein zweites Merkmal an, bei dem es nicht ganz so einfach ist. `CRIM` ist in den Bostondaten definiert als die Kriminalitätsrate in einer Gegend.

```
fig, ax = plt.subplots()
sns.histplot(boston.data['CRIM'], stat='density', alpha=0.2, bins=50, ax=ax)
sns.kdeplot(boston.data['CRIM'], ax=ax)
sns.rugplot(boston.data['CRIM'], ax=ax)
ax.set_xlabel('Kriminalitätsrate')
ax.set_ylabel('Dichte')
plt.show()
```

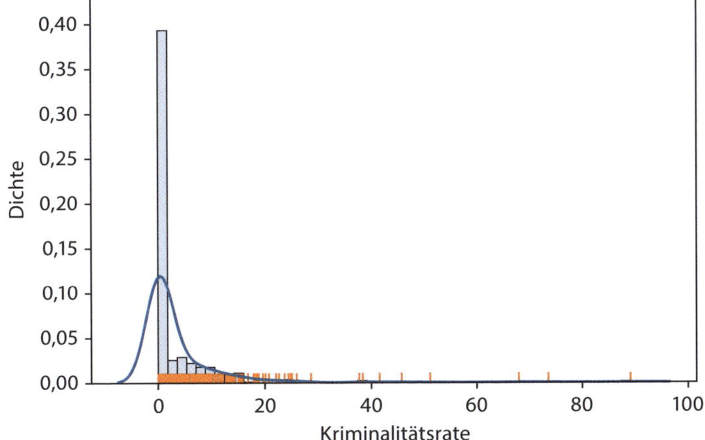

Der Plot zeigt, dass die meisten Daten sehr nah bei null liegen, der Datenbereich bis ca. 15 jedoch insgesamt sehr dicht besiedelt ist. Bei höheren Werten scheint es sich eher um Ausreißer zu handeln. Da die Daten nahe null so dicht sind, ist es sehr schwer, mehr zu erkennen. Bei solchen Daten könnte es sich um exponentiell verteilte Daten handeln. Daher sollte man einen einfachen Trick ausprobieren und den Logarithmus der Daten betrachten. Wir betrachten also nicht die Daten x direkt, sondern stattdessen $\log(x+1)$. Die Addition von eins ist ein Glättungsparameter, der auch als *Laplace Glättung* bekannt ist. Durch diesen Glättungsfaktor vermeiden wir das Problem, dass der Logarithmus von 0 undefiniert ist. Da $\log(1)=0$, ist insbesondere auch $\log(0+1)=0$, was bedeutet, dass sich der Nullpunkt der Daten nicht verschiebt.

Bemerkung:

Laplace Glättung ist sogar etwas generischer als die einfache Addition von eins. Im Allgemeinen kann jede beliebige Konstante addiert werden. Die obige Variante wird daher auch oft als *Add-One Glättung* bezeichnet. Diese Art der Glättung des Logarithmus ist so verbreitet, dass die Bibliothek numpy sogar extra die Funktion log1p sowie auch die Umkehrfunktion expm1 zur Verfügung stellt.

Betrachten wir jetzt also den Logarithmus der Kriminalitätsrate.

```
fig, ax = plt.subplots()
sns.histplot(np.log1p(boston.data['CRIM']), stat='density', alpha=0.2, bins=50,
             ax=ax)
sns.kdeplot(np.log1p(boston.data['CRIM']), ax=ax)
sns.rugplot(np.log1p(boston.data['CRIM']), ax=ax)
ax.set_xlabel('log(Kriminalitätsrate+1)')
ax.set_ylabel('Dichte')
plt.show()
```

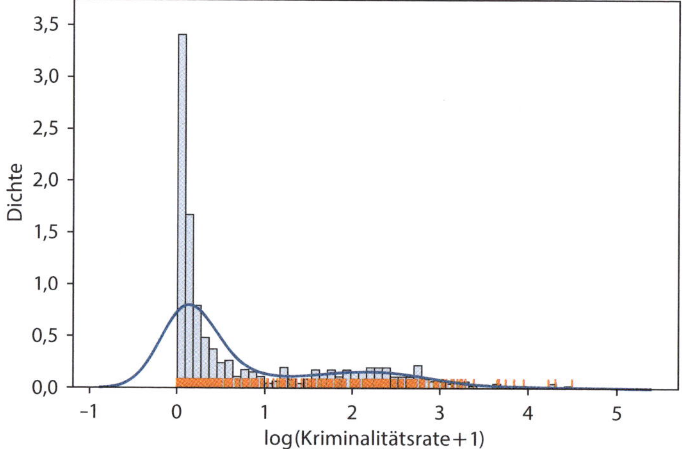

In diesem Plot erkennt man schon mehr Informationen über die Kriminalitätsrate:

- Etwa 80 % der Gegenden sind nahezu ohne Kriminalität. Dass viele Daten nah bei null liegen, konnte man zwar bereits ohne den Logarithmus erkennen, aber den Anteil der Daten kann man jetzt klarer sehen. Man erkennt auch, dass die Kriminalitätsrate zwischen null und eins nahezu monoton abfällt, so dass dieser Teil der Daten in etwa wie die rechte Hälfte der Glockenform einer Normalverteilung aussieht.

- Die restlichen 20 % der Daten ab ca. dem Wert eins scheinen einer *Lognormal*-Verteilung zu folgen. Man nennt eine Verteilung lognormal, wenn die Daten normalverteilt sind, nachdem man sie logarithmiert hat. Dies scheint hier der Fall zu sein, wie man an der sehr flachen Glockenform in der Mitte des Plots erkennt. Der Mittelwert scheint bei ca. 2,2 zu liegen und die Standardabweichung scheint relativ groß zu sein, weshalb die Daten weit streuen. Bitte beachten Sie, dass der Mittelwert von 2,2 für die logarithmierten Kriminalitätsraten gilt, das heißt, wir müssen erst die Umkehrung des Logarithmus berechnen, um den eigentlichen Wert zu ermitteln. Dadurch finden wir heraus, dass der lognormale Abschnitt der Daten bei einer Kriminalitätsrate von etwa $e^1 - 1 \approx 1{,}7$ beginnt, mit einem Mittel bei ca. $e^{2,2} - 1 \approx 8{,}0$.

Um unsere Einschätzung, dass der hintere Teil der Daten lognormal ist, zu überprüfen, können wir uns diese Daten auch noch einmal genauer anschauen, indem wir den Anzeigebereich einschränken und hierdurch den hinteren Bereich in der Anzeige vergrößern.

```
fig, ax = plt.subplots()
sns.histplot(np.log1p(boston.data['CRIM']), stat='density', alpha=0.2, bins=50,
             ax=ax)
sns.kdeplot(np.log1p(boston.data['CRIM']), ax=ax)
sns.rugplot(np.log1p(boston.data['CRIM']), ax=ax)
ax.set_xlabel('log(Kriminalitätsrate+1)')
ax.set_ylabel('Dichte')
ax.set_xlim(1,5)
ax.set_ylim(0,0.3)
plt.show()
```

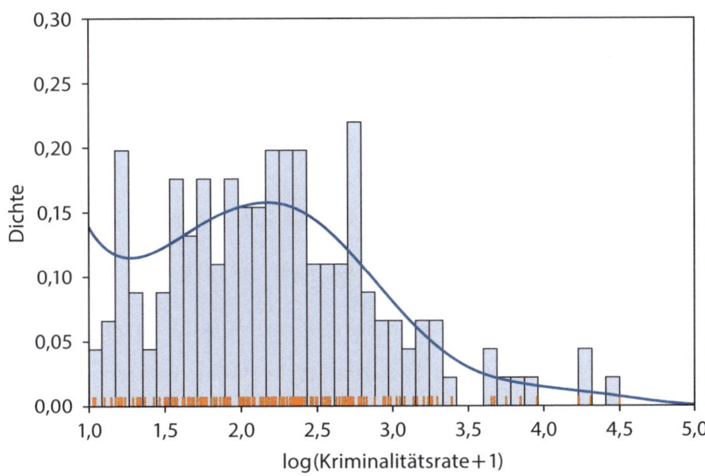

Wie man sieht, wird die Einschätzung hierdurch bestätigt.

Für die nächsten Beispiele nutzen wir einen anderen Datensatz, nämlich die *Irisdaten*.

```
from sklearn import datasets

iris = datasets.load_iris()
wrap_print(iris.DESCR)
```

```
.. _iris_dataset:

Iris plants dataset
--------------------

**Data Set Characteristics:**

    :Number of Instances: 150 (50 in each of three classes)
    :Number of Attributes: 4 numeric, predictive attributes and
the class
    :Attribute Information:
        - sepal length in cm
        - sepal width in cm
        - petal length in cm
        - petal width in cm
        - class:
                - Iris-Setosa
                - Iris-Versicolour
                - Iris-Virginica

    :Summary Statistics:

    ============== ==== ==== ======= ===== ====================
                    Min  Max   Mean    SD   Class Correlation
    ============== ==== ==== ======= ===== ====================
    sepal length:   4.3  7.9   5.84   0.83    0.7826
    sepal width:    2.0  4.4   3.05   0.43   -0.4194
    petal length:   1.0  6.9   3.76   1.76    0.9490  (high!)
    petal width:    0.1  2.5   1.20   0.76    0.9565  (high!)
    ============== ==== ==== ======= ===== ====================

    :Missing Attribute Values: None
    :Class Distribution: 33.3% for each of 3 classes.
    :Creator: R.A. Fisher
    :Donor: Michael Marshall (MARSHALL%PLU@io.arc.nasa.gov)
    :Date: July, 1988

The famous Iris database, first used by Sir R.A. Fisher. The
dataset is taken
from Fisher's paper. Note that it's the same as in R, but not as
in the UCI
Machine Learning Repository, which has two wrong data points.

This is perhaps the best known database to be found in the
pattern recognition literature.  Fisher's paper is a classic in
the field and
is referenced frequently to this day.  (See Duda & Hart, for
example.)  The
data set contains 3 classes of 50 instances each, where each
class refers to a
type of iris plant.  One class is linearly separable from the
other 2; the
latter are NOT linearly separable from each other.
↓
```

```
.. topic:: References

   - Fisher, R.A. "The use of multiple measurements in taxonomic
problems"
     Annual Eugenics, 7, Part II, 179-188 (1936); also in
"Contributions to
     Mathematical Statistics" (John Wiley, NY, 1950).
   - Duda, R.O., & Hart, P.E. (1973) Pattern Classification and
Scene Analysis.
     (Q327.D83) John Wiley & Sons.  ISBN 0-471-22361-1.  See page
218.
   - Dasarathy, B.V. (1980) "Nosing Around the Neighborhood: A
New System
     Structure and Classification Rule for Recognition in
Partially Exposed
     Environments".  IEEE Transactions on Pattern Analysis and
Machine
     Intelligence, Vol. PAMI-2, No. 1, 67-71.
   - Gates, G.W. (1972) "The Reduced Nearest Neighbor Rule".
IEEE Transactions
     on Information Theory, May 1972, 431-433.
   - See also: 1988 MLC Proceedings, 54-64.  Cheeseman et al"s
AUTOCLASS II
     conceptual clustering system finds 3 classes in the data.
   - Many, many more ...
```

Oben sehen wir die Beschreibung der Irisdaten. Es handelt sich um einen Datensatz über drei verschiedene Arten der Blume Iris (Setosa, Versicolour, Virginica) mit jeweils vier Merkmalen. Diese Merkmale sind die Länge und Breite der Blütenblätter (engl. *sepal*) und der Kelchblätter (engl. *petal*).

Boxplots sind eine weitere Möglichkeit, wie wir einzelne Merkmale, aber auch mehrere Merkmale gleichzeitig visualisieren können.

```
import pandas as pd  # pandas is a powerful library for working with data

# we need that data as dataframe for the pairplot feature of seaborn
iris_df = pd.DataFrame(iris.data, columns=[
    'Blütenblattlänge', 'Blütenblattbreite', 'Kelchblattlänge',
    'Kelchblattbreite'])

fig, ax = plt.subplots()
sns.boxplot(data=iris_df, orient='h')
ax.set_xlabel('cm')
plt.show()
```

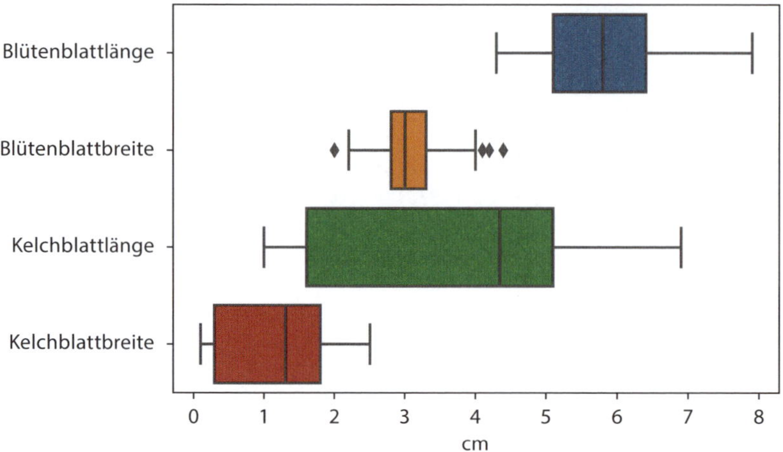

Ein Boxplot besteht aus einer Box, die an jeder Seite noch eine Linie hat, die sogenannten *Whisker*. Daher sind diese Plots auch als *Box-Whisker-Plots* bekannt. Die Grenzen der Box sind durch das untere Quartil Q_{lower} und das obere Quartil Q_{upper} bestimmt. Daraus folgt, dass die Länge der Box der Interquartilsabstand ist. In der Box sieht man noch eine Linie. Diese Linie markiert den Median der Daten. Die Definition der Whisker ist etwas komplizierter. Das Ende der linken Linie ist der kleinste beobachtete Datenpunkt, der maximal das 1,5-Fache des Interquartilsabstands vom unteren Quartil entfernt ist, also

$$\min\{x_i : x_i > Q_{lower} - 1{,}5 \cdot IQR, i = 1, \ldots, n\}.$$

Analog ist das Ende der rechten Linie der größte beobachtete Datenpunkt, der maximal das 1,5-Fache des Interquartilsabstands vom oberen Quartil entfernt ist, also

$$\max\{x_i : x_i > Q_{lower} - 1{,}5 \cdot IQR, i = 1, \ldots, n\}.$$

Die Idee der Whisker ist es, den Datenbereich ohne Ausreißer darzustellen. Entsprechend ist jeder Wert, der mehr als das 1,5-Fache des Interquartilsabstands von den Quartilen entfernt ist, ein Ausreißer. Sollte es Ausreißer geben, werden diese als Punkte dargestellt, wie man sie zum Beispiel bei der `Blütenblattbreite` sieht.

Im Endeffekt ist ein Boxplot also nur eine Visualisierung von nicht parametrischen deskriptiven Statistiken und von Ausreißern. Dennoch kann man mit Boxplots auf einen Blick viel über die Daten lernen:

- Die Lage der Boxen zeigt den Bereich an, in dem sich der Großteil der Daten befindet.
- Die Größe der Boxen zeigt, wie stark der mittlere Bereich gestreut ist.
- Die Länge der Whisker zeigt den Datenbereich (ohne Ausreißer).

- Es werden die Existenz, die Anzahl und die Lage von Ausreißern dargestellt. Hierdurch erkennt man insbesondere auch, ob Ausreißer sich in der Nähe der Whisker befinden oder weit von den Daten entfernt liegen.
- Die Lage des Medians sowie die Länge der Whisker geben darüber Auskunft, ob die Daten möglicherweise symmetrisch sein könnten. Dies erkennt man, indem man überprüft, ob der Median etwa in der Mitte der Box liegt und die Whisker gleich lang sind.

Über die Irisdaten können wir zum Beispiel folgendes lernen:

- Die Merkmale haben nicht den gleichen Datenbereich. Der Datenbereich der Kelchblattlänge ist mehr als doppelt so groß wie der Bereich der Kelch- und Blütenblattbreite und ebenfalls deutlich größer als der Datenbereich der Blütenblattlänge.
- Es gibt nur wenige Ausreißer in den Daten. Nur bei der Blütenblattbreite gibt es einige Ausreißer. Diese liegen aber sehr nah an den Whiskern. Außerdem ist der Interquartilsabstand sehr klein, wodurch natürlich auch das 1,5-Fache des Interquartilsabstands sehr klein ist. Es handelt sich bei diesen Ausreißern daher nicht um nicht plausibel große Datenpunkte, sondern vielmehr um ein Artefakt infolge der Strategie, wie die Ausreißer bestimmt werden.

Wie man sieht, ist die Art der Informationen anders als bei Histogrammen und Densityplots. Histogramme und Densityplots sind gut geeignet, um die Verteilung von Daten zu verstehen und ein sehr detailliertes Bild der Daten zu bekommen. Bei Boxplots liegt der Fokus auf allgemeinen statistischen Eigenschaften der Daten. Mithilfe eines Boxplots kann man schnell statistische Merkmale der Verteilungen von mehreren Merkmalen erfassen und miteinander vergleichen.

4.3.3 Beziehungen zwischen Merkmalen

Bisher haben wir Merkmale nur unabhängig voneinander visualisiert. Bei den Boxplots haben wir zwar bereits Boxen für mehrere Merkmale in einer Visualisierung angezeigt, die Boxen haben sich jedoch nur auf ein einzelnes Merkmal bezogen. Man kann zu einem gewissen Grad die Beziehung zwischen einem kategorischen Merkmal und numerischen Merkmalen mithilfe von Boxplots darstellen. Wir können zum Beispiel die Kelchblattlänge für die verschiedenen Arten der Iris darstellen.

```
fig, ax = plt.subplots()
sns.boxplot(x=iris_df['Kelchblattlänge'], y=iris.target, orient='h', ax=ax)
ax.set_title('Boxplots der Kelchblattlänge für jede Art')
ax.set_xlabel('Kelchblattlänge in cm')
ax.set_yticks((0,1,2))
ax.set_yticklabels(('Setosa', 'Versicolour', 'Virginica'))
plt.show()
```

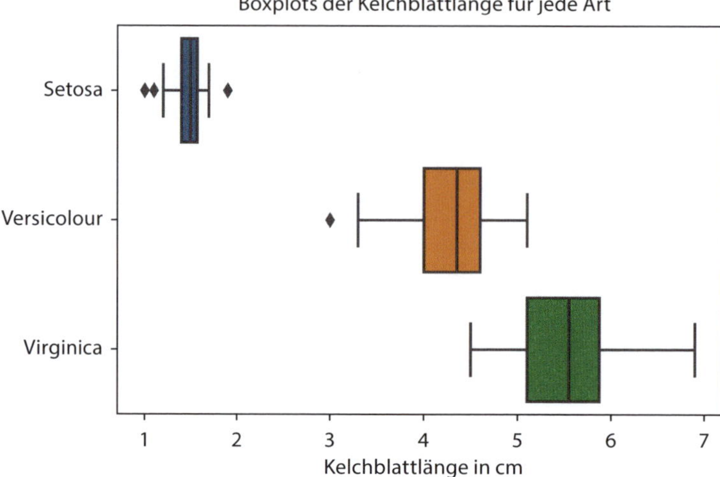

Aus diesem Boxplot können wir viel über die Beziehung der Kelchblattlänge zu den Arten der Iris lernen.

- Die Kelchblattlänge von Setosa ist immer kleiner als 2,5 cm. Die anderen Arten haben immer eine Kelchblattlänger, die größer als 2,5 cm ist.
- Die Virginica hat immer eine Kelchblattlänge größer als 4,3 cm. Aus diesen beiden Beobachtungen folgt, dass alle Iris mit einer Kelchblattlänge zwischen 2,5 cm und 4,3 cm Versicolours sein müssen.
- Die Kelchblattlänge der Versicolour ist immer kleiner als 5,1 cm. Daraus folgt also, dass alle Iris mit einer Kelchblattlänge größer als 5,1 cm Virginica sein müssen.
- Iris mit einer Kelchblattlänge zwischen 4,3 cm und 5,1 cm könnten sowohl Versicolour als auch Virginica sein.

Der Nachteil von Boxplots ist, dass man Merkmale nur anhand von wenigen statistischen Eigenschaften vergleichen kann. Außerdem sind die Vergleiche beschränkt, da man nur ein kategorisches mit einem numerischen Merkmal vergleichen kann. Außerdem sollte das kategorische Merkmal nicht zu viele Kategorien haben, da es sonst sehr viele Boxen geben würde.

Eine weitere Möglichkeit, sich Beziehungen zwischen Merkmalen anzuschauen, sind *paarweise Scatterplots*.

```
sns.pairplot(iris_df, kind='reg')
plt.show()
```

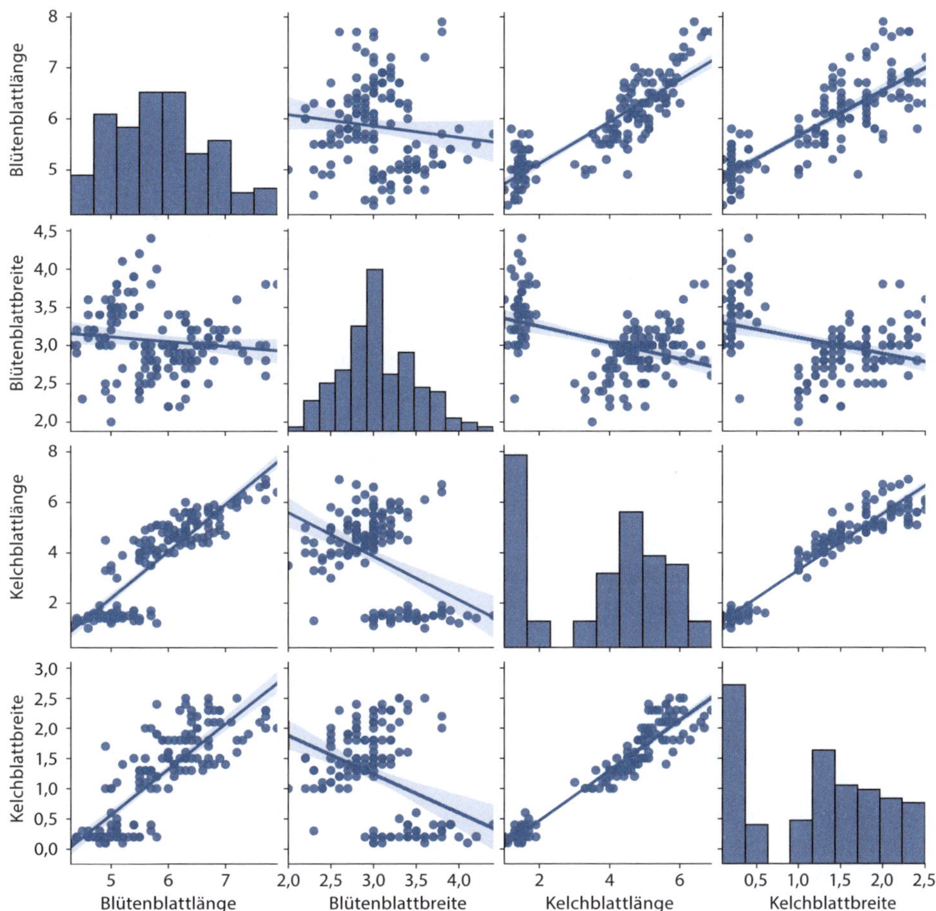

In einem paarweisen Scatterplot hat man nicht nur einen einzigen Plot, sondern eine Sammlung von Plots, die als Matrix organisiert sind. Auf der Diagonale findet man die Histogramme der Merkmale. Die anderen Plots zeigen die paarweisen Beziehungen zwischen je zwei Merkmalen. Die Geraden geben den linearen Zusammenhang zwischen den Daten wieder, wie wir es schon von Anscombes Quartett kennen. Die Schattierung um die Geraden zeigt zusätzlich noch die Unsicherheit dieses Zusammenhangs an. Je näher die Datenpunkte an den Geraden liegen, desto kleiner ist die Unsicherheit und desto größer die Wahrscheinlichkeit, dass es tatsächlich einen linearen Zusammenhang gibt. Wenn die Steigung der Geraden negativ ist (abwärts), dann ist die Korrelation zwischen den Merkmalen negativ. Wenn die Steigung positiv ist, dann ist Korrelation zwischen den Merkmalen positiv. Die Werte welcher Merkmale auf der x-Achse bzw. y-Achse aufgetragen sind, kann man am unteren bzw. linken Rand des Plots erkennen. Der zweite Plot in der ersten Zeile zeigt zum Beispiel die Beziehung zwischen der Blütenblattbreite auf der x-Achse und der Blütenblattlänge auf der y-Achse.

Ein paarweiser Scatterplot ermöglicht es uns, viel über die Beziehungen zwischen Merkmalen zu lernen, aber auch über einzelne Merkmale über die Histogramme auf der Diagonale.

- Die Blütenblattbreite scheint normalverteilt zu sein, die Kelchblattbreite sieht eher wie ein Mix von zwei Normalverteilungen aus.
- Die Beziehung zwischen der Blütenblattbreite und der Blütenblattlänge sieht zufällig aus. Dies erkennt man daran, dass sich die Punkte über die komplette Fläche des Plots verteilen.
- Die Kelchblattbreite hat eine positive Korrelation mit der Kelchblattlänge. Dies bedeutet, dass wenn sich die Länge erhöht, sich die Breite ebenfalls erhöht und umgekehrt. Diese Korrelation scheint linear zu sein, was man daran erkennt, dass alle Datenpunkte sehr nah an der Regressionslinie liegen. Es gibt also ein festes Verhältnis zwischen der Kelchblattbreite und Kelchblattlänge.
- Man kann in den Plots der Kelchblätter zwei Gruppen in den Daten erkennen: eine kleinere Gruppe mit niedrigen Werten und eine größere Gruppe mit höheren Werten. Zwischen den Gruppen ist eine größere Lücke. Ähnliche Gruppen findet man in nahezu allen Plots, wenn auch nicht so eindeutig.

Bemerkung:

Wir betrachten das Konzept der Korrelation hier nicht im Detail. Die Idee ist aber relativ einfach: Man nennt zwei Merkmale X und Y *positiv korreliert*, wenn bei steigendem Wert von X in der Regel auch der Wert von Y steigt. Je häufiger dies der Fall ist, desto stärker ist die Korrelation. Umgekehrt nennt man eine Korrelation *negativ*, wenn bei fallendem Wert von X in der Regel auch der Wert von Y fällt. Eine *lineare Korrelation* bedeutet zusätzlich noch, dass es ein Muster gibt, sodass $X \approx a + b \cdot Y$ für zwei Konstanten $a, b \in \mathbb{R}$. Die Korrelation wird häufig mithilfe von *Korrelationskoeffizienten* gemessen, deren Werte zwischen [-1,1] liegen. Ein Korrelationskoeffizient von 0 bedeutet, dass zwei Merkmale nicht korreliert sind. Je näher die Werte an -1/1 sind, desto stärker ist die negative/positive Korrelation.

Für kategorische Variablen wie die Art der Iris kann man noch weitere Informationen aus einem paarweisen Scatterplot holen, indem man die Kategorien als Farben nutzt. Zusätzlich kann man dann auch noch Densityplots pro Kategorie auf der Diagonale anzeigen.

```
iris_df['Art'] = iris.target
iris_df.loc[iris_df['Art']==0, 'Art'] = 'Setosa'
iris_df.loc[iris_df['Art']==1, 'Art'] = 'Versicolour'
iris_df.loc[iris_df['Art']==2, 'Art'] = 'Virginica'
sns.pairplot(iris_df, hue='Art')
plt.show()
```

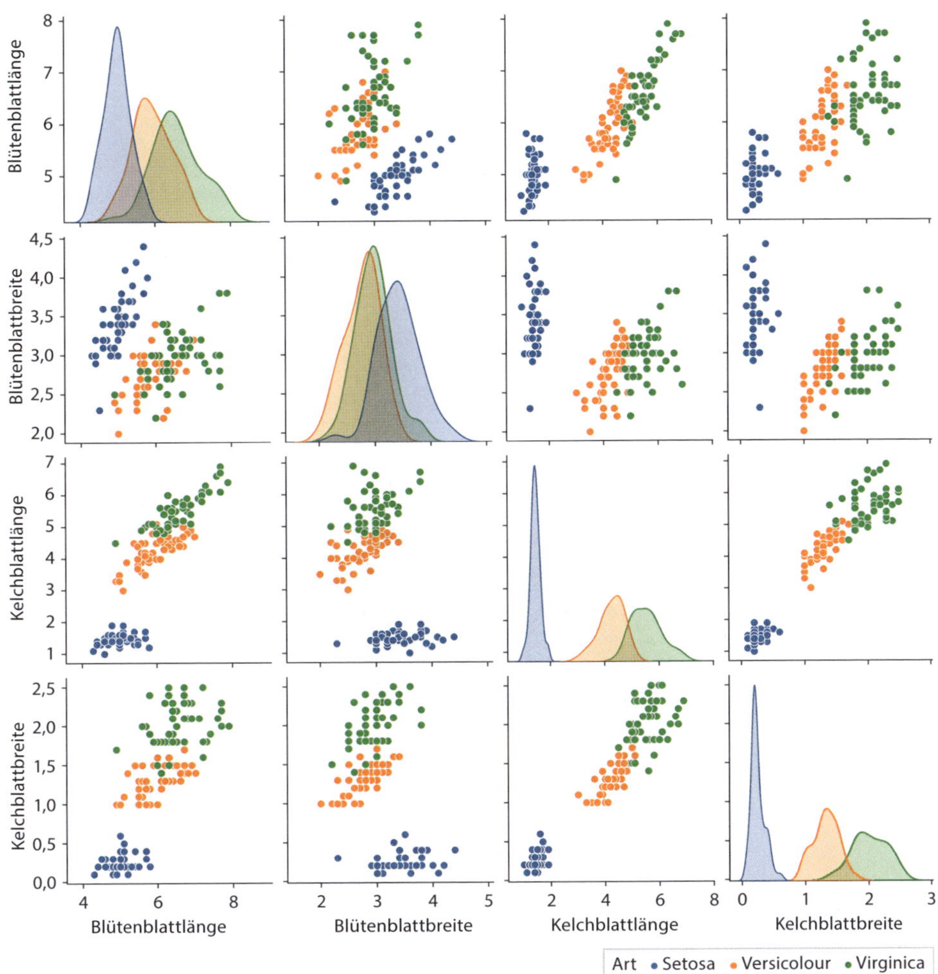

Durch die Farben können wir die Bedeutung der Gruppen erkennen, die wir oben schon gesehen haben: Die kleinere Gruppe sind die Setosas, während die größere Gruppe aus den Versicolours und Virginicas besteht. Diese Trennung ist ähnlich zu dem, was wir bereits im Boxplot gesehen haben. Wir erkennen auch, dass man die Arten nur schwer mithilfe der Blütenblätter unterscheiden kann, insbesondere nicht zwischen Versicolours und Virginicas. Man sieht aber auch, dass man die drei Arten fast perfekt anhand der Kelchblätter unterscheiden kann.

Ein mögliches Problem von Scatterplots ist, dass man häufig sehr viele Datenpunkte in einem kleinen Bereich hat, sodass sich die Daten überlappen. Man spricht dann auch von einem *dichten* Bereich. Wenn man solche Daten als Scatterplot darstellt, sieht man häufig nur einen großen Fleck.

```
np.random.seed(0)
n = 10000
x = np.random.standard_normal(n)
y = 2.0 + 3.0 * x + 4.0 * np.random.standard_normal(n)
xmin = x.min()
xmax = x.max()
ymin = y.min()
ymax = y.max()

plt.figure()
plt.title('Scatterplot von 10000 Datenpunkten')
plt.plot(x, y, marker='.', linestyle='none')
plt.show()
```

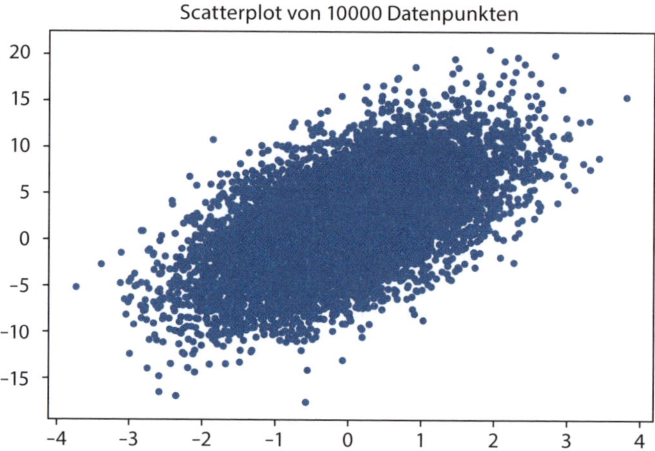

Innerhalb der dichten Region kann man die Struktur der Daten nicht erkennen. Im obigen Beispiel könnten die Daten in der Region zum Beispiel gleichverteilt, normalverteilt oder eine Mischung aus mehreren Verteilungen mit unterschiedlichen Peaks sein. Man verliert also wegen der Dichte wertvolle Informationen über die Daten. Es gibt zwei Möglichkeiten, wie man dieses Problem lösen kann. Eine schnelle und sehr einfache Lösung besteht darin, die Datenpunkte transparent zu machen.

```
plt.figure()
plt.title('Scatterplot von 10000 transparenten Datenpunkten')
plt.plot(x, y, marker='.', linestyle='none', alpha=0.05)
plt.show()
```

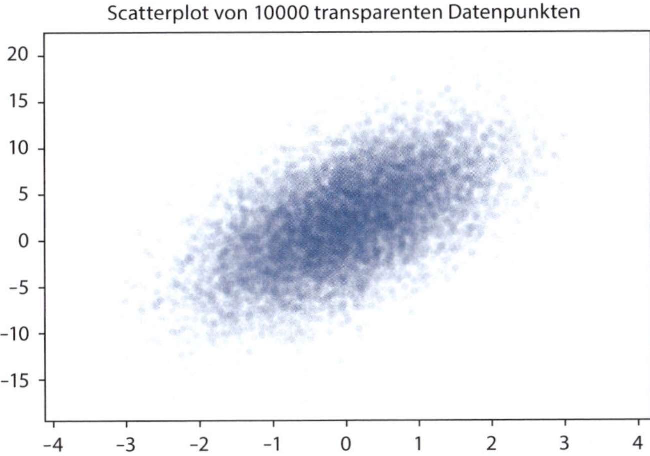

Durch die Transparenz kann man die Struktur erkennen und sieht, dass die Daten normalverteilt sind mit dem Mittelwert im Zentrum der dichten Region. Der Nachteil dieser Lösung ist, dass man immer noch nicht sieht, wie viele Daten genau in einer Region liegen, da es keine Farbskala gibt. Wenn dies ebenfalls wichtig ist, sollte man *Hexbinplots* verwenden. Hexbinplots sind mehr oder weniger zweidimensionale Histogramme: Die Daten sind in sechseckige Bins unterteilt und die Farbe zeigt, wie viele Daten in einer Region liegen.

```
fig, ax = plt.subplots()
hb = ax.hexbin(x, y, gridsize=50, cmap='binary')
cb = fig.colorbar(hb)
cb.set_label('Anzahl')
ax.set_title("Hexagonales Binning (Hexbin) der Daten")
plt.show()
```

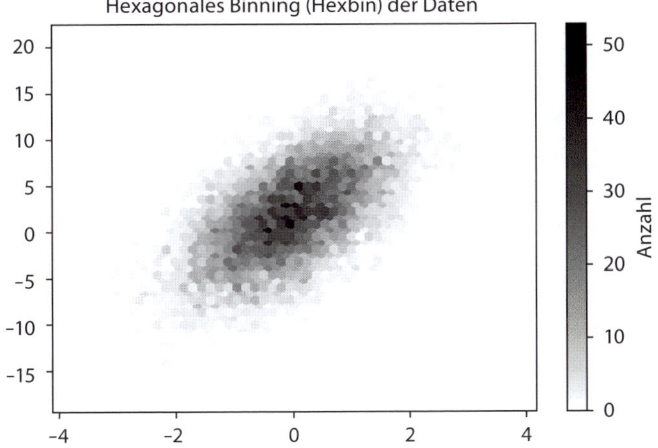

Im Hexbinplot können wir jetzt nicht nur die Struktur der Daten erkennen, sondern auch ablesen, wie viele Datenpunkte sich in der dichten Region befinden.

Die letzte Visualisierung, die wir uns bezüglich des Zusammenhangs von Merkmalen anschauen wollen, zeigt die Korrelationen zwischen den Merkmalen. Wir haben uns Korrelationen bereits im Zusammenhang mit Scatterplots durch die Regressionsgeraden angesehen. Dies ist jedoch relativ aufwendig, insbesondere wenn es viele Merkmale gibt. Der Aufwand steigt quadratisch mit der Anzahl der Merkmale. Eine effizientere Methode, einen Überblick über die Korrelationen zu bekommen, ist eine *Korrelations-Heatmap*.

```
# Compute the correlation matrix that contains the correlation coefficients
corr = iris_df.corr()

# we use customized colors
fig, ax = plt.subplots()
cmap = sns.diverging_palette(220, 10, as_cmap=True)
sns.heatmap(corr, square=True, linewidths=.5,
            vmin=-1.0, vmax=1.0, cmap=cmap, annot=True, ax=ax)
plt.show()
```

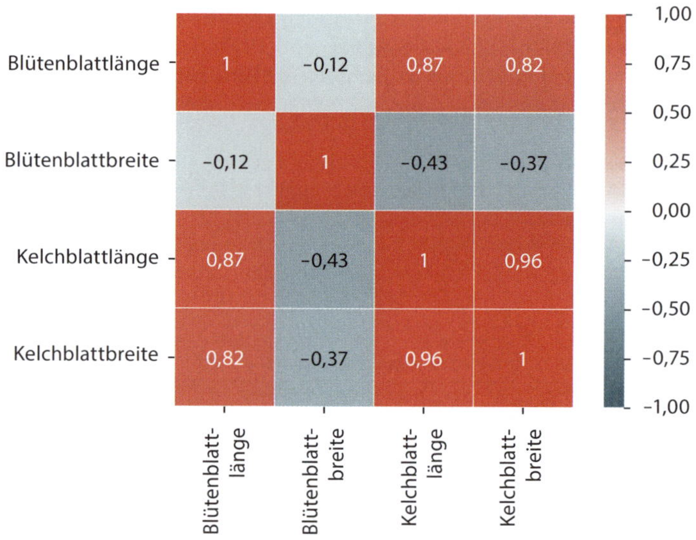

Eine Korrelations-Heatmap visualisiert die Werte von Korrelationskoeffizienten zwischen den Merkmalen. Rot heißt, dass es eine positive Korrelation gibt, Blau steht für negative Korrelation. Je schwächer die Farbe, desto schwächer die Korrelation. Konsequenterweise heißt Weiß also, dass es keine Korrelation gibt. Auf der Diagonale gibt es immer eine perfekte positive Korrelation, da selbstverständlich jedes Merkmal mit sich selbst korreliert ist. Außerdem sehen wir die Bestätigung unserer Erkenntnisse über die Korrelationen aus den paarweisen Scatterplots: Es gibt eine starke positive Korrelation zwischen der Breite und Länge der Kelchblätter und keine Korrelation bei den Blütenblättern. Man sieht jedoch noch weitere Korrelationen, zum Beispiel eine negative Korrelation zwischen der Kelchblattlänge und der Blütenblattbreite.

> **Bemerkung:**
>
> Selbstverständlich kann man auch andere Farben zur Darstellung der Korrelationskoeffizienten nutzen. Wichtig ist jedoch, dass man eine Farbskala wählt, bei der man die Stärke der Korrelation gut erkennen kann und man gut zwischen positiver und negativer Korrelation unterscheiden kann. Das bedeutet insbesondere auch, dass man Werte in der Nähe von null gut erkennt.

4.3.4 Scatterplots für hochdimensionale Daten

Häufig hat man sehr viele Dimensionen, sodass die Analyse von paarweisen Scatterplots schwierig wird. In diesem Fall kann man Methoden zur *Dimensionsreduktion* anwenden. Die Idee hierbei ist es, die Korrelationen zwischen den Merkmalen auszunutzen und neue Merkmale zu berechnen, die unkorreliert sind. Bei den neuen Merkmalen beinhalten dann möglichst wenige Merkmale möglichst viel der Informationen aus den ursprünglichen Daten. Ein beliebtes Verfahren hierfür ist die *Hauptkomponentenanalyse* (engl. *principal component analysis*/PCA). Bei der PCA wird der Raum von reellwertigen Merkmalen so transformiert, dass das erste Merkmal möglichst viel der Varianz der Daten erklärt, das zweite Merkmal den zweit größten Anteil und so fort. Die neuen Merkmale nennt man auch die *Hauptkomponenten* (engl. *principal components*) der Daten. Da die Varianz eines Merkmals direkt mit der vorhandenen Information verwandt ist, beinhaltet also die erste Hauptkomponente die meiste Information, die zweite Hauptkomponente die zweitmeiste Information und so fort. Das liegt ganz einfach daran, dass konstante Merkmale keine Informationen beinhalten. Für die Irisdaten können wir mit der PCA die vier Merkmale auf die ersten zwei Hauptkomponenten reduzieren und mit der Farbe die Art der Iris darstellen.

```
from sklearn import decomposition

pca = decomposition.PCA()
pca.fit(iris.data)
iris_pca = pca.transform(iris.data)

fig, ax = plt.subplots()
for i, label in enumerate(iris.target_names):
    # we need to plot each type of iris on its own to get colors with a legend
    ax.scatter(iris_pca[iris.target==i,0], iris_pca[iris.target==i,1],
label=label)
ax.set_xlabel('1. Hauptkomponente (%.2f Varianz)' %
pca.explained_variance_ratio_[0])
ax.set_ylabel('2. Hauptkomponente (%.2f Varianz)' %
pca.explained_variance_ratio_[1])
↓
```

```
ax.set_title('PCA der Irisdaten (%.2f Varianz erklärt)' %
sum(pca.explained_variance_ratio_[:2]))
plt.legend()
plt.show()
```

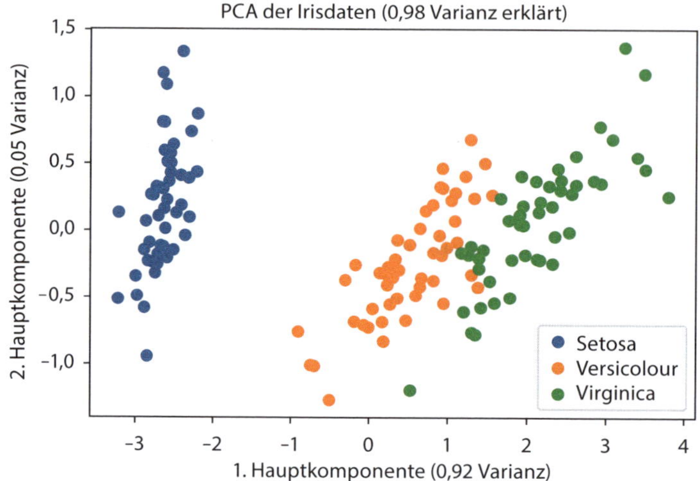

Die zwei Hauptkomponenten erklären bereits 98 % der Varianz der Daten, also beinahe alle Informationen. Man sieht auch, dass sich die Arten der Iris sehr gut unterscheiden lassen und separate Gruppen in den Daten darstellen, auch wenn die Versicolor und die Virginica sehr nah beieinander liegen. Wenn die PCA weniger Varianz der Daten erklärt, kann es sein, dass eine Trennung von Gruppen vorhanden ist, auch wenn man sie nicht sieht: Man bräuchte dann nur die restliche Information, um dies zu erkennen.

Die PCA ist ein mächtiges Werkzeug, um die Dimensionen von Daten zu reduzieren, ohne den Informationsgehalt zu verringern, und insbesondere auch um hochdimensionale Daten darzustellen. Dennoch gibt es zwei wesentliche Nachteile, die auch ähnliche Verfahren betreffen. Das erste Problem ist, dass nicht klar ist, *wofür* die Hauptkomponenten stehen. Beim paarweisen Scatterplot war klar, welche Beziehungen gezeigt werden und somit auch welche Information. Die Hauptkomponenten sind Linearkombinationen der Merkmale, wie diese kombiniert werden, ist jedoch nicht offensichtlich. Hier könnte man höchstens noch die Transformation der PCA genauer betrachten, um an diese Information zu kommen. Das ist aber sehr komplex. Daher eignet sich die PCA in der Regel nur dafür, zu analysieren, ob Daten entsprechend bestimmter Eigenschaften so aussehen wie erwartet oder erhofft (zum Beispiel ob die Arten von Iris gruppiert sind), es ist jedoch nicht ohne Weiteres möglich, die Verteilung der Datenpunkte zu verstehen. Der zweite Nachteil ist, dass die Information möglicherweise nicht mit dem Ziel der Analyse zusammenhängt. Wenn ein Fragebogen zur Kreditwürdigkeit die Lieblingszahl abfragen würde, hätte dies keinen Bezug zum eigentlichen Ziel der Analyse und die

Varianz dieser Information wäre entsprechend auch irrelevant. Daher sollte man bei der PCA vorher sicherstellen, dass nur Merkmale benutzt werden, die mit dem Ziel der Analyse zusammenhängen.

Bermerkung:

Für die PCA interpretiert man die Daten als Matrix A, wobei jede Zeile der Matrix eine Instanz ist. Anschließend muss man die folgenden Schritte durchführen:

- Zuerst müssen die Spalten der Matrix A so skaliert werden, dass der Erwartungswert null ist (A_0). Hierdurch werden Skaleneffekte zwischen den Merkmalen vermieden und die folgenden Berechnungen vereinfacht.
- Anschließend wird die Kovarianzmatrix Cov_A von A_0 berechnet. Wir berechnen also die Kovarianzen, um die Korrelation zwischen den Merkmalen auszudrücken.
- Nun kann man die Eigenwerte und Eigenvektoren von Cov_A berechnen. Die Eigenvektoren müssen anhand ihrer Eigenwerte absteigend sortiert werden, sodass jeder Vektor die Spalte einer Matrix Eig ist. Wenn man die Eigenwerte so reskaliert, dass ihre Summe eins ergibt, erhält man den Anteil der erklärten Varianz der jeweiligen Hauptkomponente.
- Durch die Matrixmultiplikation von Eig und A_0 erhält man die Hauptkomponenten von A.

4.3.5 Zeitliche Trends

Die bisherigen Visualisierungen sind alle davon ausgegangen, dass die einzelnen Datenpunkte nicht direkt miteinander zusammenhängen. Häufig gibt es jedoch Zusammenhänge, insbesondere bei Daten, die über einen gewissen Zeitraum erfasst worden sind. Als Beispiel betrachten wir jetzt Fluggastdaten einer US Airline aus den Jahren 1940 bis 1960. Die Werte geben die monatliche Anzahl von Passagieren an.

```
!head data/AirPassengers.csv
```

```
Month,#Passengers
1949-01,112
1949-02,118
1949-03,132
1949-04,129
1949-05,121
1949-06,135
1949-07,148
1949-08,148
1949-09,136
```

Wir könnten solche Daten auch unabhängig von der Zeit betrachten, zum Beispiel als Histogramm.

```
air_passengers_df = pd.read_csv("data/AirPassengers.csv", header = 0,
parse_dates = [0], names = ['Month', 'Passengers'], index_col = 0,
squeeze=True)

fig, ax = plt.subplots()
ax.hist(air_passengers_df)
ax.set_xlabel('Passagiere')
ax.set_ylabel('Anzahl')
plt.show()
```

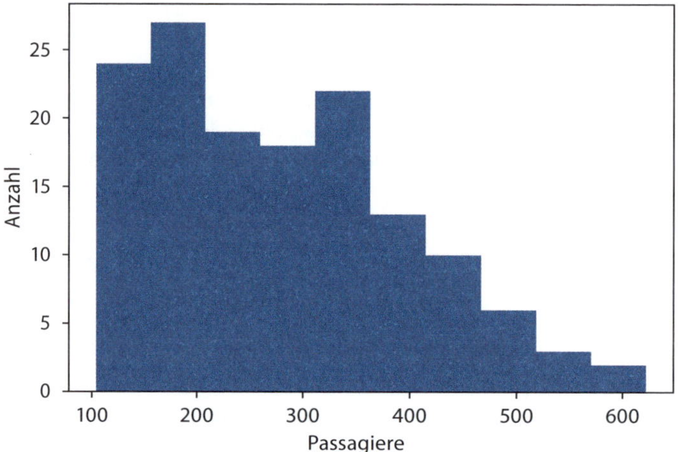

Es ist nicht so, dass Histogramme bei über die Zeit verteilten Daten keine Informationen liefern würden. Man erkennt, dass es maximal 600 Passagiere in einem Monat gab und dass es circa 20 Monate mit jeweils 100–150, 150–200, ..., bzw. 300–350 Passagieren gab. Was man jedoch nicht erkennt ist die Entwicklung der Passagierzahlen über die Zeit. Hier könnten wir zum Beispiel einfach einen Scatterplot betrachten, bei dem die y-Achse die Passagierzahlen und die x-Achse die Monate anzeigt.

```
fig, ax = plt.subplots()
air_passengers_df.plot(linestyle='', marker='.', ax=ax)
ax.set_title("Scatterplot der Passagierzahlen über die Zeit")
ax.set_xlabel('Zeit')
ax.set_ylabel('Passagiere')
plt.show()
```

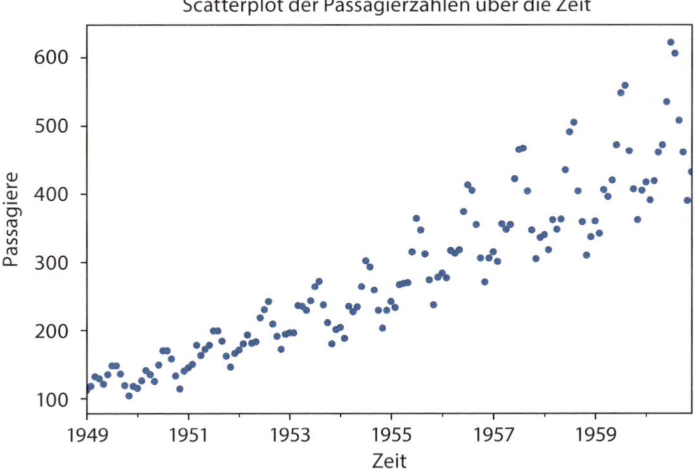

In diesem Scatterplot erkennt man den zeitlichen Verlauf der Daten. Man sieht einen klaren Trend, dass die Passagierzahlen mit der Zeit steigen. Wie sich die Passagierzahlen von Monat zu Monat verändern, erkennt man jedoch nicht ohne Weiteres. Hierfür müssen wir – im wahrsten Sinne des Wortes – die Punkte miteinander verbinden, um ein *Liniendiagramm* zu erhalten.

```
fig, ax = plt.subplots()
air_passengers_df.plot(marker='.', ax=ax)
ax.set_title("Liniendiagramm der Passagierzahlen über die Zeit")
ax.set_xlabel('Zeit')
ax.set_ylabel('Passagiere')
plt.show()
```

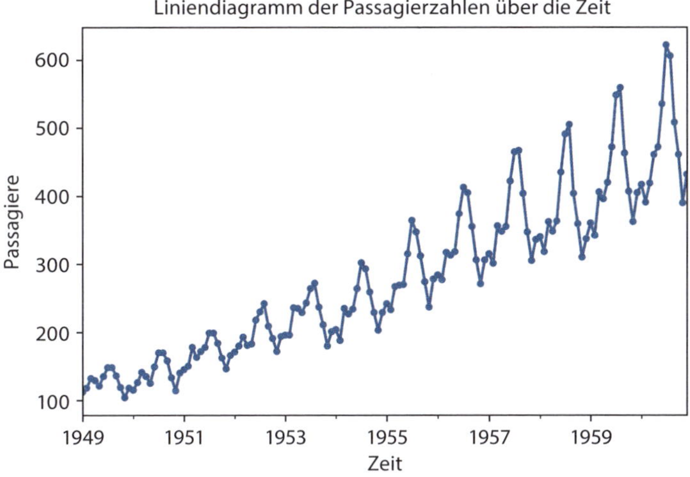

Im Liniendiagram können wir jetzt sowohl den Trend als auch die Veränderungen von Monat zu Monat sehen. Man erkennt auch ein Muster, das sich jährlich wiederholt.

4.4 Übung

In der ersten praktischen Übung geht es darum, selbst einige Daten zu erkunden. Hierzu benutzen wir wieder die Bostondaten, die wir vorher schon in diesem Kapitel verwendet haben.

Deskriptive Statistiken

Untersuchen Sie die Bostondaten mithilfe von deskriptiven Statistiken. Berechnen Sie die Lage durch das arithmetische Mittel und den Median, die Variabilität durch die Standardabweichung und den IQR sowie die Datenbereiche der Merkmale. Das Ziel dieser Aufgabe ist aber nicht die Berechnung dieser Werte, sondern ihre Interpretation. Überlegen Sie sich zum Beispiel, was man über das Merkmal CRIM über das arithmetische Mittel und den Median lernt.

Visualisierungen einzelner Merkmale

Schauen Sie sich die Merkmale `zn` und `indus` mithilfe von Histogrammen und Densityplots (mit und ohne Rug) an. Was lernen Sie über diese Daten? Was sind die Vor- und Nachteile der verschiedenen Visualisierungen?

Paarweise Beziehungen

Betrachten Sie die paarweisen Beziehungen der Bostondaten. Benutzen Sie hierfür Scatterplots und eine Korrelations-Heatmap. Was lernen Sie über die Beziehungen aus den Daten? Beachten Sie hierbei insbesondere auch, ob Sie ethisch problematische Eigenschaften finden.

5 Assoziationsregeln

Assoziationen sind Beziehungen zwischen Objekten. Die Idee hinter den Assoziationsregeln besteht darin, diese Beziehungen durch Regeln so zu beschreiben, dass wir erkennen können, welche weiteren Objekte zu den bisherigen Objekten passen. Bei den Assoziationsregeln spricht man statt von Objekten in der Regel von *Gegenständen* (engl. *items*). Abbildung 5–1 zeigt das Standardbeispiel für Assoziationsregeln: die Analyse von Warenkörben bei Einkäufen. Ein Kunde fügt Produkte (Gegenstände) dem Warenkorb hinzu. Sobald der Warenkorb nicht mehr leer ist, kann man den Inhalt nutzen, um Assoziationen zu weiteren Produkten, die für den Kunden von Interesse sind, herzustellen. Diese können dem Kunden dann zum Beispiel als Werbung vorgeschlagen werden.

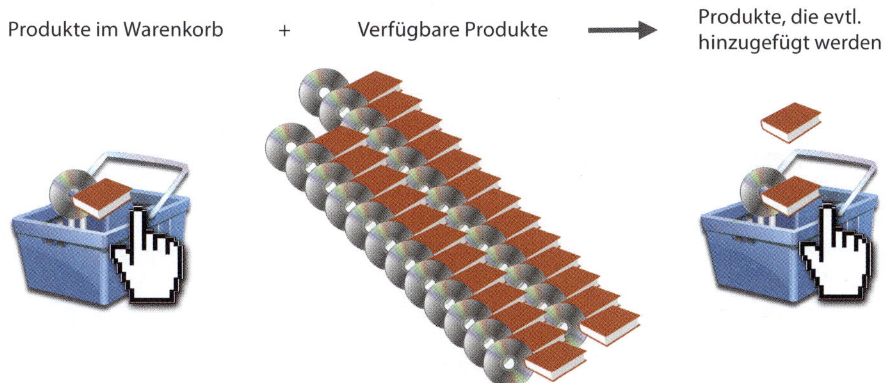

Abb. 5–1 *Warenkörbe als Beispiel für Assoziationen*

In diesem Beispiel sind die Assoziationen definiert als »Produkte, die von Kunden gleichzeitig gekauft werden«. Wenn man dies generalisiert, hat man *Transaktionen*, wobei jede Transaktion eine Beobachtung von gemeinsam verarbeiteten Gegenständen ist. Mithilfe der *Assoziationsanalyse* werden Assoziationsregeln aus den Transaktionen gelernt. Dies wird in Abbildung 5–2 gezeigt.

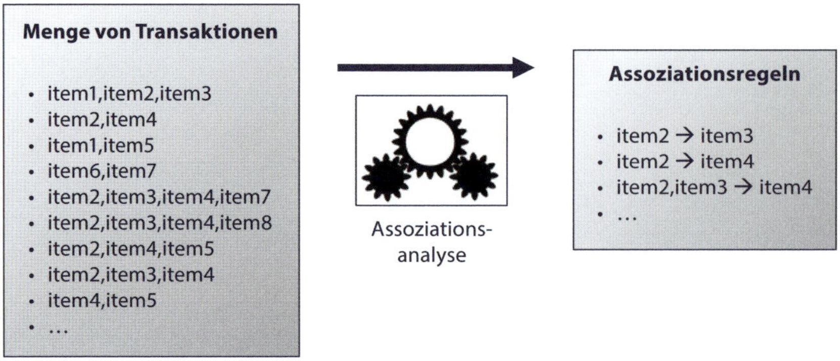

Menge von Transaktionen

- item1,item2,item3
- item2,item4
- item1,item5
- item6,item7
- item2,item3,item4,item7
- item2,item3,item4,item8
- item2,item4,item5
- item2,item3,item4
- item4,item5
- ...

Assoziations-analyse

Assoziationsregeln

- item2 → item3
- item2 → item4
- item2,item3 → item4
- ...

Abb. 5-2 *Konzept der Assoziationsanalyse*

Die Assoziationsregeln sollten »interessante« Beziehungen beschreiben. Die Definition von interessant hängt vom Anwendungsfall ab. Im obigen Beispiel sind Beziehungen interessant, die beschreiben, was Kunden bewusst zusammen kaufen. Wir können die Assoziationsanalyse auch formal definieren. Gegeben ist eine Menge von Gegenständen, auch *Itemsets* genannt, definiert als $I=\{i_1,...,i_m\}$, und eine Menge von Transaktionen $T=\{t_1,...,t_n\}$, wobei jede Transaktion eine Teilmenge von Gegenständen beinhaltet, also $t_j \subseteq I, j=1,...,n$. Assoziationsregeln sind logische Ausdrücke der Form $X \Rightarrow Y$, wobei X und Y disjunkte Teilmengen von Gegenständen sind, d.h., es gilt $X, Y \subseteq I$ und $X \cap Y = \emptyset$. Man nennt X auch *Bedingung* (engl. *antecedent*) oder linke Seite der Regel und Y auch *Folgerung* (engl. *consequent*) oder rechte Seite der Regel.

Bemerkung:

Ihnen ist möglicherweise aufgefallen, dass wir bisher keine Merkmale benannt haben, sondern stattdessen von Gegenständen gesprochen haben. Außerdem gibt es auch keine Instanzen, sondern Transaktionen. Hierfür gibt es zwei Gründe: Zum einen ist das die übliche Terminologie der Assoziationsanalyse. Zum anderen gibt es keine echten Merkmale, da jedes Objekt durch seine Identität identifiziert wird.

Das Ziel der Assoziationsanalyse ist es, gute Assoziationsregeln zu finden, basierend auf einer Menge von Transaktionen. Eine generische Definition von »interessante Beziehung« besteht darin, dass Gegenstände häufig zusammen in Transaktionen auftreten. Hier ist ein Beispiel mit zehn Transaktionen.

```
# we define each transaction as a list
# a set of transactions is a list of lists
data = [['item1', 'item2', 'item3'],
        ['item2', 'item4'],
        ['item1', 'item5'],
        ['item6', 'item7'],
        ['item2', 'item3', 'item4', 'item7'],
↓
```

```
         ['item2', 'item3', 'item4', 'item8'],
         ['item2', 'item4', 'item5'],
         ['item2', 'item3', 'item4'],
         ['item4', 'item5'],
         ['item6', 'item7']]
print('Transaktionen (eine pro Zeile):')
print('\n'.join([str(t) for t in data]))
```

```
Transaktionen (eine pro Zeile):
['item1', 'item2', 'item3']
['item2', 'item4']
['item1', 'item5']
['item6', 'item7']
['item2', 'item3', 'item4', 'item7']
['item2', 'item3', 'item4', 'item8']
['item2', 'item4', 'item5']
['item2', 'item3', 'item4']
['item4', 'item5']
['item6', 'item7']
```

In diesem Beispiel tauchen die Gegenstände item2, item3 und item4 oft zusammen auf, was auf eine interessante Beziehung hindeutet. Im Folgenden erklären wir, wie man effizient solche Beziehungen findet, hieraus Regeln erstellt und die Güte der Regeln bewertet.

5.1 Der Apriori-Algorithmus

Der Apriori-Algorithmus ist ein vom Prinzip sehr einfacher, aber dennoch mächtiger Algorithmus, um Assoziation in Daten zu suchen.

5.1.1 Support und Frequent Itemsets

Der Apriori-Algorithmus basiert auf dem Konzept des *Supports* von Itemsets $IS \subseteq I$. Der Support eines Itemsets *IS* ist definiert als der Anteil der Transaktionen, in denen alle Gegenstände des Itemsets vorkommen. Es gilt also:

$$support(IS) = \frac{|\{t \in T : IS \subseteq t\}|}{|T|}$$

Der Support ist sehr ähnlich zur generischen Definition von »interessanten Beziehungen«, die wir oben eingeführt haben, da der Support ein Maß für die Häufigkeit ist, mit der Kombinationen von Gegenständen auftauchen. Entsprechend kann man den Support als indirektes Maß für die Interessantheit sehen. Was noch fehlt ist ein Mindestmaß an Interessantheit, sodass eine Kombination von Gegenständen relevant genug ist, um diese als Grundlage für Assoziationsregeln zu nutzen. Es ist nur logisch, dass man hierfür einen Grenzwert für den Support festlegt: Ist dieser Grenzwert überschritten, ist ein Itemset interessant und wir sprechen von einem

Frequent Itemset. Formal nennen wir ein Itemset *IS frequent*, wenn Folgendes gilt:

$$support(IS) \geq minsupp$$

für einen Grenzwert $minsupp \in [0,1]$.

Im obigen Beispiel hat das Itemset der Gegenstände item2, item3 und item4 einen Support von

$$support(\{item2, item3, item4\}) = \frac{3}{10},$$

da alle drei Gegenstände zusammen in drei von zehn Transaktionen vorkommen. Wenn wir also $minsupp = 0{,}3$ wählen, wäre das Itemset $\{item2, item3, item4\}$ ein Frequent Itemset. Insgesamt finden wir mit diesem Grenzwert die folgenden Frequent Itemsets.

```
# we need pandas and mlxtend for the association rules
import pandas as pd
from mlxtend.frequent_patterns import apriori
from mlxtend.preprocessing import TransactionEncoder
pd.set_option('display.latex.repr', True)

# we first need to create a one-hot encoding of our transactions
te = TransactionEncoder()
te_ary = te.fit_transform(data)
data_df = pd.DataFrame(te_ary, columns=te.columns_)

# we can use this function to determine all itemsets with at least 0.3 support
# what apriori is will be explained later
frequent_itemsets = apriori(pd.DataFrame(data_df), min_support=0.3,
use_colnames=True)
frequent_itemsets
```

	support	itemsets
0	0.6	(item2)
1	0.4	(item3)
2	0.6	(item4)
3	0.3	(item5)
4	0.3	(item7)
5	0.4	(item2, item3)
6	0.5	(item2, item4)
7	0.3	(item3, item4)
8	0.3	(item2, item3, item4)

5.1.2 Ableiten von Regeln

Ein Frequent Itemset ist noch keine Assoziationsregel, da es weder eine Bedingung X noch eine Folgerung Y gibt, aus denen eine Regel $X \Rightarrow Y$ entsteht. Man kann jedoch relativ einfach solche Regeln aus den Frequent Itemsets ableiten. Hierzu betrachtet man alle möglichen Partitionierungen eines Frequent Itemsets, also alle Kombinationen $X, Y \subset IS$, sodass $X \cup Y = IS$ (jeder Gegenstand kommt in X oder Y vor) und $X \cap Y = \emptyset$ (kein Gegenstand kommt in X und Y vor).

Im unserem Beispiel können wir acht Regeln aus dem Itemset $\{item2, item3, item4\}$ ableiten.

```
from mlxtend.frequent_patterns import association_rules

association_rules(frequent_itemsets.iloc[8:9, :], metric="confidence",
                  min_threshold=0.0, support_only=True)[['antecedents',
                  'consequents']]
```

	antecedents	consequents
0	(item2, item3)	(item4)
1	(item2, item4)	(item3)
2	(item3, item4)	(item2)
3	(item2)	(item3, item4)
4	(item3)	(item2, item4)
5	(item4)	(item2, item3)

Es gibt noch zwei weitere Regeln, wenn wir die leere Menge als Bedingung oder Folgerung zulassen:

- $\emptyset \Rightarrow \{item2, item3, item4\}$
- $\{item2, item3, item4\} \Rightarrow \emptyset$

Diese Regeln erlauben aber keine bedeutenden Einblicke, sodass wir sie ignorieren können.

5.1.3 Confidence, Lift und Leverage

Eine noch ungeklärte Frage ist, wie wir erkennen, welche der Regeln gut sind, oder ob alle Regeln, die man aus einem Frequent Itemset ableitet, gleich gut sind. Am Beispiel der leeren Menge sieht man recht schnell, dass vermutlich nicht alle Regeln gleich gut sind. Was wir brauchen, sind Gütemaße, die es uns erlauben, zwischen bedeutungsvollen Assoziationen und zufälligen Effekten zu unterscheiden. Hierfür ist der Support nicht ausreichend. Stellen Sie sich zum Beispiel vor, dass es etwas gratis gibt. Die Gratisprodukte werden häufig einfach »mitgenommen« und landen entsprechend oft im Warenkorb und später dann in unseren

Transaktionen. Diese Gratisprodukte haben einen hohen Support und sind mit hoher Wahrscheinlichkeit ein Teil vieler Frequent Itemsets. Die Gratisprodukte sind aber nicht mit dem Rest vom Einkauf assoziiert, die Beziehung ist also zufällig. Eine Schwäche des Supports ist, dass dieser nicht von der Regel abhängt, insbesondere ist der Support einer Regel $X \Rightarrow Y$ immer gleich der Regel $Y \Rightarrow X$, in der Bedingung und Folgerung vertauscht sind. Da aber kausale Zusammenhänge häufig eine Richtung haben, macht diese Symmetrie in vielen Fällen keinen Sinn. Es ist zum Beispiel sinnvoll, einem Kunden, der eine Spielekonsole in den Warenkorb legt, ein Spiel für diese Konsole vorzuschlagen. Wenn jemand aber ein Spiel in den Warenkorb legt, ist die Konsole im Normalfall bereits vorhanden, und es würde keinen Sinn machen, diese vorzuschlagen.

Die Maße *Confidence*, *Lift* und *Leverage* helfen zu erkennen, ob Regeln zufällig sind oder ob es sich um sinnvolle Assoziationen handelt. Die Confidence ist definiert als

$$confidence(X \Rightarrow Y) = \frac{support(X \cup Y)}{support(X)}.$$

Es handelt sich bei der *Confidence* also um das Verhältnis, die Bedingung X und die Folgerung Y zusammen in einer Transaktion zu sehen, zu der Beobachtung von Transaktionen nur mit der Bedingung X. Eine hohe Confidence deutet darauf hin, dass eine Bedingung selten ohne die Folgerung zu beobachten ist, was auf einen starken Zusammenhang hinweist.

Der Lift ist definiert als

$$lift(X \Rightarrow Y) = \frac{support(X \cup Y)}{support(X) \cdot support(Y)}.$$

Der *Lift* misst das Verhältnis der Erwartung, die Bedingung X und die Folgerung Y zusammen zu beobachten, im Verhältnis zur Erwartung, dass X und Y unabhängig voneinander auftauchen. Der Support kann auch als Schätzung für den Erwartungswert für ein Itemset, ein Itemset zu beobachten, interpretiert werden. Daher ist $support(X \cup Y)$ ist nichts anderes als der Erwartungswert von X und Y zusammen und $support(X) \cdot support(Y)$ der Erwartungswert unter der Annahme, dass X und Y unabhängig voneinander sind. Unabhängigkeit ist das direkte Gegenteil von assoziiert. Es folgt daraus, dass der Lift misst, wie viel wahrscheinlicher es ist, dass die Teile einer Regel X und Y in irgendeiner Weise voneinander abhängen, als dass diese unabhängig sind. Ein Lift von 2 bedeutet also, dass eine Assoziation von X und Y doppelt so wahrscheinlich ist, wie dass es keine gibt.

Der *Leverage* ist definiert als

$$leverage(X \Rightarrow Y) = support(X \cup Y) - support(X) \cdot support(Y).$$

Diese Definition ist ähnlich zum Lift, nur dass die Differenz statt des Verhältnisses betrachtet wird. Entsprechend gibt es eine enge Beziehung zwischen Lift und Leverage. Der Unterschied besteht darin, dass Leverage tendenziell höhere Werte für Itemsets mit einem hohen Support liefert.

Um Confidence, Lift und Leverage besser zu verstehen, betrachten wir diese nun am Beispiel der Regeln, die wir aus dem Itemset $\{item2, item3, item4\}$ ableiten können.

```
# all rules for our data
# we drop the column conviction, because this metric is not covered here
# we also drop all rules from other itemsets than above.
association_rules(frequent_itemsets, metric="confidence",
                  min_threshold=0.0).drop('conviction',
                  axis=1)[6:].reset_index(drop=True)
```

	antecedents	consequents	antecedent support	consequent support	support	confidence	lift	leverage
0	(item2, item3)	(item4)	0,4	0,6	0,3	0,75	1,250000	0,06
1	(item2, item4)	(item3)	0,5	0,4	0,3	0,60	1,500000	0,10
2	(item3, item4)	(item2)	0,3	0,6	0,3	1,00	1,666667	0,12
3	(item2)	(item3, item4)	0,6	0,3	0,3	0,50	1,666667	0,12
4	(item3)	(item2, item4)	0,4	0,5	0,3	0,75	1,500000	0,10
5	(item4)	(item2, item3)	0,6	0,4	0,3	0,50	1,250000	0,06

Basierend auf den Metriken schneidet die Regel $\{item3, item4\} \Rightarrow \{item2\}$ klar am besten ab. Diese Regel hat eine perfekte Confidence von 1, was nichts anderes bedeutet, als dass item2 in jeder Transaktion vorkommt, in der item3 und item 4 zusammen vorkommen. Der Lift von 1,66 besagt, dass dieses gemeinsame Auftreten 1,66-mal wahrscheinlicher ist, als es sich durch eine zufällige Beziehung erklären lässt. Hier sieht man auch den Unterschied zur Regel $\{item2\} \Rightarrow \{item3, item4\}$, also der Regel, die wir bekommen, wenn wir Bedingung und Folgerung vertauschen. Diese Regel hat zwar den gleichen Lift (und Leverage), die Confidence ist jedoch nur 0,5. Das bedeutet, dass item2 genauso häufig alleine vorkommt wie mit item3 und item4 zusammen. Während also die Regel $\{item3, item4\} \Rightarrow \{item2\}$ vermutlich fast jedes Mal richtig ist, ist die Regel $\{item2\} \Rightarrow \{item3, item4\}$ in ca. der Hälfte der Fälle falsch.

Das Beispiel zeigt auch die grundlegenden Eigenschaften der drei Maße: Lift und Leverage sind symmetrisch, genauso wie der Support. Die Confidence ist das einzige Gütemaße, das berücksichtigt, welcher Teil einer Regel die Bedingung und welcher Teil die Folgerung ist, also das einzige Maß, das die Kausalität einbezieht. Daher sollte man die Confidence immer bei der Bewertung von Regeln benutzen. Da Lift und Leverage sich sehr ähnlich verhalten, reicht es, nur eines der beiden Maße zu verwenden. Legt man mehr Wert auf Regeln, die aus Itemsets mit hohem Support gewonnen werden, ist Leverage besser, ansonsten sollte man Lift wählen. Der Grund hierfür ist, dass es für Lift eine direkte Interpretation gibt, also wie viel wahrscheinlicher etwas ist, als es sich durch den reinen Zufall erklären lässt.

5.1.4 Exponentielles Wachstum

Oben haben wir gezeigt, wie wir Assoziationsregeln bestimmen können: Wir müssen die Frequent Itemsets finden, aus denen wir dann Regeln ableiten können. Das Finden von Frequent Itemsets ist jedoch leider nicht trivial. Das Problem ist das exponentielle Wachstum der Itemsets mit der Anzahl von Gegenständen. Die Anzahl von möglichen Itemsets ist die Potenzmenge P von I, also die Menge aller möglichen Kombinationen von Gegenständen. Daher gibt es $P(I)=2^{|I|}$ Itemsets. Es ist aber gar nicht sinnvoll, beliebig lange Kombinationen von Gegenständen zu betrachten. Zu lange Regeln würden bedeuten, dass man diese nur in wenigen Fällen anwenden kann. Daher ist man häufig nur an relativ kurzen Regeln interessiert. Leider ist das Wachstum auch mit einer beschränkten Anzahl von Gegenständen in Itemsets noch exponentiell. Hierzu können wir den Binomialkoeffizienten

$$\binom{|I|}{k} = \frac{|I|!}{(|I|-k)!k!}$$

nutzen, um die Anzahl der Itemsets der Größe k zu berechnen. Wenn wir zum Beispiel $|I|=100$ Gegenstände haben, gibt es 161.700 Itemsets der Größe $k=3$. Aus jedem dieser Itemsets können wir sechs Regeln ableiten, ohne dass die Bedingung oder Folgerung die leere Menge ist, es gibt also 970.200 mögliche Regeln.

Es ist also nicht möglich, einfach alle Itemsets zu berechnen und erst anschließend die Frequent Itemsets zu bestimmen. Wir brauchen stattdessen einen Algorithmus, der die exponentielle Natur des Problems beschränkt und der schonend mit den vorhandenen Ressourcen umgeht, da sonst schnell der Speicher ausgeht oder die Rechenzeit zu lang wird.

5.1.5 Die Apriori-Eigenschaft

Die Apriori-Eigenschaft verleiht dem Algorithmus seinen Namen.

> **Apiori-Eigenschaft**
>
> Sei $IS \subseteq I$ ein Frequent Itemset. Alle Teilmengen $IS' \subseteq IS$ sind auch Frequent Itemsets und es gilt $support(IS') \geq support(IS)$.

Wir können die Apriori-Eigenschaft nutzen, um gezielt nach Frequent Itemsets zu suchen und damit den Suchraum zu beschränken. Anstatt alle Itemsets zu berechnen und dann zu überprüfen, ob es Frequent Itemsets sind, lassen wir die Frequent Itemsets wachsen. Da alle Teilmengen eines Frequent Itemsets ebenfalls Frequent Itemsets sind, wissen wir auch, dass ein Itemset, das eine Teilmenge hat, die kein Frequent Itemset ist, kein Frequent Itemset sein kann. Basierend auf dieser Beobachtung können wir folgenden Algorithmus definieren:

1. Berechne den Support für alle Itemsets der Größe $k=1$.
2. Entferne alle Itemsets, die nicht den minimalen Support haben, sodass nur Frequent Itemsets übrig sind.
3. Erstelle alle möglichen Kombinationen der Größe $k+1$ aus den Frequent Itemsets der Größe k.
4. Setze $k=k+1$ und wiederhole die Schritte 2 und 3, bis
   - es keine Itemsets der Größe $k+1$ gibt oder
   - ein Grenzwert für k erreicht ist, also die maximale Länge von Itemsets.

Wir lassen also die Frequent Itemsets Stück für Stück wachsen und ignorieren alle Itemsets bei der Überprüfung, ob sie frequent sind, die nicht die Apriori-Eigenschaft erfüllen. Dieser Algorithmus ist immer noch exponentiell. Es könnten zum Beispiel alle Transaktionen alle Gegenstände beinhalten. In dem Fall wären alle ein Frequent Itemset und man hätte immer noch exponentielles Wachstum. In der Praxis passiert das jedoch sehr selten, sodass der Algorithmus in der Regel gut skaliert, sofern der Support hinreichend hoch gewählt wird.

Um den Algorithmus besser zu verstehen, sehen wir uns an, wie man die Frequent Itemsets für $minsupp=0{,}3$ für unsere Beispieldaten bestimmt. Hier sind noch einmal die Daten:

```
print('Transaktionen (eine pro Zeile):')
print('\n'.join([str(t) for t in data]))
```

```
Transaktionen (eine pro Zeile):
['item1', 'item2', 'item3']
['item2', 'item4']
['item1', 'item5']
['item6', 'item7']
↓
```

```
['item2', 'item3', 'item4', 'item7']
['item2', 'item3', 'item4', 'item8']
['item2', 'item4', 'item5']
['item2', 'item3', 'item4']
['item4', 'item5']
['item6', 'item7']
```

Zuerst betrachten wir den Support der einzelnen Gegenstände in Tabelle 5–1.

Itemsets	support	Entfernen
$\{item1\}$	0,2	x
$\{item2\}$	0,6	
$\{item3\}$	0,4	
$\{item4\}$	0,5	
$\{item5\}$	0,3	
$\{item6\}$	0,2	x
$\{item7\}$	0,3	
$\{item8\}$	0,1	x

Tab. 5–1 *Itemsets der Größe* $k=1$

Da die Gegenstände item1, item6 und item8 nicht den minimalen Support von 0,3 haben, können wir diese entfernen und müssen keine Itemsets der Größe $k=2$ mit diesen Gegenständen betrachten. Tabelle 5–2 zeigt die Itemsets für $k=2$.

Itemsets	support	Entfernen
$\{item2, item3\}$	0,4	
$\{item2, item4\}$	0,5	
$\{item2, item5\}$	0,1	x
$\{item2, item7\}$	0,1	x
$\{item3, item4\}$	0,3	
$\{item3, item5\}$	0,0	x
$\{item3, item7\}$	0,1	x
$\{item4, item5\}$	0,2	x
$\{item4, item7\}$	0,1	x
$\{item5, item7\}$	0,0	x

Tab. 5–2 *Itemsets der Größe* $k=2$

Wie man sieht, sind die Kombinationen der Gegenstände item2, item3 und item4 in Frequent Itemsets. Alle anderen Items müssen also bei der Größe $k=3$ nicht weiter betrachtet werden. Daher gibt es nur noch ein Itemset, das wir in Tabelle 5–3 sehen.

Itemset with $k=3$	support	Entfernen
$\{item2, item3, item4\}$	0.3	

Tab. 5–3 *Itemsets der Größe* $k=3$

Da es keine weiteren Itemsets mit $k=4$ Gegenständen gibt, sind wir fertig. Insgesamt musste der Support von $8+10+1=19$ Itemsets ausgerechnet werden, um alle Frequent Itemsets aus den $2^8=256$ möglichen Itemsets zu finden. Wir konnten also den Aufwand um 93 % reduzieren, indem wir die Apriori-Eigenschaft ausgenutzt haben.

5.1.6 Einschränkungen für Regeln

Bisher haben wir alle möglichen Kombinationen aus Bedingung und Folgerung, die wir aus einem Itemset bilden können, betrachtet und lediglich die leere Menge wurde verworfen. Für viele Anwendungsfälle ist eine weitere Einschränkung sinnvoll: Nur Regeln, deren Folgerung aus einem Gegenstand bestehen, werden betrachtet. Der Vorteil derartiger Regeln ist, dass die Grundlage für die Folgerung »besser« ist, da die Bedingung länger ist. Hierdurch ist es wahrscheinlicher, dass eine Regel gut ist.

5.2 Bewertung von Assoziationsregeln

Nachdem man Assoziationsregeln bestimmt hat, muss man im letzten Schritt ihre Güte bewerten, also ob es sich um echte Assoziationen oder um zufällige Zusammenhänge handelt. Die Gütemaße Confidence, Lift und Leverage sind bereits ein guter erster Schritt, um Regeln zu bewerten, insbesondere wenn sie gemeinsam betrachtet werden. Die Confidence beschreibt, ob die Beziehung zufällig ist, weil die Bedingung oft beobachtet wird. Lift und Leverage geben an, ob die Beziehung selbst häufiger als durch den Zufall erklärbar beobachtet wird.

Die Betrachtung dieser Gütemaße sollte jedoch nicht das einzige Kriterium bei der Bewertung von Regeln sein. Zum einen sollte man auch bei Assoziationsregeln mit Trainings- und Testdaten arbeiten. Auf den Testdaten kann man überprüfen, ob die gleichen Regeln gefunden werden. Falls die Überschneidung groß ist, ist das ein Indikator, dass die Regeln generalisieren. Man kann auch noch einen Schritt weiter gehen und in den Testdaten zufällig Gegenstände aus Warenkörben entfernen und überprüfen, wie häufig die Regeln diese fehlenden Gegenstände richtig vorhersagen würden.

Neben der Auswertung der Güte auf den Daten sollte man die Regeln auch manuell bewerten: Findet eine Domänenexpertin die Regeln sinnvoll? Jeder, der regelmäßig in Webshops einkauft, wird sich schon das ein oder andere Mal über seltsame Empfehlungen gewundert haben. Hier wurde in der Regel außergewöhnliches Kaufverhalten gelernt und die Regeln nicht ausreichend validiert. Durch eine manuelle Inspektion der Regeln kann man das Ergebnis daher normalerweise verbessern und das Regelwerk filtern. Dies ist eine Aufgabe, die man als Data Scientist nicht alleine angehen sollte, sondern immer zusammen mit Domänenexpertinnen.

5.3 Übung

Prüfen Sie Ihr Wissen über Assoziationsregeln in einer praktischen Übung. Lernen Sie hierbei Assoziationsregeln aus einem Datensatz aus einem Supermarkt[1]. Zum Lesen der Daten können Sie folgenden Quelltext nutzen.

```
with open('store_data.csv') as f:
    records = []
    for line in f:
        records.append(line.strip().split(','))
```

Finden von Frequent Itemsets

Nutzen Sie den Apriori-Algorithmus, um Frequent Itemsets zu finden. Hierzu müssen Sie auch einen geeigneten Grenzwert für den Support bestimmen. Begründen Sie Ihre Wahl.

Erstellen von Regeln

Erstellen Sie Regeln aus den Frequent Itemsets. Nutzen Sie Lift und Confidence, um zu ermitteln, welche Regeln gut sind.

Validieren der Regeln

Teilen Sie die Daten zufällig in zwei Datensätze mit je 50 % der Transaktionen auf. Wenden Sie den Apriori-Algorithmus auf beide Datensätze an, um Regeln zu bestimmen. Vergleichen Sie die gefundenen Regeln miteinander sowie mit den Regeln, die Sie auf allen Daten gefunden haben. Welche Unterschiede gibt es? Was bedeuten die Unterschiede?

1. *https://data-science-crashkurs.de/exercises/data/store_data.csv*

6 Clusteranalyse

Bei der Clusteranalyse, häufig auch einfach Clustern oder Clustering genannt, sucht man Gruppen von verwandten Objekten in einer Menge von Instanzen. Diese Gruppen nennt man auch Cluster. Betrachten wir das Beispiel in Abbildung 6–1. Auf der linken Seite sehen wir verschiedene Emoticons, unsere Objekte. Beim Clustern werden die Objekte jetzt in Gruppen unterteilt, in diesem Fall in zwei Gruppen: die glücklichen Emoticons und die traurigen Emoticons. Die Gruppen werden basierend auf den Merkmalen der Objekte bestimmt, andere Informationen stehen nicht zur Verfügung. Um die Trennung in glücklich und traurig zu erreichen, müssen diese Emotionen also von den Merkmalen repräsentiert werden. Wenn die Merkmale etwas anderes beschreiben würden, zum Beispiel die Farbe, würde das Ergebnis des Clusterns ein anderes sein: eine Trennung in gelbe und orange Emoticons. Wenn die Merkmale die Menge der Haare im Gesicht der Emoticons beschreiben würden, dann würde man die Emoticons ohne Bart von denen mit einem Schnauzer trennen. Auch wenn dies auf den ersten Blick offensichtlich erscheint, ist dieser Punkt extrem wichtig: Wenn die Merkmale nicht zur gewünschten Gruppierung passen, finden wir vielleicht trotzdem Gruppen, doch diese sind möglicherweise nicht sinnvoll für unseren Anwendungsfall.

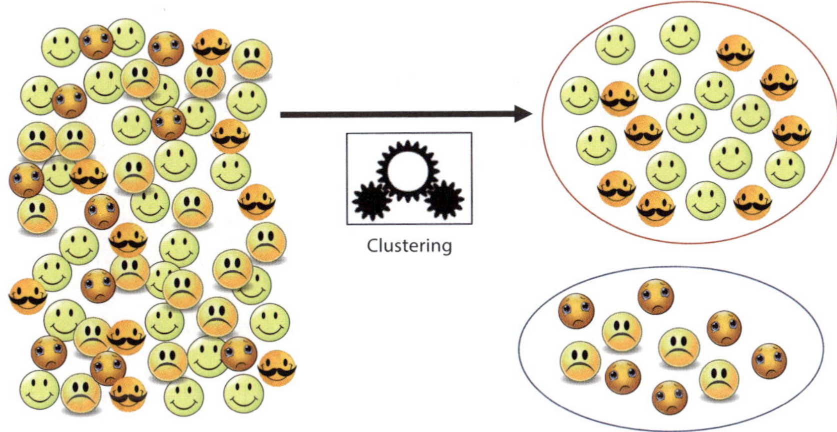

Abb. 6–1 *Gruppieren von Emoticons als Beispiel für das Clustern*

Etwas abstrakter können wir Clustern wie in Abbildung 6–2 beschreiben. Wir haben Objekte, für die wir mithilfe von einem Clusteralgorithmus eine sinnvolle Gruppierung suchen. Ohne die gefundenen Gruppen manuell zu analysieren, weiß man nicht, was die Gruppen repräsentieren und ob die Beziehung zwischen den Objekten wirklich sinnvoll ist.

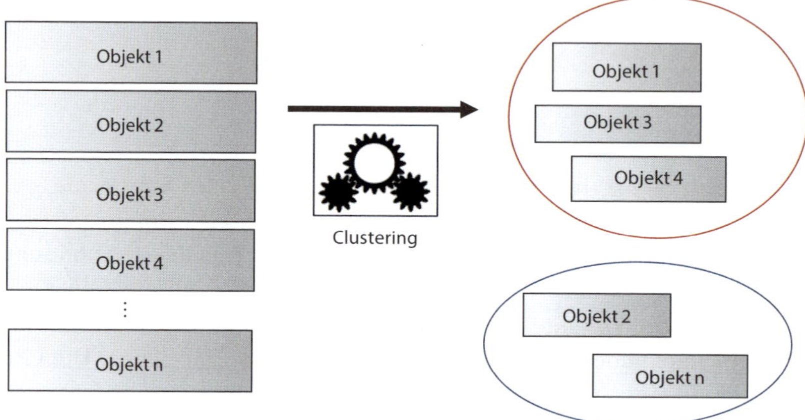

Abb. 6–2 *Konzept des Clusterings*

Formal haben wir eine Menge von Objekten $O=\{object_1, object_2, ...\}$, die möglicherweise unendlich viele Elemente enthält. Außerdem haben wir eine Repräsentation der Objekte als Instanzen im Merkmalsraum $\mathcal{F}=\{\phi(o):o\in O\}$. Beim Clustern betrachtet man in der Regel numerische Merkmale, das heißt, jede Instanz ist ein reellwertiger Vektor und es gilt also $\mathcal{F}\subseteq\mathbb{R}^d$. Das Gruppieren der Objekte wird beschrieben durch eine Abbildung $c:\mathcal{F}\rightarrow G$, wobei $G=\{1,...,k\}$ die Cluster sind und $k\in\mathbb{N}$ die Anzahl der Cluster.

6.1 Ähnlichkeitsmaße

Die Grundvoraussetzung, um ähnliche Objekte gruppieren zu können, ist, dass man ihre Ähnlichkeit messen kann. Beim Clustern ist der Ansatz hierfür, die Ähnlichkeit über den *Abstand* im Merkmalsraum zu messen. Je näher die Instanzen von Objekten einander sind, desto ähnlicher sind sie. Je weiter entfernt sie voneinander sind, desto verschiedener. Es gibt verschiedene Metriken, mit denen man Distanzen messen kann. In der Regel wird eine der folgenden drei Metriken verwendet.

Die mit großem Abstand üblichste Metrik ist der *euklidische Abstand*, den wir uns geometrisch als die direkte Verbindung zwischen zwei Punkten vorstellen können (Abb. 6–3). Der euklidische Abstand wird über die euklidische Norm $||\cdot||_2$ definiert als

$$d(x,y) = ||y-x||_2 = \sqrt{(y_1-x_1)^2+...+(y_n-x_n)^2}.$$

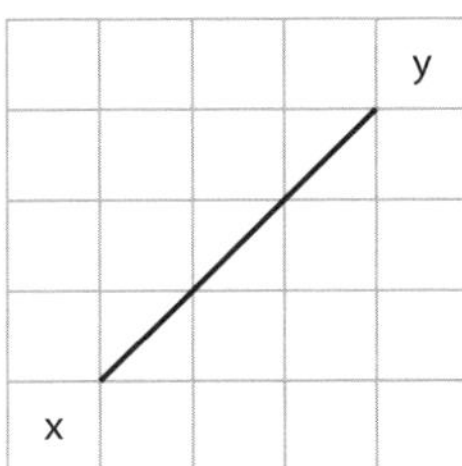

Abb. 6–3 *Die euklidische Distanz als direkte Verbindung zweier Punkte*

Ein weiteres verbreitetes Distanzmaß ist die *Manhattan-Distanz*. Der Ursprung des Namens ist darin begründet, dass diese Metrik ähnlich ist zu der Distanz, die man in Manhattan gehen muss, wenn man sich in den gitterartig angelegten Straßen bewegt. Da diese Straßen zum Großteil achsenparallel sind, kann man nicht diagonal gehen (Abb. 6–4). Die Manhattan-Distanz wird über die Manhattan-Norm $\|\cdot\|_1$ definiert als

$$d(x,y) = \|y - x\|_1 = |y_1 - x_1| + \ldots + |y_n - x_n|.$$

Der Einsatz der Manhattan-Distanz ist zum Beispiel bei sehr hochdimensionalen Daten sinnvoll, also bei Daten mit vielen Merkmalen. Hier gibt es die Tendenz bei der euklidischen Norm, dass alle Abstände ähnlich werden können. Außerdem ist die Manhattan-Norm robuster gegen Ausreißer bei einzelnen Merkmalen, da die Werte der Merkmale nicht vor dem Aufsummieren quadriert werden.

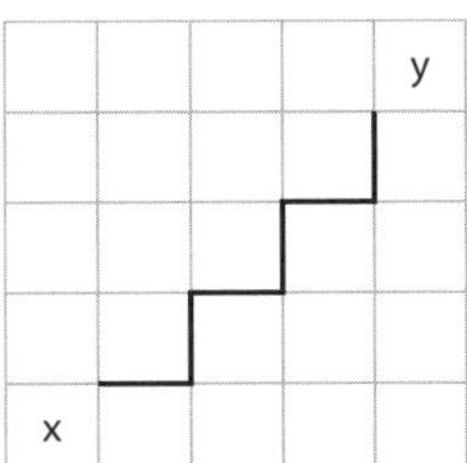

Abb. 6–4 *Die Manhattan-Distanz als Verbindung zweier Punkte, ohne sich diagonal bewegen zu können.*

Der *Chebyshev-Abstand* ist auch als Maximumsmetrik bekannt und misst den maximalen Abstand in eine beliebige Richtung (Abb. 6–5). Der Chebyshev-Abstand wird über die Maximumsnorm $\|\cdot\|_\infty$ definiert als

$$d(x,y) = \|y - x\|_\infty = \max_{i=1,\ldots,n} |y_i - x_i|.$$

Man sollte den Chebyshev-Abstand benutzen, wenn lediglich der maximale Abstand, den man bei den Merkmalen beobachtet, wichtig ist, nicht jedoch wie viele Merkmale sich unterscheiden.

2	2	2	2	2
2	1	1	1	2
2	1	0	1	2
2	1	1	1	2
2	2	2	2	2

Abb. 6–5 *Der Chebyshev-Abstand als maximale Distanz in eine beliebige Richtung. Dies entspricht der Anzahl der Schritte, die ein König beim Schach bräuchte, um ein Feld zu erreichen.*

6.2 Städte und Häuser

Wir benutzen eine Analogie, um die Konzepte der Clusteralgorithmen zu erklären: Unsere Objekte sind Häuser und unsere Cluster sind Städte. Das Schöne an dieser Analogie ist, dass sie intuitiv plausibel ist. Man muss nicht wissen, zu welcher Stadt ein Haus gehört, um zu erkennen, welche weiteren Häuser zu dieser Stadt gehören. Man muss auch nicht wissen, wie viele Städte es gibt, um das zu erkennen. Es reicht, wenn man die Position der Häuser betrachtet. Das ist genau das Problem, das wir mit Clusteralgorithmen lösen wollen: Welche Objekte gehören zum gleichen Cluster und wie viele Cluster gibt es?

6.3 *k*-Means-Algorithmus

Eine Variante, um Städte zu definieren, könnte mithilfe der Rathäuser erfolgen. Man könnte sagen, dass jedes Haus zu der Stadt gehört, deren Rathaus am nächsten liegt. Diese Idee ist die Essenz des *k*-Means-Algorithmus. Man beschreibt Cluster durch ihr *Zentrum*. Dieses Zentrum nennt man auch *Centroid*, weshalb es sich bei *k*-Means auch um einen Vertreter der *centroidbasierten Clusteralgorithmen* handelt.

Wenn man wissen möchte, zu welchem Cluster eine Instanz gehört, muss man lediglich herausfinden, welcher Centroid am nächsten ist. Das k im Namen des Algorithmus steht für die Anzahl der Cluster. Formal haben wir die Centroids $C_1,...,C_k$ und eine Metrik d, um den Abstand zu messen. Wir können für jede Instanz $x \in \mathcal{F}$ bestimmen, zu welchem Cluster sie gehört, indem wir das Minimum bestimmen:

$$c(x) = \arg\min_{i=1,...,k} d(x, C_i)$$

Das folgende Beispiel zeigt, wie wir Daten in $k=4$ Cluster unterteilen. Die Centroids sind als große graue Punkte dargestellt, die anderen Farben zeigen die Clusterzugehörigkeit.

```python
# we need matplotlib for plotting
import matplotlib.pyplot as plt
# we use sklearn to generate data and for the clustering
from sklearn.datasets import make_blobs
from sklearn.cluster import KMeans

# generate sample data, the _ means that we ignore the second return value
X, _ = make_blobs(n_samples=300, centers=4, center_box=(0, 1),
                  cluster_std=0.04, random_state=1)

# we fit a k-means model with four clusters
# then we predict for each point to which cluster it belong
# finally, we determine the location of the cluster centers
# n_init, init and random_state should usually not be set.
# we only use these parameters to make sure we have results
# that we can re-use later to demonstrate how the algorithm works
kmeans = KMeans(n_clusters=4, n_init=1, init='random', random_state=8)
kmeans.fit(X)
y_kmeans = kmeans.predict(X)
centers = kmeans.cluster_centers_

# now we plot the data and the clustering results
f, axes = plt.subplots(1, 2, sharey=True, sharex=True, figsize=(12, 4))
axes[0].set_title('Daten (ohne Clustering)')
axes[0].scatter(X[:, 0], X[:, 1], s=20)

axes[1].set_title('Ergebnis des $k$-Means-Algorithmus, $k=4$')
axes[1].scatter(X[:, 0], X[:, 1], c=y_kmeans, s=20)
axes[1].scatter(centers[:, 0], centers[:, 1], c='black', s=200, alpha=0.5)
plt.show()
```

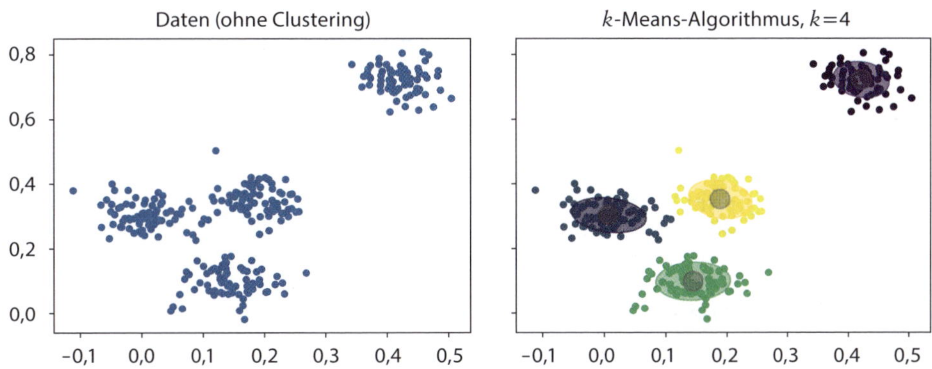

Diese Darstellung der Cluster ist einfach, effektiv und intuitiv. Der Nachteil dieser Darstellung von Clustern ist, dass dies nur mit zwei Merkmalen funktioniert. Wenn man mehr als zwei Merkmale hat, muss man entweder paarweise Scatterplots nutzen oder eine Technik wie die PCA einsetzen, um eine zweidimensionale Darstellung zu bekommen (siehe Kap. 4).

6.3.1 Der Algorithmus

Ziel des Clusteralgorithmus ist es, die Positionen der Centroids zu bestimmen. Wenn wir uns wieder eine Stadt vorstellen, könnte man argumentieren, dass der Platz, an dem ein Rathaus gebaut werden soll, so gewählt werden sollte, dass der mittlere Abstand der Häuser zum Rathaus minimiert wird. Dann haben die Bewohner – im Mittel – den kürzesten Weg zum Rathaus. Jetzt stellen Sie sich vor, dass ein Neubaugebiet entsteht, außerdem werden an anderer Stelle ein paar alte Häuser abgerissen. Hierdurch ist der Ort des Rathauses nicht mehr optimal und idealerweise wird es neu gebaut, sodass der Abstand wieder minimiert wird. Hier ist die Analogie problematisch: Der Neubau eines Rathauses ist teuer, einen Centroid zu verschieben jedoch sehr einfach. Diese Idee ist also genau das, was der Algorithmus macht.

Seien $x \subseteq \mathcal{F}$ unsere Daten. Der k-Means-Algorithmus bestimmt die Cluster bzw. die Centroids durch folgenden iterativen Algorithmus:

1. Wähle die Startposition der Centroids $C_1,...,C_k \in \mathcal{F}$.
2. Bestimme die Cluster $X_i = \{x \in X : c(x) = i\}$ für $i = 1,...,k$.
3. Verschiebe die Centroids, sodass der neue Ort des Centroids dem arithmetischen Mittel der Instanzen des Clusters entspricht: $C_i = \frac{1}{|X_i|} \sum_{x \in X_i} x$.
4. Wiederhole die Schritte 2 und 3, bis
   - das Ergebnis konvergiert, also sich die Cluster $C_1,...,C_k$ nicht mehr verändern, oder
   - eine vorher festgelegte Höchstanzahl an Iterationen erreicht ist.

Auch wenn dieser Algorithmus relativ abstrakt klingt, wird schnell klar, wie er funktioniert, wenn wir uns die Schritte veranschaulichen.

```
f, axes = plt.subplots(2, 2, sharey=True, sharex=True, figsize=(12, 8))

# run the algorithm with k=1,...,4 iterations to demonstrate how it converges
for iter in range(1,5):
    kmeans = KMeans(n_clusters=4, max_iter=iter, n_init=1, init='random',
                    random_state=8)
    kmeans.fit(X)
    y_kmeans = kmeans.predict(X)
    centers = kmeans.cluster_centers_
    ax = axes[min(1,max(0, iter-2)), (iter-1)%2]
    ax.set_title('Iteration %i' % iter)
    ax.scatter(X[:, 0], X[:, 1], c=y_kmeans, s=20)
    ax.scatter(centers[:, 0], centers[:, 1], c='black', s=200, alpha=0.5);
```

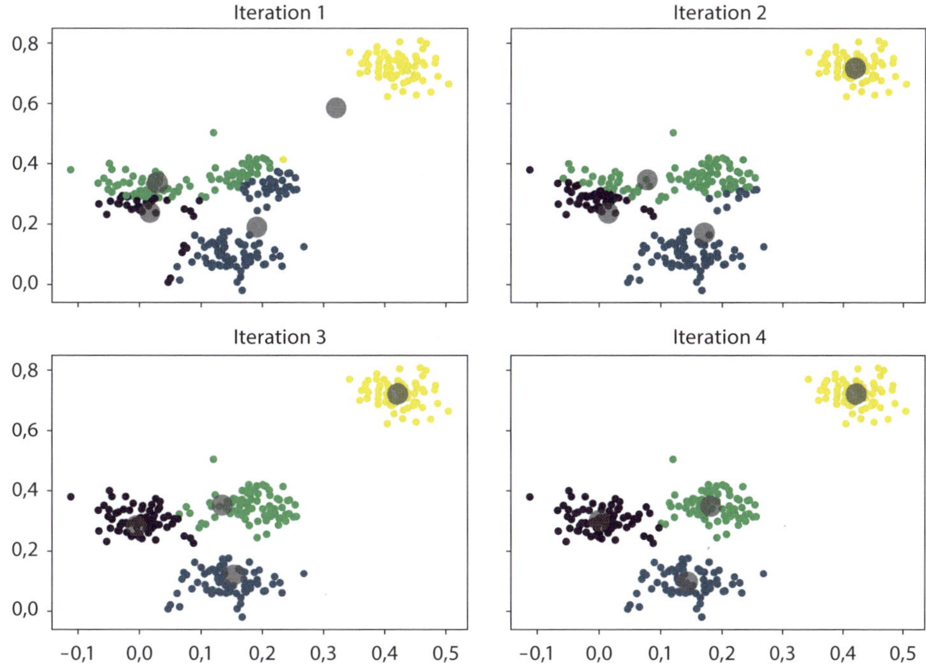

Im Detail passiert das Folgende:

- **Iteration 1**
  Zuerst sehen wir den Startzustand mit zufällig gewählten Centroids und daher auch einer relativ zufälligen Aufteilung der Instanzen in Cluster. Ein Centroid befindet sich zwischen den Instanzen oben rechts und unten links. Dieser Centroid liegt am nächsten zu den gelb markierten Instanzen oben rechts sowie einer einzelnen Instanz. Ein weiterer Centroid liegt mittig in der unteren Hälfte der Daten und hat die blauen Instanzen zugewiesen bekommen. Außerdem gibt es noch zwei Centroids, die sich recht nah beieinander in der linken unteren Hälfte der Daten befinden und diese vertikal teilen: Der obere Centroid hat die grünen Instanzen, der untere die lila Instanzen. Die grünen Instanzen reichen bis in die Mitte der Daten.
- **Iteration 2**
  Die Centroids werden entsprechend der ihnen zugewiesenen Instanzen verschoben, sodass sie basierend auf der Zuweisung aus Iteration 1 mittig liegen. Hierdurch bewegt sich der gelbe Centroid nach oben rechts in die Ecke, wo er auch für die weiteren Iterationen stabil bleibt. Der blaue Centroid bewegt sich etwas nach unten, da der Großteil der zugewiesenen Instanzen am unteren Rand der Daten liegt. Der grüne Centroid bewegt sich etwas nach rechts, da ihm einige Instanzen aus der Mitte zugewiesen wurden. Der lila Centroid bewegt sich zwar kaum, bekommt aber mehr Instanzen am linken Rand zugewiesen, da sich der grüne Centroid nach rechts bewegt hat.

- **Iteration 3**
  Man sieht, wie das Ergebnis anfängt zu konvergieren. Der blaue Centroid liegt jetzt bereits zentral in der unteren mittleren Gruppe. Der grüne Centroid ist noch weiter nach rechts gewandert, sodass er bereits alle Instanzen in der mittleren Gruppe zugewiesen bekommt. Hierdurch hat der lila Centroid freies Spiel auf der linken Seite und bekommt die Instanzen in dieser Gruppe.
- **Iteration 4**
  Nach nur vier Iterationen haben wir bereits ein sehr gutes Ergebnis und eine klare Trennung in vier Cluster.

6.3.2 Bestimmen von k

Im obigen Beispiel haben wir $k=4$ benutzt, also nach vier Clustern gesucht. Wie man einen geeigneten Wert für k bestimmt, haben wie noch offengelassen. Bevor wir uns im Detail damit befassen, betrachten wir erst einmal, wie sich das Ergebnis mit verschiedenen Werten für k ändert.

```
f, axes = plt.subplots(2, 2, sharey=True, sharex=True, figsize=(12, 8))

k = range(2,6)
for iter in k:
    kmeans = KMeans(n_clusters=iter, random_state=2)
    kmeans.fit(X)
    y_kmeans = kmeans.predict(X)
    centers = kmeans.cluster_centers_
    ax = axes[min(1,max(0, iter-3)), (iter)%2]
    ax.set_title('Ergebnis für $k=%i$' % iter)
    ax.scatter(X[:, 0], X[:, 1], c=y_kmeans, s=20)
    ax.scatter(centers[:, 0], centers[:, 1], c='black', s=200, alpha=0.5);
plt.show()
```

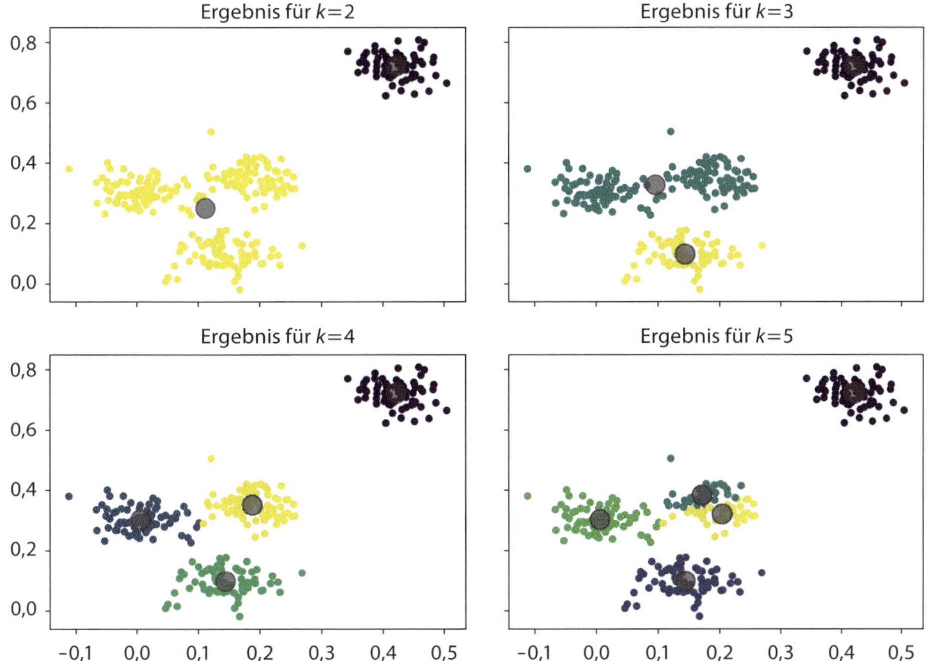

Mit $k=2$ bekommen wir ein sehr großes Cluster und ein kleineres Cluster oben rechts. Mit $k=3$ zerfällt das große Cluster in zwei Gruppen, sodass wir ein Cluster oben rechts, ein Cluster in der Mitte und ein Cluster unten haben. Mit $k=4$ zerfällt das mittlere Cluster in zwei Gruppen, so wie wir es im Beispiel auch hatten. Mit $k=5$ zerfällt das Cluster in der Mitte in eine obere und eine untere Hälfte. Die Ergebnisse für $k=2,3,4$ sehen alle sinnvoll aus. Man kann argumentieren, dass $k=2$ ein gutes Ergebnis ist, da es eine große Lücke zwischen den Instanzen in der oberen Ecke und den anderen Daten gibt. Alle anderen Lücken sind kleiner. Man kann auch sagen, $k=3$ sei gut, da es sich bei den Daten in der Mitte auch um ein langgezogenes Cluster handeln könnte. Bei $k=4$ kann man argumentieren, dass alle Cluster eine ähnliche Anzahl von Daten und eine ähnliche Form haben, auch wenn einige Cluster recht nah beieinander liegen. Für $k=5$ findet man jedoch keine Begründung mehr, warum dieses Ergebnis besser sein könnte als die anderen: Die Trennung des mittleren Clusters in zwei Cluster ergibt einfach keinen Sinn.

Wichtig ist auch die Erkenntnis, dass verschiedene Clusterergebnisse und insbesondere auch die Anzahl von Clustern zu sinnvollen Ergebnissen führen können und oft nicht klar ist, welches Ergebnis das beste ist. Welches Ergebnis man favorisiert, hängt dann vom Anwendungsfall ab: Durch eine manuelle Analyse der Bedeutung der Cluster kann man verstehen, welche Gruppen die Cluster repräsentieren, und damit die Ergebnisse einordnen, um zu verstehen, welches Ergebnis am besten passt.

Beim k-Means-Algorithmus gibt es verschiedene Aspekte, die die Auswahl von k beeinflussen:

- Das Domänenwissen über die Daten und den Anwendungsfall. Mithilfe des Domänenwissens kann man bewerten, ob die Daten innerhalb eines Clusters sich wirklich ähnlich sind oder auch ob sich verschiedene Cluster eventuell ähnlich sind. Wenn man bemerkt, dass die Daten innerhalb eines Clusters verschieden sind, ist das ein Indikator für die Erhöhung von k. Wenn man bemerkt, dass ähnliche Objekte in verschiedenen Clustern liegen, kann es helfen, k zu reduzieren. Je nach Anwendungsfall kann es auch möglich sein, dass eine bestimmte Anzahl von Clustern gesucht wird. Wenn man zum Beispiel eine binäre Trennung der Daten in zwei Gruppen erreichen möchte, ist durch den Anwendungsfall $k=2$ bereits vorgegeben.
- Visualisierungen sind ein mächtiges Werkzeug, um zu erkennen, wie gut die Cluster die Daten gruppieren, wie die Daten innerhalb eines Clusters verteilt sind und ob es klar erkennbare Lücken zwischen den Clustern gibt. Visualisierung ist zum Beispiel auch das Werkzeug, mit dem wir im obigen Beispiel verschiedene Werte von k beurteilt haben.

Es gibt auch einen analytischen Ansatz, um k zu bestimmen, der auf der *Within-Sum-of-Squares* (WSS) basiert. Um zu verstehen, was WSS ist, müssen wir uns noch einmal an die Grundlagen des Algorithmus erinnern. Die Centroids werden in jeder Iteration so aktualisiert, dass sie das arithmetische Mittel der Daten in dem Cluster sind. Das bedeutet automatisch auch, dass die *Varianz* innerhalb eines Clusters vom Centroid minimiert wird. Die Varianz ist das Quadrat der Standardabweichung und kann berechnet werden, indem man die Summe der quadratischen Distanzen vom arithmetischen Mittel bildet. Da der Centroid auf das arithmetische Mittel gesetzt wird, minimiert die Aktualisierung der Position des Centroids also die *Summe der Quadrate* (Sum-of-Squares) *innerhalb* (Within) eines Clusters. Entsprechend ist WSS nichts anderes als ein Maß dafür, wie gut es gelingt, die Varianz innerhalb eines Clusters zu miniminieren und ist definiert als

$$WSS = \sum_{i=1}^{k} \sum_{x \in X_i} d(x, C_i)^2.$$

Wir haben oben bereits anhand der Visualisierung diskutiert, wie gut verschiedene Werte von k sind. Da es für zufällig generierte Daten kein Domänenwissen gibt, können wir dies auch nicht nutzen, um die Cluster zu bewerten. Wir können verschiedene Werte von k jedoch mithilfe der WSS bewerten. Hierzu zeichnet man am besten ein einfaches Liniendiagramm, das die WSS für verschiedene Werte von k vergleicht.

```
# sklearn calls the WSS inertia
inertia = []
k = range(1,10)
for iter in k:
    kmeans = KMeans(n_clusters=iter, random_state=2)
    kmeans.fit(X)
    y_kmeans = kmeans.predict(X)
    centers = kmeans.cluster_centers_
    inertia.append(kmeans.inertia_ )

fix, ax = plt.subplots()
ax.set_title("Entwicklung von WSS")
plt.plot(k, inertia)
plt.ylabel("WSS")
plt.xlabel("$k$")
plt.xticks(k)
plt.show()
```

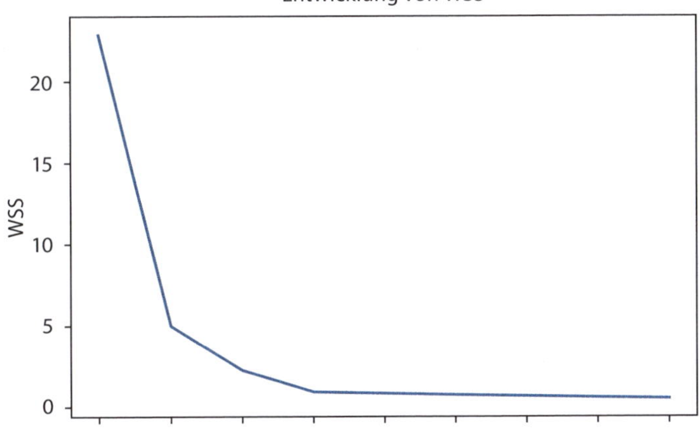

Wie man sieht, gibt es einen starken Abfall der WSS von 2 nach 3 und von 3 nach 4. Ab 4 bleibt die WSS nahezu konstant. Außerdem sieht man, dass sich die Steigung bei den Werten 2, 3 und 4 stark ändert und die Kurve langsam abflacht. Diese Änderungen der Steigung nennt man auch *Ellenbogen* bzw. *Elbows*, da sie ein wenig dem Ellenbogen eines gebeugten Arms ähneln. Wenn wir die WSS nutzen, um k auszuwählen, finden wir geeignete Werte an diesen Ellenbogen. Der Grund liegt darin, dass wenn sich die Kurve nicht abflacht, sondern weiter gleich steil abfällt, die Verbesserung auch gleich bleibt. Es gibt also keinen guten Grund, ein k zu wählen, wo es keinen Ellenbogen gibt, da $k+1$ genauso so viel besser ist als k, wie k als $k-1$.

Die WSS-Kurve fällt monoton ab. Das bedeutet, dass $WSS(k+1) \leq WSS(k)$ für alle $k > 1$. Daher kann man k auch leider nicht als das Minimum der WSS auswählen, da dies einfach bei $k = |X|$ erreicht wird. Der Grund dafür ist, dass die

Varianz sich reduziert, wenn wir mehr Cluster hinzufügen. Das Minimum wird erreicht, wenn $d(x, C_{c(x)}) = 0$ für alle $x \in X$. Unter der Annahme, dass es keine Instanzen mit identischen Werten gibt, braucht man also $|X|$ Cluster, um das Minimum zu erreichen. Wie man in der obigen Grafik aber sieht, wird der Abfall der WSS schon deutlich früher sehr klein, im Beispiel bei $k=4$. Entsprechend kann man k gut durch eine visuelle Analyse der WSS auswählen, nicht jedoch durch einen Automatismus, der die WSS minimiert.

6.3.3 Probleme des *k*-Means-Algorithmus

Obwohl das Konzept des *k*-Means-Algorithmus relativ einfach ist, bekommt man häufig gute Ergebnisse. Es gibt jedoch einige Probleme mit *k*-Means, die man kennen sollte.

- *k*-Means ist sensitiv bezüglich der Auswahl der Startcentroids. Je nachdem wie die Centroids gewählt werden, kann es andere Clusterergebnisse geben. Man sagt dann, dass das Ergebnis nicht stabil ist. Entsprechend sollte man *k*-Means mehrfach mit verschiedenen Startcentroids ausführen. Wenn das Ergebnis instabil ist, ist das ein Indikator dafür, dass die Anzahl der Cluster eventuell anders gewählt werden sollte.
- Ein schlechter Wert von *k* liefert möglicherweise schlechte Ergebnisse. Da man *k* manuell auswählen muss, sollte man die nötige Erfahrung mit dem Algorithmus haben, damit man *k* gut auswählen kann, um schlechte Ergebnisse zu vermeiden.
- Alle Merkmale sollten einen ähnlichen Wertebereich haben, im Idealfall sogar denselben. Andernfalls können die Unterschiede im Wertebereich zu einer ungewollten Gewichtung der Merkmale führen. Betrachten wir hierfür ein Beispiel mit zwei Merkmalen: Alter in Jahren und das Bruttojahreseinkommen in Euro. Das Alter ist (grob) zwischen 0 und 100, das Einkommen in Euro ist selbst bei Minijobs schon bei $12 \cdot 450 = 5.400$ Euro, kann aber auch im sechsstelligen Bereich liegen. Das heißt, dass wenn man die Abstände zwischen zwei Instanzen berechnet, das Alter irrelevant ist. Alles, was zählt, ist das Einkommen, da hier die Abstände deutlich größer sind. Der höhere Wertebereich sorgt also dafür, dass das Einkommen stärker gewichtet wird.
- Weil die Cluster basierend auf der Distanz zugewiesen werden, tendieren die Cluster dazu, rund zu sein. Wenn die Cluster nicht rund sind, kann man sie häufig auch nicht gut durch Centroids beschreiben. Ein Beispiel dafür sind die zwei Halbmonde, die wir unten sehen. Man kann klar erkennen, dass es sich um zwei Halbkreise handelt, jeder sollte ein Cluster sein. *k*-Means kann diese Cluster aufgrund ihrer Form nicht finden.

```
import matplotlib.pyplot as plt
from sklearn.datasets import make_moons
from sklearn.cluster import KMeans

# this generates our halfmoon data
X,_ = make_moons(n_samples=300, noise=0.05, random_state=0)

kmeans = KMeans(n_clusters=2, random_state=0)
kmeans.fit(X)
y_kmeans = kmeans.predict(X)
centers = kmeans.cluster_centers_

fig, ax = plt.subplots()
ax.set_title('Ergebnis des $k$-Means-Algorithmus für die Halbmonde')
ax.scatter(X[:, 0], X[:, 1], c=y_kmeans, s=20)
ax.scatter(centers[:, 0], centers[:, 1], c='black', s=200, alpha=0.5);
plt.show()
```

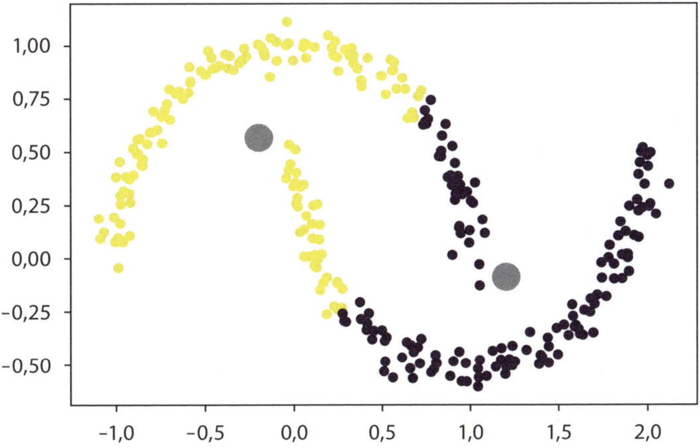

6.4 EM-Clustering

Wir könnten uns Städte auch als Zufallsvariablen vorstellen und die Häuser wären dann Instanzen dieser Zufallsvariablen. Die Zuweisung von Häusern zu Städten würde also von Wahrscheinlichkeitsverteilungen abhängen. Dies ist die Idee hinter einer Verallgemeinerung des k-Means-Algorithmus, die wir jetzt betrachten wollen. Unsere Rathäuser sind immer noch das Zentrum der Stadt. Aber wir berücksichtigen, dass Häuser, die sehr nah am Rathaus liegen, mit einer höheren Wahrscheinlichkeit zur Stadt gehören als solche, die weiter weg liegen. Wenn wir das weiterdenken, kann man dies zu einer Eigenschaft der Städte werden lassen: Es gibt Städte, die sich nicht sehr stark räumlich ausbreiten, und andere Städte, die eine große Fläche einnehmen. Wir wollen also die *Verteilung* der Häuser berücksichtigen. Daher nennt man diese Art zu Clustern auch *verteilungsbasiertes Clustern* (engl. *distribution-based clustering*).

Formal haben wir eine Anzahl von Clustern k, die durch Zufallsvariablen $C_1,\ldots,C_k$ beschrieben werden. Wir können die Wahrscheinlichkeit, dass eine Instanz $x \in \mathcal{F}$ zu einem Cluster C_i gehört, als $P(C_i{=}x), i{=}1,\ldots,k$ berechnen. Jede Instanz hat also eine gewisse Wahrscheinlichkeit, zu jedem Cluster zu gehören. Da man aber trotzdem für jede Instanz wissen möchte, zu welchem Cluster sie jetzt gehört, kann man das *wahrscheinlichste* Cluster berechnen, also das Cluster C_i, das $P(C_i{=}x)$ maximiert. Entsprechend ist die Zuweisung der Instanzen zu Clustern definiert als

$$c(x) = \max_{i=1,\ldots,k} P(C_i{=}x).$$

Auch wenn man das Konzept des EM-Algorithmus (EM – Expectation Maximization) mit beliebigen Verteilungen benutzen kann, benutzt man in der Regel normalverteilte Zufallsvariablen, um die Cluster zu beschreiben. Man spricht daher auch vom *Gaussian Mixture Model*. Diese Normalverteilungen sind *multivariat*, es wird also nicht nur eine einzelne Dimension beschrieben. Die Normalverteilung hat so viele Dimensionen, wie es Merkmale gibt. Eine univariate Normalverteilung kann man durch das arithmetische Mittel und die Standardabweichung darstellen. Eine multivariate Normalverteilung wird durch einen Vektor von Mittelwerten und eine *Kovarianzmatrix* beschrieben. Die Kovarianzmatrix gibt die Beziehung zwischen den Varianzen der einzelnen Dimensionen an. Vereinfacht gesagt, kann man sich die Kovarianz als die Ausdehnung der Glockenform der Normalverteilung in die verschiedenen Richtungen vorstellen. Mathematisch betrachtet handelt es sich bei der Kovarianz um eine Ellipse: Die Form der Ellipse bestimmt die erwartete Abweichung der Daten in jede Richtung. Eine wichtige Eigenschaft der Kovarianzmatrix, die wir später noch brauchen, ist, dass es sich um quadratische Matrix handelt, bei der das obere rechte und das untere linke Dreieck symmetrisch sind. Es gibt also

$$\frac{d \cdot (d+1)}{2}$$

freie Parameter in der Kovarianzmatrix. Wenn wir also d Merkmale haben, gibt es

$$d + \frac{d \cdot (d+1)}{2}$$

Parameter, die wir benötigen, um eine entsprechende multivariate Normalverteilung zu beschreiben: d Mittelwerte und

$$\frac{d \cdot (d+1)}{2}$$

Parameter für die $d \times d$-Kovarianzmatrix. Insgesamt haben wir also

$$k \cdot \left(d + \frac{d \cdot (d+1)}{2}\right)$$

Parameter, wenn wir k Cluster beschreiben wollen.

Wir betrachten jetzt die gleichen Daten wie eben, nur dass wir uns das Ergebnis des EM-Clustering mit $k=4$ Normalverteilungen anschauen. Die Mittelwerte sind als große graue Punkte markiert, die Kovarianzen als Ellipsen in der Farbe der jeweiligen Cluster.

```
import matplotlib as mpl
import matplotlib.pyplot as plt
import numpy as np
from sklearn.datasets import make_blobs
from sklearn.mixture import GaussianMixture

# we silence some annyoing warnings
# if something is not working properly, remove this part and restart the kernel
def warn(*args, **kwargs):
    pass
import warnings
warnings.warn = warn

colors = ['indigo', 'navy', 'mediumseagreen', 'gold']

X, y_true = make_blobs(n_samples=300, centers=4, center_box=(0,1),
                       cluster_std=0.04, random_state=1)

em = GaussianMixture(n_components=4, random_state=2)
em.fit(X)
y_em = em.predict(X)
centers = em.means_

f, axes = plt.subplots(1, 2, sharey=True, sharex=True, figsize=(12, 4))

axes[0].set_title('Daten (ohne Clustering)')
axes[0].scatter(X[:, 0], X[:, 1], s=20);

axes[1].set_title('Ergebnis des EM-Clustering')
axes[1].scatter(X[:, 0], X[:, 1], c=y_em, s=20)
axes[1].scatter(centers[:, 0], centers[:, 1], c='black', s=200, alpha=0.5);
# this code is for plotting the elipses
for n, color in enumerate(colors):
    v, w = np.linalg.eigh(em.covariances_[n][:2,:2])
    u = w[0] / np.linalg.norm(w[0])
    angle = np.arctan2(u[1], u[0])
    angle = 180 * angle / np.pi  # convert to degrees
    v = 2. * np.sqrt(2.) * np.sqrt(v)
    ell = mpl.patches.Ellipse(em.means_[n, :2], v[0], v[1],
                              180 + angle, color=color)
    ell.set_clip_box(axes[1].bbox)
    ell.set_alpha(0.5)
    axes[1].add_artist(ell)
plt.show()
```

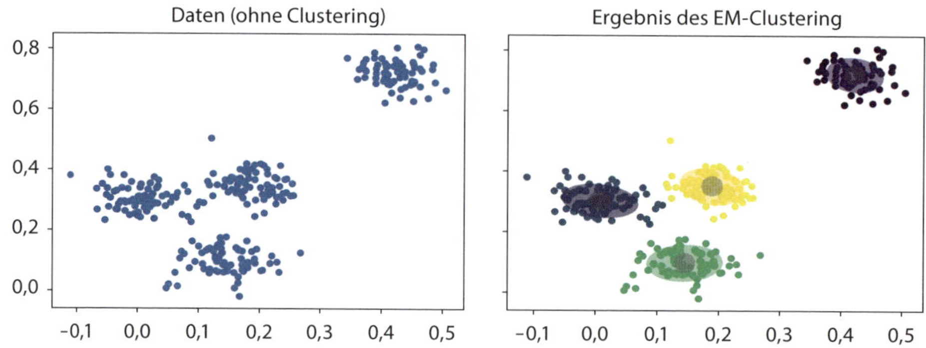

Auch wenn die Beschreibung der Cluster durch Zufallsvariablen komplexer ist als durch Centroids, sieht man in der obigen Grafik den Vorteil: Die Kovarianzen erlauben es, die Verteilung der Daten in die Clusterbeschreibung mit aufzunehmen. Wir haben also mehr Informationen über die Daten als Teil der Clusterbeschreibung.

6.4.1 Der Algorithmus

Man nennt diese Art zu clustern EM-Clustering, weil sie auf dem *Expectation-Maximization-(EM-)Algorithmus* basiert. Der Algorithmus ist im Allgemeinen ähnlich zu k-Means: Wir starten mit einer zufälligen Initialisierung der Zufallsvariablen und verbessern die Beschreibung der Daten durch die Zufallsvariablen iterativ. Beim EM-Algorithmus müssen also für jedes Cluster die Mittelwerte und die Kovarianzmatrizen zufällig initialisiert und stückweise verbessert werden. Die Verbesserung basiert auf der Wahrscheinlichkeit (engl. *likelihood*), dass die Daten Instanzen dieser Zufallsvariablen sein könnten. Im Folgenden betrachten wir nicht die vollständige mathematische Beschreibung des EM-Algorithmus, sondern nur eine vereinfachte Version, in der wir die Mittelwerte aktualisieren und die Kovarianzen ignorieren.

1. Wähle zufällig k Normalverteilungen $C_1 \sim (\mu_1, \Sigma_1), \ldots, C_k \sim (\mu_k, \Sigma_k)$, wobei $\mu_i \in \mathcal{F}$ die Mittelwerte und $\Sigma_i \in \mathcal{F} \times \mathcal{F}$ die Kovarianzmatrizen sind.
2. Expectation-Schritt: Bestimme die Gewichte $w_i(x) = \frac{p(x|\mu_i, \Sigma_i)}{\sum_{j=1}^{k} p(x|\mu_j, \Sigma_j)}$ für alle Instanzen $x \in X$ und Cluster $i = 1, \ldots, k$.
3. Maximization-Schritt: Aktualisiere die Mittelwerte, sodass $\mu_i = \frac{1}{|X|} \sum_{x \in X} w_i(x) \cdot x$ für jedes Cluster $i = 1, \ldots, k$.
4. Wiederhole die Schritte 2 und 3, bis
   - das Ergebnis konvergiert, also sich die Cluster $C_1, \ldots, C_k$ nicht mehr verändern, oder
   - eine vorher festgelegte Höchstanzahl an Iterationen erreicht ist.

Der größte Unterschied zwischen dem EM-Algorithmus und dem k-Means-Algorithmus sind die Gewichte. Diese Gewichte geben die Wahrscheinlichkeit an, dass eine Instanz $x \in X$ zu einem bestimmten Cluster gehört. Der Wert $w_i(x)=0{,}9$ bedeutet also, dass die Instanz x mit 90 % Wahrscheinlichkeit zu Cluster i gehört. Die Zuweisung der Instanzen zu den Clustern erfolgt nach der oben beschriebenen Regel: Jede Instanz wird dem Cluster zugewiesen, das die Wahrscheinlichkeit maximiert, also

$$c(x)=\arg\max_{i=1,\dots,k} w_i(x).$$

Durch die Berechnung der Wahrscheinlichkeit für jedes Cluster kann man beim EM-Clustering die Unsicherheit der Ergebnisse gut nachvollziehen. Wenn eine Instanz für verschiedene Cluster eine hohe Wahrscheinlichkeit hat, erkennt man, dass diese Zuweisung unsicher ist. Diese Art zu clustern nennt man auch *Soft Clustering*, da die Instanzen nicht »hart« genau einem Cluster zugewiesen werden, sondern stattdessen eine »weiche« Zuweisung über Wahrscheinlichkeiten erfolgt.

Um ein tieferes Verständnis für den EM-Algorithmus zu bekommen, betrachten wir jetzt an einem Beispiel, wie die Cluster aktualisiert werden.

```
f, axes = plt.subplots(2, 2, sharey=True, sharex=True, figsize=(12, 8))

for iter in range(0,4):
    cur_iter = iter*20+1
    em = GaussianMixture(n_components=4,random_state=5, max_iter=cur_iter,
         init_params='random')
    em.fit(X)
    y_em = em.predict(X)
    centers = em.means_
    ax = axes[min(1,max(0, iter-1)), (iter)%2]
    ax.set_title('Iteration %i' % cur_iter)
    ax.scatter(X[:, 0], X[:, 1], c=y_em, s=20)
    ax.scatter(centers[:, 0], centers[:, 1], c='black', s=200, alpha=0.5);
    for n, color in enumerate(colors):
        v, w = np.linalg.eigh(em.covariances_[n][:2,:2])
        u = w[0] / np.linalg.norm(w[0])
        angle = np.arctan2(u[1], u[0])
        angle = 180 * angle / np.pi  # convert to degrees
        v = 2. * np.sqrt(2.) * np.sqrt(v)
        ell = mpl.patches.Ellipse(em.means_[n, :2], v[0], v[1],
                                  180 + angle, color=color)
        ell.set_clip_box(ax.bbox)
        ell.set_alpha(0.5)
        ax.add_artist(ell)
plt.show()
```

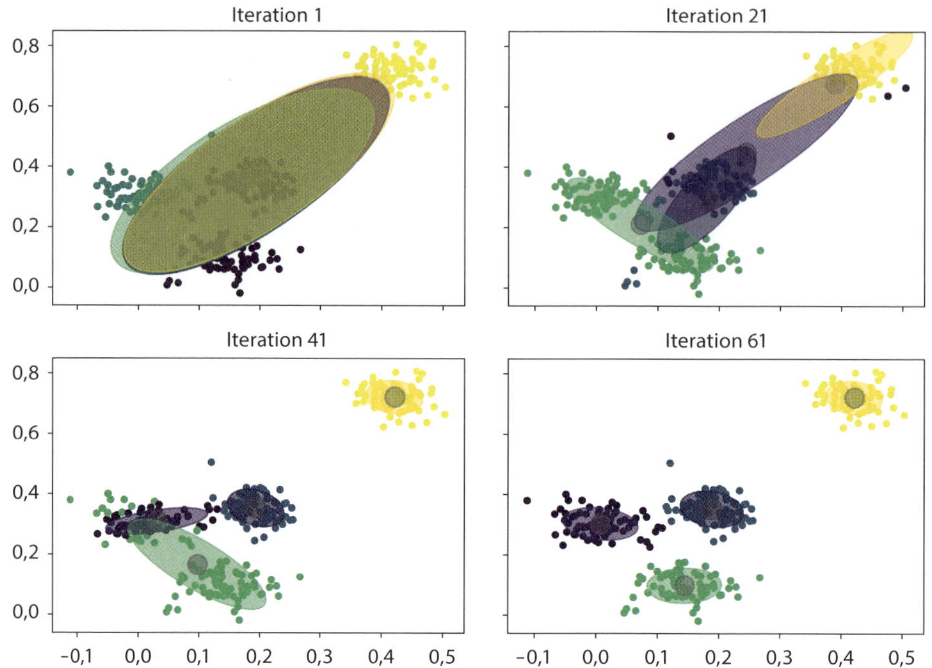

Im Detail passiert Folgendes:

- **Iteration 1**
  Wir starten mit vier Normalverteilungen, die nahezu identisch sind. Der Mittelwert liegt in der Mitte der Daten und die Kovarianzen sind in der Diagonale verlängerte Ellipsen, die sich geringfügig voneinander unterscheiden. Man sieht zum Beispiel, dass die grüne Ellipse etwas weiter nach links unten geht und die gelbe etwas weiter nach rechts oben. Dies spiegelt sich auch schon in der Zuweisung der Instanzen zu den Clustern wider: Links unten ist das grüne Cluster, rechts oben das gelbe, die anderen Farben sind kaum zu erkennen aufgrund der Überschneidung.
- **Iteration 21**
  Nach 21 Iterationen sieht man schon, wie sich die Normalverteilungen voneinander trennen. Die gelbe Verteilung wird nach rechts oben gezogen, hat aber immer noch eine sehr große Kovarianzellipse. Die grüne wurde zwischen die Instanzen links und unten gezogen. Die blaue liegt in der Mitte der Daten, hat jedoch jetzt eine deutlich kleinere Kovarianz. Die lila Verteilung hat sich kaum bewegt und die Kovarianz ist immer noch sehr hoch.
- **Iteration 41**
  Man sieht, wie die Verteilungen langsam gegen ihre Ziele konvergieren. Die gelbe Verteilung liegt jetzt fest rechts oben in der Ecke und hat sich dort an die Instanzen angepasst. Die Kovarianz der blauen Verteilung ist auch weiter

geschrumpft, sodass diese jetzt nur noch die Instanzen in der Mitte überdeckt. Hierdurch wurde die bisher noch »unentschlossene« lila Verteilung nach links gedrückt, wo sie dank einer relativ kleinen Kovarianz anfängt, die grüne Verteilung zu dominieren. Als Konsequenz beginnt die grüne Verteilung, sich zu den Instanzen am unteren Rand zu bewegen.

- **Iteration 61**
  Die Cluster sind konvergiert: Die lila Verteilung ist jetzt fest bei den Instanzen links und die grüne ist vollständig nach unten gewandert.

Im Beispiel erkennt man zwei wichtige Eigenschaften des EM-Clustering. Zum einen konvergiert der Algorithmus deutlich langsamer als k-Means. Dies liegt daran, dass mehr Parameter optimiert werden müssen, also nicht nur die Mittelwerte, sondern auch die Kovarianzen. Außerdem bremst das Soft Clustering die Konvergenz: Hierdurch bewegen sich die Mittelwerte nur langsam, da sie auch von anderen Instanzen, die eigentlich schon anderen Clustern zugeordnet werden, noch angezogen werden, wenn auch schwächer. Zum anderen sieht man, dass die Cluster möglicherweise keine zusammenhängende Region beschreiben. In Iteration 41 gibt es einige grüne Instanzen am linken Rand, der Rest befindet sich unten. Dazwischen liegen Instanzen, die dem lila Cluster zugeordnet sind. Es gibt also zwei getrennte Regionen im grünen Cluster. Diese Trennung wird durch die Form der Kovarianzmatrizen ermöglicht. Da die Kovarianz der grünen Verteilung größer ist, haben Instanzen, die weit weg vom Mittel liegen, noch eine relativ hohe Wahrscheinlichkeit, zur grünen Verteilung zu gehören. Die Kovarianz der lila Verteilung ist deutlich kleiner, sodass die Wahrscheinlichkeit mit der Distanz stärker abnimmt. Derart getrennte Regionen sind ungewöhnlich und mit den meisten Clusteralgorithmen gar nicht möglich. Beim k-Means-Algorithmus ist dies zum Beispiel ausgeschlossen, da sich die Distanz für jeden Centroid in alle Richtungen gleich verändert.

Bemerkung:

Die Gemeinsamkeiten des k-Means-Algorithmus und des EM-Clustering gehen noch über die obige Beschreibung hinaus. Genau genommen ist k-Means nur ein Spezialfall des EM-Clustering, in dem Voronoi-Zellen[a] zur Modellierung der Wahrscheinlichkeiten genutzt werden.

a. *https://mathworld.wolfram.com/VoronoiDiagram.html*

6.4.2 Bestimmen von k

Genau wie beim k-Means-Clustern muss auch beim EM-Clustern die Anzahl der Cluster durch den Benutzer vorgegeben werden. Der Ansatz ist ähnlich: Domänenwissen und Visualisierungen sind auch hier gute Mittel, um k zu bestimmen.

```
f, axes = plt.subplots(2, 2, sharey=True, sharex=True, figsize=(12, 8))

k = range(1,5)
for iter in k:
    em = GaussianMixture(n_components=iter,random_state=2)
    em.fit(X)
    y_em = em.predict(X)
    centers = em.means_
    ax = axes[min(1,max(0, iter-2)), (iter-1)%2]
    ax.set_title('Ergebnis für $k=%i$' % iter)
    # we use a bit of an indirect way to define the colors, because they
    # otherwise sometimes did not match with the ellipses
    ax.scatter(X[:, 0], X[:, 1], c=[colors[y] for y in y_em], s=20, cmap=cmap)
    ax.scatter(centers[:, 0], centers[:, 1], c='black', s=200, alpha=0.5);
    for n, color in enumerate(colors[0:iter]):
        v, w = np.linalg.eigh(em.covariances_[n][:2,:2])
        u = w[0] / np.linalg.norm(w[0])
        angle = np.arctan2(u[1], u[0])
        angle = 180 * angle / np.pi  # convert to degrees
        v = 2. * np.sqrt(2.) * np.sqrt(v)
        ell = mpl.patches.Ellipse(em.means_[n, :2], v[0], v[1],
                                  180 + angle, color=color)
        ell.set_clip_box(ax.bbox)
        ell.set_alpha(0.5)
        ax.add_artist(ell)
plt.show()
```

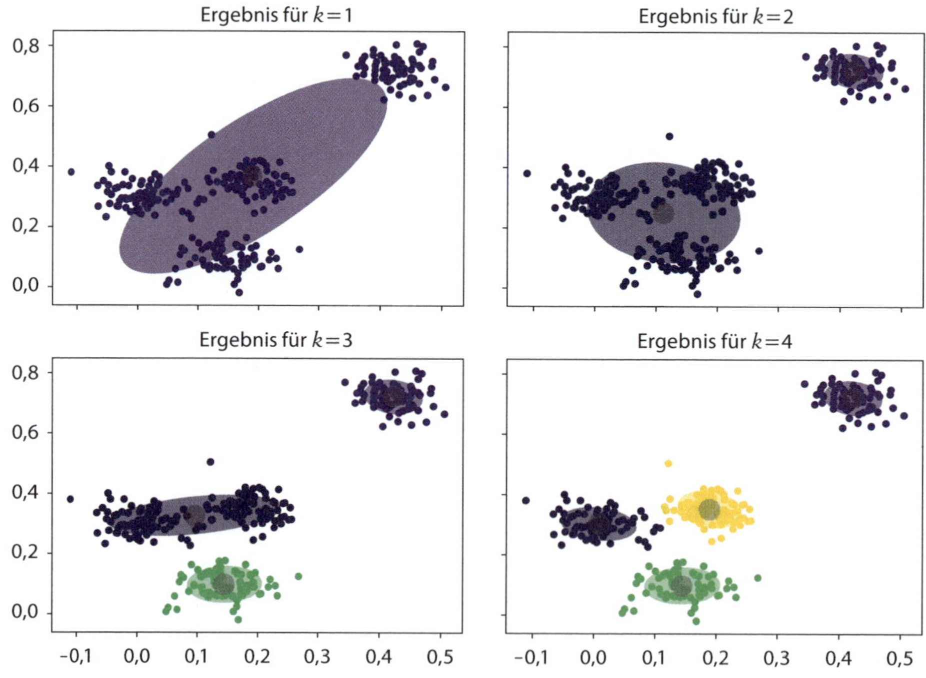

Man kann gut erkennen, dass eine einzelne Normalverteilung nicht ausreicht, um die Daten zu beschreiben. Die Ergebnisse für $k=2,3,4$ sind besser. Man sieht jedoch, dass nur für $k=4$ die Verteilung der Instanzen innerhalb der Cluster wirklich der Form der Kovarianzellipsen entspricht, was dafür spricht, dass dies das beste Ergebnis ist.

Es gibt auch einen analytischen Ansatz für die Bestimmung von k basierend auf dem *Bayesian Information Criterion* (BIC). Ähnlich wie bei WSS ist BIC auch ein Maß dafür, wie gut der Algorithmus sein Optimierungsziel erreicht. Der EM-Algorithmus probiert, die Wahrscheinlichkeit des Ergebnisses zu maximieren. Formal macht man das mit der *Likelihood-Funktion* $\hat{L}(C_1,...,C_k,X)$, die wir bei der Beschreibung des EM-Algorithmus ausgespart haben und auch hier nicht im Detail definieren wollen. Der Wert der Likelihood-Funktion wird höher, wenn die Cluster eine bessere Erklärung für die Daten sind. Ähnlich zum monotonen Abfall der WSS ist auch die Likelihood-Funktion in der Regel monoton: Mit mehr Clustern bekommt man einen höheren Wert. BIC wird jedoch nicht nur über die Likelihood-Funktion berechnet. Zusätzlich wird die Komplexität des berechneten Modells für die Cluster berücksichtigt. Zu Beginn des Kapitels haben wir bereits gezeigt, dass man $k'=k\cdot(d+\frac{d\cdot(d+1)}{2})$ Parameter braucht, um k Cluster für d Merkmale durch multivariate Normalverteilungen zu beschreiben. *Ockhams Rasiermesser* [Webb 2017] besagt, dass die einfachste Erklärung meistens die beste ist. Das bedeutet hier, dass wenn man einen ähnlichen Wert der Likelihood-Funktion mit weniger Parametern erreichen kann, man dieses kleinere Modell verwenden sollte. Komplexere Beschreibungen, also mehr Parameter, die aber die Likelihood-Funktion nur noch wenig verbessern, könnten hingegen Overfitting sein. Auf Grundlage dieser Konzepte ist BIC definiert als

$$BIC=\log(|X|)\cdot k' - 2\cdot\log(\hat{L}(C_1,...,C_k,X)).$$

BIC wird also größer mit mehr Parametern und mehr Trainingsdaten und fällt ab, wenn sich die Likelihood-Funktion verbessert. Daher sollte man probieren, den BIC zu minimieren. Im Vergleich zu WSS ist BIC nicht monoton, sondern es gibt ein Minimum. Dies ist möglich, da BIC die Modellkomplexität bestraft. Ab einem gewissen Punkt ist die Strafe für ein komplexeres Modell größer als die Verbesserung der Likelihood-Funktion und das Minimum ist erreicht. Hieraus folgt, dass es basierend auf BIC sogar eine *optimale* Anzahl von Clustern gibt, die man automatisch als den Wert von k, bei dem BIC minimiert wird, bestimmen kann. Auch das können wir uns am Beispiel anschauen.

```
ks=range(1,11)
bic = []
for k in ks:
    em = GaussianMixture(n_components=k,random_state=2)
    em.fit(X)
    y_em = em.predict(X)
    centers = em.means_
    bic.append(em.bic(X))

plt.figure()
plt.title("Entwicklung des BIC")
plt.plot(ks, bic)
plt.ylabel("BIC")
plt.xlabel("$k$")
plt.xticks(ks)
plt.show()
```

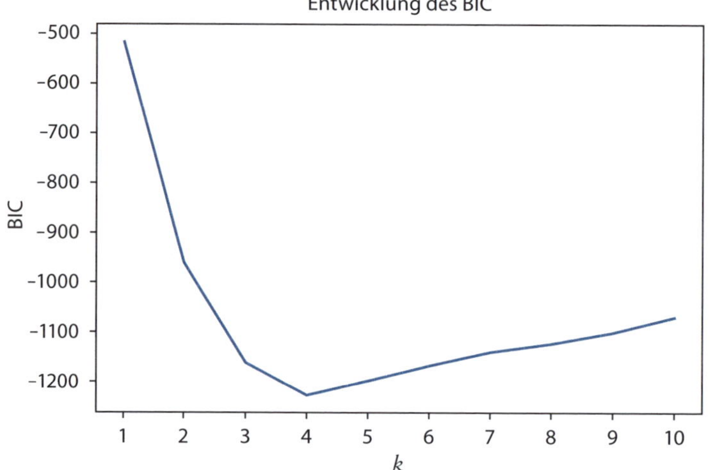

Das Minimum des BIC wird für $k=4$ erreicht. Dies bedeutet, dass vier Cluster der optimale Trade-off zwischen der Anzahl der Modellparameter und der Qualität der Cluster sind. Bitte beachten Sie, dass man die absoluten Werte des BIC ignorieren sollte (im Bild also die Werte der y-Achse). Ob BIC positiv oder negativ ist oder die Werte in der Größenordnung 10^2 oder 10^5 liegen, hängt eher von den Daten ab als von der Qualität der Ergebnisse. Entsprechend kann man sogar die Skala der y-Achse ausblenden, ohne wertvolle Informationen zu verlieren.

Bemerkung:

BIC ist aus dem *Akitake Information Criterion* (AIC) abgeleitet, das als

$$AIC = 2 \cdot k' - 2 \cdot \log(\hat{L}(C_1, ..., C_k, X)).$$

definiert ist. Das AIC ist eine Folgerung aus der Kullback-Leibler-Divergenz, einem informationstheoretischem Maß für den Unterschied zwischen zwei Zufallsvariablen. Dies ist auch der Grund, warum der Logarithmus in der AIC-Definition und auch in der BIC-Definition verwendet wird. Der einzige Unterschied zwischen AIC und BIC ist der erste Term: Während das AIC einen festen Faktor von 2 hat, wird beim BIC die Modellkomplexität noch mit dem Logarithmus der Anzahl der Trainingsdaten gewichtet.

6.4.3 Probleme des EM-Clustering

EM-Clustering löst zwei Probleme des k-Means-Algorithmus: Unterschiedliche Wertebereiche der Merkmale können durch die Kovarianzmatrizen berücksichtigt werden. Hierdurch lassen sich auch ellipsoide Cluster beschreiben, was mächtiger als die eher runde Form beim k-Means-Clustering ist. Die anderen Probleme des k-Means-Algorithmus hat man auch weiterhin mit dem EM-Clustering.

- EM-Clustering ist sensitiv bezüglich der Startwerte. Eine schlechte Startposition kann dazu führen, dass der Algorithmus nur sehr langsam konvergiert oder sogar ein schlechtes Ergebnis liefert. Ein guter Ansatz, das EM-Clustering zu initialisieren, ist es, die Centroids vom k-Means-Clustering als Startwerte für die Mittelwerte der Cluster zu nutzen.
- Die Wahl von k kann zu schlechten Ergebnissen führen. Auch wenn das BIC ein guter Ansatz für die Auswahl von k ist, heißt es nicht zwingend, dass man ein gutes Ergebnis findet. Es könnte zum Beispiel möglich sein, dass man sehr viele Cluster bräuchte, um das Optimum des BIC zu erreichen. In diesem Fall sollte man BIC ähnlich wie WSS benutzen und stattdessen nach Ellenbogen bei einer kleineren Anzahl von Clustern suchen.
- EM-Clustering ist nur für Cluster, die sich durch Normalverteilungen beschreiben lassen, gut geeignet, was eine etwa ellipsoide Form der Cluster voraussetzt. Die Halbmonde könnten auch vom EM-Algorithmus nicht richtig gruppiert werden.

6.5 DBSCAN

Bisher haben wir immer die Rathäuser als Referenzpunkt für die Definition von Städten benutzt. Wenn wir aus dem Fenster schauen, erkennen wir jedoch, dass die Nachbarhäuser zur gleichen Stadt gehören, auch ohne zu wissen, wo das Rathaus liegt. Das Gleiche gilt für die Nachbarn Ihrer Nachbarn usw. Im Endeffekt sind alle Ihre direkten oder indirekten Nachbarn Teil der gleichen Stadt. Dies ist die Grundidee des *dichtebasierten Clustering* (engl. *density-based clustering*).

Dieser Ansatz ist grundverschieden vom k-Means-Algorithmus und vom EM-Clustering, weil es keine Formel gibt, mit der man angeben kann, welche Instanzen zu einem Cluster gehören. Stattdessen beschreiben die Instanzen die Cluster: Wenn wir wissen wollen, welche Instanzen zum gleichen Cluster gehören, müssen wir uns die Nachbarschaften anschauen.

Der DBSCAN-Algorithmus (Density-Based Spatial Clustering of Applications with Noise) ist ein weitverbreiteter dichtebasierter Clusteralgorithmus. Auf unseren Beispieldaten liefert DBSCAN das folgende Ergebnis.

```python
import matplotlib.pyplot as plt
import numpy as np
from sklearn.datasets import make_blobs
from sklearn.cluster import DBSCAN

colors = ['indigo', 'navy', 'mediumseagreen', 'gold']

X, y_true = make_blobs(n_samples=300, centers=4, center_box=(0,1),
                       cluster_std=0.04, random_state=1)

dbscan = DBSCAN(eps=0.03, min_samples=4)
dbscan.fit(X)
# noise is marked with a negative value for the cluster number
noise_mask = dbscan.labels_<0

f, axes = plt.subplots(1, 2, sharey=True, sharex=True, figsize=(12, 4))

axes[0].set_title('Daten für Clustering')
axes[0].scatter(X[:, 0], X[:, 1], s=20, c='steelblue');

axes[1].set_title('Ergebnis für DBSCAN-Clustering')
axes[1].scatter(X[~noise_mask, 0], X[~noise_mask, 1],
                c=dbscan.labels_[~noise_mask], s=20)
axes[1].scatter(X[noise_mask, 0], X[noise_mask, 1], c='Grey', s=20, marker='x')
plt.show()
```

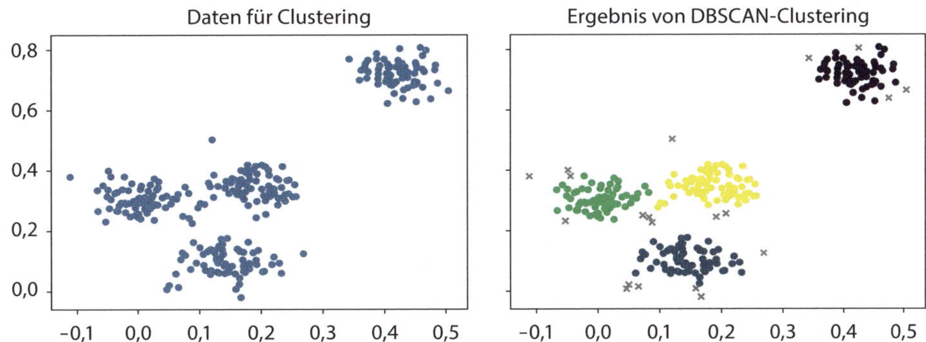

Wir können dieselben vier Cluster wie auch bisher erkennen. Es gibt jedoch auch einige Instanzen, die mit einem grauen Kreuz markiert sind. Diese Instanzen sind keinem Cluster zugeordnet und werden als *Rauschen* (engl. *noise*) identifiziert. Dies kann passieren, wenn es Instanzen gibt, die sich nicht in einer dichten Nachbarschaft befinden. In unserer Analogie sind das die Häuser, die sich außerhalb der Stadtgrenzen befinden, zum Beispiel ein Bauernhof an einer Landstraße.

6.5.1 Der Algorithmus

Der DBSCAN-Algorithmus basiert auf dem Konzept von *dichten Nachbarschaften*. Eine Nachbarschaft wird über die Distanz $\varepsilon \in \mathbb{R}$ definiert, sodass die Nachbarn einer Instanz $x \in X$ definiert sind als $neighbors(x) = \{x' \in X : d(x,x') \leq \varepsilon\}$. Eine Nachbarschaft heißt *dicht*, wenn sie mehr als $minPts \in \mathbb{N}$ Instanzen beinhaltet. Alle Instanzen, die eine dichte Nachbarschaft haben, nennt man *Kernpunkte* (engl. *core points*). Wir nutzen die Notation $core(C) = \{x \in X : |neighbors(x)| \geq minPts\}$, um alle Kernpunkte innerhalb eines Clusters $C \subseteq X$ zu beschreiben, und $core(X)$ für alle Kernpunkte.

Sobald man alle Kernpunkte bestimmt hat, kann man ein Cluster *wachsen* lassen. Hierzu wählt man einen beliebigen Kernpunkt aus und definiert, dass dieser Kernpunkt zum ersten Cluster gehört. Dann fügt man alle Nachbarn dem Cluster hinzu. Für alle Nachbarn, die ebenfalls Kernpunkte sind, wird dies wiederholt, bis man irgendwann alle Nachbarn von allen Kernpunkten im Cluster hat. Dann wählt man den nächsten Kernpunkt, der noch zu keinem Cluster gehört aus, und lässt das nächste Cluster wachsen.

1. Setze $i=1$ als aktuelle Nummer des Clusters.
2. Wähle einen Kernpunkt aus, der noch keinem Cluster zugeordnet ist, um ein neues Cluster zu initialisieren, also $x \in core(X) \setminus \cup_{j_i} C_j$ und setze $C_i = \{x\}$.
3. Füge alle Nachbarn der Kernpunkte in C_i dem Cluster hinzu, also $C_i = \cup_{x \in core(C_i)} neighbors(x)$.
4. Wiederhole Schritt 3, bis keine weiteren Instanzen mehr hinzugefügt werden.

5. Falls es weitere Kernpunkte gibt, die noch keinem Cluster zugeordnet wurden, setze $i=i+1$ und gehe zurück zu Schritt 2.

Die Arbeitsweise des Algorithmus können wir uns am Beispiel verdeutlichen.

```
core_samples_mask = np.zeros_like(dbscan.labels_, dtype=bool)
core_samples_mask[dbscan.core_sample_indices_] = True

cluster_0_mask = dbscan.labels_==0
cluster_0_core_mask = cluster_0_mask & core_samples_mask
cluster_0_density_connected_mask = cluster_0_mask & ~core_samples_mask

cluster_1_mask = dbscan.labels_==1
cluster_1_core_mask = cluster_1_mask & core_samples_mask
cluster_1_density_connected_mask = cluster_1_mask & ~core_samples_mask

cluster_2_mask = dbscan.labels_==2
cluster_2_core_mask = cluster_2_mask & core_samples_mask
cluster_2_density_connected_mask = cluster_2_mask & ~core_samples_mask

cluster_3_mask = dbscan.labels_==3
cluster_3_core_mask = cluster_3_mask & core_samples_mask
cluster_3_density_connected_mask = cluster_3_mask & ~core_samples_mask

f, axes = plt.subplots(3, 2, sharey=True, sharex=True, figsize=(12, 12))

ax = axes[0,0]
ax.set_title('Kernpunkte')
ax.scatter(X[core_samples_mask, 0], X[core_samples_mask, 1], s=20,
           c='steelblue')
ax.scatter(X[~core_samples_mask, 0], X[~core_samples_mask, 1], s=20,
           marker='x', c='Grey')

axes[0,1].axis('off')

ax = axes[1,0]
ax.set_title('Cluster 1 erstellen')
ax.scatter(X[cluster_0_core_mask, 0], X[cluster_0_core_mask, 1], s=20,
           c=colors[0])
ax.scatter(X[cluster_0_density_connected_mask, 0],
           X[cluster_0_density_connected_mask, 1], s=20, c=colors[0],
           marker='x')
ax.scatter(X[~cluster_0_mask & core_samples_mask, 0],
           X[~cluster_0_mask & core_samples_mask, 1], s=20, c='steelblue')
ax.scatter(X[~cluster_0_mask & ~core_samples_mask, 0],
           X[~cluster_0_mask & ~core_samples_mask, 1], s=20, c='Grey',
            marker='x')

ax = axes[1,1]
ax.set_title('Cluster 2 erstellen')
ax.scatter(X[cluster_0_core_mask, 0], X[cluster_0_core_mask, 1], s=20,
            c=colors[0])
ax.scatter(X[cluster_0_density_connected_mask, 0],
           X[cluster_0_density_connected_mask, 1], s=20, c=colors[0],
           marker='x')
ax.scatter(X[cluster_1_core_mask, 0], X[cluster_1_core_mask, 1], s=20,
           c=colors[1])
↓
```

```
ax.scatter(X[cluster_1_density_connected_mask, 0],
           X[cluster_1_density_connected_mask, 1], s=20, c=colors[1],
           marker='x')
ax.scatter(X[~cluster_0_mask & ~cluster_1_mask & core_samples_mask, 0],
           X[~cluster_0_mask & ~cluster_1_mask & core_samples_mask, 1], s=20,
           c='steelblue')
ax.scatter(X[~cluster_0_mask & ~cluster_1_mask & ~core_samples_mask, 0],
           X[~cluster_0_mask & ~cluster_1_mask & ~core_samples_mask, 1], s=20,
           c='Grey', marker='x')

ax = axes[2,0]
ax.set_title('Cluster 3 erstellen')
ax.scatter(X[cluster_0_core_mask, 0], X[cluster_0_core_mask, 1], s=20,
           c=colors[0])
ax.scatter(X[cluster_0_density_connected_mask, 0],
           X[cluster_0_density_connected_mask, 1], s=20, c=colors[0],
           marker='x')
ax.scatter(X[cluster_1_core_mask, 0], X[cluster_1_core_mask, 1], s=20,
           c=colors[1])
ax.scatter(X[cluster_1_density_connected_mask, 0],
           X[cluster_1_density_connected_mask, 1], s=20, c=colors[1],
           marker='x')
ax.scatter(X[cluster_2_core_mask, 0], X[cluster_2_core_mask, 1], s=20,
           c=colors[2])
ax.scatter(X[cluster_2_density_connected_mask, 0],
           X[cluster_2_density_connected_mask, 1], s=20, c=colors[2],
           marker='x')
ax.scatter(X[~cluster_0_mask & ~cluster_1_mask & ~cluster_2_mask &
           core_samples_mask, 0], X[~cluster_0_mask & ~cluster_1_mask &
           ~cluster_2_mask & core_samples_mask, 1], s=20, c='steelblue')
ax.scatter(X[~cluster_0_mask & ~cluster_1_mask & ~cluster_2_mask &
           ~core_samples_mask, 0], X[~cluster_0_mask & ~cluster_1_mask &
           ~cluster_2_mask & ~core_samples_mask, 1], s=20, c='Grey',
           marker='x')

ax = axes[2,1]
ax.set_title('Cluster 4 erstellen')
ax.scatter(X[cluster_0_core_mask, 0], X[cluster_0_core_mask, 1], s=20,
           c=colors[0])
ax.scatter(X[cluster_0_density_connected_mask, 0],
           X[cluster_0_density_connected_mask, 1], s=20, c=colors[0],
           marker='x')
ax.scatter(X[cluster_1_core_mask, 0], X[cluster_1_core_mask, 1], s=20,
           c=colors[1])
ax.scatter(X[cluster_1_density_connected_mask, 0],
           X[cluster_1_density_connected_mask, 1], s=20, c=colors[1],
           marker='x')
ax.scatter(X[cluster_2_core_mask, 0], X[cluster_2_core_mask, 1], s=20,
           c=colors[2])
ax.scatter(X[cluster_2_density_connected_mask, 0],
           X[cluster_2_density_connected_mask, 1], s=20, c=colors[2],
           marker='x')
ax.scatter(X[cluster_3_core_mask, 0], X[cluster_3_core_mask, 1], s=20,
           c=colors[3])
```

```
ax.scatter(X[cluster_3_density_connected_mask, 0],
           X[cluster_3_density_connected_mask, 1], s=20, c=colors[3],
           marker='x')
ax.scatter(X[~cluster_0_mask & ~cluster_1_mask & ~cluster_2_mask &
           ~cluster_3_mask & core_samples_mask, 0], X[~cluster_0_mask &
           ~cluster_1_mask & ~cluster_2_mask & ~cluster_3_mask &
           core_samples_mask, 1], s=20, c='steelblue')
ax.scatter(X[~cluster_0_mask & ~cluster_1_mask & ~cluster_2_mask &
           ~cluster_3_mask & ~core_samples_mask, 0], X[~cluster_0_mask &
           ~cluster_1_mask & ~cluster_2_mask & ~cluster_3_mask &
           ~core_samples_mask, 1], s=20, c='Grey', marker='x')

plt.show()
```

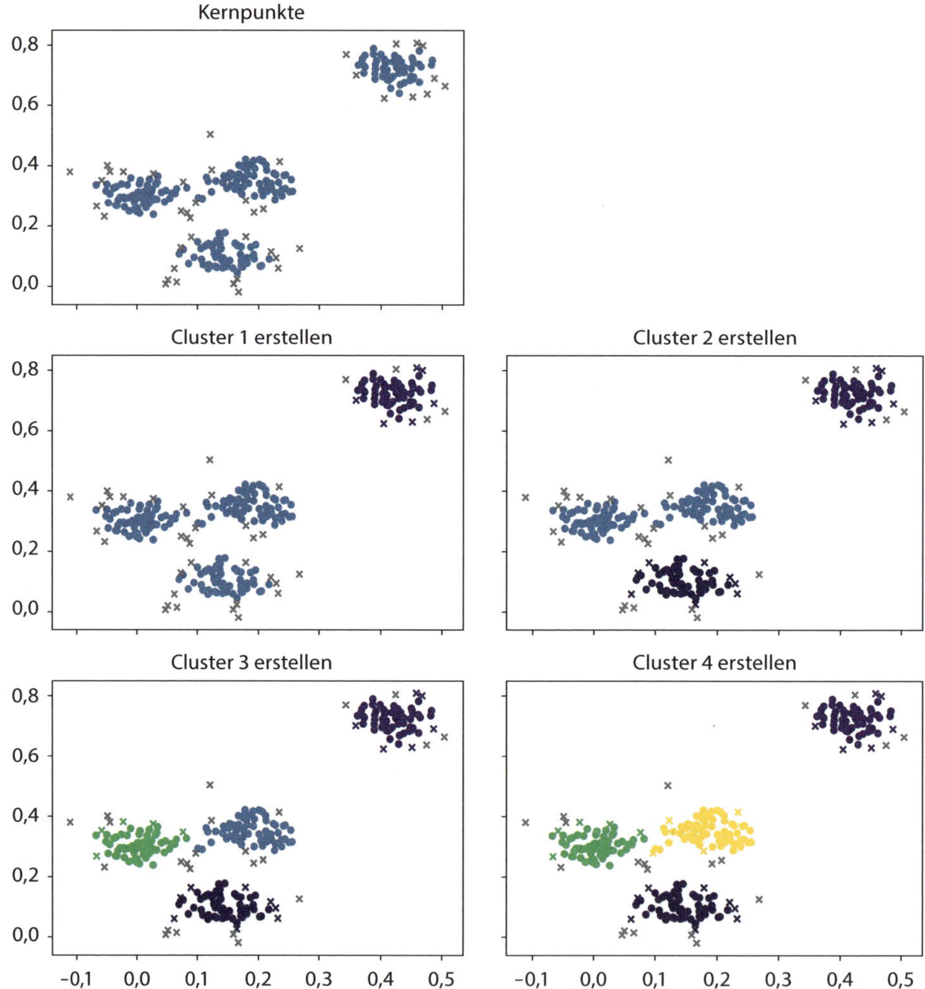

Im Detail passiert Folgendes:

- Als Erstes werden alle Kernpunkte bestimmt. Diese Instanzen werden später in jedem Fall zu einem Cluster gehören, da sie sich in einer dichten Nachbarschaft befinden.
- Anschließend wird das erste Cluster erstellt. Hierzu wird ein Kernpunkt ausgewählt, im Beispiel eine Instanz aus dem Bereich rechts oben. Alle Kernpunkte in dieser Region werden zu diesem Cluster hinzugefügt sowie auch alle Nachbarn der Kernpunkte, die nicht selbst Kernpunkte sind. Die mit einem lila Kreuz markierten Instanzen sind selbst keine Kernpunkte, befinden sich aber in der Nachbarschaft eines Kernpunkts und gehören daher dem Cluster an. Dies sind quasi die Häuser an der Stadtgrenze. Es gibt auch einige graue Kreuze in der Region rechts oben. Diese befinden sich nicht in der Nachbarschaft eines Kernpunkts und werden zu Rauschen.
- Anschließend wird ein neuer Kernpunkt gewählt, um das zweite Cluster zu initialisieren. In diesem Fall wurde eine Instanz im unteren Bereich ausgewählt. Es werden wieder alle Nachbarn hinzugefügt, einige Instanzen liegen in keiner Nachbarschaft und bleiben als Rauschen.
- Dies wird noch zwei Mal wiederholt, um die letzten beiden Cluster wachsen zu lassen.
- Da jetzt alle Kernpunkte einem Cluster zugewiesen wurden, terminiert der Algorithmus. Alle Instanzen, die jetzt noch mit einem grauen Kreuz markiert sind, sind Rauschen.

6.5.2 Bestimmen von ε und *minPts*

Ein Vorteil von DBSCAN ist, dass wir die Anzahl der Cluster nicht selbst bestimmen müssen. Stattdessen werden diese vom Algorithmus auf Grundlage der Kernpunkte bestimmt. Wir müssen jedoch definieren, was eine (dichte) Nachbarschaft ist, indem wir die Parameter ε und *minPts* festlegen. Genauso wie ein schlecht gewähltes k bei den bisherigen Algorithmen zu schlechten Ergebnissen führen kann, gilt dies auch für diese Parameter. In unserem Beispiel haben wir $\varepsilon=0{,}03$ und $minPts=4$ verwendet. Hier sind die Ergebnisse für einige andere Werte.

```
f, axes = plt.subplots(2, 2, sharey=True, sharex=True, figsize=(12, 8))

dbscan = DBSCAN(eps=0.01, min_samples=4)
dbscan.fit(X)
noise_mask = dbscan.labels_<0
axes[0,0].set_title('Ergebnis mit $\epsilon=0.01, minPts=4$')
axes[0,0].scatter(X[~noise_mask, 0], X[~noise_mask, 1],
                  c=dbscan.labels_[~noise_mask], s=20)
axes[0,0].scatter(X[noise_mask, 0], X[noise_mask, 1], c='Grey', s=20,
                  marker='x')

dbscan = DBSCAN(eps=0.05, min_samples=4)
dbscan.fit(X)
noise_mask = dbscan.labels_<0

axes[0,1].set_title('Ergebnis mit $\epsilon=0.05$, minPts=4')
axes[0,1].scatter(X[~noise_mask, 0], X[~noise_mask, 1],
                  c=dbscan.labels_[~noise_mask], s=20)
axes[0,1].scatter(X[noise_mask, 0], X[noise_mask, 1], c='Grey', s=20,
                  marker='x')

dbscan = DBSCAN(eps=0.02, min_samples=2)
dbscan.fit(X)
noise_mask = dbscan.labels_<0
axes[1,0].set_title('Result with $\epsilon=0.01, minPts=2$')
axes[1,0].scatter(X[~noise_mask, 0], X[~noise_mask, 1],
                  c=dbscan.labels_[~noise_mask], s=20)
axes[1,0].scatter(X[noise_mask, 0], X[noise_mask, 1], c='Grey', s=20,
                  marker='x')
dbscan = DBSCAN(eps=0.05, min_samples=20)
dbscan.fit(X)
noise_mask = dbscan.labels_<0

axes[1,1].set_title('Ergebnis mit $\epsilon=0.05$, minPts=20')
axes[1,1].scatter(X[~noise_mask, 0], X[~noise_mask, 1],
                  c=dbscan.labels_[~noise_mask], s=20)
axes[1,1].scatter(X[noise_mask, 0], X[noise_mask, 1], c='Grey', s=20,
                  marker='x')
plt.show()
```

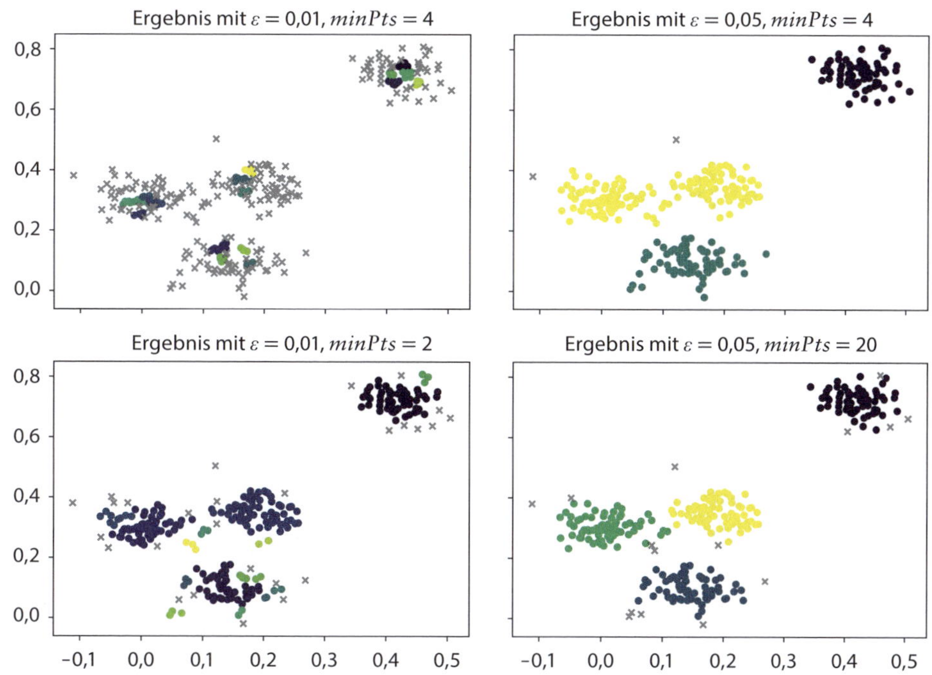

In der ersten Spalte sehen wir Ergebnisse für sehr kleine Werte von ε mit 0,01. Wenn man die *minPts* bei 4 belässt, findet man keine echten Cluster mehr. Es gibt zwar einige wenige Instanzen, die noch als Kernpunkte erkannt werden, die meisten Instanzen sind jedoch Rauschen. Wenn man *minPts* auf 2 reduziert, wird das Ergebnis besser. Es gibt vier größere Cluster, die ähnlich zu unserem Beispielergebnis weiter oben sind. Es gibt jedoch noch viele sehr kleine Cluster, die nur drei Instanzen beinhalten. Das ist nicht wünschenswert: Diese kleinen Cluster sollten entweder zu größeren Clustern gehören oder als Rauschen erkannt werden. In der zweiten Spalte sehen wir, was passiert, wenn wir ein relativ großes ε von 0,05 wählen. Die Ergebnisse sehen besser aus als mit dem kleinen Epsilon. Wenn wir die *minPts* bei 4 belassen, finden wir drei große Cluster, die dem Ergebnis vom *k*-Means- und EM-Clustering mit drei Clustern entsprechen. Wenn wir die *minPts* auf 20 erhöhen, haben wir weniger Kernpunkte, die stattdessen große Nachbarschaften aufweisen. Das führt zu einem ähnlichen Ergebnis wie mit unserer ursprünglichen Parameterwahl von $\varepsilon = 0{,}03$ und $minPts = 4$, jedoch mit weniger Rauschen.

Im Allgemeinen ist es so, dass man mit einem kleinen ε die Wahrscheinlichkeit für viel Rauschen oder sehr kleine Cluster erhöht. Wenn man ein größeres ε wählt, führt dies dazu, dass Cluster verschmolzen werden. Wenn man *minPts* reduziert, bekommt man mehr Kernpunkte, was dazu führt, dass Brücken zwischen Clustern entstehen und diese zusammengeführt werden oder auch dass sehr kleine Cluster möglich werden. Wenn man *minPts* erhöht, kann man kleine Cluster vermeiden, es könnte aber auch viel Rauschen geben, wenn ε zu klein gewählt wird. Das Zusammenspiel der Parameter ist also relativ komplex und es gibt keine einfache Faustregel, um gute Werte zu bestimmen.

Es gibt jedoch ein analytisches Werkzeug, mit dessen Hilfe man gute Kombinationen von ε und *minPts* ermitteln kann. Hierzu nutzt man den Abstand des *k-ten nächsten Nachbarn* (engl. *k-th nearest neighbor*) einer Instanz, um zu sehen, wie viele Kernpunkte es bei einer Parameterkombination gibt.

```
from sklearn.neighbors import NearestNeighbors

# we use sklearn to find the nearest neighbors
neigh = NearestNeighbors(n_neighbors=10)
nbrs = neigh.fit(X)
distances, indices = nbrs.kneighbors(X)
for k in range(1, 10):
    distances_k = np.sort(distances[:,k], axis=0)
    plt.plot(distances_k, label='minPts=%i' % (k+1))

plt.ylabel('epsilon')
plt.xlabel('Anzahl Kernpunkte')
plt.legend()
plt.show()
```

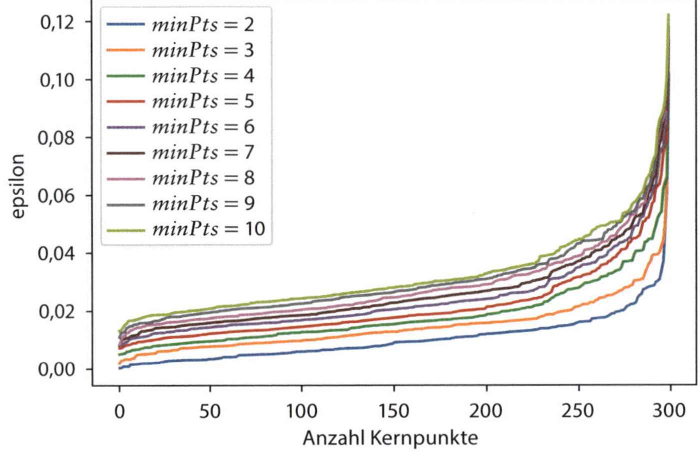

Gute Parameter findet man in dem Bereich, in dem die Kurve stark gekrümmt ist. Für die Kurve von *minPts*=4 ist das zum Beispiel im Bereich zwischen 0,03 und 0,04 ε der Fall.

6.5.3 Probleme bei DBSCAN

Bei DBSCAN muss man weder die Anzahl der Cluster auswählen, noch gibt es Einschränkungen bezüglich der Form der Cluster. Trotzdem gibt es auch bei diesem Algorithmus verschiedene Probleme, die man berücksichtigen sollte.

- Das größte Problem ist die Wahl von ε und *minPts*. Insbesondere wenn es Gruppen gibt, die sehr nah beieinander liegen, oder die Daten insgesamt sehr dicht sind, kann es schwierig sein, sinnvolle Parameter und Cluster zu finden. Der Grund dafür liegt darin, dass in diesem Fall einige Datenpunkte zu *Brückenpunkten* (engl. *bridge points*) zwischen zwei Clustern werden können. Man spricht von Brückenpunkten, wenn es Kernpunkte gibt, die dafür sorgen, dass zwei Cluster verschmelzen. Um dies zu verhindern, muss man große Werte für *minPts* wählen, damit es keine Kernpunkte in der Grenzregion eines Clusters gibt. Dies führt aber auch dazu, dass man ε relativ groß wählen muss, was wieder zu neuen Problemen führen kann.
- Ein weiteres Problem sind Gruppierungen mit unterschiedlichen Dichten. Im folgenden Beispiel sollen zwei kreisförmige Gruppen geclustert werden. Mit 100 Instanzen pro Kreis sind die Daten des äußeren Kreises aufgrund des größeren Umfangs nicht sehr dicht im Verhältnis zum inneren Kreis. Daher gibt es einige Stellen ohne Kernpunkte, sodass mehrere kleinere Cluster im äußeren Kreis entstehen. Wenn man die Anzahl der Instanzen erhöht, werden beide Kreise korrekt geclustert.

```
from sklearn.datasets import make_circles

f, axes = plt.subplots(1, 2, sharey=True, sharex=True, figsize=(12, 4))

X, _ = make_circles(n_samples=200, noise=0.05, factor=0.4, random_state=1)
dbscan = DBSCAN(eps=0.15, min_samples=4)
dbscan.fit(X)
noise_mask = dbscan.labels_<0
axes[0].set_title('Zwei Kreise mit 100 Instanzen')
axes[0].scatter(X[~noise_mask, 0], X[~noise_mask, 1],
                c=dbscan.labels_[~noise_mask], s=20)
axes[0].scatter(X[noise_mask, 0], X[noise_mask, 1], c='Grey', s=20,
                marker='x')

X, _ = make_circles(n_samples=400, noise=0.05, factor=0.4, random_state=1)
dbscan = DBSCAN(eps=0.15, min_samples=4)
dbscan.fit(X)
noise_mask = dbscan.labels_<0
axes[1].set_title('Zwei Kreise mit 200 Instanzen')
axes[1].scatter(X[~noise_mask, 0], X[~noise_mask, 1],
                c=dbscan.labels_[~noise_mask], s=20)
axes[1].scatter(X[noise_mask, 0], X[noise_mask, 1], c='Grey', s=20,
                marker='x')
plt.show()
```

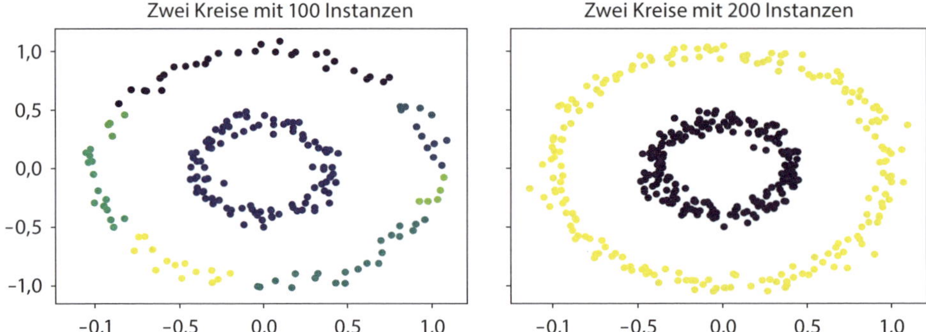

- Da die Dichte der Daten wichtig für die Wahl von ε und *minPts* ist, folgt auch, dass man DBSCAN nicht ohne Weiteres auf eine zufällige Teilmenge der Daten anwenden kann, ohne die Parameter anzupassen. Der Grund hierfür ist, dass eine Teilmenge in der Regel eine geringere Dichte hat.
- Da DBSCAN ähnlich wie *k*-Means die Cluster basierend auf Distanzen bestimmt, ist der Algorithmus ebenfalls anfällig für Skaleneffekte, wenn Merkmale verschiedene Größenordnungen haben.

6.6 Single Linkage Clustering

Ein wichtiger Mechanismus, wie Städte wachsen, ist der Zusammenschluss mit anderen Städten und Gemeinden. Dies passiert natürlich nicht beliebig, sondern mit Städten, die ohnehin sehr nah beieinander liegen. Das ist die Grundidee vom *hierarchischen Clustern*. Die Idee ist ähnlich wie bei DBSCAN, nur dass wir nicht mit dichten Nachbarschaften arbeiten, sondern stattdessen kleine Cluster zu größeren Clustern zusammenfügen. Als Ergebnis hat man daher sehr viele verschiedene mögliche Clusterergebnisse, da das Zusammenfügen durchgeführt wird, bis alle Instanzen zu einem einzigen Cluster verschmolzen sind. Anschließend wählt man von diesen vielen Ergebnissen ein passendes aus. Das Endergebnis sieht dann zum Beispiel wie folgt aus.

```
import matplotlib as mpl
import matplotlib.pyplot as plt
import numpy as np
from sklearn.datasets import make_blobs
from sklearn.cluster import AgglomerativeClustering
from scipy.cluster.hierarchy import dendrogram

def warn(*args, **kwargs):
    pass
import warnings
warnings.warn = warn

eps = 0.03
↓
```

```
X, y_true = make_blobs(n_samples=300, centers=4, center_box=(0,1),
                       cluster_std=0.04, random_state=1)

sl = AgglomerativeClustering(n_clusters=None,distance_threshold=0.03,
                             linkage='single', compute_full_tree=True)
sl.fit(X)
y_sl = sl.labels_

f, axes = plt.subplots(1, 2, sharey=True, sharex=True, figsize=(12, 4))
axes[0].set_title('Daten (ohne Clustering)')
axes[0].scatter(X[:, 0], X[:, 1], s=20);
axes[1].set_title('Ergebnis des Single Linkage Clustering')
axes[1].scatter(X[:, 0], X[:, 1], c=y_sl, s=20)
plt.show()
```

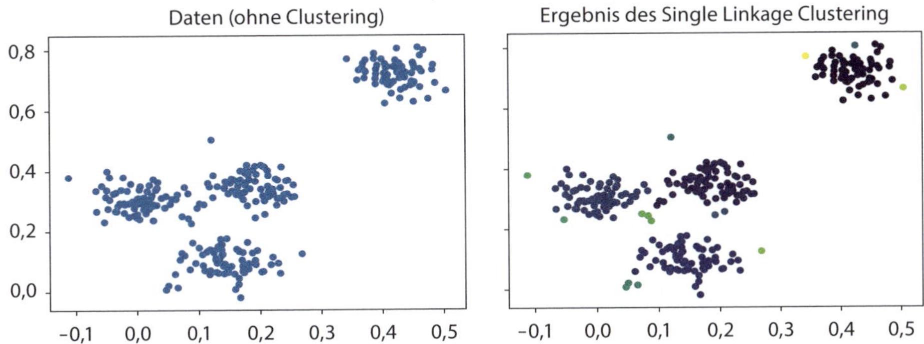

Das Ergebnis sieht ähnlich aus wie bei DBSCAN, es gibt jedoch einen großen Unterschied: Es entsteht kein Rauschen, stattdessen kommt es zu einigen sehr kleinen Clustern, die zum Teil sogar nur aus einer Instanz bestehen, zum Beispiel am linken Rand.

Es gibt verschiedene hierarchische Clusteralgorithmen, die sich darin unterscheiden, wie die Cluster zusammengefügt werden. Darunter sind auch Algorithmen, die genau andersrum vorgehen und ein großes Cluster schrittweise in kleine Cluster zerlegen, zum Beispiel das *Complete Linkage Clustering*. Im Folgenden betrachten wir das *Single Linkage Clustering* (SLINK) als Beispiel für einen hierarchischen Clusteralgorithmus.

6.6.1 Der SLINK-Algorithmus

SLINK ist ein iterativer Algorithmus, der in jedem Schritt die zwei Cluster mit dem geringsten Abstand voneinander zu einem neuen Cluster zusammenfügt. Zu Beginn ist jede Instanz in einem eigenen Cluster. SLINK berechnet dann die Distanzen für zwei Cluster C und C' als die Distanz zwischen den Instanzen der jeweiligen Cluster, die sich am nächsten liegen, also

$$d(C,C') = \min_{x \in C, x' \in X'} dist(x,x').$$

Für jedes Cluster, das beim Zusammenfügen erstellt wird, berechnet SLINK ein *Level*. Das Level gibt an, wie weit die Cluster, die verbunden wurden, voneinander getrennt waren. Man kann sich das als den Abstand zwischen zwei Städten, die zu einer Stadt verbunden werden, vorstellen. Ein niedriges Level heißt also, dass zwei Cluster, die verbunden wurden, nah beieinander lagen, ein hohes Level heißt, dass es eine größere Lücke zwischen den Clustern gab. Diese Lücke ist dann automatisch auch Teil des größeren Clusters.

Basierend auf dieser Idee ist der eigentlich Algorithmus relativ einfach:

1. Initialisiere die Basiscluster $C=\{x\}$ für alle $x \in X$ mit Level $L(C)=0$.
2. Finde die zwei Cluster, deren Abstand minimal ist, also $C, C' = \arg\min_{C,C'} d(C, C')$.
3. Verbinde C und C' zu einem neuen Cluster $C_{new} = C \cup C'$ mit Level $L(C_{new}) = d(C, C')$.
4. Wiederhole die Schritte 2 und 3, bis alle Instanzen in einem Cluster sind.

Das Ergebnis dieses Algorithmus ist also kein eindeutiges Clustering, sondern sehr viele mögliche Ergebnisse. Diese kann man sich am besten durch ein *Dendrogramm* veranschaulichen.

6.6.2 Dendrogramme

Ein *Dendrogramm* ist die visuelle Darstellung einer Baumstruktur als Graph. Für unser Beispiel bekommen wir folgendes Dendrogramm.

```
from scipy.cluster.hierarchy import dendrogram

def plot_dendrogram(model, **kwargs):
    # create linkage matrix and then plot the dendrogram

    # create the counts of samples under each node
    counts = np.zeros(model.children_.shape[0])
    n_samples = len(model.labels_)
    for i, merge in enumerate(model.children_):
        current_count = 0
        for child_idx in merge:
            if child_idx < n_samples:
                current_count += 1  # leaf node
            else:
                current_count += counts[child_idx - n_samples]
        counts[i] = current_count

    linkage_matrix = np.column_stack([model.children_, model.distances_,
                                      counts]).astype(float)

    # plot the corresponding dendrogram
    dendrogram(linkage_matrix, **kwargs)
↓
```

```
f, axes = plt.subplots(1, 2, sharey=True, sharex=False, figsize=(12, 4))
axes[0].set_title("Dendrogramm vom Single Linkage Clustering")
axes[0].set_ylabel("Level")
axes[0].set_xlabel("Instanzen")
plot_dendrogram(sl,color_threshold=eps, no_labels=True,
                above_threshold_color='grey', ax=axes[0])
axes[0].axhline(y=eps, c='k')

axes[1].set_title("Gekürztes Dendrogramm mit nur den obersten 15 Leveln")
axes[1].set_ylabel("Level")
axes[1].set_xlabel("Instanzen")
plot_dendrogram(sl,color_threshold=eps, no_labels=True,
                above_threshold_color='grey', p=15, truncate_mode='level',
                ax=axes[1])
axes[1].axhline(y=eps, c='k')
plt.show()
```

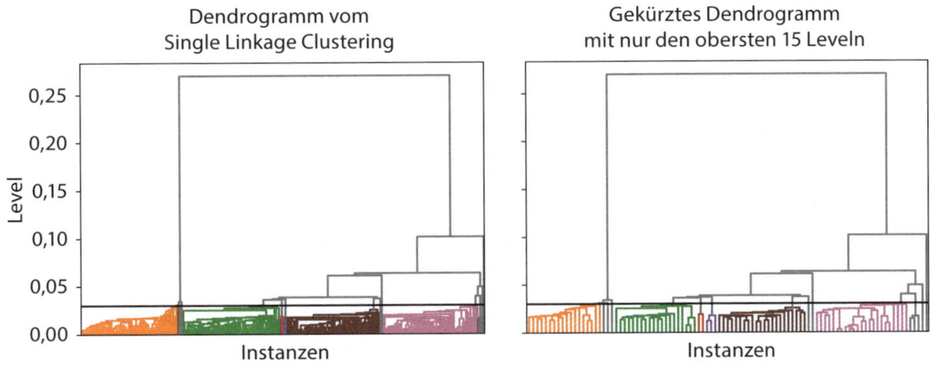

Am unteren Rand des Dendrogramms sind unsere Instanzen, was gleichbedeutend ist mit den Clustern mit Level null. Jede horizontale Linie verbindet zwei Cluster zu einem neuen Cluster. Die Lage dieser Linie auf der y-Achse ist das Level des neuen Clusters, das durch die Verbindung entsteht. Die horizontale Linie bei 0,1 verbindet zum Beispiel alle Instanzen in den Clustern des linken Teilbaums mit den Instanzen im rechten Teilbaum zu einem neuen Cluster mit Level 0,1. Aufgrund der Definition des Levels wissen wir, dass alle Instanzen im linken Teilbaum mindestens eine Distanz von 0,1 zu allen Instanzen im rechten Teilbaum haben. Außerdem ist noch eine schwarze horizontale Linie bei 0,03 eingezeichnet. Diese Linie markiert die Clusterauswahl, für die wir uns im Beispiel weiter oben entschieden haben.

Die linke Grafik ist sehr dicht am unteren Rand, sodass man eigentlich nur noch größere gleichfarbige Regionen erkennt. Dies liegt daran, dass jede einzelne Instanz eine kleine Linie am unteren Rand darstellt, in unserem Fall gibt es daher 300 solche Linien. Ein einfacher Trick, mit dem man auch den unteren Bereich eines Dendrogramms besser darstellen kann, ist es, die unteren Ebenen des Baums wegzulassen. Man zeigt also nicht die Cluster aller Level, sondern nur die Cluster der höchsten Level. Die rechte Grafik stellt zum Beispiel nur die obersten 15 Level dar.

Hierdurch sieht man zwar die Instanzen am unteren Rand nicht mehr, kann aber dafür die Abstände zwischen den kleineren Clustern in diesem Bereich besser erkennen.

Auch wenn Dendrogramme als Visualisierung zunächst etwas gewöhnungsbedürftig sind, handelt es sich um ein hervorragendes Werkzeug, um visuell geeignete Cluster auszuwählen. Im obigen Beispiel haben wir einen festen Grenzwert von 0,03 verwendet, um die Cluster anhand der Level auszuwählen. Im Dendrogramm kann man direkt erkennen, was zum Beispiel passieren würde, wenn wir stattdessen einen Grenzwert von 0,05 wählen würden: Das grüne und das braune Cluster wären dann zusammen in einem Cluster. Wenn man den Grenzwert zwischen 0,06 und 0,26 wählen würde, hätte man zwei Cluster. Für Werte zwischen 0,06 und 0,1 hätte man eigentlich auch schon nur noch zwei große Cluster, es gäbe jedoch formal noch ein weiteres Cluster mit einer einzigen Instanz. Insgesamt erkennt man die Auswirkungen des Grenzwerts ,den man wählt, deutlich besser als beim ähnlichen DBSCAN-Algorithmus, wo die Auswirkungen unterschiedlicher Werte von ε und *minPts* nicht einfach vorherzusagen sind.

6.6.3 Probleme bei SLINK

Wie alle Algorithmen, ist auch SLINK nicht ohne Probleme.

- Das größte Problem bei SLINK (und beim hierarchischen Clustern im Allgemeinen) ist die Skalierbarkeit für größere Datensätze. Da die Algorithmen in der Regel erfordern, dass man eine quadratische Distanzmatrix berechnet, in der die Distanzen zwischen allen Instanzen gespeichert werden, ist insbesondere der Speicherbedarf problematisch. Bei 100.000 Instanzen wären dies zum Beispiel bereits etwa 4 Gigabyte, selbst wenn man die Symmetrie ausnutzt und nur das obere Dreieck der Distanzmatrix speichert. Daher können hierarchische Clusteralgorithmen in der Regel nur bei kleinen Datensätzen angewandt werden.
- Ebenso wie beim DBSCAN-Algorithmus sind Bereiche mit unterschiedlichen Dichten problematisch. Es ist jedoch einfacher, einen guten Grenzwert zu bestimmen, mit dem man die Cluster trennen kann. Hier hilft das Dendrogramm. Im Beispiel mit den Kreisen erkennt man zum Beispiel, dass man für Grenzwerte zwischen 0,2 und 0,4 das richtige Ergebnis findet.

```
from sklearn.datasets import make_circles

X, _ = make_circles(n_samples=200, noise=0.05, factor=0.4, random_state=1)

eps=0.2

sl = AgglomerativeClustering(n_clusters=None,distance_threshold=eps,
                             linkage='single', compute_full_tree=True)
sl.fit(X)
y_sl = sl.labels_
↓
```

```
f, axes = plt.subplots(1, 2, figsize=(12, 4))
axes[0].set_title('Ergebnis vom Single Linkage Clustering')
axes[0].scatter(X[:, 0], X[:, 1], c=y_sl, s=20)

axes[1].set_title("Dendrogramm vom Single Linkage Clustering")
axes[1].set_ylabel("Level")
axes[1].set_xlabel("Objects")
plot_dendrogram(sl,color_threshold=eps, no_labels=True,
                above_threshold_color='grey', ax=axes[1])
axes[1].axhline(y=eps, c='k')
plt.show()
```

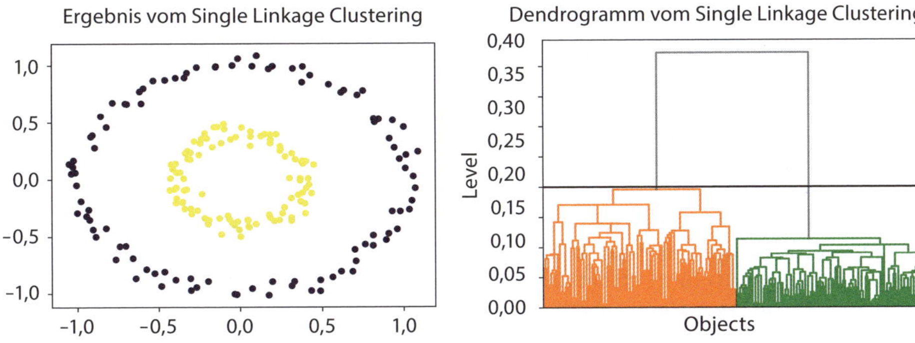

- Ein weiteres Problem, das wir bereits von DBSCAN kennen, sind Brückenpunkte, die Cluster verbinden. Der Grund dafür ist, dass DBSCAN und SLINK die gleichen Cluster liefern, wenn man *minPts*=1 setzt. Der Grenzwert für die Level ist dann von der Bedeutung identisch zum ε von DBSCAN. Brückenpunkte sind bei SLINK sogar ein noch größeres Problem. Während man bei DBSCAN durch einen hohen Wert für *minPts* versuchen kann, zu verhindern, dass die Brückenpunkte zu Kernpunkten werden, ist dies bei SLINK nicht möglich.
- SLINK kann zu vielen sehr kleinen Clustern führen, da jede Instanz initial einem eigenen Cluster zugewiesen wird, und sich dies, je nach Grenzwert, möglicherweise auch im Endergebnis nicht ändert. Ausreißer führen daher dazu, dass es viele Cluster gibt, die irrelevant sind, aber die Analyse erschweren.
- Da SLINK auch distanzbasiert ist, ist der Algorithmus weiter anfällig für Skaleneffekte durch unterschiedliche Wertebereiche, wie wir es beim *k*-Means-Algorithmus beschrieben haben.

6.7 Vergleich der Algorithmen

Während der Beschreibung haben wir immer wieder einzelne Aspekte der Algorithmen miteinander verglichen, insbesondere wenn es ähnliche Probleme gab oder wenn ein Algorithmus ein Problem geschickt umgangen hat. Im letzten Teil dieses Kapitels wollen wir verschiedene Eigenschaften der Algorithmen direkt miteinander vergleichen.

6.7.1 Clusterformen

Die wohl wichtigste Eigenschaft der Algorithmen ist es, Cluster richtig zu erkennen. Hierbei spielt insbesondere die Form der Cluster eine Rolle, wie wir schon am Beispiel der Kreise und der Halbmonde gesehen haben.

```
import matplotlib as mpl
import matplotlib.pyplot as plt
import numpy as np
from sklearn.datasets import make_blobs, make_moons, make_circles
from sklearn.cluster import DBSCAN, KMeans, AgglomerativeClustering
from sklearn.mixture import GaussianMixture
from matplotlib.colors import ListedColormap

datasets = [make_blobs(n_samples=300, centers=4,
                       center_box=(0,1),cluster_std=0.04, random_state=1),
            make_moons(n_samples=300, noise=0.05, random_state=0),
            (np.append(make_moons(n_samples=300, noise=0.05,
            random_state=0)[0], [[0.3,0],[0.35,0], [0.4,0], [0.45,0],
            [0.5,0], [0.55,0], [0.6,0], [0.65,0], [0.7,0], [0.75,0]],
            axis=0),None),
            make_circles(n_samples=500, noise=0.05, factor=0.4,
                         random_state=1)]

# parameter values for the different data sets
k = [4,2,2,2]
eps = [0.03,0.15,0.15,0.15]

f, axes = plt.subplots(4, 4, figsize=(18, 16))

for ds_cnt, ds in enumerate(datasets):
    X, y = ds

    colors = ['indigo', 'gold', 'mediumseagreen', 'crimson']

    cmap = ListedColormap(colors, name="cmap_points")
    colors = ['indigo', 'crimson', 'mediumseagreen', 'gold']

    kmeans = KMeans(n_clusters=k[ds_cnt], random_state=0)
    kmeans.fit(X)
    y_kmeans = kmeans.predict(X)
    centers = kmeans.cluster_centers_
↓
```

```
    ax = axes[ds_cnt, 0]
    ax.set_title('$k$-Means')
    ax.scatter(X[:, 0], X[:, 1], c=y_kmeans, s=20, cmap=cmap)
    ax.scatter(centers[:, 0], centers[:, 1], c='black', s=200, alpha=0.5);

    dbscan = DBSCAN(eps=eps[ds_cnt], min_samples=4)
    dbscan.fit(X)
    noise_mask = dbscan.labels_<0

    ax = axes[ds_cnt, 2]
    ax.set_title('DBSCAN')
    ax.scatter(X[~noise_mask, 0], X[~noise_mask, 1],
               c=dbscan.labels_[~noise_mask], s=20, cmap=cmap)
    ax.scatter(X[noise_mask, 0], X[noise_mask, 1], c='Grey', s=20, marker='x')

    em = GaussianMixture(n_components=k[ds_cnt],random_state=0)
    em.fit(X)
    y_em = em.predict(X)
    centers = em.means_

    ax = axes[ds_cnt, 1]
    ax.set_title('EM-Clustering')
    ax.scatter(X[:, 0], X[:, 1], c=[colors[y] for y in y_em], s=20, cmap=cmap)
    ax.scatter(centers[:, 0], centers[:, 1], c='black', s=200, alpha=0.5);
    for n, color in enumerate(colors[:k[ds_cnt]]):
        v, w = np.linalg.eigh(em.covariances_[n][:2,:2])
        u = w[0] / np.linalg.norm(w[0])
        angle = np.arctan2(u[1], u[0])
        angle = 180 * angle / np.pi  # convert to degrees
        v = 2. * np.sqrt(2.) * np.sqrt(v)
        ell = mpl.patches.Ellipse(em.means_[n, :2], v[0], v[1],
                                  180 + angle, color=color)
        ell.set_clip_box(ax.bbox)
        ell.set_alpha(0.5)
        ax.add_artist(ell)

    sl = AgglomerativeClustering(n_clusters=None,distance_threshold=
                                 eps[ds_cnt],linkage='single',
                                 compute_full_tree=True)
    sl.fit(X)
    y_sl = sl.labels_

    ax = axes[ds_cnt, 3]
    ax.set_title('SLINK')
    ax.scatter(X[:, 0], X[:, 1], c=y_sl, s=20, cmap=cmap)
plt.show()
```

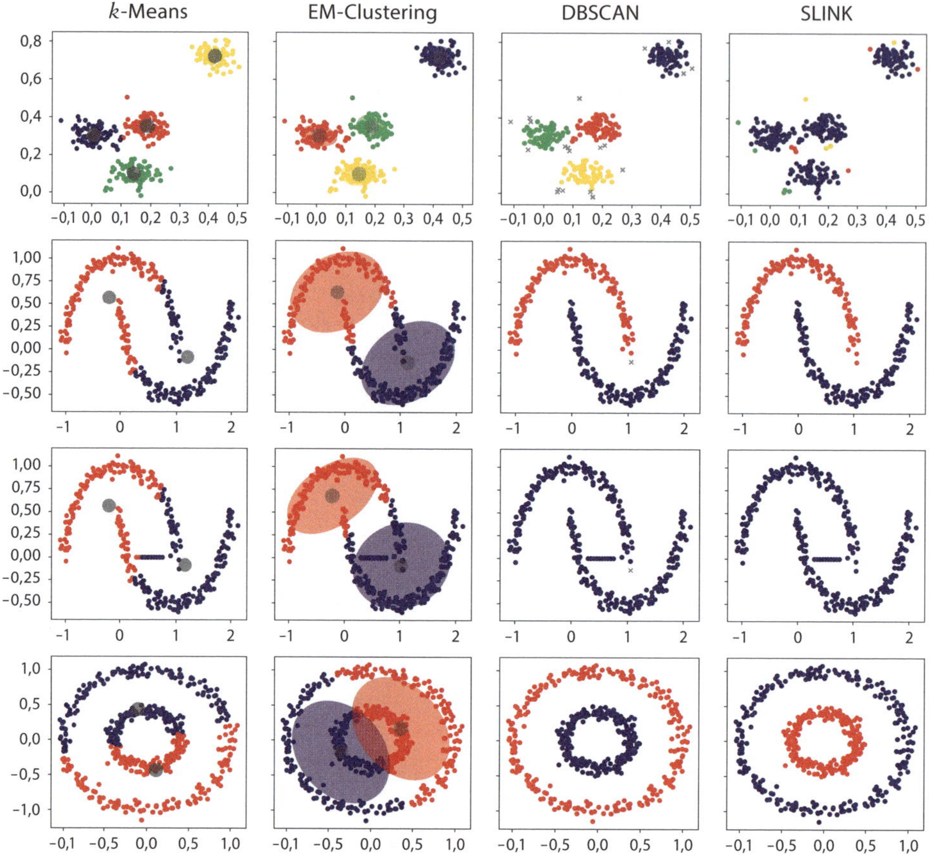

Wie man sieht, liefern alle Algorithmen auf unserem Beispieldatensatz gute Ergebnisse. Im Detail erkennt man jedoch auch hier Unterschiede, insbesondere dort, wo die Cluster nah beieinander liegen. An der Grenze zwischen den beiden Clustern im mittleren Bereich sieht man eine scheinbar zufällige Trennung bei *k*-Means und EM-Clustering, Rauschen bei DBSCAN, und einige kleine Cluster bei SLINK.

In der zweiten Zeile sehen wir noch einmal die Halbmonde. Hier erkennt man gut, was wir oben bereits beschrieben haben: *k*-Means und EM- Clustering sind für solche geometrische Formen nicht geeignet, da sie von einer eher runden bzw. ellipsoiden Form ausgehen. Da DBSCAN und SLINK stattdessen die direkten Nachbarschaften zwischen den Instanzen betrachten, sind solche Daten für diese Algorithmen kein Problem. Im Allgemeinen funktionieren diese Algorithmen mit beliebigen geometrischen Formen, wichtig ist nur, dass es Lücken zwischen den Clustern gibt. Dass dies ein Problem sein kann, zeigt die dritte Reihe. Hier haben wir einige Brückenpunkte hinzugefügt, sodass die Algorithmen nicht mehr zwischen den Clustern unterscheiden können.

Die vierte Reihe zeigt, dass auch runde Clusterformen bei *k*-Means und EM-Clustering möglicherweise zu Problemen führen, nämlich dann, wenn es sich um ineinander liegende Kreise handelt.

6.7.2 Anzahl der Cluster

Eine weitere Stärke von DBSCAN und SLINK besteht darin, dass man die Anzahl der Cluster nicht vorgeben muss, sondern sich diese automatisch aufgrund der Dichte der Daten und der gewählten Parameter ergibt. Beim EM-Clustering gibt es mit dem BIC ein analytisches Kriterium, mit dem man das Optimum bestimmen kann. Bei k-Means ist eine manuelle Analyse zwingend erforderlich, zum Beispiel mit der WSS. Hier gibt es kein hartes Kriterium, anhand dessen man einen guten Wert für k aus dem Liniendiagramm der WSS ablesen kann, stattdessen ist die Erfahrung gefragt, um relevante Änderungen in der Steigung zu erkennen.

6.7.3 Ausführungszeit

Die Ausführungszeit kann, je nach Größe des Datensatzes und Anwendungsfall, ein entscheidendes Kriterium bei der Wahl des Algorithmus sein. Unten sieht man die Ergebnisse der Ausführungszeit für das Clustern von Daten mit 20 Merkmalen für 10.000, 100.000, 1.000.000, 10.000.000 und 100.000.000 Instanzen, also für bis zu 15 Gigabyte Daten. SLINK fehlt im Vergleich, da dieser Algorithmus bereits bei 100.000 Instanzen aus den oben beschriebenen Problemen mit dem Platzbedarf nicht mehr korrekt arbeitet. Die Zeiten wurden mit einem normalen Laptop (Intel Core i7-8850 @ 2.60GHz, 32 GB RAM) mit scikit-learn 0.24 ermittelt.

```
from sklearn import datasets
from sklearn.preprocessing import StandardScaler
from sklearn.datasets import make_blobs
from sklearn.cluster import DBSCAN, KMeans
from sklearn.mixture import GaussianMixture

import timeit

names = ["$k$-Means",
         "EM",
         "DBSCAN"]

clusters = [
    KMeans(n_clusters=4, random_state=0),
    GaussianMixture(n_components=4,random_state=0, warm_start=False),
    DBSCAN(eps=0.01, min_samples=4)]

instances = [1e3,1e4,1e5,1e6,1e7]
runtime = [[],[],[]]
for num_instances in instances:
    X, _ = make_blobs(n_samples=int(num_instances), centers=4,
           center_box=(0,1),cluster_std=0.04, random_state=1, n_features=20)
    X = StandardScaler().fit_transform(X)
    for cl_cnt, cl in enumerate(clusters):
        if cl_cnt==2 and num_instances>100000:
            # we skip DBSCAN here, because this takes a long time and the trend
            # is already visible
             continue
↓
```

```
        start_time = timeit.default_timer()
        cl.fit(X)
        elapsed = timeit.default_timer() - start_time
        runtime[cl_cnt].append(elapsed)

fix, ax = plt.subplots()
ax.plot(instances, runtime[0], label=names[0])
ax.plot(instances, runtime[1], label=names[1])
ax.plot(instances[:len(runtime[2])], runtime[2], label=names[2])
ax.set_xticks(instances)
ax.set_ylabel('Laufzeit in Sekunden')
ax.set_xlabel('Anzahl der Instanzen')
ax.set_xscale('log')
ax.set_yscale('log')
plt.legend()
plt.show()
```

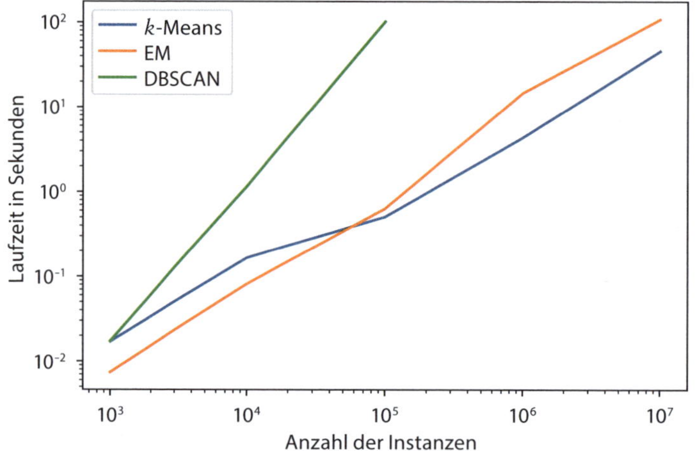

Wie man sieht, ist die Laufzeit des *k*-Mean und des EM-Algorithmus ähnlich, DBSCAN ist langsamer. Dies liegt daran, dass es bei vielen Instanzen möglicherweise sehr große Nachbarschaften gibt, was sich negativ auf die benötigte Rechenzeit von DBSCAN auswirkt. Die Laufzeitmessungen hängen aber auch von den Daten ab. Wenn die Daten besonders dünn (engl. *sparse*) oder dicht sind oder es eine seltsame Verteilung gibt, kann sich dies auf die Laufzeiten auswirken. Im Allgemeinen ist die Laufzeit aber ein sekundärer Aspekt bei der Auswahl eines geeigneten Clusteralgorithmus, es sei denn, man hat extrem viele Instanzen.

6.7.4 Interpretierbarkeit und Darstellung

Ein großer Vorteil des *k*-Means und des EM-Clustering ist, dass diese Verfahren eine gut interpretierbare und kompakte mathematische Beschreibung der Cluster liefern, indem die Cluster durch die Centroids bzw. Normalverteilungen beschrieben werden. Dies liefert uns ein mächtiges Werkzeug, um die Bedeutung der Cluster zu verstehen. Außerdem ist es hierdurch möglich, unabhängig von den anderen Daten zu bestimmen, zu welchem Cluster eine Instanz gehört. Hierdurch lassen sich die Ergebnisse problemlos auf anderen Systemen einsetzen, wo die Daten selbst nicht zur Verfügung stehen.

DBSCAN und SLINK habe keine vergleichbare Darstellung. Stattdessen sind hier die Instanzen selbst die Beschreibung der Cluster. Hierdurch kann man die Ergebnisse nur visuell interpretieren, was gerade bei hochdimensionalen Daten äußert schwierig ist. SLINK ist für die Interpretation durch die Dendrogramme etwas besser, da man zumindest relativ einfach beurteilen kann, wie groß die Abstände zwischen den Instanzen bzw. den Clustern sind.

6.7.5 Kategorische Merkmale

Kategorische Merkmale sind ein Problem für alle Algorithmen, die wir betrachtet haben. Sowohl *k*-Means als auch DBSCAN und SLINK berechnen Distanzen. Da man per Definition keine sinnvollen Distanzen zwischen zwei Kategorien ermitteln kann, kann man auch keine sinnvollen Distanzen zwischen Instanzen mit kategorischen Daten berechnen. Im Fall von *k*-Means gibt es eine Variante namens *k*-Modes, bei der die Centroids durch den Modus der Daten im Cluster berechnet werden. Beim EM-Clustering geht die Normalverteilung von einem kontinuierlichen Wertebereich aus, was bei kategorischen Daten nicht der Fall ist. Die Lösung hier besteht darin, keine Normalverteilung für die Beschreibung der Cluster zu verwenden, sondern stattdessen den EM-Algorithmus mit einer besser passenden Verteilung zu benutzen, zum Beispiel einer Multinomialverteilung.

6.7.6 Fehlende Merkmale

In der Praxis kommt es häufig vor, dass es Instanzen gibt, bei denen nicht die Werte für alle Merkmale bekannt sind. Man spricht hier von fehlenden Werten bzw. fehlenden Merkmalen. Es gibt drei Möglichkeiten, mit fehlenden Merkmalen umzugehen: Entweder kann der Algorithmus von sich aus mit unvollständigen Daten arbeiten. Dies ist, bis auf wenige Ausnahmen, nicht der Fall. Die zweite Möglichkeit besteht darin, alle unvollständigen Instanzen zu entfernen. Hier hat man jedoch möglicherweise in der Operationalisierung ein Problem. Als dritte Möglichkeit kann man durch *Imputation* eine Schätzung für die fehlenden Werte berechnen, zum Beispiel durch eine Regression basierend auf den vorhandenen Daten. Details zur Imputation finden Sie in der Literatur, zum Beispiel bei Barnard und Meng [Barnard & Meng 1999].

6.7.7 Korrelierte Merkmale

Korrelierte Merkmale sind für alle betrachteten Algorithmen problematisch, insbesondere die Algorithmen *k*-Means, DBSCAN und SLINK, die Distanzen berechnen, haben hierdurch ein Problem mit Korrelationen. Um dies zu verdeutlichen, betrachten wir einen extremen Fall: Nehmen wir an, es gebe zwei Merkmale, das normalisierte Alter in Jahren und das normalisierte Alter in Tagen. Man spricht von einem Merkmal als *normalisiert* (bzw. *normiert*), wenn die Werte auf das Intervall [0,1] reskaliert wurden. Die Werte dieser beiden Features wären nicht identisch, da das Alter in Tagen feingranularer ist als das Alter in Jahren. Die Bedeutung und der Informationsgehalt wären jedoch nahezu identisch, sodass es faktisch das Merkmal »normalisiertes Alter« zwei Mal geben würde. Das heißt auch, dass das Alter doppelt in die Distanzberechnung einfließt und dementsprechend einen überproportionalen Einfluss auf die Distanz hätte. Je mehr und je stärker die Korrelationen in den Daten sind, desto ausgeprägter ist der negative Effekt auf die Distanzberechnungen.

Das EM-Clustering ist robuster gegenüber Korrelationen, da diese durch die Kovarianzen berücksichtigt werden können. Da man jedoch möglicherweise mehr Merkmale als benötigt hat, wirken sich Korrelationen auf die Berechnung des BIC aus, weshalb man eventuell eine zu kleine Anzahl an Clustern auswählt, da die Komplexität des Ergebnisses überschätzt wird.

6.7.8 Zusammenfassung des Vergleichs

Tabelle 6–1 und 6–2 fassen die Stärken und Schwächen der Clusteralgorithmen noch einmal zusammen.

	Clusterform	Clusteranzahl	Laufzeit	Interpretierbarkeit	Darstellung
k-Means	–	–	o	+	+
EM-Clustering	o	o	o	+	+
DBSCAN	+	+	o	–	–
SLINK	+	o	o (*)	+	–

Tab. 6–1 *Zusammenfassung der Vor- und Nachteile der Clusteralgorithmen (1/2)*

	Kategorische Merkmale	Fehlende Merkmale	Korrelierte Merkmale
k-Means	–	–	–
EM-Clustering	–	–	o
DBSCAN	–	–	–
SLINK	–	–	–

Tab. 6–2 *Zusammenfassung der Vor- und Nachteile der Clusteralgorithmen (2/2)*

6.8 Übung

In dieser Übung wollen wir das Clustering vertiefen. Das Ziel ist es, die Parameterauswahl und die Interpretation der Cluster bei hochdimensionalen Daten zu üben. Die Interpretation ist auch die größte Schwierigkeit dieser Übung.

Als Daten verwenden wir die Bostondaten. Hier noch ein paar Tipps vorweg:

- Denken Sie an die Wertebereiche der Merkmale. Diese könnten einen Einfluss auf die Ergebnisse haben.
- Durch die Dimensionalität ist es schwierig, die Cluster zu interpretieren. Setzen Sie die PCA und paarweise Scatterplots ein (siehe Kap. 4). Beide haben gewisse Vor- und Nachteile, auf die Sie hier auch achten können.

In jedem der folgenden Aufgabenteile sollten Sie probieren, die Bedeutung jedes Clusters zu bestimmen, also eine Beschreibung der Instanzen, die gemeinsam gruppiert werden, als eine Art Gruppenname.

k-Means-Algorithmus

Benutzen Sie den *k*-Means-Algorithmus, um die Daten zu clustern. Bestimmen Sie eine geeignete Clusteranzahl *k*. Benutzen Sie Ihr Wissen über die Daten, Visualisierungen und WSS, um eine geeignete Anzahl Cluster zu bestimmen.

EM-Clustering

Benutzen Sie das EM-Clustering, um die Daten zu clustern. Bestimmen Sie eine geeignete Clusteranzahl *k*. Benutzen Sie Ihr Wissen über die Daten, Visualisierungen und BIC, um eine geeignete Anzahl Cluster zu bestimmen.

DBSCAN

Benutzen Sie DBSCAN, um die Daten zu clustern. Bestimmen Sie geeignete Werte für ε und *minPts*. Benutzen Sie Ihr Wissen über die Daten und Visualisierungen, um geeignete Werte zu finden.

SLINK

Benutzen Sie den SLINK-Algorithmus, um die Daten zu clustern. Bestimmen Sie mithilfe eines Dendrogramms einen geeigneten Grenzwert für die Level.

Vergleichen Sie die Ergebnisse

Vergleichen Sie die Ergebnisse der Algorithmen. Welche Unterschiede gibt es zum Beispiel in der Clusteranzahl und der Form der Cluster? Identifizieren Sie eventuelle Probleme der Algorithmen.

7 Klassifikation

Bei der Klassifikation werden Kategorien zu Objekten zugewiesen. Betrachten wir das Beispiel in Abbildung 7–1. Das obere Bild zeigt einen Wal vor einem Eisberg. Das untere Bild zeigt einen Bär in einem Wald. Beides erkennt man als menschlicher Betrachter instinktiv, ohne darüber nachzudenken. Das Ziel der Klassifikation ist es, diese Kategorisierung von Objekten automatisch durch einen Algorithmus durchführen zu lassen. Eine wichtige Einschränkung im Vergleich zu unserer menschlichen Kategorisierung ist, dass wir nur mit bestimmten und im Vorfeld festgelegten Kategorien arbeiten können. Im Beispiel in Abbildung 7–1 könnten diese Kategorien zum Beispiel »Wal«, »Bär« und »Sonstiges« sein. Die Klassifikationsaufgabe wäre dann die Zuweisung einer dieser drei Kategorien zu den Bildern. Die Kategorien, in die die Objekte eingeteilt werden, nennt man auch *Klassen*.

Abb. 7–1 *Zuweisung der Kategorien Wal und Bär zu Bildern*

Etwas abstrakter können wir uns die Klassifikation wie in Abbildung 7–2 vorstellen. Wir haben also Objekte, für die wir ein *Konzept* kennen. Wenden wir unser Konzept auf die Objekte an, erhalten wir die Einteilung in Klassen. Wir kennen also ein Konzept, das Wale beschreibt und das wir auf das Bild anwenden können, um die Klasse zu bestimmen.

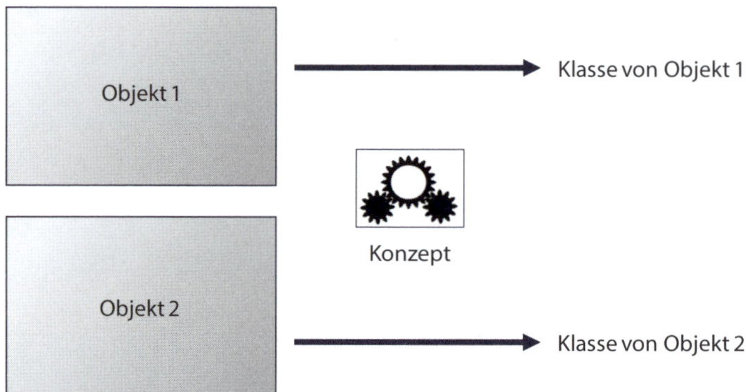

Abb. 7–2 *Abstraktes Konzept der Klassifikation*

Mit Klassifikationsalgorithmen können wir eine *Hypothese* aus den Daten ableiten, mit der die Klasse von Objekten anhand der Merkmale bestimmt werden kann. Als Beispiel betrachten wir das Bild des Wals mittels der Merkmale (Abb. 7–3). Über diese Merkmale könnte man auf folgende Hypothese kommen: *Objekte mit Flossen, die eine ovale Form haben, die oben schwarz und unten weiß sind und die sich vor einem blauen Hintergrund befinden, sind Wale.* Diese Hypothese mag zwar nicht in jedem Fall richtig sein, sie ist aber eine relativ gute Beschreibung, mit der man viele Wale (bzw. Orcas) richtig erkennt. Fehler würde man zum Beispiel machen, wenn es ein U-Boot mit einer ähnlichen Farbwahl gäbe. Die Art der Hypothese, zum Beispiel ob es sich um einen logischen Ausdruck oder eine beliebige mathematische Funktion handelt, hängt von der Wahl des Algorithmus ab. Die Hypothese selbst wird vom Lernalgorithmus automatisch aus den Daten bestimmt.

Abb. 7–3 *Beispiel für Merkmale, die für eine Hypothese über das Objekt verwendet werden können.*

Formal haben wir eine Menge von Objekten $O = \{object_1, object_2, \ldots\}$, die möglicherweise unendliche viele Elemente enthält. Außerdem haben wir eine Repräsentation der Objekte als Instanzen im Merkmalsraum $\mathcal{F} = \{\phi(o) : o \in O\}$ und eine endliche Anzahl von Klassen $C=\{class_1,...,class_n\}$. Die Klassifikation wird durch ein *Zielkonzept* (engl. *target concept*) beschrieben, das die Objekte auf ihre Klassen abbildet, also

$$h^*: O \to C.$$

Das Zielkonzept ist die wahre Klasse der Objekte, also eine perfekte Zuweisung von Objekten zu Klassen. Im Normalfall ist keine mathematische Beschreibung des Zielkonzepts bekannt. Es gibt zum Beispiel keine mathematische Beschreibung zur Klassifikation von Bildern in Walbilder und Bärenbilder. Die *Hypothese* bildet die Merkmale auf die Klassen ab, also

$$h: \mathcal{F} \to C.$$

Die Hypothese wird vom Klassifikationsalgorithmus so bestimmt, dass sie eine gute Approximation des Zielkonzepts ist, also

$$h^*(o) \approx h(\phi(o)).$$

Eine Variante der Klassifikation ist die Berechnung von *Scores* für jede Klasse $c \in C$. In diesem Fall haben wir für jede Klasse Scoring-Funktionen:

$$h'_c: \mathcal{F} \to \mathbb{R}.$$

Die Scores sind ähnlich zum Soft Clustering: Anstatt alle Instanzen genau einer Klasse zuzuweisen, bestimmen wir einen Wert für jede Klasse, den wir dann für die Entscheidungsfindung nutzen können. Im Normalfall wird dann die Klasse zugewiesen, die den höchsten Score hat. Wir haben also

$$h(x) = \arg\max_{c \in C} h'_c(x)$$

für $x \in \mathcal{F}$. Oft handelt es sich bei den Scores um Wahrscheinlichkeitsverteilungen, sodass der Score für jede Klasse im Intervall $[0,1]$ liegt und die Summe der Scores aller Klassen eins ergibt. In diesem Fall geben die Scores die Wahrscheinlichkeit an, dass ein Objekt zu einer bestimmten Klasse gehört.

7.1 Binäre Klassifikation und Grenzwerte

Ein häufig betrachteter Spezialfall der Klassifikation ist die binäre Klassifikation, bei der es genau zwei Klassen gibt. Auch wenn es sich hierbei um eine starke Einschränkung handelt, gibt es viele Probleme, die man mithilfe von binärer Klassifikation lösen kann. Beispiele hierfür sind die Vorhersage, ob ein Schuldner einen Kredit abbezahlen kann, ob es sich bei einer Transaktion um Kreditkartenbetrug handelt oder ob eine E-Mail Spam ist.

Bei der binären Klassifikation nennt man eine Klasse *positiv* und die andere *negativ*. Da es nur die zwei Klassen $C=\{positiv, negativ\}$ gibt, kann man das Berechnen der Scores unter der Annahme, dass es sich bei den Scores um Wahrscheinlichkeiten handelt, vereinfachen. Es gilt dann nämlich

$$h'_{negativ}(x) = 1 - h'_{positiv}(x),$$

da die Summe der Wahrscheinlichkeiten eins ergibt. Entsprechend reicht es auch, nur die Scoring-Funktion für die positive Klasse zu berechnen, und wir nutzen die Notation $h'(x) = h'_{positiv}$ für die binäre Klassifikation. Statt einfach die Klasse mit der höchsten Wahrscheinlichkeit auszuwählen können wir jetzt auch einen *Grenzwert* $t \in [0,1]$ festlegen, der für die positive Klasse erreicht sein muss. Wenn $h'(x) \geq t$, ist x positiv, wenn der Score kleiner als der Grenzwert ist, ist x negativ. Es gilt also:

$$h_t(x) = \begin{cases} positiv & \text{wenn } h'(x) \geq t \\ negativ & \text{wenn } h' < t \end{cases}$$

Warum Grenzwerte und Scoring-Funktionen relevant für die Klassifikation sind, kann man sich gut an einem Beispiel verdeutlichen. Das Histogramm unten zeigt fiktive Daten von Scores einer Spamerkennungsklassifikation, bei der positive Instanzen kein Spam sind.

```
import matplotlib.pyplot as plt

from sklearn.datasets import make_blobs
from sklearn.ensemble import RandomForestClassifier
from sklearn.model_selection import train_test_split

# generate sample data
X, y = make_blobs(n_samples=300, centers=2, center_box=(0, 1),
                  cluster_std=0.3, random_state=1)

# split the data into 50% training data and 50% test data
X_train, X_test, y_train, y_test = train_test_split(X, y, test_size=.5,
                                                    random_state=0)

# predict scores with a random forest
classifier = RandomForestClassifier(random_state=0)
y_score = classifier.fit(X_train, y_train).predict_proba(X_test)

fig, ax = plt.subplots()
ax.hist([y_score[y_test==1,1], y_score[y_test==0,1]], bins=10,
        label=['Kein Spam', 'Spam'])
ax.set_xlim(0,1)
ax.set_title('Histogramm der Scores')
ax.set_xlabel('Score')
ax.set_ylabel('Häufigkeit')
ax.axvline(0.5, color='lightgray')
ax.axvline(0.1, color='black')
plt.legend(loc="upper center")
plt.show()
```

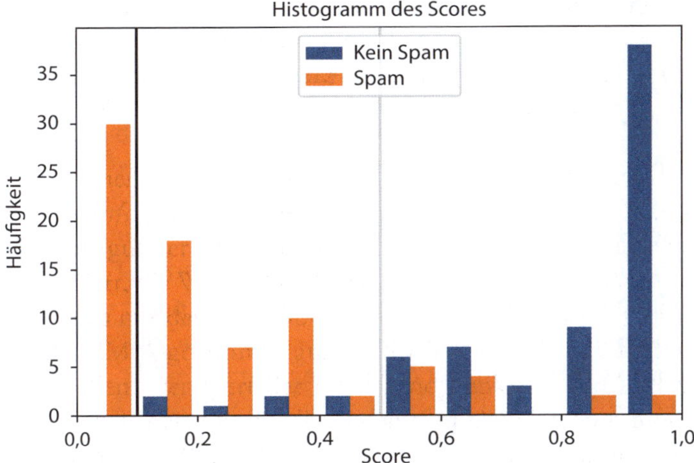

Die orangen Balken zeigen die Scores von Spam-E-Mails, die blauen Balken die Scores aller regulären E-Mails. Wenn man keinen Grenzwert auswählt, würde man einfach die Klasse mit dem höchsten Score vorhersagen. Dies ist äquivalent zu einem Grenzwert von 0,5, dargestellt durch die graue vertikale Linie. In diesem Beispiel würden wir also die meisten E-Mails richtig vorhersagen, aber auch einige E-Mails als Spam markieren, obwohl sie eigentlich kein Spam sind, und auch einige E-Mails nicht als Spam erkennen, obwohl es sich um Spam handelt. Wir haben es hier mit unterschiedlichen Arten von Fehlern zu tun, die für diesen Anwendungsfall nicht gleichwertig sind. Auch wenn Spam nervig ist, ist das Löschen einer E-Mail nicht sehr aufwendig, es sei denn, man hat es mit Hunderten oder gar Tausenden von Spam-E-Mails zu tun. Wenn jedoch auch nur eine einzige wichtige E-Mail versehentlich als Spam markiert wird und der Empfänger diese E-Mail dadurch nicht angezeigt bekommt, kann dies große negative Konsequenzen haben. Dieses Problem können wir durch die Auswahl eines geeigneten Grenzwerts lösen. Die schwarze Linie markiert einen Grenzwert von 0,1. Mit diesem Grenzwert würde man nur Spam-E-Mails als solche kennzeichnen. In der Folge würde man zwar auch mehr Spam-E-Mails nicht erkennen, aber es würden keine regulären E-Mails durch den Spamfilter abgefangen. Dies zeigt, dass die Wahl eines geeigneten Grenzwerts den Unterschied zwischen einer guten Lösung für einen Anwendungsfall und einem ungeeigneten Modell machen kann.

7.2 Gütemaße

Eine Kernfrage der Klassifikation ist, wie gut die Hypothese h das Zielkonzept h^* approximiert. In der Regel erreicht man keine perfekte Lösung, es gibt also Instanzen, die falsch durch die Hypothese klassifiziert werden. Das obige Spamerkennungsbeispiel zeigt bereits, dass es unterschiedliche Arten von Fehlern gibt, die wir berücksichtigen müssen.

Die Grundlage für die Bewertung der Güte von Klassifikationsalgorithmen sind Testdaten. Hierzu wird die Hypothese auf die Merkmale der Testdaten angewandt. Anschließend kann man die Vorhersageergebnisse mit der wahren Klasse vergleichen. Die Tabelle 7–1 zeigt dies am Beispiel der Wal- und Bärenbilder. Die erste Instanz wird korrekt vorhersagt, bei der zweiten Instanz macht unsere fiktive Hypothese einen Fehler. Wenn es Tausende oder sogar Millionen von Instanzen in den Testdaten gibt, ist es nicht machbar, die Ergebnisse anhand einer solchen Tabelle auszuwerten. Stattdessen brauchen wir eine kompaktere Darstellung der Güte der Ergebnisse, um die Vorhersagen mit den wahren Klassen zu vergleichen.

Form	Farbe oben	Farbe unten	Hintergrundfarbe	Flossen	Klasse	Vorhersage
Oval	Schwarz	Weiß	Blau	Ja	Wal	Wal
Rechteck	Braun	Braun	Grün	Nein	Bär	Wal
...	...	...	...	...	...	...

Tab. 7–1 *Beispiel für Daten und Vorhersagen*

7.2.1 Die Confusion Matrix

Das wichtigste Werkzeug für die Analyse der Qualität von Hypothesen ist die *Confusion Matrix*, eine tabellenartige Beschreibung der Häufigkeiten, mit denen die Hypothese richtig liegt bzw. Fehler macht, also verwirrt (engl. *confused*) ist. Die Confusion Matrix für unser Bildklassifikationsbeispiel könnte wie in Tabelle 7–2 aussehen.

	Wal	Bär	Sonstiges
Wal	29	1	3
Bär	2	22	13
Sonstiges	4	11	51

Tab. 7–2 *Beispiel einer Confusion Matrix. Die Spalten stehen für die wahre Klasse und die Zeilen für die Vorhersagen.*

Im Wesentlichen zählt die Confusion Matrix, wie oft Instanzen einer bestimmten Klasse als welche Klasse vorhergesagt werden. Man sieht zum Beispiel, wie oft Wale als Wale vorhergesagt werden und wie oft sie stattdessen als Bären oder Sonstiges klassifiziert werden. Die Spalten zeigen die wahren Werte der Instanzen, also das Zielkonzept. Die Zeilen zeigen die Vorhersagen, also die Hypothese. In unserem Beispiel haben wir 35 Bilder von Walen. Dies ist die Summe der Werte in der ersten Spalte. 29 dieser Walbilder werden richtig klassifiziert, zwei werden fehlerhaft als Bären erkannt und vier werden fehlerhaft als Sonstiges eingeordnet. Wir bekommen mithilfe der Confusion Matrix also detaillierte statistische Informationen darüber, wie die Instanzen einer Klasse klassifiziert werden. Die Werte auf der Diagonale sind die richtigen Vorhersagen, die anderen Werte sind die Fehler.

7.2.2 Die binäre Confusion Matrix

Die binäre Confusion Matrix ist der Spezialfall der Confusion Matrix für binäre Klassifikationsprobleme. Im Allgemeinen sieht die binäre Confusion Matrix wie in Tabelle 7–3 aus.

	Positiv/True	**Negativ/False**
Positiv/True	wahr-positiv/true positive (TP)	falsch-positiv/false positive (FP)
Negativ/False	falsch-negativ/false negative (FN)	wahr-negativ/true negative (TN)

Tab. 7–3 *Die binäre Confusion Matrix*

Wir bekommen also abhängig von der wahren Klasse und der Vorhersage die Anzahl der *wahr-positiven* (engl. *true positive*/TP), *wahr-negativen* (engl. *true negative*/TN), *falsch-positiven* (engl. *false positive*/FP) und *falsch-negativen* (*false negatives*/FN) Ergebnisse. Die binäre Confusion Matrix ist auch jenseits des maschinellen Lernens verbreitet, zum Beispiel in der Medizin zur Bewertung der Qualität von Tests. Aus der Medizin stammen auch die Begriffe des *Fehlers 1. Art* (engl. *type I error*) und des *Fehlers 2. Art* (engl. *type II error*). Der Fehler 1. Art misst die Anzahl der falsch-positiven Ergebnisse. Das könnte zum Beispiel bedeuten, dass das Ergebnis eines Antigentests auf eine bestimmte Krankheit fälschlicherweise ein positives Ergebnis liefert, obwohl der Patient nicht erkrankt ist. Der Fehler 2. Art misst die Anzahl der falsch-negativen Ergebnisse. Dies würde zum Beispiel bedeuten, dass eine Krankheit von einem Antigentest übersehen wird, obwohl ein Patient erkrankt ist.

7.2.3 Binäre Gütemaße

Mithilfe der binären Confusion Matrix können wir Gütemaße definieren, die die Güte einer Hypothese durch eine einzelne Zahl auf Basis eines statistischen Kriteriums zusammenfassen. Es gibt viele derartige Gütemaße, die alle unterschiedliche Aspekte der Güte messen. Tabelle 7–4 listet elf derartige Gütemaße auf.

Gütemaß	Beschreibung	Definition
True Positive Rate, Recall, Sensitivity	Prozentsatz der positiven Instanzen, die korrekt klassifiziert werden.	$TPR = \frac{TP}{TP+FN}$
True Negative Rate, Specificity	Prozentsatz der negativen Instanzen, die korrekt klassifiziert werden.	$TNR = \frac{TN}{TN+FP}$
False Negative Rate	Prozentsatz der positiven Instanzen, die fehlerhaft als negativ klassifiziert werden.	$FNR = \frac{FN}{FN+TP}$
False Positive Rate	Prozentsatz der negativen Instanzen, die fehlerhaft als positiv klassifiziert werden.	$FPR = \frac{FP}{FP+TN}$
Positive Predictive Value, Precision	Prozentsatz der positiven Vorhersagen, die korrekt sind.	$PPV = \frac{TP}{TP+FP}$
Negative Predictive Value	Prozentsatz der negativen Vorhersagen, die korrekt sind.	$NPV = \frac{TN}{TN+FN}$
False Discovery Rate	Prozentsatz der positiven Vorhersagen, die fehlerhaft sind und eigentlich negativ sein sollten.	$FDR = \frac{FP}{TP+FP}$
False Omission Rate	Prozentsatz der negativen Vorhersagen, die fehlerhaft sind und eigentlich positiv sein sollten.	$FOR = \frac{FN}{FN+TN}$
Accuracy	Prozentsatz der korrekten Vorhersagen	$accuracy = \frac{TP+TN}{TP+TN+FP+FN}$
F1-Score	Harmonisches Mittel von *Recall* und *Precision*	$F_1 = 2 \cdot \frac{Precision \cdot Recall}{Precision + Recall}$
Matthews Correlation Coefficient (MCC)	Korrelation zwischen den Vorhersagen und den wahren Klassen	$MCC = \frac{TP \cdot TN - FP \cdot FN}{\sqrt{(TP+FP)(TP+FN)(TN+FP)(TN+FN)}}$

Tab. 7–4 *Gütemaße für die Klassifikation*

Da es so viele Gütemaße gibt, stellt sich die Frage, welche man benutzen sollte. Die Auswertung von allen elf Gütemaßen gleichzeitig ist nicht sinnvoll. Viele Gütemaße sind stark miteinander korreliert und sie werden alle mit denselben vier Werten (TP, FP, TN, FN) berechnet. Stattdessen sollte man die Logik hinter der Definition der Gütemaße nachvollziehen, um zu verstehen, welche für einen bestimmten Anwendungsfall geeignet sind.

Die ersten vier Gütemaße berechnen den Anteil von richtigen bzw. falschen Vorhersagen in Relation zu den wahren Werten. Hiermit kann man Fragen der Form »wie viele positive/negative Instanzen sind korrekt klassifiziert« beantworten. Die Kombination aus TPR und TNR ist sehr wichtig, da diese Gütemaße zwei Fragen beantworten, die für viele Anwendungsfälle von elementarer Bedeutung sind: Wie viele positive und wie viele negative Instanzen werden korrekt gefunden? Entsprechend sind diese Gütemaße gut geeignet, um den Fehler 1. Art und den Fehler 2. Art zu schätzen. FPR und FNR sind die Gegenstücke zu TNR und TPR und lassen sich auch direkt aus diesen berechnen als $FPR = 1 - TNR$, bzw. $FNR = 1 - TPR$.

Die nächsten vier Gütemaße berechnen den Anteil von richtigen bzw. falschen Vorhersagen in Relation zu den Vorhersagen. Hiermit kann man Fragen der Form »wie viele positive/negative Vorhersagen sind richtig klassifiziert« beantworten. Der Unterschied zu den ersten vier Gütemaßen liegt in der Bezugsgröße, die hier nicht die wahren Klassen, sondern die Vorhersagen sind. Ansonsten sind die Gütemaße ähnlich zu den ersten vier Gütemaßen.

Eine gemeinsame Eigenschaft der ersten acht Gütemaße ist, dass sie niemals alleine benutzt werden. Der Grund liegt darin, dass diese Metriken jeweils nur eine Spalte bzw. Zeile der Confusion Matrix berücksichtigen. Wenn man zum Beispiel die TPR berechnet, werden hierfür nur die Werte aus der ersten Spalte der Confusion Matrix verwendet, die zweite Spalte wird ignoriert. Als Konsequenz sind *triviale Hypothesen* ausreichend, um ein optimales Ergebnis zu erreichen. Man nennt eine Hypothese trivial, wenn sie immer dieselbe Klasse für alle Instanzen vorhersagt. Ein Beispiel für eine triviale Hypothese ist $h^+(x) = true$ für alle $x \in \mathcal{F}$. Mit dieser Hypothese hätte man einen perfekten Wert für die FPR von 1. Die Hypothese ist jedoch nicht hilfreich, da sie nichts über die Daten selbst aussagt. Um das zu vermeiden, muss man mehrere Kriterien anwenden, sodass mindestens drei Werte aus der Confusion Matrix verwendet werden. Mit h^+ wäre die TNR zum Beispiel 0, also so schlecht es geht. Mit der Kombination aus TPR und TNR verhindert man somit, dass man mit einer trivialen Hypothese ein optimales Ergebnis erhält.

Es gibt auch Gütemaße, die nicht nur einzelne Aspekte der Güte betrachten, sondern die Güte als Ganzes und daher als einziges Kriterium verwendet werden können. Die letzten drei Gütemaße sind Beispiele hierfür. Diese Metriken nutzen die komplette Confusion Matrix, um die Güte einer Hypothese zu berechnen. Die Accuracy misst den Anteil der Vorhersagen, die richtig sind. Dies ist ähnlich zu den ersten vier Gütemaßen, mit dem Unterschied, dass beide Klassen gleichzeitig betrachtet werden. Der Nachteil der Accuracy ist, dass sie im Falle eines *Ungleichgewichts der Klassen* (engl. *Class Level Imbalance*) irreführend sein kann. Man spricht von einem *Ungleichgewicht der Klassen*, wenn es deutlich mehr Instanzen aus einer Klasse als aus der anderen gibt. Wenn zum Beispiel 95 % der Instanzen positiv sind, würde unsere triviale Hypothese h^+ bereits eine Accuracy von 95 %

erreichen. Dieser sehr gute Wert ist aber irreführend, da er nicht abbildet, dass alle negativen Instanzen falsch klassifiziert werden. Daher sollte man die Accuracy nur mit Bedacht einsetzen und sicherstellen, dass es etwa gleich viele Instanzen für alle Klassen gibt.

Der F1-Score ist das *harmonische Mittel* aus dem TPR/Recall und dem PPV/Precision. Der F1-Score berücksichtigt also den Anteil der positiven Instanzen, die korrekt klassifiziert sind, und den Anteil der positiven Vorhersagen, die korrekt sind. Das harmonische Mittel ist eine Alternative zum arithmetischen Mittel, mit dem man Verhältnisse gut vergleichen kann. Beim harmonischen Mittel wird der niedrigere Wert höher gewichtet. Der F1-Score basiert auf der Idee, dass es einen Trade-off zwischen Recall und Precision gibt. Um den Recall zu erhöhen, müssen wir mehr Instanzen als positiv klassifizieren. Hierdurch bekommen wir in der Regel mehr falsch-positive Instanzen. Durch den höheren Anteil an falsch-positiven Ergebnissen reduziert sich die Precision. Da durch das harmonische Mittel der kleinere Wert überproportional in der Berechnung berücksichtigt wird, strebt eine Optimierung des F1-Scores ähnliche Werte für Recall und Precision an.

Das letzte Gütemaß in der obigen Tabelle ist MCC, der die direkte Korrelation zwischen den wahren Werten und den Vorhersagen berechnet. Im Wesentlichen misst MCC, wie der Anteil der wahr-positiven und wahr-negativen Vorhersagen mit dem erwarteten Ergebnis korreliert ist. Der MCC ist robust gegen die Class Level Imbalance und liefert im Allgemeinen eine gute Schätzung der Güte. Er hat aber den Nachteil, dass es keine einfache Interpretation gibt, die auch Laien zugänglich ist. Alle anderen Gütemaße kann man in wenigen Sätzen natürlicher Sprache erklären. Für MCC gibt es keine ähnlich zugängliche Erklärung. Hierdurch ist es auch schwerer, die Werte von MCC einzuordnen. Hinzu kommt, dass die Werte von MCC nicht im Intervall $[0,1]$ liegen, sondern in $[-1,1]$, da es sich um ein Korrelationsmaß handelt. Ein hoher negativer Wert bedeutet, dass die Hypothese das Gegenteil der erwarteten Ergebnisse vorhersagt. Je nach Kontext können hohe negative Werte also auch gut sein, da man theoretisch einfach alle Vorhersagen invertieren kann. Zusammenfassend können wir also sagen, dass MCC ein sehr robustes Gütemaß ist, die Interpretation der Ergebnisse erfordert aber etwas Übung und Expertenwissen.

7.2.4 Die Receiver Operator Characteristic (ROC)

Die oben diskutierten Gütemaße basieren alle auf der Confusion Matrix. Ein Nachteil der Confusion Matrix ist, dass diese die Scores nicht berücksichtigt. Man kann die Confusion Matrix für eine Scoring-Funktion h' nur für einen festen Grenzwert t berechnen. Wie sich die Confusion Matrix für verschiedene Werte von t verändert, kann man nicht ablesen. Hierzu kann man *ROC-Kurven* (*Receiver Operator Characteristic*) einsetzen. Eine ROC-Kurve repräsentiert alle möglichen

Werte für TPR und FPR, die eine Scoring-Funktion h' mit beliebigen Grenzwerten $t \in [0,1]$ erreichen kann. Die ROC-Kurve von unserem Spamerkennungsbeispiel sieht wie folgt aus.

```
from sklearn.metrics import roc_curve, auc

fpr, tpr, t = roc_curve(y_test, y_score[:,1])
roc_auc = auc(fpr, tpr)

# Plot ROC Curve
fig, ax = plt.subplots()
ax.plot(fpr, tpr, color='darkorange',
        lw=2, label='ROC curve (AUC = %0.2f)' % roc_auc)
ax.set_xlim([0.0, 1.0])
ax.set_ylim([0.0, 1.05])
ax.set_xlabel('False Positive Rate (FPR)')
ax.set_ylabel('True Positive Rate (TPR)')
ax.set_title('Beispiel einer ROC-Kurve')
plt.show()
```

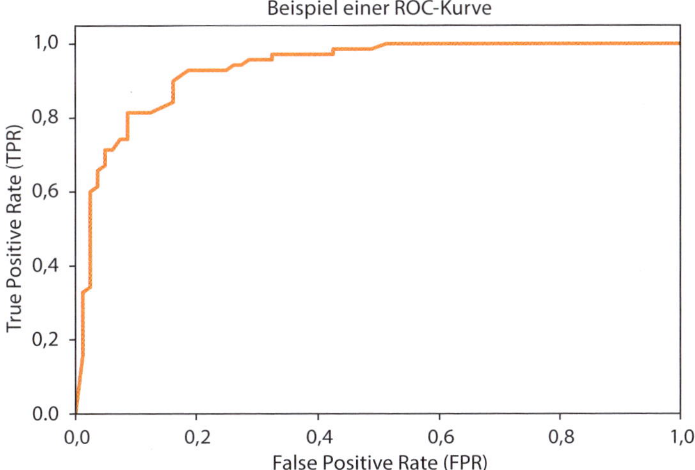

Die ROC-Kurve zeigt die FPR auf der x-Achse und die TPR auf der y-Achse an. Man sieht alle möglichen Verhältnisse von FPR und TPR für verschiedene Grenzwerte. Da eine Hypothese eine hohe TPR und eine niedrige FPR erreichen sollte, liegt die optimale Güte in der oberen linken Ecke der ROC-Kurve, wo die FPR 0 und die TPR 1 ist. Dies wäre ein perfektes Ergebnis ohne Fehlklassifikationen. Die ROC-Kurve ist ein gutes Werkzeug, um eine geeignete Kombination aus TPR und FPR für einen Anwendungsfall auszuwählen. Wenn wir zum Beispiel eine TPR von mindestens 0,8 erreichen wollen, können wir erkennen, dass wir hierfür eine FPR von 0,05 in Kauf nehmen müssen. Dies ist in der folgenden Grafik mit einem Kreis markiert.

```
index = 0
while tpr[index]<0.8:
    index += 1

# Plot ROC Curve
fig,ax = plt.subplots()
ax.plot(fpr, tpr, color='darkorange',
         lw=2, label='ROC curve (AUC = %0.2f)' % roc_auc)
ax.scatter(fpr[index], tpr[index], color='black', marker='o')
ax.set_xlim([0.0, 1.0])
ax.set_ylim([0.0, 1.05])
ax.set_xlabel('False Positive Rate (FPR)')
ax.set_ylabel('True Positive Rate (TPR)')
ax.set_title('Optimaler Grenzwert: t=%.2f (TPR=%.2f, FPR=%.2f)' %
             (t[index], tpr[index], fpr[index]))
plt.show()
```

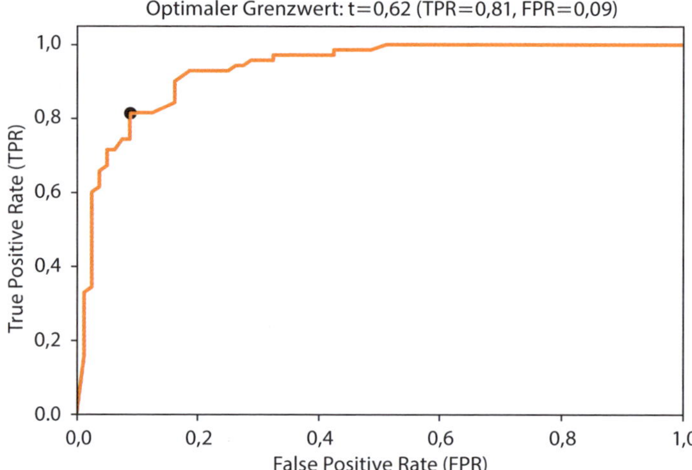

7.2.5 Area Under the Curve (AUC)

Wir können die ROC-Kurve auch benutzen, um ein Gütemaß zu definieren, indem wir die *Fläche unter der Kurve* (engl. *Area Under the Curve*, AUC) messen. Die Idee ist einfach: Wenn der optimale Wert der ROC-Kurve in der oberen linken Ecke liegt, ist die Fläche in diesem Fall 1. Je kleiner die Fläche unter der Kurve, desto niedriger sind die Werte von möglichen Kombinationen der TPR und FPR, was bedeutet, dass wir schlechtere Ergebnisse haben, unabhängig von einem konkreten Grenzwert t. Wenn wir also das Integral der ROC-Kurve berechnen, können wir damit schätzen, wie gut eine Hypothese ist. Daher kommt auch der Name dieses Gütemaßes: die Fläche unter der Kurve.

```
# Plot ROC Curve with AUC
fig, ax = plt.subplots()
ax.plot(fpr, tpr, color='darkorange',
        lw=2, label='AUC = %0.2f' % roc_auc)
ax.fill_between(fpr, 0, tpr, color='darkorange')
ax.set_xlim([0.0, 1.0])
ax.set_ylim([0.0, 1.05])
ax.set_xlabel('False Positive Rate')
ax.set_ylabel('True Positive Rate')
ax.set_title('Darstellung von AUC')
plt.legend(loc="lower right")
plt.show()
```

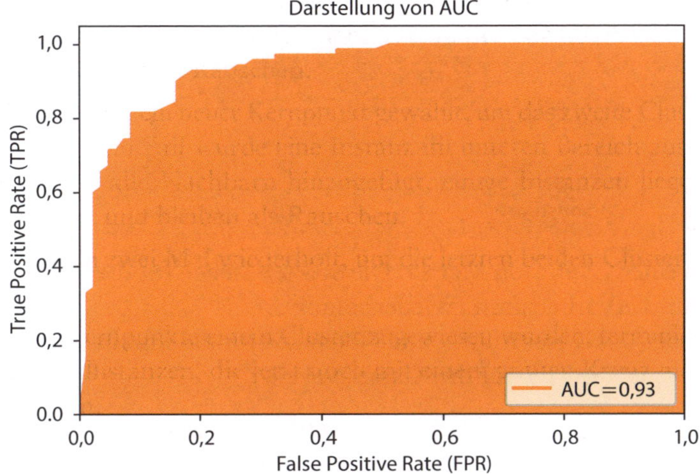

Je näher der Wert von AUC an 1 ist, desto besser ist die Güte der Hypothese. Was die Interpretation angeht, hat AUC aber ein ähnliches Problem wie MCC: Während ein Wert von 1 optimal ist, ist der schlechteste Werte nicht etwa 0, sondern 0,5. Bei 0 hätte man eine FPR von 1 und eine TPR von 0. Wenn man jetzt das Ergebnis invertiert, hat man eine perfekte Klassifikation. Eine Fläche von 0,5 wiederum bekommt man durch die Diagonale, auf der $TPR = FPR$ gilt. Wenn TPR und FPR gleich groß sind, heißt das aber nichts anderes, als dass man so gut ist wie der Zufall. Daher sind Werte von AUC besser, je weiter sie von 0,5 entfernt sind. Falls die Werte jedoch unter 0,5 liegen, sollte man herausfinden, warum die Hypothese das Gegenteil der wahren Werte vorhersagt.

7.2.6 Micro und Macro Averages

Die bisherigen Gütemaße haben wir über die binäre Confusion Matrix definiert. Die Definition der Accuracy können wir ohne Probleme auf mehr als zwei Klassen verallgemeinern, da es sich um den Anteil der korrekt klassifizierten Instanzen handelt. Für MCC gibt es auch eine Erweiterung für mehr als zwei Klassen, auf die wir hier jedoch nicht näher eingehen. Für die anderen Gütemaße können wir einen Trick anwenden: Statt einer nicht binären Confusion Matrix betrachten wir mehrere binäre Confusion Matrizen. Wie dieser Trick funktioniert, schauen wir uns direkt an einem Beispiel an. Tabelle 7–5 zeigt noch einmal die Confusion Matrix für die drei Klassen Wal, Bär und Sonstiges, die wir oben bereits betrachtet haben.

	Wal	**Bär**	**Sonstiges**
Wal	29	1	3
Bär	2	22	13
Sonstiges	4	11	51

Beispiel von einer Confusion Matrix. Die Spalten stehen für die wahre Klasse und die Zeilen für die Vorhersagen (Wiederholung).

Wir können aus dieser Matrix nun Gütemaße für die einzelnen Klassen berechnen, zum Beispiel die TPR für die Klasse Wal als

$$TPR_{whale} = \frac{TP_{whale}}{TP_{whale} + FN_{whale}}.$$

Wir betrachten also die Klasse Wal als die positive Klasse einer binären Confusion Matrix und die anderen Klassen fassen wir in einer einzigen negativen Klasse zusammen. Basierend auf diesem Konzept können wir jetzt eine Erweiterung unserer Gütemaße für eine beliebige Anzahl von Klassen definieren durch das *Macro Averaging* und das *Micro Averaging*. Ein Macro Average ist das arithmetische Mittel eines Gütemaßes, wenn es individuell auf alle Klassen angewendet wird. Für die TPR ist das Macro Average definiert als

$$TPR_{macro} = \frac{1}{|C|} \sum_{c \in C} \frac{TP_c}{TP_c + FN_c}.$$

Mit dem Micro Averaging berechnen wir die Gütemaße direkt, indem wir die Formeln anpassen, um die Summe der Werte aller Klassen zu berechnen. Für die TPR ist das Micro Average definiert als

$$TPR_{micro} = \frac{\sum_{c \in C} TP_c}{\sum_{c \in C} TP_c + \sum_{c \in C} FN_c}.$$

Ob es sinnvoller ist, ein Macro oder ein Micro Average zu berechnen, hängt vom Anwendungsfall und den Daten ab. Wenn jede Klasse ähnlich viele Instanzen hat, sind die Ergebnisse des Macro und Micro Average nahezu identisch. Wenn es Class Level Imbalance in den Daten gibt, wenn also für mindestens eine Klasse erheblich mehr oder weniger Instanzen in den Daten enthalten sind, ist die Auswahl der Mittelungsmethode relevant. Beim Macro Average werden alle Klassen gleich gewichtet, unabhängig davon, wie viele Instanzen es in den Daten gibt. Dies liegt daran, dass die Gütemaße individuell für jede Klasse berechnet werden und anschließend ungewichtet gemittelt werden. Im Gegensatz hierzu ist der Einfluss der Klassen auf das Micro Average proportional zur Anzahl der Instanzen, die es für eine Klasse in den Daten gibt: Je mehr Daten für eine Klasse vorhanden sind, desto höher der Einfluss. Dies liegt daran, dass die Formeln so angepasst werden, dass die Summen direkt über die Instanzen der Klassen gebildet werden.

Wenn man also eine hohe Class Level Imbalance hat und alle Klassen fair und gleichmäßig vom Gütemaß repräsentiert werden sollen, sollte man das Macro Average wählen. Das hat den potenziellen Nachteil, dass Klassen mit wenigen Instanzen einen sehr großen Einfluss auf das Ergebnis haben könnten. Andersherum sollte man Micro Average verwenden, wenn es in Ordnung ist, dass die Ergebnisse durch die Anzahl der Instanzen pro Klasse gewichtet werden.

7.2.7 Jenseits der Confusion Matrix

Alle Gütemaße, die wir betrachtet haben, basieren auf der Confusion Matrix. Dies ist der übliche Ansatz, um die Güte von Klassifikationsalgorithmen zu bestimmen. Die auf der Confusion Matrix basierenden Gütemaße beruhen jedoch alle auf einer Annahme, die in der Regel unrealistisch ist: Alle Fehler sind gleich wichtig. In der Praxis sind einige Fehler jedoch schlimmer als andere. Das Risiko ist bei einer großen Kreditsumme zum Beispiel höher als bei einer kleineren. Wenn ein Schuldner eine große Summe nicht zurückzahlen kann, ist eine falsch-positive Kreditwürdigkeit schlimmer als bei einer kleinen Kreditsumme. Daher sollte man sich neben der Confusion Matrix auch immer Gedanken über Kosten, Nutzen und Risiken machen, die mit wahr-positiven, falsch-positiven, wahr-negativen und falsch-negativen Ergebnissen verbunden sind. Man könnte zum Beispiel eine Kostenmatrix definieren, die die Gewinne und Verluste genauer aufschlüsselt. Hierdurch kann man eine bessere Kostenfunktion für den Anwendungsfall erhalten, was üblicherweise zu besseren Ergebnissen führt [Harrison 2016].

7.3 Decision Surfaces

Im Folgenden verwenden wir eine visuelle Unterstützung, um zu zeigen, wie Hypothesen von verschiedenen Klassifikationsalgorithmen Instanzen klassifizieren: das *Decision Surface*. Bei einem Decision Surface handelt es sich um eine geometrische Interpretation von Klassifikationsergebnissen. Der Raum der Instanzen wird in verschiedene Regionen aufgeteilt, sodass jede Region die Instanzen gleich klassifiziert. Bei zweidimensionalen Daten heißt das, dass man farbige Flächen zeichnen kann, wobei die Farben die Klassen repräsentieren. In höherdimensionalen Räumen kann man die Decision Surfaces leider nicht gut darstellen. Wir nutzen die Kelchblattlänge und Kelchblattbreite der Irisdaten (siehe Kap. 4) als Beispieldatensatz, um zu zeigen, wie die Klassifikationsalgorithmen arbeiten.

```
import matplotlib.pyplot as plt
import pandas as pd
from sklearn.datasets import load_iris

X, Y = load_iris(as_frame=True, return_X_y=True)
class_names = load_iris().target_names.tolist()
X = X.iloc[:, 0:2] # use only first two columns from iris data
X = X.rename(columns={'sepal length (cm)': 'Kelchblattlänge',
                      'sepal width (cm)': 'Kelchblattbreite'})

fig, ax = plt.subplots()
ax.set_xlim(X.iloc[:,0].min() - .5, X.iloc[:,0].max() + .5)
ax.set_ylim(X.iloc[:,1].min() - .5, X.iloc[:,1].max() + .5)
scatter = ax.scatter(X.iloc[:,0], X.iloc[:,1],c=Y, marker='.')
ax.set_xlabel(X.columns[0])
ax.set_ylabel(X.columns[1])
ax.set_title('Irisdaten')
plt.legend(handles=scatter.legend_elements()[0], labels=class_names)
plt.show()
```

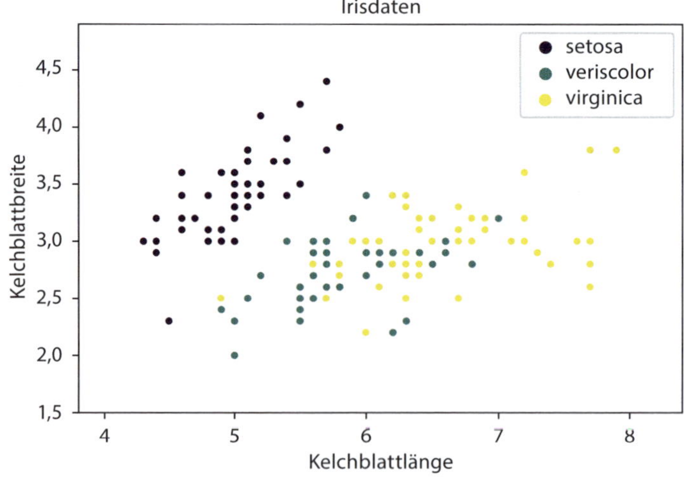

Man erkennt, dass die Setosas klar von den anderen Arten der Iris getrennt sind, während sich die Versicolor und Virginica überlappen. Wir nutzen jetzt die Hintergrundfarbe, um zu zeigen, wie ein Decision Surface aussieht: Lila für Setosa, Türkis für Versicolor und Gelb für Virginica. Als Beispiel definieren wir selbst Regeln zur Klassifikation:

- Alle Instanzen, deren Kelchblattlänge kleiner als 5,5 ist, werden als Setosa klassifiziert.
- Alle Instanzen, deren Kelchblattlänge zwischen 5,5 und 6 liegt, werden als Versicolor klassifiziert.
- Alle Instanzen, deren Kelchblattlänge größer als 6 ist, werden als Virginica klassifiziert.

Hierdurch bekommen wir folgendes Decision Surface.

```
import numpy as np

class DummyModel:
    def fit(self, X, Y):
        pass

    def predict(self, X):
        result = np.ones(len(X)) # init everything as Versicolor
        result[X[:,0]<5.5] = 0 # rule for Setosa
        result[X[:,0]>6]   = 2 # rule for Virginica
        return result

def plot_decision_surface(model, X, Y, ax=None, title=None):
    h = .01 # step size in the mesh
    x_min, x_max = X.iloc[:,0].min() - .5, X.iloc[:,0].max() + .5
    y_min, y_max = X.iloc[:,1].min() - .5, X.iloc[:,1].max() + .5
    xx, yy = np.meshgrid(np.arange(x_min, x_max, h), np.arange(y_min, y_max, h))

    model.fit(X, Y)
    Z = model.predict(np.c_[xx.ravel(), yy.ravel()]).reshape(xx.shape)

    if ax is None:
        plt.figure()
        ax = plt.gca()
    ax.set_xlim(xx.min(), xx.max())
    ax.set_ylim(yy.min(), yy.max())
    ax.pcolormesh(xx, yy, Z, alpha=0.04, shading='auto')
    ax.scatter(X.iloc[:,0], X.iloc[:,1],c=Y, marker='.')

    ax.set_xlabel(X.columns[0])
    ax.set_ylabel(X.columns[1])
    if title is None:
        title = str(model)
    ax.set_title(title)

plot_decision_surface(DummyModel(), X, Y, title='Decision Surface des
                      Beispiels')
```

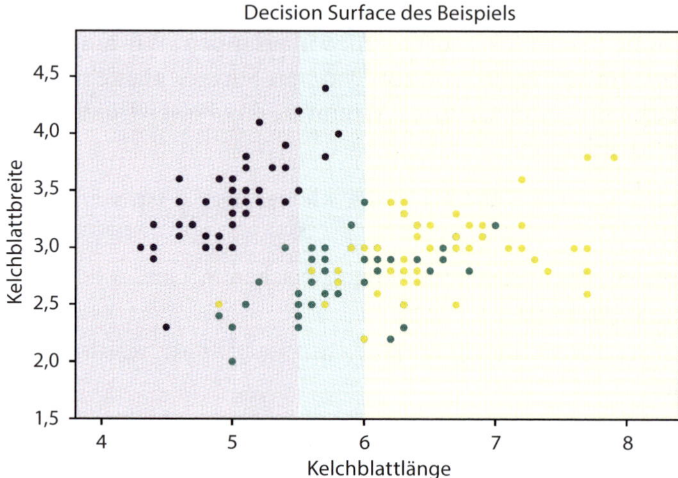

Die Gerade, wo sich die Farbe ändert, nennt man *Decision Boundary*. Die Decision Boundaries bestimmen die Struktur der Ergebnisse und sind eine wesentliche Eigenschaft von Klassifikationsalgorithmen, die sowohl praktische Auswirkungen auf die Ergebnisse als auch ein wichtiges Hilfsmittel für die mathematische Beschreibung und Analyse ist.

7.4 *k*-Nearest Neighbor

Der erste Klassifikationsalgorithmus, den wir betrachten, ist der *k-Nearest-Neighbor*-Algorithmus. Dieser Algorithmus basiert auf der Idee, dass Instanzen derselben Klasse nah beieinander liegen. Diese Idee kennen wir bereits von den Clusteralgorithmen, die die Distanz als Maß für die Ähnlichkeit von Instanzen verwendet haben. Der einfachste Ansatz ist, dass man einfach jede Instanz so klassifiziert wie ihren nächsten Nachbarn. Für die Irisdaten würden wir mit dieser Strategie das folgende Decision Surface bekommen.

```
from sklearn.neighbors import KNeighborsClassifier

plot_decision_surface(KNeighborsClassifier(n_neighbors=1), X, Y,
                      title="Decision Surface von 1-Nearest Neighbor")
plt.show()
```

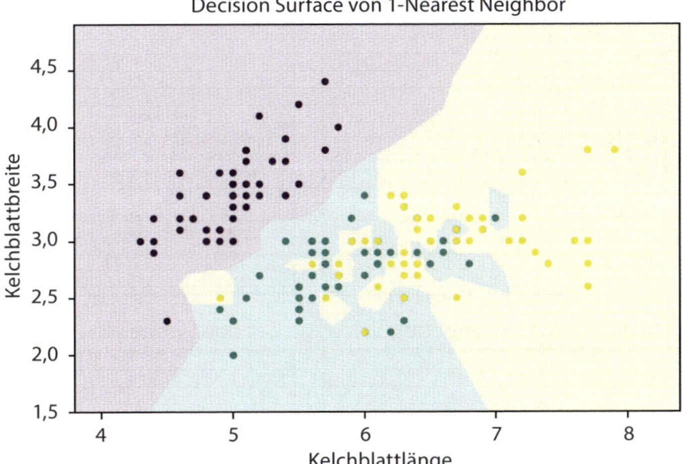

Wir können dieses Konzept auf k Nachbarn erweitern, um den vollständigen k-Nearest-Neighbor-Algorithmus zu erhalten. Hierfür weisen wir der Instanz die Klasse als das Mehrheitsvotum der k nächsten Nachbarn zu. Hierdurch ändern sich auch die Decision Surfaces für verschiedene Werte von k.

```
f, axes = plt.subplots(2, 2, figsize=(12, 7))
plot_decision_surface(KNeighborsClassifier(n_neighbors=1), X, Y,
                      title="Decision Surface von 1-Nearest Neighbor", ax=axes[0, 0])
plot_decision_surface(KNeighborsClassifier(n_neighbors=3), X, Y,
                      title="Decision Surface von 3-Nearest Neighbor", ax=axes[0, 1])
plot_decision_surface(KNeighborsClassifier(n_neighbors=5), X, Y,
                      title="Decision Surface von 5-Nearest Neighbor", ax=axes[1, 0])
plot_decision_surface(KNeighborsClassifier(n_neighbors=20), X, Y,
                      title="Decision Surface von 20-Nearest Neighbor", ax=axes[1, 1])
plt.subplots_adjust(left=None, bottom=0, right=None,
                    top=None, wspace=None, hspace=0.3)
plt.show()
```

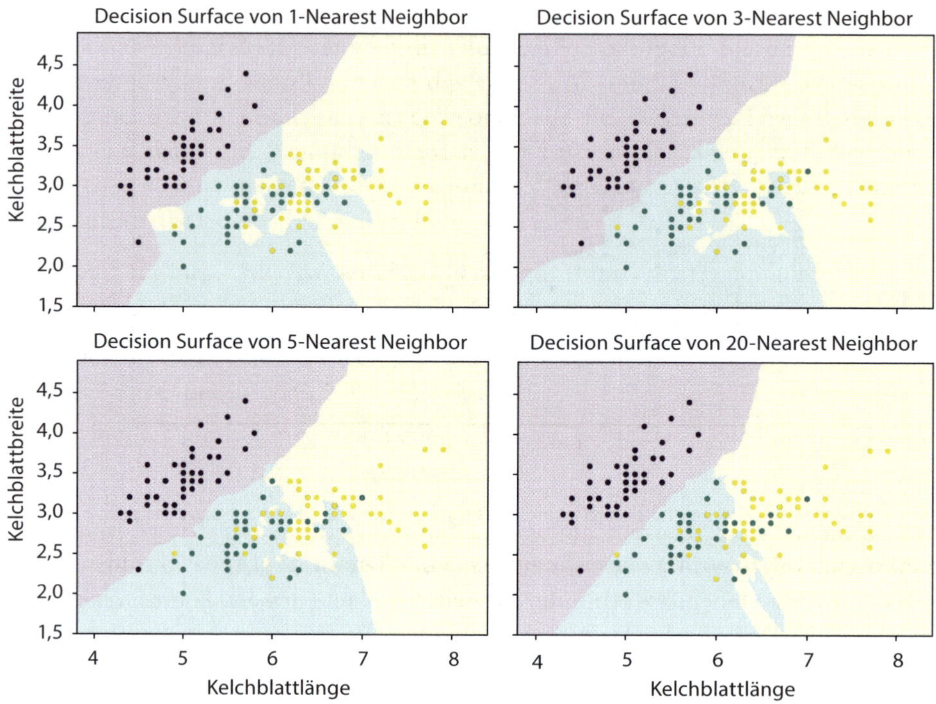

Man erkennt keine klare Struktur der Decision Boundaries zwischen den Decision Surfaces bei den vom k-Nearest Neighbor berechneten Hypothesen. Die Decision Boundaries haben viele scharfe Kanten und keine regelmäßige Struktur, wie man es erwarten würde, wenn diese zum Beispiel das Ergebnis einer differenzierbaren Funktion wären. Genau dies fehlt beim k-Nearest-Neighbor-Algorithmus auch: eine mathematische Beschreibung der Hypothese, die eine Generalisierung der Daten ist. Stattdessen haben wir ein *instanzbasiertes* Verfahren, das die Decision Boundaries durch den direkten Vergleich von Instanzen miteinander definiert. Wenn wir betrachten, wie sich das Ergebnis für größere Werte von k verändert, sehen wir, dass der Einfluss einzelner Datenpunkte reduziert wird. Bei $k=1$ sieht man zum Beispiel noch eine einzelne gelbe Instanz an der linken Seite der Grafik. Hierbei handelt es sich vermutlich um einen Ausreißer der gelben Klasse (Virginica). Die Konsequenz dieses Ausreißers ist, dass es eine relativ große gelbe Region gibt, obwohl dieser Bereich eher lila oder türkis sein sollte. Bei größeren Nachbarschaftsgrößen verschwindet dieser Effekt. Andererseits bedeutet eine große Nachbarschaft auch, dass Instanzen, die weiter weg liegen, die Klassifikation beeinflussen. Mit $k=20$ bekommt man hierdurch eine relativ scharfe Trennung von Türkis und Gelb. Dies liegt aber nicht an den Instanzen, die direkt im Bereich der Trennung liegen, sondern an den Instanzen, die weiter im Hintergrund liegen: Sobald es mehr gelbe Punkte im Hintergrund gibt, bleibt die Farbe stabil gelb. Durch diese größeren Abstände kann es jedoch auch eigenartige Effekte geben, wie man es zum Beispiel an der »türkisen Insel« in einem ansonsten stabil gelben Bereich sieht. Das Besondere hier ist, dass es in dieser Insel nicht einmal eine türkise Instanz gibt, sie entsteht also nur aufgrund von Datenpunkten, die relativ weit weg liegen.

Um den Effekt der Nachbarschaftsgröße weiter zu verdeutlichen, betrachten wir den Punkt (6, 3,5) im Detail.

```
from sklearn.neighbors import NearestNeighbors

def plot_neighborhood(X, Y, k, pnt, ax=None):
    nbrs = NearestNeighbors(n_neighbors=k, algorithm='ball_tree').fit(X)
    _, pnt_neighbors = nbrs.kneighbors(pnt)
    Y_pred = KNeighborsClassifier(n_neighbors=k).fit(X, Y).predict(pnt)
    if ax is None:
        plt.figure()
        ax = plt.gca()
    sc = ax.scatter(X.iloc[:,0], X.iloc[:,1],c=Y, marker='.')
    for i in range(0,k):
        pnt2 = X.iloc[pnt_neighbors[0][i]].values
        ax.plot([pnt[0][0], pnt2[0]], [pnt[0][1], pnt2[1]],
                color=sc.to_rgba(Y.iloc[pnt_neighbors[0][i]]))
    ax.scatter(pnt[0][0], pnt[0][1], s=80, color=sc.to_rgba(Y_pred[0]))
    ax.set_xlabel(X.columns[0])
    ax.set_ylabel(X.columns[1])
    ax.set_title('$k=%i$ Neighbors' % k)

pnt = [[6, 3.5]]
f, axes = plt.subplots(2, 2, figsize=(12, 7))
plot_neighborhood(X, Y, 1, pnt, ax=axes[0,0])
plot_neighborhood(X, Y, 3, pnt, ax=axes[0,1])
plot_neighborhood(X, Y, 5, pnt, ax=axes[1,0])
plot_neighborhood(X, Y, 20, pnt, ax=axes[1,1])
plt.subplots_adjust(left=None, bottom=0, right=None,
                    top=None, wspace=None, hspace=0.3)
plt.show()
```

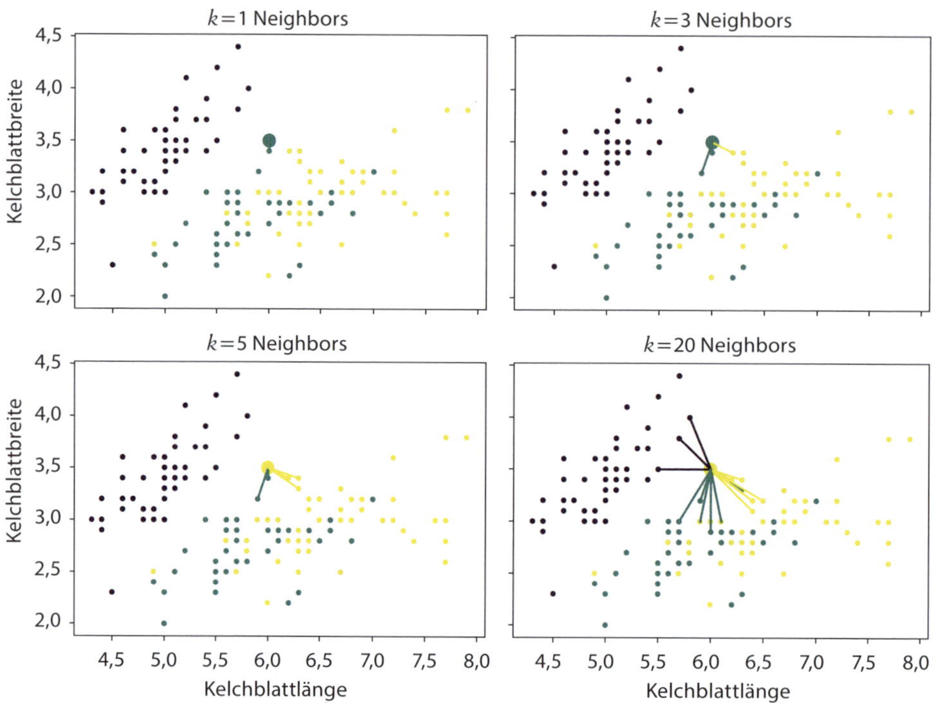

Bei $k=1$ und $k=3$ wird dieser Punkt türkis markiert, da es zwei relativ nahe türkise Datenpunkte gibt, jedoch nur einen gelben. Bei $k=5$ wechselt der Punkt zur gelben Klasse, da es jetzt zwei weitere gelbe Punkte in der Nachbarschaft gibt. Bei $k=20$ sieht man, wie der Punkt zwar gelb bleibt, aber sehr viele Punkte mittlerweile mitbestimmen, obwohl die meisten davon sehr weit weg von unserem Datenpunkt liegen.

7.5 Entscheidungsbäume

Stellen wir uns vor, dass wir uns ein Auto kaufen wollen. Als Käufer hat man in der Regel ein paar Kriterien, die man sich überlegt, bevor man zum Händler geht: Es sollte ein 5-Türer mit einer gewissen Leistung und einem gewissen Kofferraumvolumen sein. Manche dieser Kriterien sind wichtiger als andere, sie werden also zuerst angewandt, um Autos auszuschließen. Während die Anzahl der Türen fest steht, könnte es zum Beispiel bei der Leistung einen gewissen Spielraum geben. Dies ist die Intuition von *Entscheidungsbäumen* (engl. *decision tree*): Es werden schrittweise logische Regeln auf die Merkmale angewandt, um Entscheidungen zu treffen. Die Entscheidungen sind als Baum organisiert.

```
from sklearn.tree import DecisionTreeClassifier, plot_tree

clf = DecisionTreeClassifier(criterion='entropy', max_depth=2)
clf.fit(X, Y)
plt.figure(figsize=(12,6))
plot_tree(clf, filled=True, feature_names=X.columns, class_names=class_names)
plt.show()
```

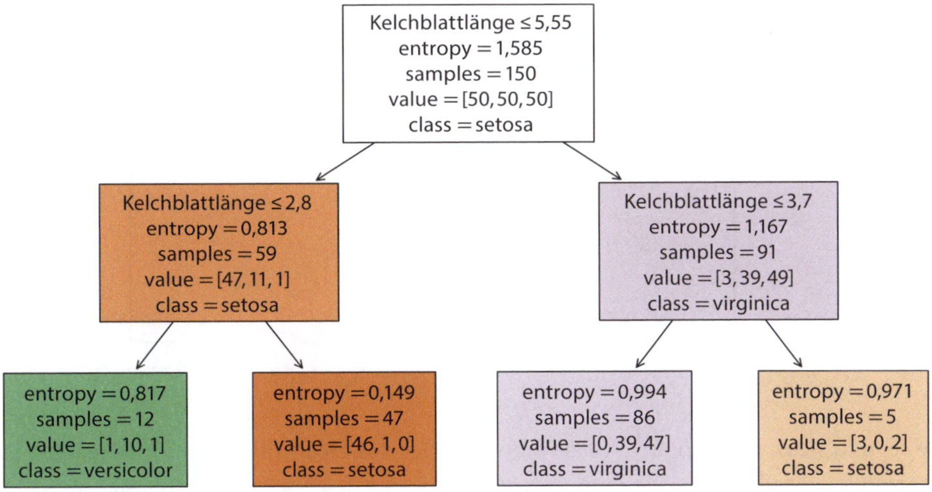

Kelchblattlänge ≤ 5,55
entropy = 1,585
samples = 150
value = [50, 50, 50]
class = setosa

Kelchblattlänge ≤ 2,8
entropy = 0,813
samples = 59
value = [47, 11, 1]
class = setosa

Kelchblattlänge ≤ 3,7
entropy = 1,167
samples = 91
value = [3, 39, 49]
class = virginica

entropy = 0,817
samples = 12
value = [1, 10, 1]
class = versicolor

entropy = 0,149
samples = 47
value = [46, 1, 0]
class = setosa

entropy = 0,994
samples = 86
value = [0, 39, 47]
class = virginica

entropy = 0,971
samples = 5
value = [3, 0, 2]
class = setosa

In diesem Entscheidungsbaum wird als Erstes eine Entscheidung mithilfe der Kelchblattlänge getroffen. Ist diese kleiner oder gleich 5,55, gehen wir nach links, andernfalls nach rechts. Außerdem sieht man noch weitere Informationen. Das Feld `entropy` ignorieren wir fürs Erste. Der Wert von `samples` gibt an, wie viele Instanzen in den Trainingsdaten zur Verfügung standen, um diese Entscheidung zu lernen. Der Wert von `value` gibt an, wie viele Instanzen von jeder Klasse in `sample` enthalten sind. Bei `class` sieht man, welche Klassifikation man hätte, wenn man keine weiteren Entscheidungen trifft. Basierend auf der Entscheidung werden die Daten partitioniert: 59 Instanzen haben eine Kelchblattlänge, die kleiner oder gleich 5,55 ist, bei 91 Instanzen ist die Kelchblattlänge größer. Dies können wir an den `samples` in den Knoten auf der linken bzw. rechten Seite ablesen. Bei den 59 Instanzen auf der linken Seite sind es 47 Instanzen aus der ersten Klasse (Setosa), 11 Instanzen aus der zweiten Klasse (Versicolor) und 1 Instanz aus der dritten Klasse (Virginica). Auf der untersten Ebene (den Blättern des Baums) werden keine weiteren Entscheidungen getroffen.

Für die Interpretation eines Entscheidungsbaums braucht man weder Expertenwissen noch ein tiefes Verständnis der Daten selbst. Das ist auch der große Vorteil von Entscheidungsbäumen: Die Klassifikation ist nachvollziehbar und Domänenexpertinnen können durch manuelle Analyse die Plausibilität der Regeln bewerten.

Das Decision Surface des obigen Baums sieht wie folgt aus:

```
plot_decision_surface(clf, X, Y, title="Decision Surface des obigen Baums")
plt.show()
```

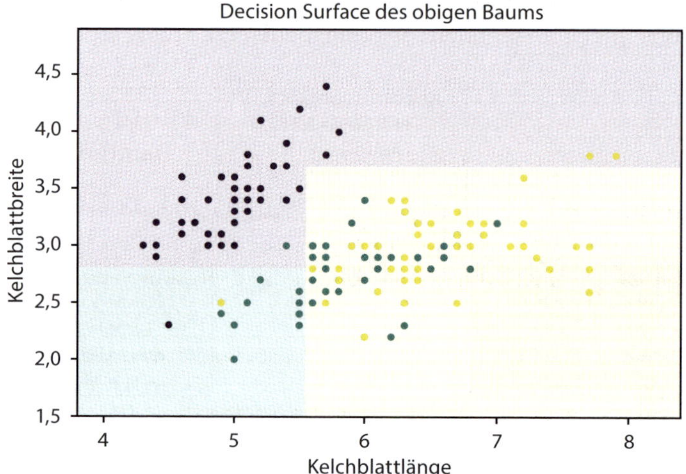

Wie man sieht, trennen die Decision Boundaries das Decision Surface durch achsenparallele Geraden. Dies ist eine Eigenschaft von Entscheidungsbäumen. Dadurch dass wir logische Entscheidungen der Form $\leq$ und $\geq$ (manchmal auch $=$) haben, werden die Daten durch jede Entscheidung in zwei Partitionen zerteilt, sodass die Entscheidung orthogonal zu einer Achse und parallel zu allen anderen Achsen ist.

Das Training von Entscheidungsbäumen basiert auf einem relativ einfachen rekursiven Algorithmus:

1. Beende den Algorithmus, wenn die Daten ausreichend »rein« sind, »zu klein« sind oder die maximale Tiefe des Entscheidungsbaums erreicht ist.
2. Bestimme das »Merkmal mit dem höchsten Informationsgehalt« X'.
3. Partitioniere die Daten durch eine Regel für das Merkmal X'.
4. Wende den Algorithmus anfangend mit Schritt 1 rekursiv auf die Partionen an, um den linken und rechten Teilbaum zu erstellen.

Wir müssen also nur das »Merkmal mit dem höchsten Informationsgehalt« finden, die Daten partitionieren und das so lange wiederholen, bis die Daten »rein« oder »zu klein« sind oder der Baum zu tief wird. Das Konzept von »zu klein« ist immer gleich: Die Anzahl der Instanzen in einer Partition unterschreitet einen vorher festgelegten Grenzwert. Durch dieses Kriterium können wir verhindern, dass Entscheidungen auf zu wenig Daten getroffen werden, und somit erzwingen, dass es für jede getroffene Entscheidung eine solide Datengrundlage gibt. Die maximale Tiefe beschränkt die Komplexität der Regeln. Die Tiefe des Baums ist definiert als die Anzahl der Entscheidungen, die getroffen werden, bevor die Klasse bestimmt wird.

Der obige Baum hat zum Beispiel eine Tiefe von zwei. Zur Bestimmung der Reinheit, des Informationsgehalts und der Partitionen gibt es verschiedene Ansätze. Von diesen Ansätzen hängt auch ab, um was für eine Art von Entscheidungsbaum es sich handelt, zum Beispiel CART, ID3 oder C4.5.

Als Beispiel betrachten wir, wie man diese Konzepte durch die *Informationstheorie* definieren kann. Die Idee der Reinheit lässt sich informationstheoretisch durch die Unsicherheit der Daten fassen und der Informationsgehalt als die *gemeinsame Information* (engl. *mutual information*), durch die man den *Informationsgewinn* (engl. *information gain*) messen kann. Da sich die Informationstheorie mit Zufallsvariablen befasst, interpretieren wir hier alles als Zufallsvariablen: Die Klassifikation von Instanzen ist eine Zufallsvariable C und unsere Merkmale sind die Zufallsvariablen $X_1,...,X_m$. Das Kernkonzept der Informationstheorie ist die *Entropie*. Je höher die Entropie einer Zufallsvariablen ist, desto unsicherer und zufälliger ist der Ausgang eines Zufallsexperiments mit dieser Variablen. Die Entropie einer Zufallsvariablen, die einen fairen Münzwurf beschreibt (50 % Kopf, 50 % Zahl), ist zum Beispiel eins, der höchstmögliche Wert der Entropie. Die Entropie einer Zufallsvariablen für eine manipulierte Münze, die immer auf Kopf landet, hätte eine Entropie von null, es gäbe also keine Unsicherheit über das Ergebnis. Wenn wir somit Entscheidungen mit einer hohen Sicherheit treffen wollen, müssen wir Partitionen finden, sodass die Entropie der Klassifikation C minimiert wird. Die Entropie von C ist definiert als

$$H(C) = -\sum_{c \in C} p(c) \log p(c),$$

wobei $p(c)$ die Wahrscheinlichkeit ist, dass eine Instanz einer Partition zu Klasse c gehört. Sobald die Entropie $H(C)$ unter einen Grenzwert fällt, ist die Entscheidung sicher genug und die Partition »rein«.

Die *bedingte Entropie* können wir nutzen, um abzuschätzen, wie viel Wissen über die Klasse wir durch ein Merkmal bekommen. Hierzu gibt die bedingte Entropie die Unsicherheit der Klasse C an, wenn ein Merkmal X' vollständig bekannt ist. Die Entropie der Klassifikation C bezogen auf das Merkmal X' ist definiert als

$$H(C|X') = -\sum_{x \in X'} p(x) \sum_{c \in C} p(c|x) \log p(c|x),$$

wobei $p(c|x)$ die bedingte Wahrscheinlichkeit der Klasse c für einen Wert x des Merkmals $X' \in \{X_1,...,X_m\}$ ist. Die bedingte Entropie ist also ein Maß dafür, wie hoch der *Informationsgewinn* über C mit X' ist. Je niedriger die bedingte Entropie, desto höher der Informationsgewinn. Daher nennt man ein Merkmal *informativ*, wenn es die bedingte Entropie der Klassifikation reduziert. Wenn man die Entropie der Klassifikation mit der bedingten Entropie kombiniert, erhält man den *Informationsgewinn* durch die Reduktion der Entropie als

$$I(C;X') = H(C) - H(C|X').$$

Das informativste Merkmal ist also das Merkmal, das den Informationsgewinn maximiert. Sobald man dieses Merkmal gefunden hat, kann man eine Regel bestimmen, sodass die mittlere Entropie der Klassifikation der Partitionen minimiert wird.

Oben haben wir bereits ein Decision Surface für einen Entscheidungsbaum mit einer niedrigen Tiefe von zwei betrachtet. Dies hat uns zwar geholfen, die Struktur von Entscheidungsbäumen und der Entscheidungen zu verstehen, es reicht jedoch in der Regel nicht aus, um ein gutes Ergebnis aus einem Datensatz zu erzielen. Hierfür benötigt man mehr Entscheidungen, also einen tieferen Entscheidungsbaum. Wenn wir die Tiefe nicht beschränken und keinen Grenzwert für zu wenige Daten, um eine Entscheidung zu treffen, angeben, bekommen wir folgendes Decision Surface.

```
plot_decision_surface(DecisionTreeClassifier(), X, Y, title="Decision Surface
                      von einem Entscheidungsbaum ohne Einschränkungen")
plt.show()
```

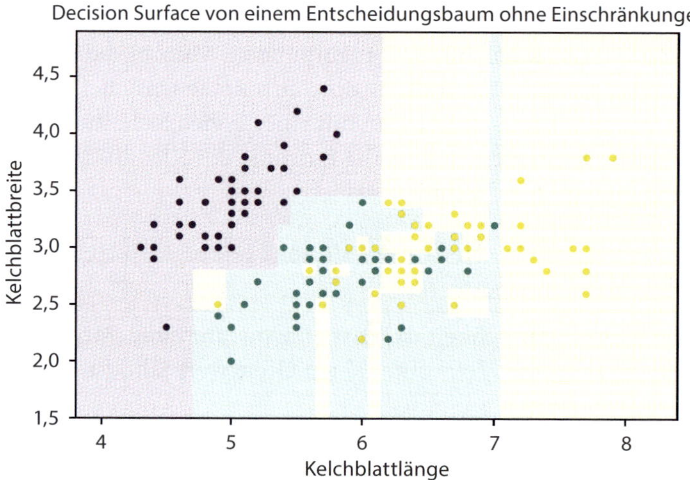

Man sieht, dass sehr viel mehr Entscheidungen getroffen werden: Jede achsenparallele Decision Boundary ist eine Entscheidung. Dies führt aber leider zu *Overfitting*, das heißt, es wurden einzelne Datenpunkte auswendig gelernt. Das erkennt man zum Beispiel an der kleinen gelben Fläche, die man etwa bei Kelchblattlänge sieben sieht. Hier liegt nur eine gelbe Instanz mitten in einer ansonsten türkisen Umgebung. Hierfür gibt es noch einige weitere Beispiele, etwa auch zwischen dem lila und dem türkisen Bereich. Um zu verhindert, dass so etwas passiert, müssen wir die erlaubten Entscheidungen beschränken. Wenn wir fordern, dass nur Partitionen mit mindestens fünf Instanzen erlaubt sind, verschwinden diese kleinen Bereiche.

```
plot_decision_surface(DecisionTreeClassifier(min_samples_leaf=5), X, Y,
                      title="Decision Surface von einem Entscheidungsbaum
                      mit\nmin. 5 Instanzen in jeder Partition")
plt.show()
```

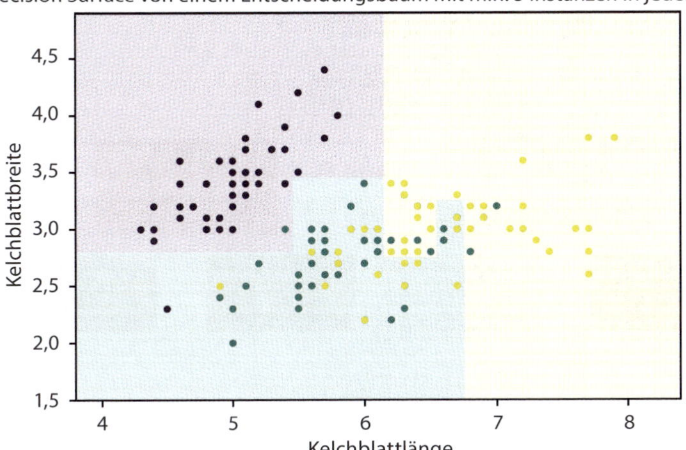

7.6 Random Forests

Mit einem *Random Forest* kombiniert man viele Entscheidungsbäume zu einem Klassifikationsmodell. Die einzelnen Entscheidungsbäume nennt man *Random Tree*. Man spricht hierbei von *Ensemble Learning*, da der Random Forest ein Ensemble von Random Trees ist. Wie man aus vielen Entscheidungsbäumen die Klassifikation eines Random Forest erhält, sieht man im Folgenden.

```
from sklearn.tree import plot_tree
from sklearn.ensemble import RandomForestClassifier

# Please note that the parameters we use here are not good and should not be
# used for any real examples. We use only four random trees so that we can
# better demonstrate the example. Usually, you should use hundreds of trees and
# more are better, but require more runtime (both for training and
# predictions).
randomforest = RandomForestClassifier(n_estimators=4, max_depth=2,
                                      random_state=42)
randomforest.fit(X, Y)

f, axes = plt.subplots(2, 2, figsize=(16, 8))
plot_tree(randomforest.estimators_[0], filled=True, feature_names=X.columns,
          class_names=class_names, ax=axes[0,0])
plot_tree(randomforest.estimators_[1], filled=True, feature_names=X.columns,
          class_names=class_names, ax=axes[0,1])
plot_tree(randomforest.estimators_[2], filled=True, feature_names=X.columns,
          class_names=class_names, ax=axes[1,0])
plot_tree(randomforest.estimators_[3], filled=True, feature_names=X.columns,
          class_names=class_names, ax=axes[1,1])
plt.suptitle("Random Trees eines Random Forest")
plt.show()
```

Random Trees eines Random Forest

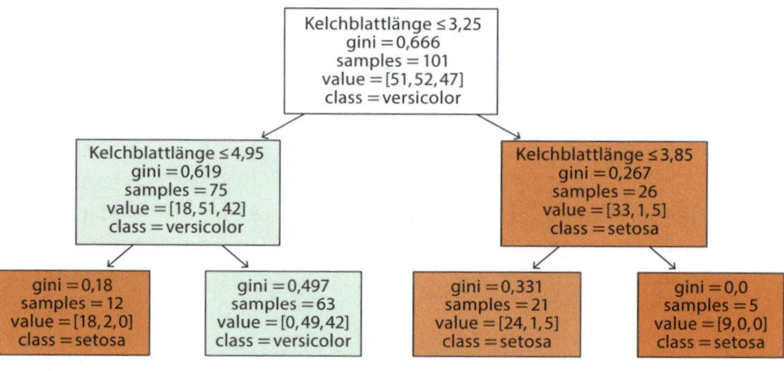

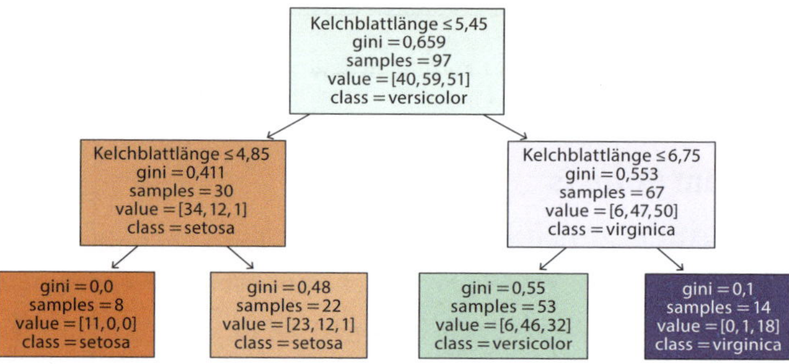

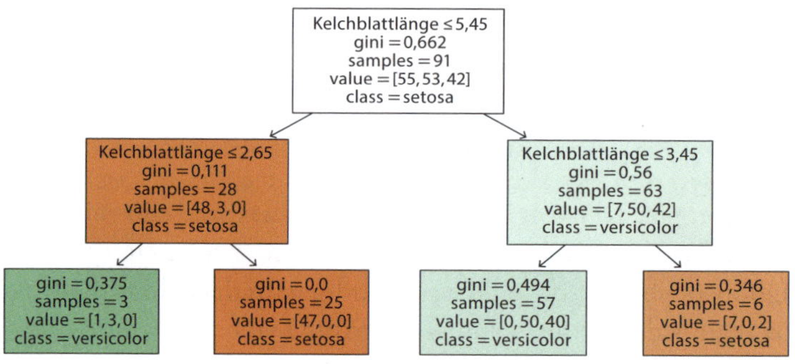

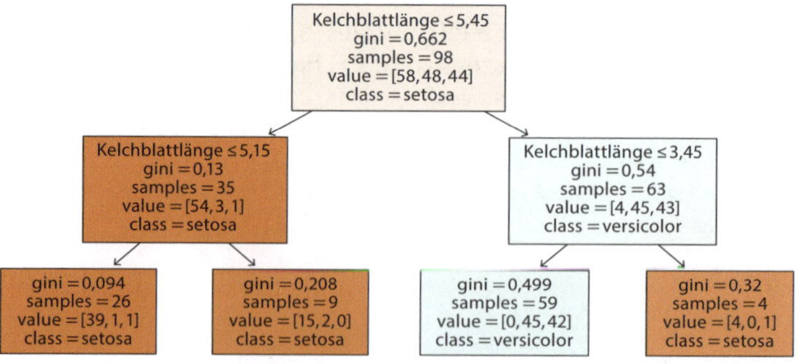

Jeder einzelne Random Tree ist für sich genommen kein gutes Klassifikationsmodell. Dies sieht man gut an den Decision Surfaces.

```
f, axes = plt.subplots(2, 2, figsize=(12, 7))
plot_decision_surface(randomforest.estimators_[0], X, Y, title="Decision
                      Surface vom ersten Random Tree", ax=axes[0,0])
plot_decision_surface(randomforest.estimators_[1], X, Y, title="Decision
                      Surface vom zweiten Random Tree", ax=axes[0,1])
plot_decision_surface(randomforest.estimators_[2], X, Y, title="Decision
                      Surface vom dritten Random Tree", ax=axes[1,0])
plot_decision_surface(randomforest.estimators_[3], X, Y, title="Decision
                      Surface vom vierten Random Tree", ax=axes[1,1])
plt.subplots_adjust(left=None, bottom=0, right=None,
                    top=None, wspace=None, hspace=0.3)
plt.show()
```

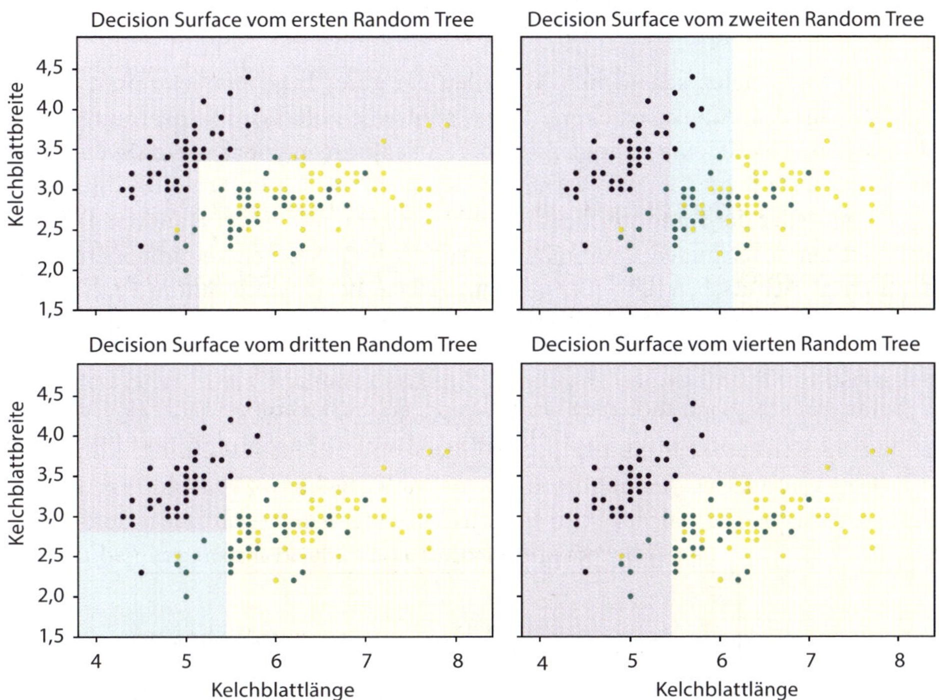

Der erste und der vierte Random Tree sind so schlecht, dass es keine türkise Region gibt. Für sich genommen haben wir also *schwache Klassifikationsmodelle* (engl. *weak classifier*). Wenn wir diese vier schwachen Klassifikationsmodelle durch Mitteln der Vorhersagen kombinieren, bekommen wir ein besseres Ergebnis.

```
plot_decision_surface(randomforest, X, Y, title="Decision Surface der
                      Kombination von vier Random Trees")
plt.show()
```

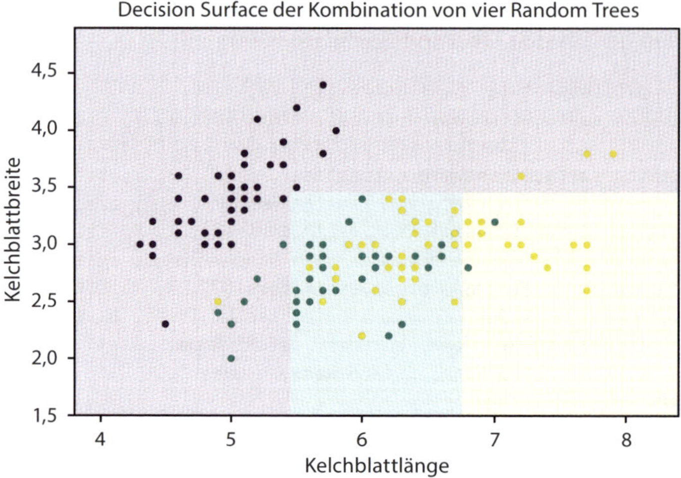

Dass man aus vielen schwachen Modellen ein gutes Ergebnis bekommt, ähnelt dem Prinzip des Publikumsjokers: Wenn man eine zufällige Person fragt, ist die Wahrscheinlichkeit, eine richtige Antwort zu bekommen, niedriger, als wenn man eine Umfrage macht. Genauso verhält es sich auch mit schwachen Klassifikationsmodellen. Jeder der Random Trees ist zwar schlecht, aber jeder Random Tree hat auch Stärken. Zusammengenommen addieren sich die Stärken auf und überdecken dadurch die Schwächen. Üblicherweise nutzt man bei einem Random Forest nicht nur vier Bäume, sondern Hunderte oder sogar Tausende von Bäumen. Hier ist das Ergebnis mit 1000 Random Trees.

```
plot_decision_surface(RandomForestClassifier(n_estimators=1000, max_depth=2),
                      X, Y, title="Decision Surface eines Random Forest mit
                      1000 Random Trees")
plt.show()
```

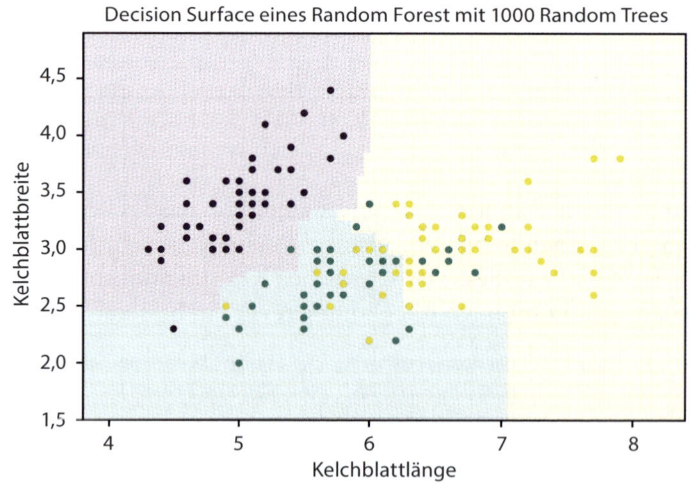

Bisher haben wir nur erklärt, wie ein Random Forest aus einem *Ensemble* zu einem einzelnen Ergebnis kommt. Warum wir überhaupt unterschiedliche Entscheidungsbäume für die gleichen Trainingsdaten erhalten, ist noch unklar. Schließlich ist der Algorithmus zum Training von Entscheidungsbäumen deterministisch: Wenn man einen Entscheidungsbaum wie im vorigen Abschnitt zwei Mal mit den gleichen Daten trainiert, bekommt man zwei identische Entscheidungsbäume. Was uns also noch fehlt, ist das Verständnis der Rolle des Zufalls beim Training von Random Forests.

Wenn man sich die einzelnen Random Trees genau anschaut, sieht man bereits einige Hinweise darauf, was randomisiert ist. Hier ist noch einmal der erste der vier Entscheidungsbäume von oben.

```
plt.figure(figsize=(12,6))
plot_tree(randomforest.estimators_[0], filled=True, feature_names=X.columns,
          class_names=class_names)
plt.show()
```

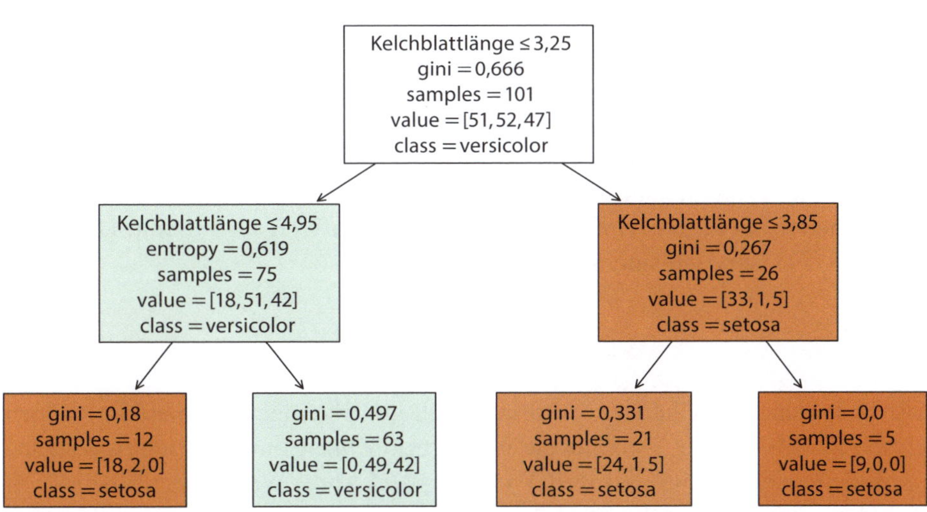

Man sieht, dass es in der Wurzel des Baums (die erste Entscheidung) nur 101 Instanzen statt der gesamten 150 Instanzen gibt. Außerdem sind nicht von jeder Irisart gleich viele Instanzen vorhanden. Dieser Entscheidungsbaum wurde also offensichtlich nicht mit den originalen Irisdaten trainiert. Was wir hier sehen, ist die erste Randomisierung des Trainings: Als Trainingsdaten bekommt jeder Random Tree ein *Bootstrap Sample* der Daten. Wenn wir 150 Instanzen in den Trainingsdaten haben, heißt das, dass wir 150 Instanzen *mit Zurücklegen* aus den Trainingsdaten ziehen. Da wir mit Zurücklegen ziehen, bekommen wir einige Instanzen mehrfach, andere gar nicht. Im Mittel bekommt man etwa 63,2 % verschiedene Instanzen, der Rest sind Duplikate. Alle Random Trees erhalten also andere Trainingsdaten. Bitte beachten Sie, dass `samples` bei einem Random Tree nicht die Anzahl der Instanzen, sondern die Anzahl der Instanzen ohne Duplikate angibt. Das Ziehen von

Bootstrap Samples, um mehrere Klassifikationsmodelle zu trainieren, nennt man auch *Bagging*, was die Kurzform für *Bootstrap Aggregating* ist.

Es gibt noch eine weitere zufällige Komponente im Training von Random Forests. Nicht jeder Random Tree erhält alle Merkmale. Stattdessen bekommt jeder Random Tree nur eine Teilmenge der Merkmale zur Verfügung gestellt. Üblicherweise verwendet man die Quadratwurzel der Anzahl der Merkmale pro Baum. Wenn es vier Merkmale gibt, erhält ein Random Tree also nur Zugriff auf $\sqrt{4}=2$ Merkmale. Der Grund hierfür ist, dass sich die Bäume sonst möglicherweise stark ähneln. Wenn ein Merkmal für die gesamten Daten informativ ist, ist es in der Regel auf einem Bootstrap Sample ähnlich informativ. Daher wäre das Risiko groß, dass die Random Trees die gleiche Struktur haben. Wenn nur eine Teilmenge von Merkmalen zur Verfügung steht, haben auch schwächere Merkmale eine Chance, benutzt zu werden und damit ihre Information in den Random Forest einzubringen. So wird sichergestellt, dass die einzelnen Random Trees auch wirklich unterschiedliche Stärken und Schwächen haben.

7.7 Logistische Regression

Die *logistische Regression* (engl. *logistic regression*) berechnet die *Chance* bzw. die *Odds*, dass eine Instanz zu einer Klasse gehört. Die Chancen sind ein Konzept der Statistik, das man zum Beispiel bei Sportwetten wiederfindet. Sei $P(Y=c)$ die Wahrscheinlichkeit, dass eine Zufallsvariable Y den Wert c annimmt. Die Chancen, dass Y gleich c ist, sind dann definiert als

$$odds(c)=\frac{P(Y=c)}{1-P(Y=c)}.$$

Die Bedeutung der Chancen kann man sich gut an einem Beispiel klarmachen: Unsere Zufallsvariable Y könnte die Wahrscheinlichkeit, eine Prüfung zu bestehen, modellieren und für $c=pass$ mit $P(Y=pass)=0{,}75$ ist die Wahrscheinlichkeit 75 %, dass die Prüfung bestanden wird. Die Chancen, dass die Prüfung bestanden wird, sind damit

$$odds(pass)=\frac{0{,}75}{1-0{,}75}=3.$$

Mit anderen Worten, die Chancen, die Prüfung zu bestehen, sind drei zu eins.

Die Chancen sind verwandt mit der *Logit*-Funktion, die als

$$logit(P(Y=c))=\ln\frac{P(Y=c)}{1-P(Y=c)}$$

definiert ist. Dies ist nichts anderes als der natürliche Logarithmus der Chancen von c. Von dieser Funktion hat die logistische Regression auch ihren Namen. Wenn wir sagen, dass unsere Zufallsvariable Y die Wahrscheinlichkeit modelliert, dass eine Instanz zu einer Klasse gehört und $c \in C$ eine Klasse ist, dann ist $logit(P(Y=c))$ nichts anderes als der Logarithmus der Chancen, dass diese Instanz zu dieser Klasse gehört. Die Regression, die verwendet wird, ist eine einfache lineare Regression (siehe Kap. 8) der Form

$$logit(P(Y=c)) = \ln \frac{P(Y=c)}{1-P(Y=c)} = b_0 + b_1 x_1 + \ldots + b_m x_m,$$

wobei die Merkmale numerisch sein müssen, also $\mathcal{F} \subseteq \mathbb{R}$. Im zweidimensionalen Fall beschreibt die Formel der linearen Regression eine Gerade, im dreidimensionalen Fall eine Ebene, im m-dimensionalen Fall eine Hyperebene. Das Decision Surface der logistischen Regression der Irisdaten sieht wie folgt aus.

```
from sklearn.linear_model import LogisticRegression

plot_decision_surface(LogisticRegression(), X, Y, title="Decision Surface von
                      logistischer Regression")
```

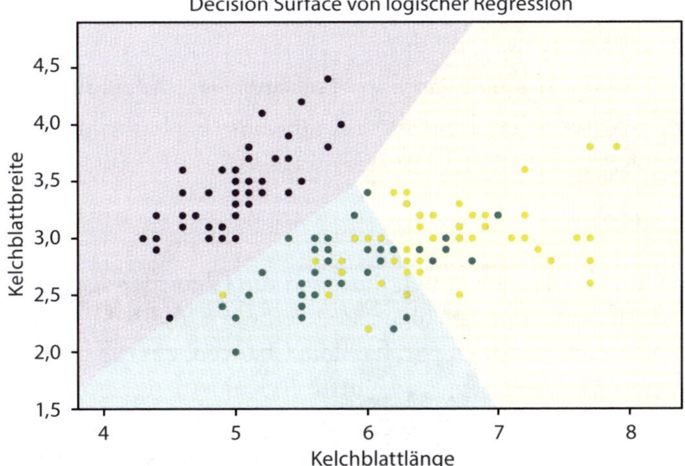

Die Entscheidungen werden also durch Geraden getroffen, die den Merkmalsraum unterteilen.

Ein großer Vorteil der logistischen Regression ist, dass man den Einfluss der Merkmale auf die Klassifikation direkt nachvollziehen kann. Dies liegt an der Struktur des Regressionsmodells und der Logit-Funktion. Mit einigen Umformungen bekommen wir Folgendes.

$$\ln \frac{P(Y=c)}{1-P(Y=c)} = b_0 + b_1 x_1 + \ldots + b_m x_m$$

$$\Rightarrow \quad \frac{P(Y=c)}{1-P(Y=c)} = \exp(b_0 + b_1 x_1 + \ldots + b_m x_m)$$

$$\Rightarrow \quad odds(c) = \exp(b_0) \cdot \Pi_{i=1}^{m} \exp(b_i x_i)$$

Die Chancen einer Klasse sind also das Produkt der Exponenten von $b_i x_i$. Die Auswirkung des i-ten Merkmals auf die Chancen ist damit $\exp(b_i x_i)$. Man bezeichnet $\exp(b_i)$ auch als die *Odds Ratio* des i-ten Merkmals. Die Odds Ratio definiert, wie sehr sich die Chancen der Klasse in Abhängigkeit eines Merkmals ändern. Eine Odds Ratio von zwei bedeutet zum Beispiel, dass sich die Chancen verdoppeln, wenn sich der Wert des Merkmals um eins erhöht. Im Allgemeinen bedeutet eine Odds Ratio größer als eins, dass sich die Chancen erhöhen, wenn sich der Wert des Merkmals erhöht. Ein Wert kleiner 1 heißt, dass die Chancen sinken, wenn sich der Wert des Merkmals verringert. Da man den Logarithmus verwenden muss, um aus $\exp(b_i)$ den eigentlichen Koeffizienten zu berechnen, spricht man bei den Koeffizienten auch von den *Log Odds Ratios*.

Betrachten wir jetzt die Odds Ratios der logistischen Regression für die Irisarten.

```
lr = LogisticRegression()
lr.fit(X,Y)
odds_df = pd.DataFrame(np.exp(lr.coef_), index=class_names,
          columns=X.columns)
odds_df['Achsenabschnitt'] = np.exp(lr.intercept_)
odds_df
```

	Kelchblattlänge	Kelchblattbreite	Achsenabschnitt
setosa	0.066610	10.216701	2733.180675
versicolor	1.845467	0.207923	6.328398
virginica	8.134952	0.470746	0.000058

Anhand der Odds Ratios sehen wir, dass sich die Chancen, dass es sich um eine Setosa handelt, stark mit der Kelchblattbreite erhöhen und mit der Kelchblattlänge reduzieren. Außerdem erkennen wir, dass die Chancen, dass es sich um eine Versicolor oder Virginica handelt, steigen, wenn die Kelchblattlänge erhöht und die Kelchblattbreite reduziert wird. Der *Achsenabschnitt* markiert die Chancen, wenn der Wert für alle Merkmale gleich null ist, es sich also um b_0 aus der Gleichung der logistischen Regression handelt. Alle Änderungen der Merkmale müssen also in Relation zum Achsenabschnitt betrachtet werden. Da der Achsenabschnitt für Versicolor größer ist als für Virginica, gibt es eine Region, wo die Chancen für Versicolor größer sind, obwohl sich die Chancen, dass es sich um eine Virginica handelt, stärker erhöhen, sowohl in Bezug auf die Kelchblattlänge als auch die Kelchblattbreite.

Bemerkung:

In diesem Fall ist der Achsenabschnitt etwas irreführend. Während der Achsenabschnitt für Setosa sehr hoch ist, sind die Chancen für die Kelchblattlänge sehr niedrig. Da alle Instanzen eine Kelchblattlänge größer als vier haben, verschwindet dieser hohe Achsenabschnitt, bis man bei den Daten angekommen ist. Um solche Effekte zu vermeiden, sollte man die Daten immer zentrieren, sodass die Werte aller Merkmale symmetrisch zur Null sind. Hierfür ist zum Beispiel die *Z-Score-Standardisierung* geeignet. Wenn die Interpretation der Koeffizienten das Hauptziel ist, sollte man außerdem nicht scikit-learn verwenden, sondern stattdessen ein Paket wie statsmodels. Hier ist die Regressionsanalyse deutlich detaillierter, insbesondere was die Analyse der statistischen Signifikanz der Ergebnisse angeht.

7.8 Naive Bayes

Der *Satz von Bayes* (engl. *Bayes Law*) ist eines der fundamentalen Gesetze der Stochastik und definiert als

$$P(Y|X) = \frac{P(X|Y)P(Y)}{P(X)}.$$

Der Satz von Bayes ist ein wichtiges Hilfsmittel, um Aufgaben mit bedingten Wahrscheinlichkeiten zu lösen. Wenn wir unsere Merkmale als Zufallsvariable X interpretieren und unsere Klassifikation als Zufallsvariable Y, dann ist $P(Y|X)$ die bedingte Wahrscheinlichkeit der Klassifikation, wenn die Merkmale bekannt sind. In der Theorie ist dies die perfekte Scoring-Funktion für eine Hypothese. Wir haben also

$$P(c|x_1,\ldots,x_m) = \frac{P(x_1,\ldots,x_m|c)P(c)}{P(x_1,\ldots,x_m)}$$

für eine Klasse $c \in C$ und eine Instanz $(x_1,\ldots,x_m) \in \mathcal{F}$. Aus dem Satz von Bayes folgt, dass die Wahrscheinlichkeit der Klasse c für die Instanz $(x_1,\ldots,x_m)$ gegeben ist als die Wahrscheinlichkeit, die Instanz bei Daten der Klasse c zu beobachten, multipliziert mit der Wahrscheinlichkeit, diese Klasse zu beobachten, und geteilt durch die Wahrscheinlichkeit, die Instanz zu beobachten, unabhängig von der Klasse. Das Problem des Satzes von Bayes ist, dass man die Wahrscheinlichkeiten $P(x_1,\ldots,x_m|c)$ und $P(x_1,\ldots,x_m)$ in der Regel nicht berechnen kann, da man entweder detailliertes Wissen über die Verteilung der gemeinsamen Wahrscheinlichkeit aller Merkmale braucht oder eine sehr große Menge von Daten, sodass es für jede Kombination der Werte von Merkmalen auch Trainingsdaten gibt. Beides ist in der Praxis unrealistisch.

Stattdessen vereinfachen wir den Satz von Bayes zu *Naive Bayes*. Der Hauptaspekt von Naive Bayes ist die als *Naive Assumption* bekannte Annahme, dass die Merkmale bezogen auf die Klasse unabhängig voneinander sind. Für die Irisdaten würde das bedeuten, dass die Kelchblattlänge einer Setosa unabhängig von der

Kelchblattbreite einer Setosa ist. Die Daten zeigen, dass dies eindeutig nicht der Fall ist. Da diese Annahme fast nie erfüllt ist, ist sie daher ziemlich naiv. Aus mathematischer Sicht ist diese Annahme jedoch äußerst hilfreich, da für bedingte Unabhängigkeit gilt, dass

$$P(x_1,\dots,x_m|c)=\Pi_{i=1}^{m} P(x_i|c),$$

und wir somit nicht mehr die gemeinsame Wahrscheinlichkeit der Merkmale berechnen müssen, sondern stattdessen nur noch die Wahrscheinlichkeiten für die einzelnen Merkmale, bezogen auf die Klasse. Wenn wir dies in den Satz von Bayes einsetzen, bekommen wir

$$P(c|x_1,\dots,x_m)=\frac{\Pi_{i=1}^{m} P(x_i|c)P(c)}{P(x_1,\dots,x_m)}.$$

Leider gibt es immer noch die gemeinsame Wahrscheinlichkeit $P(x_1,\dots,x_m)$ im Nenner. Diese Wahrscheinlichkeit ist aber unabhängig von der Klasse c. Wenn wir statt der exakten Wahrscheinlichkeit nur eine Scoring-Funktion brauchen, können wir den Nenner einfach weglassen, ohne dass sich die Klasse, die den höchsten Score bekommt, ändert. Damit haben wir als Scoring-Funktion für Naive Bayes

$$score(c|x_1,\dots,x_m)=\Pi_{i=1}^{m} P(x_i|c)P(c).$$

Um die Scoring-Funktion berechnen zu können, müssen wir $P(x_i|c)$ und $P(c)$ berechnen. $P(c)$ können wir einfach als Anteil der Instanzen der Klasse c von allen Instanzen berechnen.

Die beiden wichtigsten Ansätze zur Berechnung von $P(x_i|c)$ sind *Multinomial Naive Bayes* und *Gaussian Naive Bayes*. Beim Multinomial Naive Bayes berechnet man $P(x_i|c)$ als Anteil der Instanzen der Klasse c, die den Wert x_i haben. Dieser Ansatz funktioniert sehr gut für kategorische Merkmale und Anzahlen. Für numerische Merkmale funktioniert Multinomial Naive Bayes in der Regel nicht, da die Anzahl der Instanzen, die genau einen bestimmten numerischen Wert annehmen, häufig eins ist, da es unwahrscheinlich ist, exakt den gleichen Wert mehrfach zu beobachten, wenn eine kontinuierliche Wahrscheinlichkeitsverteilung zugrunde liegt. Für solche Merkmale ist Gaussian Naive Bayes besser geeignet. Beim Gaussian Naive Bayes nimmt man an, dass die Merkmale normalverteilt sind, und schätzt die Wahrscheinlichkeit $P(x_i|c)$ durch die Dichtefunktion der Normalverteilung für dieses Merkmal.

Unten sieht man die Decision Surface von Multinomial Naive Bayes und Gaussian Naive Bayes für die Irisdaten.

```
from sklearn.naive_bayes import GaussianNB, MultinomialNB

f, axes = plt.subplots(1, 2, figsize=(12, 4))
plot_decision_surface(MultinomialNB(), X, Y, title="Decision Surface von
                      Multinomial Naive Bayes", ax=axes[0])
plot_decision_surface(GaussianNB(), X, Y, title="Decision Surface von Gaussian
                      Naive Bayes", ax=axes[1])
plt.show()
```

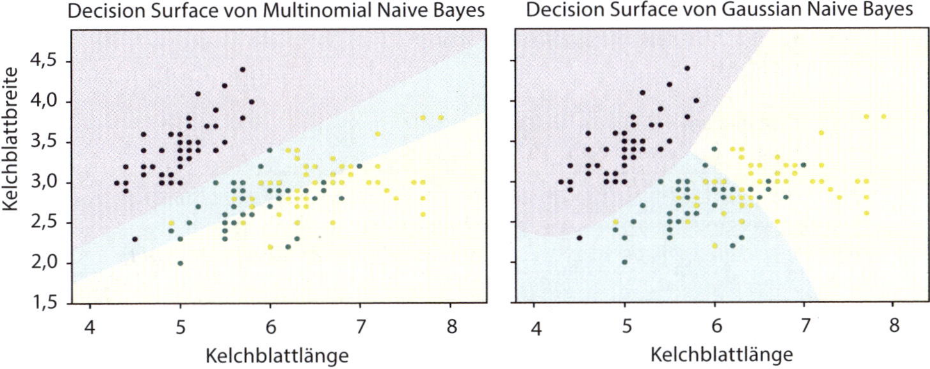

Die Decision Boundaries von Multinomial Naive Bayes sind linear, bei Gaussian Naive Bayes werden die Decision Boundaries durch quadratische Gleichungen beschrieben. Wir sehen, dass Multinomial Naive Bayes nicht gut funktioniert, insbesondere die Trennung von Türkis und Gelb sieht nicht sinnvoll aus. Dies war aber zu erwarten, da es sich um numerische Daten handelt. Der Gaussian Naive Bayes hat dieses Problem nicht und liefert bessere Ergebnisse.

7.9 Support Vector Machines (SVMs)

Support Vector Machines (SVMs) betrachten die Klassifikation als Optimierungsproblem und definieren hierdurch eine Strategie, die Decision Boundary auszuwählen. Wir betrachten hier nur die Grundidee von SVMs und nicht die vollständige mathematische Beschreibung. Die Idee von SVMs können wir uns gut mithilfe von Decision Boundaries veranschaulichen.

```
from sklearn.svm import SVC

# we create 40 separable points
np.random.seed(0)
X_linear = np.r_[np.random.randn(20, 2) - [2, 2], np.random.randn(20, 2) + [2, 2]]
Y_linear = [0] * 20 + [1] * 20

# then we fit the SVM
clf = SVC(kernel='linear')
clf.fit(X_linear, Y_linear)

#  now we get the separating hyperplane
w = clf.coef_[0]
a = -w[0] / w[1]
xx = np.linspace(-5, 5)
yy = a * xx - (clf.intercept_[0]) / w[1]

# plot the parallels to the separating hyperplane that pass through the
# support vectors (margin away from hyperplane in direction
# perpendicular to hyperplane). This is sqrt(1+a^2) away vertically in
# 2-d.
margin = 1 / np.sqrt(np.sum(clf.coef_ ** 2))
yy_down = yy - np.sqrt(1 + a ** 2) * margin
yy_up = yy + np.sqrt(1 + a ** 2) * margin

# plot the line, the points, and the nearest vectors to the plane
plt.figure()
plt.plot(xx, yy, 'k-')
plt.plot(xx, yy_down, 'k--')
plt.plot(xx, yy_up, 'k--')
plt.scatter(clf.support_vectors_[:, 0], clf.support_vectors_[:, 1], s=80,
            facecolors='none', zorder=10, edgecolors='k')
plt.scatter(X_linear[:, 0], X_linear[:, 1], c=Y_linear, zorder=10,
            edgecolors='k',  marker='.')

# now we plot the decision surface
x_min = -4.8
x_max = 4.2
y_min = -6
y_max = 6
XX, YY = np.mgrid[x_min:x_max:200j, y_min:y_max:200j]
Z = clf.predict(np.c_[XX.ravel(), YY.ravel()])
Z = Z.reshape(XX.shape)
plt.pcolormesh(XX, YY, Z, alpha=0.1, shading='auto')
plt.xlim(x_min, x_max)
plt.ylim(y_min, y_max)
plt.xticks(())
plt.yticks(())
plt.title('Support-Vektoren und die Margin')
plt.xlabel('$x_1$')
plt.ylabel('$x_2$')

plt.show()
```

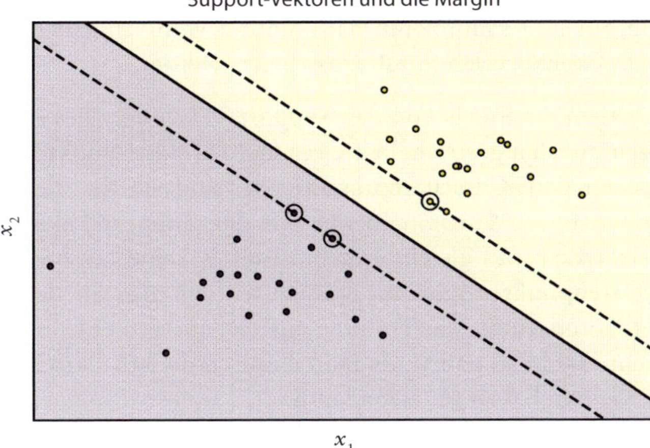

Wir sehen zwei Gruppen von Instanzen, eine in der gelben und eine in der lila Gegend. Diese Daten kann man sehr einfach durch eine Gerade trennen. Wir haben sogar gleich drei solche Geraden eingezeichnet und es gibt noch viele weitere, zum Beispiel mit einer anderen Steigung. Alle diese Geraden liefern für die gegebenen Daten die gleiche Klassifikation. Die drei Geraden sind jedoch nicht beliebig gewählt, sondern so, dass sie die *Margin* bzw. die Lücke zwischen den Daten maximieren. Die gestrichelten Geraden haben den höchstmöglichen Abstand voneinander, sodass noch alle Datenpunkte korrekt klassifiziert werden. Die durchgezogene Gerade liegt genau in der Mitte der gestrichelten Geraden. Das heißt, dass sie den Abstand zu den Daten maximiert. Dadurch dass die Gerade genau in der Mitte liegt, gilt auch, dass die umkringelten Instanzen die gleiche Entfernung von der durchgezogenen Geraden haben. Der Abstand ist also zu beiden Klassen gleich groß. Man spricht hierbei von der *Maximierung der Margin.*

Die Maximierung der Margin ist genau das Optimierungsziel der SVMs: Eine Gerade (bzw. Hyperebene) zu bestimmen, die so weit wie möglich von allen Datenpunkten entfernt ist und die Klassen trennt. Den Grund für dieses Optimierungsziel kann man sich so erklären:

- Unsere Trainingsdaten sind nur eine Stichprobe, es gibt also noch weitere Instanzen.
- Wenn es noch weitere Instanzen gibt, ist es naheliegend, dass es auch weitere Instanzen in den Grenzbereichen der Verteilungen der Klassen gibt.
- Wenn es weitere Instanzen in den Grenzbereichen gibt, wird es auch Instanzen geben, die im Bereich zwischen den gestrichelten Geraden liegen, wobei diese Instanzen vermutlich nah an den Geraden liegen würden.
- Wenn wir die gestrichelten Geraden zur Klassifikation verwenden würden, gäbe es Fehlklassifikationen.

- Wenn wir die durchgezogene Gerade zur Klassifikation nehmen, maximieren wir die Margin und minimieren dadurch die Wahrscheinlichkeit, dass neue Instanzen im Grenzbereich falsch klassifiziert werden.

Ihren Namen haben die SVMs von den *Support-Vektoren*. Dies sind die umkringelten Instanzen auf den gestrichelten Geraden. Da diese Punkte den minimalen Abstand zwischen den Klassen repräsentieren, sind sie für die Definition der Margin verantwortlich. Würde man nur mit den Support-Vektoren trainieren, bekäme man trotzdem das gleiche Ergebnis, da es keine bessere Trennung zwischen diesen Datenpunkten gibt. Im Beispiel würden also die drei umkringelten Datenpunkte theoretisch für das Training ausreichend sein. Dennoch ist es natürlich besser, mehr Daten zu haben, da man dadurch die korrekte Lage der Grenze zwischen den Klassen besser schätzen kann.

SVMs wären jedoch nicht so erfolgreich, wenn man nur eine lineare Trennung der Daten trainieren könnte, wie wir sie im Beispiel sehen. Um eine mächtigere nicht lineare Repräsentation der Decision Boundary zu ermöglichen, setzen die SVMs auf das Konzept der *Feature Expansion*. Hierbei wird der Merkmalsraum in einen höherdimensionalen Raum transformiert. In dem hochdimensionalen Raum wird dann eine lineare Trennung berechnet. Im ursprünglichen Merkmalsraum sieht diese Trennung dann jedoch nicht mehr linear aus, sondern hängt von der Raumtransformation ab. Dieses recht abstrakte Konzept können wir uns wie folgt veranschaulichen.

```
import numpy as np
import matplotlib.pyplot as plt
from matplotlib.colors import ListedColormap
from sklearn import datasets
from sklearn.preprocessing import StandardScaler
from sklearn.datasets import make_circles
from mpl_toolkits.mplot3d import Axes3D

X_circles, Y_circles = make_circles(noise=0.1, factor=0.5, random_state=1)
X_circles = StandardScaler().fit_transform(X_circles)

Z_circles = X_circles[:,0]*X_circles[:,0]+X_circles[:,1]*X_circles[:,1]

fig = plt.figure(figsize=(12,4))
ax = fig.add_subplot(1, 2, 1)
ax.scatter(X_circles[:,0], X_circles[:,1],c=Y_circles, marker='.')
ax.set_xlim(X_circles[:,0].min(), X_circles[:,0].max())
ax.set_ylim(X_circles[:,1].min(), X_circles[:,1].max())
ax.set_title('Nicht linear trennbare Daten in $\mathbb{R}^2$')
ax.set_xlabel('$x_1$')
ax.set_ylabel('$x_2$')
↓
```

```
ax = fig.add_subplot(1, 2, 2, projection='3d')
ax.zaxis.set_rotate_label(False)
ax.scatter(X_circles[:,0], X_circles[:,1], Z_circles, c=Y_circles, marker='.')
ax.set_title('Linear trennbar in $\mathbb{R}^3$ mit $x_1^2+x_2^2$')
ax.set_xlabel('$x_1$')
ax.set_ylabel('$x_2$')
ax.set_zlabel('$x_1^2+x_2^2$', rotation=90)
ax.set_xticks(())
ax.set_yticks(())
ax.set_zticks(())
ax.view_init(10, 45)
plt.show()
```

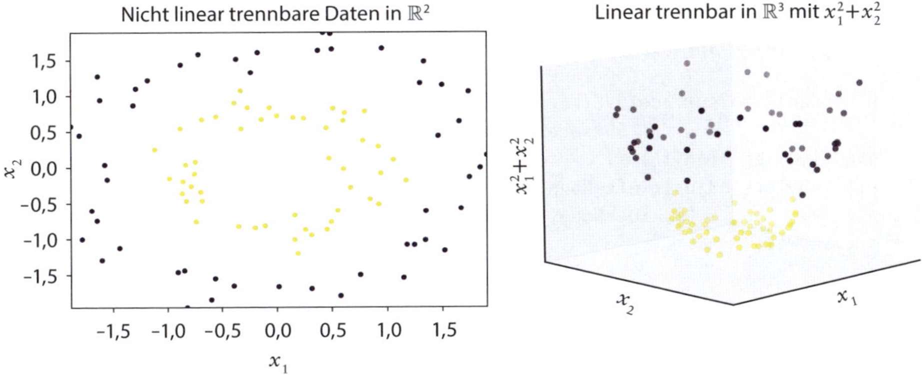

Auf der linken Seite sehen wir zwei ineinander liegende Kreise, die unterschiedlich klassifiziert sind. Offensichtlich gibt es keine Gerade, mit der man diese Instanzen trennen kann, und man kann diese Daten folglich auch nicht mit einer linearen SVM sinnvoll klassifizieren. Auf der rechten Seite sehen wir die Erweiterung des Merkmalsraums durch das Merkmal $(x_1^2+x_2^2)$. Durch diese dritte Dimension erkennen wir, dass die gelben Instanzen im unteren Bereich liegen und die lila Instanzen im oberen Bereich. Mit einer Ebene, also der dreidimensionalen Erweiterung einer Geraden, können wir die Daten jetzt linear trennen. In den ursprünglichen zwei Dimensionen würde diese Trennung aber zu einer kreisförmigen Decision Boundary führen. Dies ist genau wie bei einer Tasse: Von oben betrachtet ist die Form auch nur ein Kreis.

In der Praxis definiert man bei SVMs nicht händisch weitere Merkmale, um den Raum zu erweitern, sondern benutzt stattdessen *Kernfunktionen* (engl. *kernel functions*). Die Kernfunktionen definieren, wie die Merkmale in den höherdimensionalen Raum transformiert werden. Das obige Beispiel benutzt einen *polynomiellen* Kern, da wir die Merkmale durch eine quadratische Funktion transformieren. Während wir uns das noch relativ einfach visualisieren können, ist das nicht bei allen Kernfunktionen ohne Weiteres möglich. Die *radiale Basisfunktion* (RBF) misst zum Beispiel die paarweisen radialen Distanzen zwischen den Instanzen und führt zu einem unendlichdimensionalen Merkmalsraum. Dies kann man weder visualisieren noch einfach berechnen. Im Allgemeinen kann man also die Kerntransformation nicht visuell darstellen und zum Teil nicht einmal den Raum vollständig berechnen. Die SVMs nutzen den *Kernel-Trick* (den wir hier nicht im Detail diskutieren), um zu vermeiden, dass die Daten überhaupt transformiert werden müssen.

Die Form der Decision Boundary im ursprünglichen Merkmalsraum hängt von der Kernfunktion ab, die man für die Feature Expansion nutzt. Im Folgenden sehen wir die Decision Surfaces der Irisdaten mit einer linearen SVM (keine Transformation der Merkmale), einer polynomiellen SVM und einer SVM mit einem RBF-Kernel.

```
f, axes = plt.subplots(2, 2, figsize=(12, 7))
plot_decision_surface(SVC(kernel="linear", C=0.025), X, Y, title="Decision
                       Surface einer SVM (Linear)", ax=axes[0,0])
plot_decision_surface(SVC(kernel='poly', degree=3, C=1), X, Y, title="Decision
                       Surface einer SVM (Polynomial)", ax=axes[0,1])
plot_decision_surface(SVC(kernel='rbf', gamma=2, C=1), X, Y, title="Decision
                       Surface einer SVM (RBF)", ax=axes[1,0])
axes[1,1].axis('off')
plt.subplots_adjust(left=None, bottom=0, right=None,
                    top=None, wspace=None, hspace=0.3)
plt.show()
```

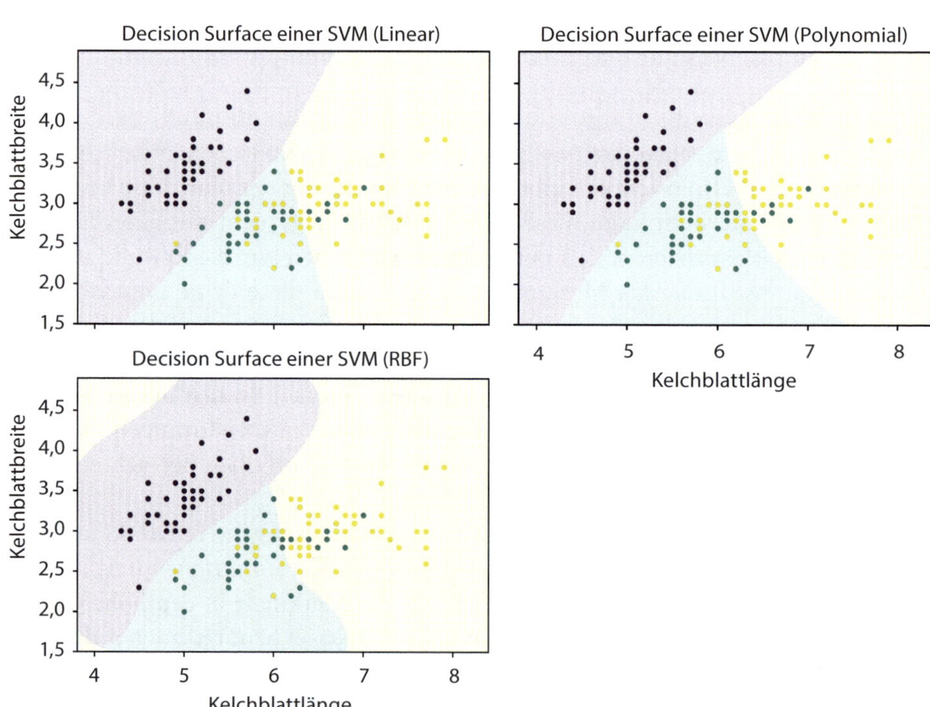

> **Bemerkung:**
>
> Die Kernfunktionen der SVMs haben häufig noch Parameter, mit denen diese skaliert werden. Für den praktischen Einsatz von SVMs sind die Parameter extrem wichtig und sie haben einen großen Einfluss auf das Ergebnis der Klassifikation. SVMs können sehr mächtig sein, jedoch nur wenn eine geeignete Kernfunktion mit passenden Parametern gewählt wird.

7.10 Neuronale Netzwerke

Neuronale Netzwerke basieren auf der Idee, die Kommunikation zwischen Neuronen im menschlichen Hirn zu simulieren, um Entscheidungen zu treffen. Die Grundidee ist einfach: Neuronen werden *aktiviert* und sie *propagieren* den Wert ihrer Aktivierung an weitere Neuronen. Diese Neuronen bestimmen dann wiederum den Wert ihrer Aktivierung und propagieren diesen weiter.

Hier ist ein Beispiel für ein einfaches neuronales Netzwerk.

```
from graphviz import Digraph

network = Digraph()
network.attr(splines='line')
network.attr(rankdir='LR')

# Add three input neurons
with network.subgraph() as layer:
    layer.attr(rank='same')
    for i in range(1,4):
        layer.node('x_%i' % i, style='filled', color='orange')

# Add two hidden layers with 4 neurons
with network.subgraph() as layer:
    layer.attr(rank='same')
    for i in range(1,5):
        layer.node('f1_%i' % i, style='filled', color='silver')
with network.subgraph() as layer:
    layer.attr(rank='same')
    for i in range(1,5):
        layer.node('f2_%i' % i, style='filled', color='silver')

# Add one output neuron
with network.subgraph() as layer:
    layer.attr(rank='same')
    layer.node('c', style='filled', color='lightblue')

# Fully connected network between layers
for i in range(1,4):
    for j in range(1,5):
        network.edge('x_%i' % i, 'f1_%i' % j)
for i in range(1,5):
    for j in range(1,5):
        network.edge('f1_%i' % i, 'f2_%i' % j)
    network.edge('f2_%i' % i, 'c')
↓
```

```
# Ensure correct order of nodes through invisible edges
for i in range(1,3):
    network.edge('x_%i' % i, 'x_%i' % (i+1), style='invis')
for i in range(1,4):
    network.edge('f1_%i' % i, 'f1_%i' % (i+1), style='invis')
    network.edge('f2_%i' % i, 'f2_%i' % (i+1), style='invis')

network.format = 'png'
# Visualize the graph
display(network)
```

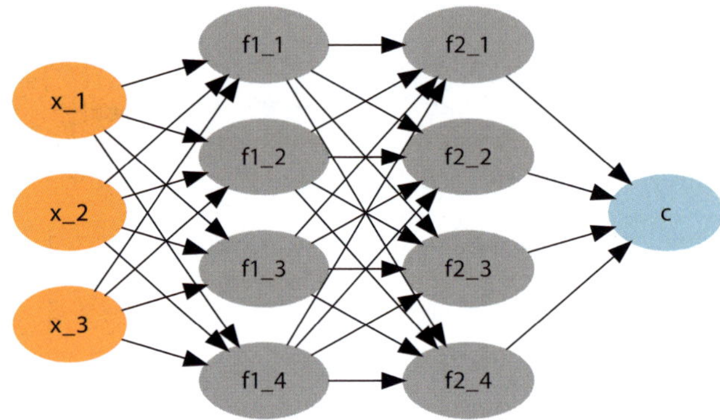

Jeder Knoten im Graph repräsentiert ein Neuron. Die Neuronen selbst sind in *Ebenen* (engl. *layer*) organisiert. Man unterscheidet zwischen dem *Input Layer* (orange), den *Hidden Layers* (grau) und dem *Output Layer* (blau). Der Input Layer hat ein Neuron für jedes Merkmal. Mit anderen Worten, jedes Neuron des Input Layer propagiert den Wert des Merkmals einer Instanz in das Netzwerk. In unserem Beispiel gibt es also drei Merkmale x_1, x_2 und x_3. Der Output Layer gibt das Ergebnis des neuronalen Netzes aus, in unserem Fall die Klasse c. Häufig ist es so, dass es für jede Klasse ein Neuron im Output Layer gibt und man die Werte des Output Layer als Scoring-Funktion interpretiert. Die Hidden Layers beinhalten zusätzliche Neuronen und korrelieren die Informationen aus dem Input Layer, um eine geeignete Aktivierung der Neuronen im Output Layer zu lernen. Diese Layers sind sozusagen *versteckt*, da man von außen nur den Input bzw. Output Layer sieht. Die Kanten zwischen den Neuronen modellieren den Informationsfluss: Die Aktivierung eines Neurons wird an alle mit einer Kante verbundenen Neuronen weitergeleitet und dort in die Berechnung der Aktivierung einbezogen. In unserem Beispielnetzwerk gibt es Kanten zu allen Neuronen der nächsten Ebene. Diese Art der Verbindung zwischen den Ebenen bezeichnet man als *Fully Connected Layer* und man nennt ein Netzwerk, das nur aus Fully Connected Layers besteht, *Multilayer Perceptron* (MLP). Jedes Neuron nutzt die gewichtete Summe der Eingaben, um die *Aktivierungsfunktion* zu berechnen. Die Aktivierung des Neurons $f_{1,3}$ wird zum Beispiel berechnet als

$$f_{1,3} = f_{act}(\sum_{i=1}^{3} w_i x_i),$$

wobei f_{act} die Aktivierungsfunktion des Neurons und w_i die Gewichte der Eingabe sind. Die Aktivierungsfunktion transformiert also die Eingabe des Neurons. Es gibt verschiedene Aktivierungsfunktionen, die üblicherweise verwendet werden und unterschiedliche Auswirkungen haben. Vier häufig verwendete Funktionen sind die Identität, *RelU*, *Logistic* und *tanh*.

```
f, axes = plt.subplots(2, 2, figsize=(12, 7))
axes[0, 0].plot(np.linspace(-np.pi, np.pi, 100),
                np.linspace(-np.pi, np.pi, 100))
axes[0, 0].set_title("Identity")
axes[0, 0].set_xlabel("X")
axes[0, 0].set_ylabel("Y")
axes[0, 1].plot(np.linspace(-np.pi, np.pi, 100),
                np.maximum(0, np.linspace(-np.pi, np.pi, 100)))
axes[0, 1].set_title("RelU")
axes[0, 1].set_xlabel("X")
axes[0, 1].set_ylabel("Y")
axes[1, 0].plot(np.linspace(-np.pi, np.pi, 100), 1 /
                (1+np.exp(-np.linspace(-np.pi, np.pi, 100))))
axes[1, 0].set_title("Logistic")
axes[1, 0].set_xlabel("X")
axes[1, 0].set_ylabel("Y")
axes[1, 1].plot(np.linspace(-np.pi, np.pi, 100),
                np.tanh(np.linspace(-np.pi, np.pi, 100)))
axes[1, 1].set_title("tanh")
axes[1, 1].set_xlabel("X")
axes[1, 1].set_ylabel("Y")
plt.subplots_adjust(left=None, bottom=0, right=None,
                    top=None, wspace=None, hspace=0.3)
plt.show()
```

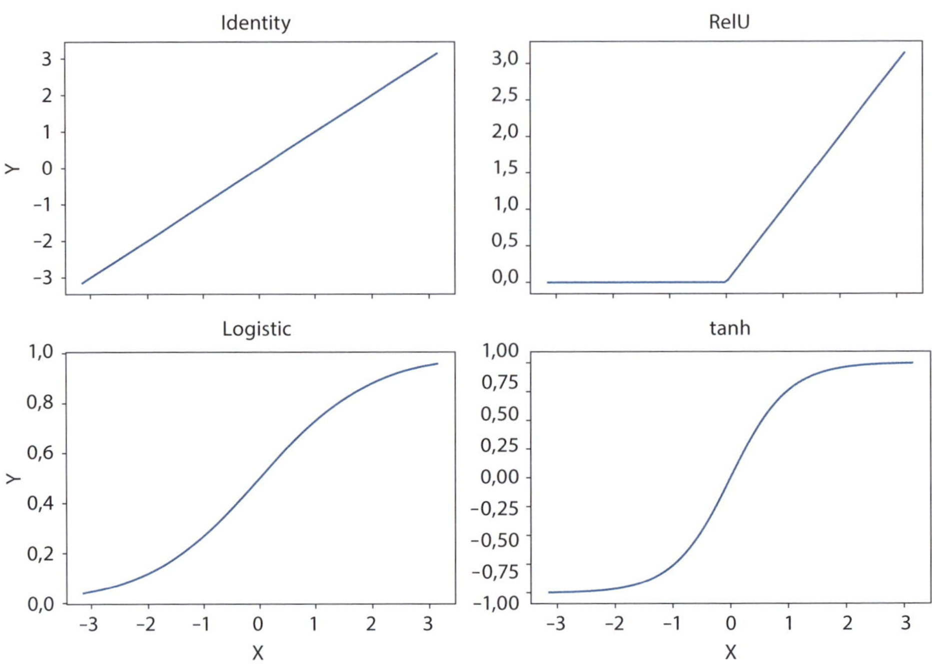

Die einfachste Aktivierungsfunktion ist die Identität, bei der die gewichtete Eingabe der Aktivierung des Neurons entspricht. Die *Rectified Linear Unit*, kurz *RelU*, ist eine Variante der Identität, die alle negativen Werte auf null setzt, es gibt also keine negative Aktivierung. In der Praxis hat sich diese Funktion bewährt und ist für viele Anwendungen die erste Wahl. Die logistische Funktion und *tanh*-Funktionen haben beide eine »S-Form«. Die logistische Funktion kennen wir bereits von der logistischen Regression. Sie bildet die Eingabe auf eine Wahrscheinlichkeitsverteilung ab. Ist die Eingabe negativ, ist die Wahrscheinlichkeit kleiner als 0,5, ist die Eingabe positiv, ist die Wahrscheinlichkeit größer als 0,5. Bei ca. ±3 konvergiert die Funktion zu null bzw. eins. Die *tanh*-Funktion ist im Intervall [-1,1] nahezu linear. Außerhalb dieses Bereichs konvergiert diese Funktion schnell gegen -1 bzw. +1. Mit der Ausnahme der Identität »normalisieren« die Aktivierungsfunktionen also die Eingaben, um extreme Werte zu verhindern.

Wenn wir ein neuronales Netz einsetzen wollen, müssen wir die komplette Struktur des Netzwerks definieren: Wie viele Hidden Layers gibt es, wie viele Neuronen hat jeder Layer, wie sind die Neuronen miteinander verbunden, um die Informationen zu propagieren, und welche Aktivierungsfunktionen werden benutzt. Das Training vom neuronalen Netz berechnet die Gewichte w_i, also den Einfluss von jedem Neuron auf die Aktivierung der folgenden Neuronen. Unten sieht man, wie sich diese Entscheidungen auf die Decision Surfaces für die Irisdaten auswirken.

```
from sklearn.neural_network import MLPClassifier

f, axes = plt.subplots(4, 2, figsize=(12, 14))
plot_decision_surface(MLPClassifier(hidden_layer_sizes=(50, 25, 10),
                                    max_iter=10000,
                                    activation='identity'), X, Y,
                                    title="Decision Surface eines
                                    MLP\nAktivierung: Identität - Hidden
                                    Layers: 3 Layers: 50, 25, 10 Neuronen",
                                    ax=axes[0, 0])
plot_decision_surface(MLPClassifier(hidden_layer_sizes=(100, 100, 100),
                                    max_iter=10000,
                                    activation='identity'), X, Y,
                                    title="Decision Surface eines
                                    MLP\nAktivierung: Identität - Hidden
                                    Layers: 3 Layers: 100, 100, 100
                                    Neuronen", ax=axes[0, 1])
plot_decision_surface(MLPClassifier(hidden_layer_sizes=(50, 25, 10),
                                    max_iter=10000,
                                    activation='relu'), X, Y, title="Decision
                                    Surface eines MLP\nAktivierung: RelU -
                                    Hidden Layers: 3 Layers: 50, 25, 10
                                    Neuronen", ax=axes[1, 0])
plot_decision_surface(MLPClassifier(hidden_layer_sizes=(100, 100, 100),
                                    max_iter=10000,
                                    activation='relu'), X, Y, title="Decision
                                    Surface eines MLP\nAktivierung: RelU -
                                    Hidden Layers: 3 Layers: 100, 100, 100
                                    Neuronen", ax=axes[1, 1])
plot_decision_surface(MLPClassifier(hidden_layer_sizes=(50, 25, 10),
                                    max_iter=10000,
                                    activation='logistic'), X, Y,
                                    title="Decision Surface eines
                                    MLP\nAktivierung: Logistic - Hidden
                                    Layers: 3 Layers: 50, 25, 10 Neuronen",
                                    ax=axes[2, 0])
plot_decision_surface(MLPClassifier(hidden_layer_sizes=(100, ),
                                    max_iter=10000,
                                    activation='logistic'), X, Y,
                                    title="Decision Surface eines
                                    MLP\nAktivierung: Logistic - Hidden
                                    Layers: 1 Layer: 100 Neuronen",
                                    ax=axes[2, 1])
plot_decision_surface(MLPClassifier(hidden_layer_sizes=(50, 25, 10),
                                    max_iter=10000,
                                    activation='tanh'), X, Y, title="Decision
                                    Surface eines MLP\nAktivierung: tanh -
                                    Hidden Layers: 3 Layers: 50, 25, 10
                                    Neuronen", ax=axes[3, 0])
plot_decision_surface(MLPClassifier(hidden_layer_sizes=(100, 100, 100),
                                    max_iter=10000,
                                    activation='tanh'), X, Y, title="Decision
                                    Surface eines MLP\nAktivierung: tanh -
                                    Hidden Layers: 3 Layers: 100, 100, 100
                                    Neuronen", ax=axes[3, 1])
plt.subplots_adjust(left=None, bottom=0, right=None,
                    top=None, wspace=0.6, hspace=0.6)
plt.show()
```

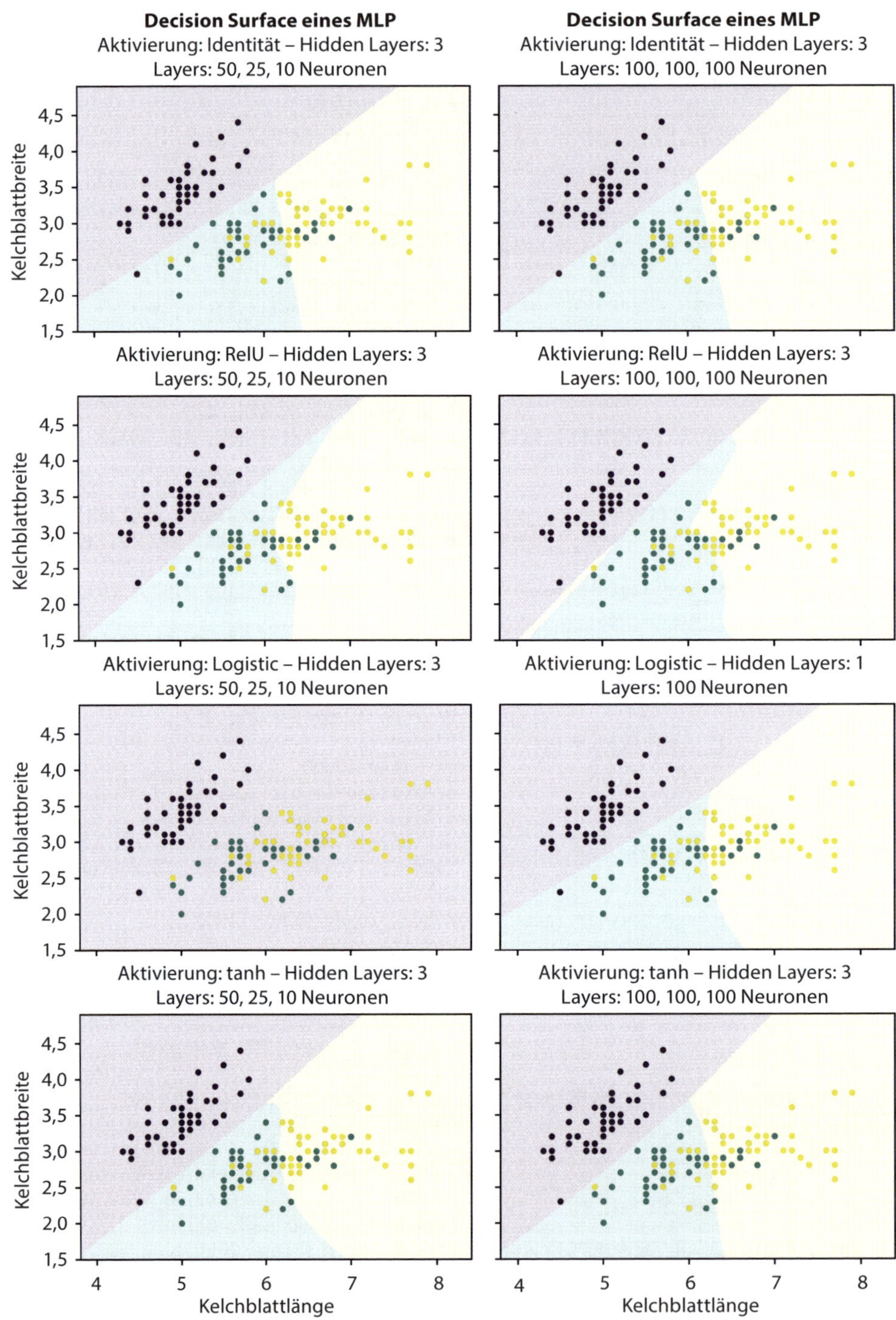
Decision Surface eines MLP
Aktivierung: Identität – Hidden Layers: 3
Layers: 50, 25, 10 Neuronen
Decision Surface eines MLP
Aktivierung: Identität – Hidden Layers: 3
Layers: 100, 100, 100 Neuronen
Aktivierung: RelU – Hidden Layers: 3
Layers: 50, 25, 10 Neuronen
Aktivierung: RelU – Hidden Layers: 3
Layers: 100, 100, 100 Neuronen
Aktivierung: Logistic – Hidden Layers: 3
Layers: 50, 25, 10 Neuronen
Aktivierung: Logistic – Hidden Layers: 1
Layers: 100 Neuronen
Aktivierung: tanh – Hidden Layers: 3
Layers: 50, 25, 10 Neuronen
Aktivierung: tanh – Hidden Layers: 3
Layers: 100, 100, 100 Neuronen
Kelchblattbreite
4,5
4,0
3,5
3,0
2,5
2,0
1,5
4
5
6
7
8
Kelchblattlänge

Wie man sieht, sind alle Decision Surfaces verschieden. Mit der Identität erhält man eine lineare Decision Boundary, bei der logistischen Funktion und *tanh* haben wir eine glatt aussehende (differenzierbare) Kurve, bei *RelU* kann man die Form bestenfalls als unregelmäßig beschreiben. Bei RelU sehen wir auch das große Risiko von neuronalen Netzen: Overfitting. Bei drei Fully Connected Layers mit je 100 Neuronen pro Layer haben wir $2 \cdot (100 \cdot 100) = 20000$ Gewichte zwischen den Hidden Layers, die berechnet werden. Dazu kommen noch die Gewichte zwischen den Hidden Layers und dem Input bzw. Output Layer. Wir haben also eine sehr große Anzahl von Modellparametern, sodass es problemlos möglich ist, eine kleine Unregelmäßigkeit in die Decision Boundary einzubauen, um etwa eine einzelne gelbe Instanz zwischen lila und türkis durch Overfitting richtig zu klassifizieren. Das ist ein allgemeines Problem von neuronalen Netzen. Sind sie zu klein, bekommt man keine guten Ergebnisse, sind sie zu groß, riskiert man Overfitting. Die Wahl der Netzwerkstruktur benötigt daher viel Erfahrung und sollte mithilfe von Validierungsdaten und Visualisierungen unterstützt werden.

Dies war nur ein grober Überblick über neuronale Netze. Für den Einsatz in der Praxis ist es oft ratsam, auf etablierte Netzstrukturen zurückzugreifen. Deshalb wollen wir noch kurz auf einige wichtige Netzwerkstrukturen eingehen. Dieser Überblick ist nicht vollständig, da sich das Feld sehr schnell entwickelt und es immer neue Trends gibt.

- *Convolutional Neural Networks* (CNN)/*Convolutional Layers*
  Hier wird eine räumliche Beziehung zwischen den Merkmalen ausgenutzt. Hat man zum Beispiel ein Bild als Eingabe, gibt es Nachbarschaftsbeziehungen zwischen den Pixeln. Statt also alle Pixel miteinander zu verbinden, wie es bei einem Fully Connected Layer der Fall wäre, verbindet man nur die Nachbarn miteinander. Weiterhin kann man hierbei verschiedene Eingabekanäle nutzen, zum Beispiel für die verschiedenen Farben (RBG). Auch dies kann man als Nachbarschaft betrachten. Hierdurch kann das Netzwerk die lokale Struktur innerhalb von Bildern ausnutzen. Technisch wird das durch *Filter*, die auswählen, welche Pixel aus der Nachbarschaft zusammenhängen, und *Pooling Layers*, die dann die Informationen aus der Nachbarschaft verbinden, umgesetzt.
- *Dropout Layers*
  Neuronale Netze mit vielen Neuronen neigen zum Overfitting. Durch Dropout Layers kann man während des Trainings zufällig einige Bereiche des Netzwerks deaktivieren. Hierdurch soll erreicht werden, dass kein Bereich einfach Informationen auswendig lernen kann, die dann verloren gehen. Stattdessen soll dies dazu führen, dass das Netzwerk ein generalisiertes Konzept lernt, was ohne den deaktivierten Bereich zwar nicht mehr perfekt wäre, aber auch kein Totalausfall.

- *Softmax Layers*
  Softmax Layers werden häufig zur Berechnung des Output Layer verwendet. Die Idee des Softmax Layer ist es, dass der Output Layer dann als Ergebnis eine Wahrscheinlichkeitsverteilung als Scoring-Funktion darstellt. Hierzu wird die Softmax-Funktion verwendet, die man als Verallgemeinerung der logistischen Regression interpretieren kann.
- *Recurrent Neural Network* (RNN)
  Im obigen Beispiel gehen alle Kanten des Netzwerkes immer zum nächsten Layer, was auch als *feed forward* bezeichnet wird. Es ist jedoch auch möglich, dass es Kanten innerhalb eines Layer oder sogar zu vorigen Layers gibt. Solche Netzwerke nennt man *recurrent*, da sie Informationen auch zurückreichen können. Hierdurch haben diese Netzwerke eine Art »Gedächtnis«, das man nutzen kann, um zeitliche Abhängigkeiten zwischen Merkmalen zu modellieren. Durch dieses Gedächtnis gibt es jedoch auch einige Probleme, sodass häufig spezielle Neuronen verwendet werden, zum Beispiel für *Long Short-Term Memory* (LSTM).
- *Transformer*
  Transformer versuchen, das Konzept der *Aufmerksamkeit* in den Netzwerkstrukturen abzubilden, um zum Beispiel bei der Textanalyse nicht nur das aktuelle Wort oder den aktuellen Satz zu betrachten, sondern den größeren Kontext. Hierzu gibt es einen *Attention Head*, der den aktuellen Kontext kennt und modelliert, wie sich dieser Kontext auswirkt.
- *Generative Adversarial Network* (GAN)
  Man kann mit neuronalen Netzen auch künstliche Instanzen generieren. Hierbei treten zwei neuronale Netze gegeneinander an: Das erste Netz versucht zu entscheiden, ob eine Instanz aus den echten Trainingsdaten kommt oder künstlich erzeugt wurde. Das zweite Netz versucht künstliche Daten so zu erzeugen, dass das erste Netz diese für echt hält. Hierdurch kann man sowohl die Qualität des ersten Netzes verbessern als auch künstliche Daten, die wie echt aussehen, generieren, zum Beispiel Bilder.
- *Deep Neural Network* (DNN)
  Formal ist jedes neuronale Netz, das mindestens einen Hidden Layer hat, ein DNN. Hiermit sind jedoch in der Regel sehr große Netzwerke gemeint, die oft viele Ebenen und extrem viele Neuronen besitzen, teils mehrere Millionen oder sogar Milliarden.

7.10.1 Exkurs: CNNs zum Erkennen von Zahlen

Als kurzen Einstieg betrachten wir das Hello World des Deep Learning: Die Erkennung von Zahlen mit dem sogenannten MNIST-Datensatz. Dieser Datensatz besteht aus einfachen Schwarz-Weiß-Bildern der Ziffern 0 bis 9. Die ersten zehn Ziffern sehen zum Beispiel folgendermaßen aus.

```
# we need three libraries (and matplotlib):
# tensorflow is one of the major libraries for deep learning
# keras is the standard library to define network for tensorflow
# both are compatible with numpy for numerics
import numpy as np
from tensorflow import keras
from tensorflow.keras import layers
import matplotlib.pyplot as plt

# we first load the data from the keras samples
(x_train, y_train), (x_test, y_test) = keras.datasets.mnist.load_data()

# rescale features to the interval [0,1]
min_val = np.min(x_train)
max_val = np.max(x_train)
x_train = (x_train-min_val)/(max_val-min_val)
x_test = (x_test-min_val)/(max_val-min_val)

# we need to add an "empty dimension", because we need a tensor (3d matrix)
x_train = np.expand_dims(x_train, -1)
x_test = np.expand_dims(x_test, -1)

# convert labels into a categorical feature
num_classes = len(np.unique(y_train))
y_train = keras.utils.to_categorical(y_train, num_classes)
y_test = keras.utils.to_categorical(y_test, num_classes)

# show the first ten instances of the data
fig, axes = plt.subplots(1, 10, figsize=(10,3))
for i in range(10):
    axes[i].imshow(x_train[i], cmap = 'gray')
    axes[i].axis('off')
plt.show()
```

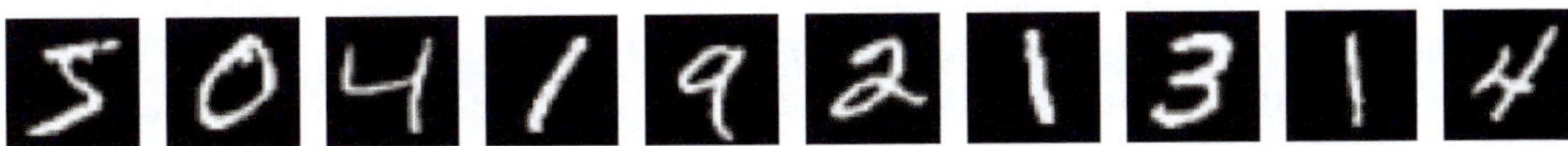

Dieser Datensatz ist gut geeignet, um zu zeigen, wie einige der oben genannten Netzwerkstrukturen funktionieren, um ein CNN zu erstellen. Die Bilder der Zahlen haben 26×26 Pixel und bestehen aus den Graustufen mit Werten von 0 bis 255. Zur Verarbeitung der Bilder eignet sich zum Beispiel folgendes Netzwerk:

- Die Eingaben werden zuerst von einem *Convolutional Layer* mit einem 3×3-Kernel verarbeitet. Das bedeutet, dass jeweils 9 Pixel gemeinsam betrachtet werden, nämlich die drei benachbarten Pixel in der Höhe und Breite. Das geschieht, indem ein *Filter* gelernt wird, den wir uns einfach als Linearkombination der neun Pixel vorstellen können. Für jeden Pixel wird dieser Filter berechnet, wir haben also als Ein- und Ausgabe die 26×26 Pixel. Das passiert jedoch nicht nur einmal, sondern in unserem Fall 32-mal, damit das Netzwerk mehrere Filter pro Pixel lernen kann. Entsprechend haben wir also 26×26×32 Werte für die Ausgabe.

- Anschließend wird die Dimension der Daten durch einen *Pooling Layer* reduziert. Hier werden Quadrate von 2×2 Pixel zusammengefasst. Es gibt verschiedene Varianten vom Pooling. Beim *Max Pooling* wird das Maximum der vier Werte als neuer Wert genommen. Dadurch, dass jeweils vier benachbarte Pixel zusammengefasst werden, bekommen wir 13×13×32 Werte.
- Durch einen *Flatten Layer* wird diese dreidimensionale Matrixstruktur (man spricht von einem *Tensor*) in einen einfachen Vektor verwandelt. Dieser hat dann 13×13×32=5048 Werte. In diesem Layer wird nichts berechnet, sondern nur die Form der Daten verändert.
- Jetzt haben wir einen *Dense Layer*, den wir auch schon unter dem Namen *Fully Connected Layer* beim MLP kennengelernt haben. In unserem Fall sind 128 Neuronen im Dense Layer, die alle die 5408 Werte aus dem Max Pooling als Eingabe erhalten.
- Als Nächstes kommt ein *Dropout Layer* mit einer Dropout-Wahrscheinlichkeit von 50 %. Das heißt, dass jedes der 128 Neuronen aus dem Dense Layer in jedem Trainingsschritt mit einer Wahrscheinlichkeit von 50 % deaktiviert wird. Das garantiert, dass jede Eingabe von verschiedenen Bereichen des Netzwerks berücksichtigt wird, und verhindert dadurch Overfitting.
- Als Ausgabe haben wir wieder einen *Dense Layer*, nur dass wir diesmal für jede Klasse ein Neuron haben. Als Aktivierungsfunktion wird die oben bereits erwähnte Softmax-Funktion genutzt, sodass wir als Ausgaben die Wahrscheinlichkeit für jede Zahl erhalten.

```
# we now build define the network structure
# each entry in the list defines a layer
# the first entry is the input layer
# the last entry is the output layer
# the other entries are the hidden layer
model = keras.Sequential(
    layers=[keras.Input(shape=x_train[0].shape), # 28x28 pixel, one input
                                                  # channel (b/w)
            layers.Conv2D(32, kernel_size=(3, 3), activation="relu"),
            layers.MaxPooling2D(pool_size=(2, 2)),
            layers.Flatten(),
            layers.Dense(128, activation='relu'),
            layers.Dropout(0.5),
            layers.Dense(num_classes, activation="softmax")],
    name='CNN'
)

model.summary()
```

```
Model: "CNN"
_________________________________________________________________
Layer (type)                 Output Shape              Param #
=================================================================
conv2d_1 (Conv2D)            (None, 26, 26, 32)        320
_________________________________________________________________
max_pooling2d_1 (MaxPooling2D) (None, 13, 13, 32)      0
_________________________________________________________________
flatten_1 (Flatten)          (None, 5408)              0
_________________________________________________________________
dense_2 (Dense)              (None, 128)               692352
_________________________________________________________________
dropout_1 (Dropout)          (None, 128)               0
_________________________________________________________________
dense_3 (Dense)              (None, 10)                1290
=================================================================
Total params: 693,962
Trainable params: 693,962
Non-trainable params: 0
_________________________________________________________________
```

In der Zusammenfassung des Modells von Keras sieht man, dass dieses Netz bereits fast 700.000 Parameter hat, obwohl es für Deep Learning noch relativ klein ist. Daher braucht man auch sehr viele Daten, um solche Netze zu trainieren. Bei den MNIST-Daten gibt es 60.000 Trainingsbilder und 10.000 Testbilder. Wir nutzen 10 % der Trainingsdaten als Validierungsdaten. Das sind insgesamt fast zu wenig Daten für ein Netzwerk dieser Größe, reicht aber als Beispiel. Im Training wird nach jeder *Epoche* die aktuelle Modellqualität auf den Trainingsdaten (accuracy) und den Validierungsdaten (val_accuracy) ausgegeben. Eine Epoche bedeutet, dass jede Trainingsinstanz zum Verbessern der Gewichte des neuronalen Netzwerks benutzt wurde.

```
batch_size = 128 # number of instances used for updated at once
epochs = 15      # number of times each instance is used

print('Training des neuronalen Netzwerks:')
model.compile(loss="categorical_crossentropy", optimizer="adam",
              metrics=["accuracy"])
model.fit(x_train, y_train, batch_size=batch_size, epochs=epochs,
          validation_split=0.1, verbose=2)

score = model.evaluate(x_test, y_test, verbose=0, return_dict=True)
print()
print('Accuracy auf den Testdaten: %.3f' % score['accuracy'])
```

```
Training des neuronalen Netzwerks:
Epoch 1/15
422/422 - 4s - loss: 0.1345 - accuracy: 0.9598 - val_loss: 0.0607 -
                    val_accuracy: 0.9815
Epoch 2/15
422/422 - 4s - loss: 0.0913 - accuracy: 0.9731 - val_loss: 0.0494 -
                    val_accuracy: 0.9870
Epoch 3/15
422/422 - 4s - loss: 0.0750 - accuracy: 0.9776 - val_loss: 0.0441 -
                    val_accuracy: 0.9878
Epoch 4/15
422/422 - 4s - loss: 0.0634 - accuracy: 0.9809 - val_loss: 0.0422 -
                    val_accuracy: 0.9878
Epoch 5/15
422/422 - 4s - loss: 0.0548 - accuracy: 0.9824 - val_loss: 0.0429 -
                    val_accuracy: 0.9890
Epoch 6/15
422/422 - 4s - loss: 0.0477 - accuracy: 0.9852 - val_loss: 0.0382 -
                    val_accuracy: 0.9900
Epoch 7/15
422/422 - 4s - loss: 0.0450 - accuracy: 0.9851 - val_loss: 0.0401 -
                    val_accuracy: 0.9893
Epoch 8/15
422/422 - 4s - loss: 0.0406 - accuracy: 0.9874 - val_loss: 0.0418 -
                    val_accuracy: 0.9882
Epoch 9/15
422/422 - 4s - loss: 0.0358 - accuracy: 0.9880 - val_loss: 0.0468 -
                    val_accuracy: 0.9883
Epoch 10/15
422/422 - 4s - loss: 0.0310 - accuracy: 0.9904 - val_loss: 0.0412 -
                    val_accuracy: 0.9898
Epoch 11/15
422/422 - 5s - loss: 0.0288 - accuracy: 0.9905 - val_loss: 0.0450 -
                    val_accuracy: 0.9893
Epoch 12/15
422/422 - 5s - loss: 0.0250 - accuracy: 0.9921 - val_loss: 0.0426 -
                    val_accuracy: 0.9890
Epoch 13/15
422/422 - 5s - loss: 0.0248 - accuracy: 0.9920 - val_loss: 0.0405 -
                    val_accuracy: 0.9912
Epoch 14/15
422/422 - 5s - loss: 0.0237 - accuracy: 0.9918 - val_loss: 0.0468 -
                    val_accuracy: 0.9893
Epoch 15/15
422/422 - 5s - loss: 0.0230 - accuracy: 0.9925 - val_loss: 0.0427 -
                    val_accuracy: 0.9907

Accuracy auf den Testdaten: 0.988
```

Man erkennt, dass das Modell bereits nach der ersten Epoche sehr gut ist. Anschließend verbessert es sich noch weiter, sodass insgesamt fast 99 % der Zahlen korrekt erkannt werden. Diese Art von neuronalem Netz ist sehr verbreitet für die

Objekterkennung in beliebigen Bildern. Da es dann aber in der Regel mehr Pixel, mehr Farbkanäle, mehr Arten von Objekten und auch mehr Daten gibt, sind die CNNs größer und haben oft viele Convolutional, Pooling und Dropout Layers.

7.11 Vergleich der Klassifikationsalgorithmen

Wir haben sieben verschiedene Ansätze zum Lernen von Hypothesen zur Klassifikation betrachtet. Jeder dieser Ansätze hat andere Stärken und Schwächen. Welcher Algorithmus die beste Wahl ist, hängt von den Umständen (Anwendungsfall, verfügbare Daten) ab. In diesem Abschnitt vergleichen wir die Algorithmen direkt miteinander.

7.11.1 Grundidee

Wir haben diese Algorithmen nicht nur wegen ihrer praktischen Relevanz diskutiert, sondern auch weil alle Algorithmen auf einer anderen Grundidee basieren:

- k-Nearest Neighbor ist ein *instanzbasiertes* Verfahren, das die Klassifikation durch den direkten Vergleich von Instanzen berechnet.
- Entscheidungsbäume sind *regelbasiert* und ihre Erstellung beruht auf der Informationstheorie.
- Random Forests sind ein *Ensemble,* was schwächere Hypothesen zu einer starken Hypothese kombiniert.
- Logistische Regression *schätzt Wahrscheinlichkeiten* und zeigt, wie *Regression* zur Klassifikation verwendet werden kann.
- Naive Bayes ist aus der *Wahrscheinlichkeitsrechnung* abgeleitet.
- SVMs nutzen das Konzept der *Margin* und der *Feature Expansion* durch *Kerntransformationen.*
- Neuronale Netze sind ein sehr generischer Ansatz, den man für verschiedene Anwendungsfälle anpassen kann. Unter der Haube handelt es sich um sehr komplexe Regressionsmodelle.

Trotz dieser Vielfalt gibt es noch weitere wichtige Algorithmen, die wir nicht betrachtet haben, zum Beispiel Ensemble-Algorithmen, die auf *Boosting* setzen, um bessere Ergebnisse in Bereichen der Daten zu erhalten, wo die Güte bisher schlecht ist. Trotzdem hat man mit diesen Algorithmen eine gute und vielfältige Werkzeugkiste zum Lösen von Klassifikationsproblemen.

7.11.2 Decision Surfaces

Wesentlich für die Güte der gelernten Hypothesen sind die Decision Surfaces. Daher betrachten wir diese jetzt für verschiedene Beispieldatensätze und fangen mit den Irisdaten an.

```
from sklearn.neural_network import MLPClassifier
from sklearn.neighbors import KNeighborsClassifier
from sklearn.svm import SVC
from sklearn.tree import DecisionTreeClassifier
from sklearn.ensemble import RandomForestClassifier
from sklearn.naive_bayes import GaussianNB, MultinomialNB
from sklearn.linear_model import LogisticRegression

def plot_clf_comparison(X, Y):
    classifiers = [KNeighborsClassifier(5),
                   DecisionTreeClassifier(),
                   RandomForestClassifier(n_estimators=100, max_depth=3),
                   LogisticRegression(),
                   GaussianNB(),
                   MultinomialNB(),
                   SVC(kernel="linear", C=0.025, probability=True),
                   SVC(kernel='poly', degree=3, C=1, probability=True),
                   SVC(kernel='rbf', gamma=2, C=1, probability=True),
                   MLPClassifier(hidden_layer_sizes=(100, 100, 100),
                                 max_iter=10000, activation='identity'),
                   MLPClassifier(hidden_layer_sizes=(100, 100, 100),
                                 max_iter=10000, activation='relu'),
                   MLPClassifier(hidden_layer_sizes=(100, 100, 100),
                                 max_iter=10000, activation='logistic'),
                   MLPClassifier(hidden_layer_sizes=(100, 100, 100),
                                 max_iter=10000, activation='tanh')]

    clf_names = ["Nearest Neighbors (k=5)",
                 "Decision Tree",
                 "Random Forest",
                 "Logistic Regression",
                 "Gaussian Naive Bayes",
                 "Multinomial Naive Bayes",
                 "SVM (Linear)",
                 "SVM (Polynomial)",
                 "SVM (RBF)",
                 "MLP (Identity)",
                 "MLP (RelU)",
                 "MLP (Logistic)",
                 "MLP (tanh)"]
    f, axes = plt.subplots(5, 3, figsize=(18, 20))
    axes[0, 0].set_xlim(X.iloc[:, 0].min() - .5, X.iloc[:, 0].max() + .5)
    axes[0, 0].set_ylim(X.iloc[:, 1].min() - .5, X.iloc[:, 1].max() + .5)
    axes[0, 0].scatter(X.iloc[:, 0], X.iloc[:, 1], c=Y, marker='.')
    axes[0, 0].set_title('Trainingsdaten')

    cnt = 1
    for clf, name in zip(classifiers, clf_names):
        i = int(cnt/3)
        j = cnt % 3
        plot_decision_surface(clf, X, Y, title=name, ax=axes[i, j])
        cnt += 1
```

↓

```
    while cnt < 15:
        i = int(cnt/3)
        j = cnt % 3
        axes[i, j].axis('off')
        cnt += 1
    plt.setp(plt.gcf().get_axes(), xticks=[],
             yticks=[], ylabel=None, xlabel=None)

plot_clf_comparison(X, Y)
plt.show()
```

Trainingsdaten | Nearest Neighbors (k=5) | Decision Tree

Random Forest | Logistic Regression | Gaussian Naive Bayes

Multinomial Naive Bayes | SVM (Linear) | SVM (Polynomial)

SVM (RBF) | MLP (Identity) | MLP (RelU)

MLP (Logistic) | MLP (tanh)

Alle Algorithmen können gut die lila Instanzen von den anderen trennen. Es gibt jedoch größere Unterschiede bei der Trennung von türkisen und gelben Instanzen. Beim *k*-Nearest-Neighbor-Algorithmus und beim Entscheidungsbaum gibt es einzelne türkise Inseln innerhalb der gelben Region, die auf Overfitting hindeuten. Dies liegt an dem instanzbasierten Verfahren bzw. an den Regeln, die einfach nicht zusammenhängende Regionen erzeugen können. Dies wäre auch mit dem Random Forest möglich, wird hier aber durch die flachen Entscheidungsbäume mit einer niedrigen Tiefe von drei vermieden. Die Decision Boundaries der anderen Algorithmen werden durch kontinuierliche Funktionen beschrieben. Daher gibt es – außer bei RelU – keine derartigen Inseln. Bei neuronalen Netzen können die Funktionen leicht so komplex werden, dass man derartiges Overfitting nicht ausschließen kann. Lediglich beim Multinomial Naive Bayes ist das Ergebnis relativ schlecht, was sich aber dadurch begründen lässt, dass die Daten numerisch und nicht kategorisch sind.

Ein interessanter Aspekt, den man beobachten kann, ist folgender: Während die Decision Surfaces in den Regionen, wo die Trainingsdaten liegen, relativ ähnlich sind, gibt es größere Unterschiede in den Bereichen, wo es keine Daten gibt. Dies liegt an der Natur des maschinellen Lernens: Dort, wo keine Daten im Training vorliegen, gibt es keine Garantie, dass das Ergebnis sinnvoll ist und auf diese Bereiche generalisiert. Klassifikationsmodelle sind daher nur dort zuverlässig, wo es Daten im Training gab. Deshalb ist es auch wichtig, dass die Daten im produktiven Einsatz die gleiche Verteilung wie die Trainingsdaten haben.

Der nächste Datensatz sind zwei Halbmonde, die sehr nah beieinander liegen, aber sich (beinahe) nicht überlappen.

```
from sklearn.datasets import make_moons

X_moons, Y_moons = make_moons(noise=0.3, random_state=0)
plot_clf_comparison(pd.DataFrame(X_moons+3),Y_moons)
plt.show()
```

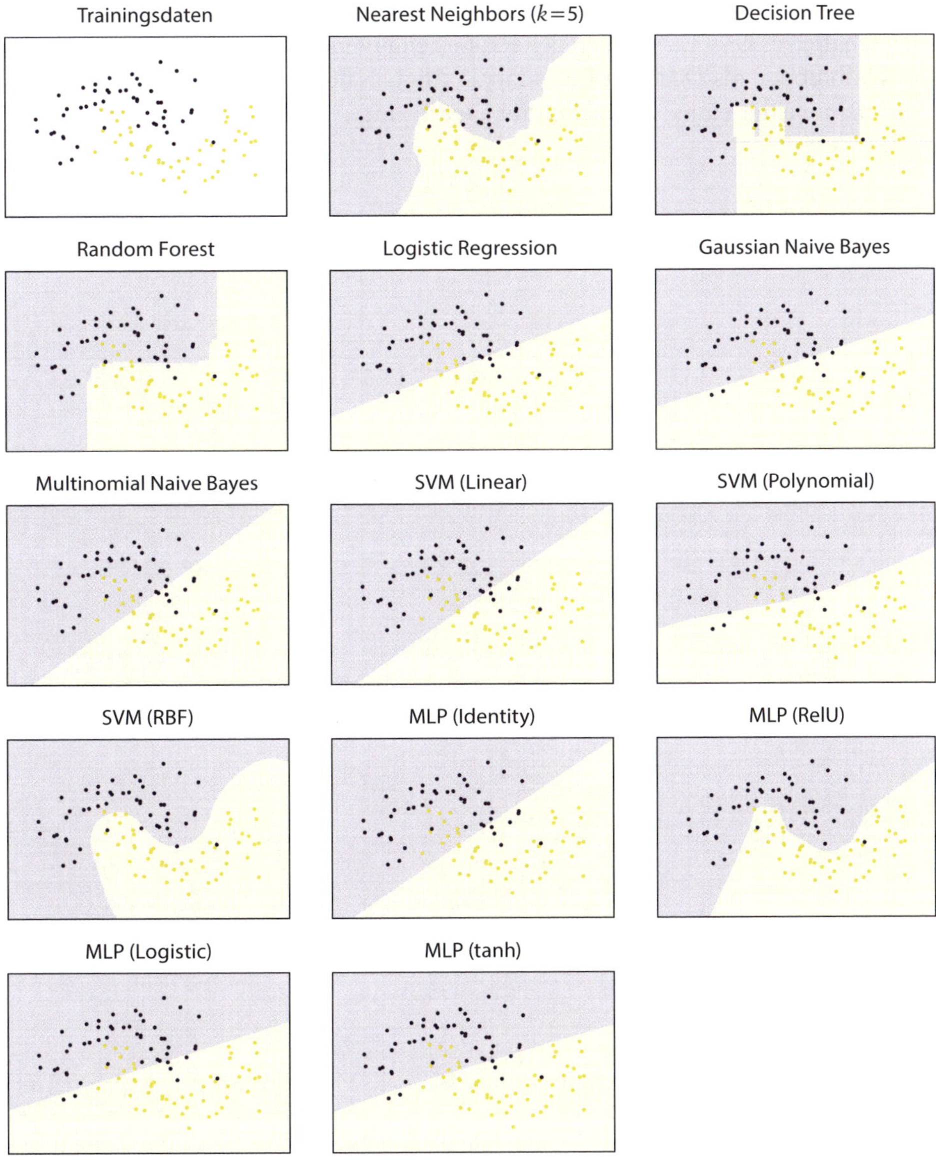

Bei diesen Daten können wir schon klare Unterschiede in der Ausdrucksfähigkeit der von den Algorithmen berechneten Hypothesen beobachten. Logistische Regression, Naive Bayes, die lineare und polynomielle SVM sowie alle MLPs, die nicht RelU als Aktivierungsfunktion haben, berechnen eine lineare oder nahezu lineare Trennung der Daten. Dies führt zu Fehlklassifikationen, da die Halbmonde ineinander liegen. Diese Ergebnisse sind zwar nicht extrem schlecht, da immer noch die meisten Daten richtig klassifiziert werden, die Decision Boundaries spiegeln jedoch nicht die eigentliche Verteilung der Klassen wider. Die anderen Algorithmen schaffen es besser, zwischen den Klassen zu unterscheiden, und lernen die Form der Halbmonde als Decision Boundary. Lediglich bei den Entscheidungsbäumen sieht man wieder einige Anzeichen für Overfitting.

Der nächste Datensatz sind zwei ineinander liegende Kreise. Auch hier liegen die Instanzen wieder nah beieinander, aber es gibt kaum Überschneidungen.

```
from sklearn.datasets import make_circles

X_circles, Y_circles = make_circles(noise=0.2, factor=0.5, random_state=1)
plot_clf_comparison(pd.DataFrame(X_circles+3), Y_circles)
plt.show()
```

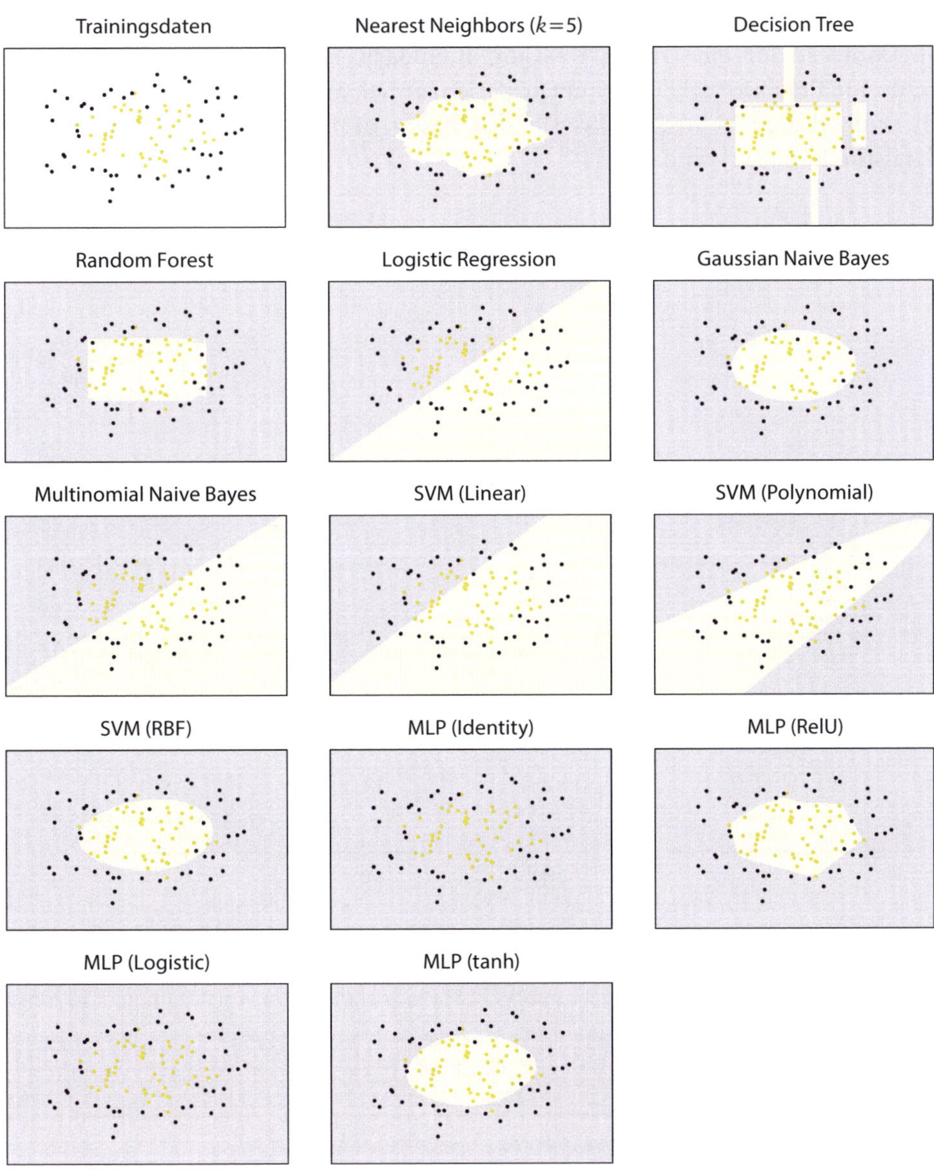

Das Ergebnis bei den Kreisen ist ähnlich wie bei den Halbmonden: Die Algorithmen, die bei den Halbmonden gute Ergebnisse geliefert haben, funktionieren auch bei den Kreisen. Einige Algorithmen, die mit den Halbmonden Probleme hatten, können die Kreise gut erkennen, zum Beispiel Gaussian Naive Bayes und das MLP mit *tanh* als Aktivierungsfunktion. Dies liegt daran, dass bei den Halbmonden eine etwa lineare Trennung bereits ein halbwegs gutes Ergebnis liefert. Hierdurch gab es keinen großen Druck auf die Algorithmen, nach einer komplexeren Decision Boundary zu suchen. Dies ist bei den Kreisen nicht der Fall: Hier funktioniert nur eine runde Decision Boundary, alle anderen Formen liefern schlechte Ergebnisse. Dies übt einen starken Druck auf die intern benutzten Optimierungsverfahren aus, sodass sie sich besser anpassen und eine komplexere Decision Boundary finden.

Als Letztes betrachten wir noch zwei durch eine große Lücke getrennte Klassen.

```
from sklearn.datasets import make_classification

X_linear, Y_linear = make_classification(n_features=2, n_redundant=0,
                                         n_informative=2,
                                         random_state=1, n_clusters_per_class=1)
plot_clf_comparison(pd.DataFrame(X_linear+3), Y_linear)
plt.show()
```

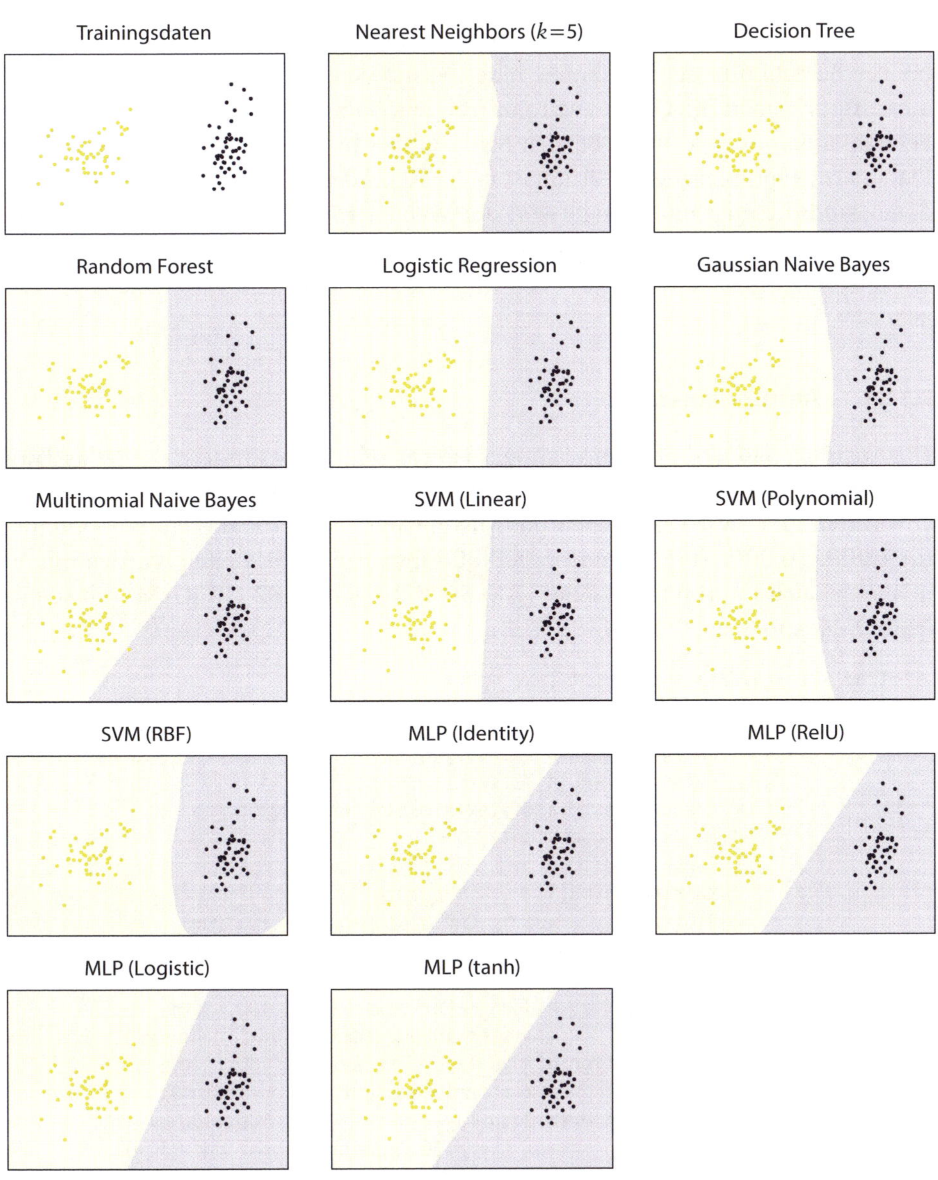

Wie zu erwarten war, können alle Algorithmen diese Daten problemlos korrekt klassifizieren. Wir sehen jedoch große Unterschiede in den Margins, die wir bereits von der SVM kennen. Die meisten Algorithmen berechnen die Decision Boundary so, dass die Margin zwar in der Regel nicht optimal, aber zumindest relativ groß ist. Hier sieht man, dass dies insbesondere bei der SVM der Fall ist, bei den Entscheidungsbäumen und Random Forests wird bei der Partitionierung ebenfalls auf die Margins geachtet. Beim *k*-Nearest-Neighbor-Algorithmus folgt die große Margin direkt aus der Nachbarschaftsbeziehung zwischen den Instanzen. Insbesondere bei Naive Bayes und den MLPs sieht man, dass hier die Margin bei der Berechnung der Ergebnisse nicht berücksichtigt wird. Hierdurch können diese Algorithmen die Daten zwar gut trennen, haben aber ein Risiko, dass es zu Fehlklassifikationen kommt. Bei den MLPs gibt es hierfür eine einfache Erklärung: Das interne Optimierungskriterium ist in der Regel die Accuracy auf den Trainingsdaten, und diese ist unabhängig von der Wahl der Margin. Daher endet die Berechnung der Lösung für die neuronalen Netze, sobald eine Lösung gefunden wird, egal wie groß die Margin ist. Dies kann man durch Validierungsdaten umgehen.

7.11.3 Ausführungszeit

Die Ausführungszeit kann ein wichtiger Faktor sein, insbesondere wenn das Training oder die Vorhersage strikte Zeitvorgaben einhalten muss oder es große Menge von Daten gibt. Wir vergleichen die Ausführungszeiten für die Halbmonddaten für 1.000, 10.000, 100.000 und 1.000.000 Instanzen. Die Zeiten wurden mit einem normalen Laptop (Intel Core i7-8850 @ 2.60GHz, 32 GB RAM) mit scikit-learn 0.24 gemessen.

```
from sklearn.datasets import make_moons
import timeit

classifiers = [KNeighborsClassifier(5),
               DecisionTreeClassifier(),
               RandomForestClassifier(n_estimators=100),
               LogisticRegression(),
               GaussianNB(),
               MultinomialNB(),
               SVC(kernel="linear", C=0.025, probability=True),
               SVC(kernel='poly', degree=3, C=1, probability=True),
               SVC(kernel='rbf', gamma=2, C=1, probability=True),
               MLPClassifier(hidden_layer_sizes=(100, 100, 100),
                             max_iter=10000, activation='identity'),
               MLPClassifier(hidden_layer_sizes=(100, 100, 100),
                             max_iter=10000, activation='relu'),
               MLPClassifier(hidden_layer_sizes=(100, 100, 100),
                             max_iter=10000, activation='logistic'),
               MLPClassifier(hidden_layer_sizes=(100, 100, 100),
                             max_iter=10000, activation='tanh')]
```

↓

```
clf_names = ["Nearest Neighbors (k=5)",
             "Decision Tree",
             "Random Forest",
             "Logistic Regression",
             "Gaussian Naive Bayes",
             "Multinomial Naive Bayes",
             "SVM (Linear)",
             "SVM (Polynomial)",
             "SVM (RBF)",
             "MLP (Identity)",
             "MLP (RelU)",
             "MLP (Logistic)",
             "MLP (tanh)"]

instances = [1e3, 1e4, 1e5, 1e6]
runtime_fit = []
runtime_predict = []
for clf in classifiers:
    runtime_fit.append([])
    runtime_predict.append([])
for num_instances in instances:
    X_runtime, Y_runtime = make_moons(noise=0.3, random_state=0,
                                      n_samples=int(num_instances))
    X_runtime = X_runtime+3 # ensures no negative values
    for clf_cnt, clf in enumerate(classifiers):
        if num_instances>1e5 and clf_names[clf_cnt].startswith('SVM'):
            # skip SVMs because they take too long
            continue
        start_time = timeit.default_timer()
        clf.fit(X_runtime, Y_runtime)
        elapsed = timeit.default_timer() - start_time
        runtime_fit[clf_cnt].append(elapsed)
        start_time = timeit.default_timer()
        clf.predict(X_runtime)
        elapsed = timeit.default_timer() - start_time
        runtime_predict[clf_cnt].append(elapsed)

f, axes = plt.subplots(1, 2, figsize=(12, 4))
for runtime, name in zip(runtime_fit, clf_names):
    if name.startswith('SVM'):
        axes[0].plot(instances[:3], runtime, label=name)
    else:
        axes[0].plot(instances, runtime, label=name)
axes[0].set_ylabel('Laufzeit in Sekunden')
axes[0].set_xlabel('Anzahl der Instanzen')
axes[0].set_title('Dauer des Trainings')
axes[0].set_xscale('log')
axes[0].set_yscale('log')

for runtime, name in zip(runtime_predict, clf_names):
    if name.startswith('SVM'):
        axes[1].plot(instances[:3], runtime, label=name)
↓
```

```
else:
        axes[1].plot(instances, runtime, label=name)
axes[1].set_ylabel('Laufzeit in Sekunden')
axes[1].set_xlabel('Anzahl der Instanzen')
axes[1].set_title('Dauer der Klassifikation')
axes[1].set_xscale('log')
axes[1].set_yscale('log')
axes[1].legend(bbox_to_anchor=(1.04,1), loc="upper left")
plt.show()
```

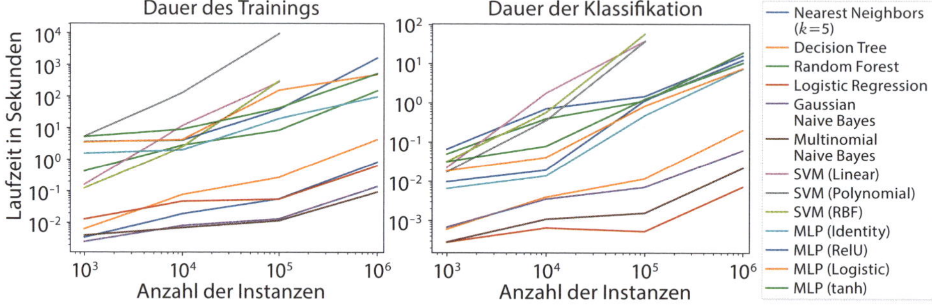

Die Trainingszeit ist etwa linear für alle Modelle. Die Steigung ist bei den SVMs jedoch deutlich steiler als bei den anderen Modellen und die Trainingszeiten einiger Modelle sind erkennbar schneller als der Rest: Entscheidungsbäume, logistische Regression, *k*-Nearest Neighbors und Naive Bayes benötigen für das Training mit 1.000.000 Instanzen etwa so lang wie ein MLP für 1.000 Instanzen. Der Random Forest liegt zwischen den MLPs und den schnelleren Modellen, da die Ausführungszeit des Random Forest linear mit der Anzahl der Random Trees im Ensemble wächst. Im obigen Beispiel haben wir 100 Bäume genutzt.

Die Ergebnisse für die Dauer der Klassifikation sind ähnlich zur Trainingszeit, mit der Ausnahme des *k*-Nearest-Neighbor-Algorithmus. Dies liegt daran, dass es kein echtes Training gibt, da keine Hypothese existiert. Es kann lediglich ein Suchbaum zum schnelleren Berechnen der paarweisen Distanzen aufgebaut werden. Trotzdem ist die Berechnung der paarweisen Distanzen relativ teuer, weshalb die Klassifikation ziemlich lange dauert. Man sieht außerdem, dass es kaum einen Unterschied zwischen dem Random Forest und den MLPs bei den Klassifikationszeiten gibt. Dies liegt daran, dass diese Modelle beide ähnlich viele Berechnungen zur Klassifikation erfordern, das Training beim MLP aber langsamer gegen die Hypothese konvergiert.

Auch wenn man diese grundlegenden Trends bei vielen Datensätzen beobachtet, hängen die Ergebnisse stark von den Daten und der Parametrisierung der Algorithmen ab. Außerdem haben wir nur die Ausführungszeit bezogen auf die Anzahl der Instanzen verglichen. Die Anzahl der Merkmale kann ebenfalls große Auswirkungen auf die Ausführungszeiten haben. Bei den neuronalen Netzen haben wir lediglich ein MLP betrachtet. Bei großen neuronalen Netzen mit Millionen von Neuronen können die Trainingszeiten sehr lang dauern oder das Training ohne spezielle Hardware nicht machbar sein.

7.11.4 Interpretierbarkeit und Darstellung

Mit der Ausnahme des *k*-Nearest-Neighbor-Algorithmus erstellen alle Algorithmen Hypothesen mit einer relativ kompakten Darstellung, die serialisiert und unabhängig von den Daten in Produktivsystemen eingesetzt werden kann. Es gibt jedoch große Unterschiede in der Interpretierbarkeit dieser Repräsentationen.

Entscheidungsbäume können auch ohne Data-Science-Kenntnisse interpretiert werden. Daher kann man die Entscheidungsbäume am einfachsten mit Domänenexpertinnen gemeinsam auf ihre Plausibilität prüfen und aus den Bäumen Wissen über die Hypothese gewinnen. Außerdem zeigen die Entscheidungsbäume noch indirekt an, welche Merkmale besonders wichtig sind, da diese sich weiter oben im Entscheidungsbaum befinden. Die Vorhersagen von Random Forests sind zwar in der Regel besser als mit Entscheidungsbäumen, aber sie können nicht ohne Weiteres interpretiert werden. Die manuelle Analyse von Hunderten von Bäumen und ein gleichzeitiges Verständnis davon, wie sich das Mehrheitsvotum zusammensetzt, ist nicht realistisch. Bei Random Forests können wir aber ohne großen Aufwand die Relevanz der einzelnen Merkmale bestimmen. Je häufiger ein Merkmal in einem der Bäume zur Klassifikation verwendet wird, desto wichtiger ist das Merkmal. Diese Analyse wird von sogenannten *Feature Importance Maps* unterstützt.

Logistische Regression ermöglicht es uns, über die Koeffizienten die Odds Ratios zu verstehen. Daher ist die logistische Regression ein mächtiges Werkzeug, um den Einfluss von Merkmalen auf die Klassifikation richtig einzuschätzen. Dies erfordert jedoch Expertenwissen, um die durch die Koeffizienten dargestellten Log Odds zu interpretieren.

Die anderen Modelle bieten nahezu keine Erklärung für die Ergebnisse. Bei Naive Bayes könnte man zwar die Wahrscheinlichkeiten für einzelne Merkmale bei den Klassen als Koeffizienten interpretieren, das liefert aber in der Regel aufgrund der Naive Assumption keine guten Ergebnisse. Die Interpretation von neuronalen Netzen ist ein aktives Forschungsfeld, zum Beispiel durch die Visualisierung der Gewichte im Netzwerk, der Aktivierung von Neuronen oder des Einflusses von Merkmalen auf die Ergebnisse.

7.11.5 Scoring

Für $k > 1$ kann man beim *k*-Nearest Neighbor den Anteil der Nachbarn von jeder Klasse als Scoring-Funktion nutzen. Diese Scores sind häufig jedoch nicht sehr gut, weshalb man, falls Scores relevant sind, eher andere Algorithmen einsetzen sollte. Entscheidungsbäume kennen die Verteilung der Instanzen jeder Klasse in jedem Knoten, wodurch man die Scoring-Funktion als Wahrscheinlichkeitsverteilung über die Klassen berechnen kann. Durch das Mitteln dieser Wahrscheinlichkeiten erhält man die Scoring-Funktion vom Random Forest. Die logistische Regression berechnet direkt die Wahrscheinlichkeit jeder Klasse und ist daher ohnehin eine Scoring-Funktion. Die Scoring-Funktionen der Entscheidungsbäume, der Random

Forests und der logistischen Regression bezeichnet man auch als *wohlkalibriert* (engl. *well calibrated*), was bedeutet, dass sie zuverlässige Schätzungen für die Wahrscheinlichkeiten der Klassen liefern. Naive Bayes hat auch eine gut verwendbare Scoring-Funktion, die jedoch nicht wohlkalibriert ist. Bei SVMs gibt es keine Scoring-Funktion. Wenn man unbedingt Scores für eine SVM berechnen möchte, nutzt man ein separates Regressionsmodell, um Schätzungen für die Scores der Vorhersagen einer SVM zu berechnen. Dies sollte man jedoch vermeiden. Neuronale Netze berechnen ebenfalls Scores. Die Güte dieser Scores und ob sie wohlkalibriert sind, hängt von der Netzwerkstruktur und der Zielfunktion des Trainings ab.

7.11.6 Kategorische Merkmale

Lediglich Entscheidungsbäume, Random Forests und Multinomial Naive Bayes können ohne Einschränkungen mit kategorischen Daten arbeiten. Alle anderen Algorithmen kann man mithilfe des One-Hot Encoding verwenden. Beim k-Nearest-Neighbor-Algorithmus ist dies jedoch problematisch, da Distanzen beim One-Hot Encoding in der Regel nicht sinnvoll sind.

7.11.7 Fehlende Merkmale

Keiner der Algorithmen kann ohne Weiteres mit fehlenden Merkmalen umgehen. Entscheidungsbäume und Random Forests können unter gewissen Umständen weiterhin korrekt funktionieren. Dies ist zum Beispiel der Fall, wenn ein Entscheidungsbaum zur Klassifikation gelangt, ohne dass das fehlende Merkmal benötigt wird. Beim Random Forest könnte man alle Random Trees ignorieren, in denen das Merkmal verwendet wird. Bei einer großen Anzahl von Bäumen hat man dann dennoch eine gute Chance, ein sinnvolles Ergebnis zu erhalten. Für alle anderen Algorithmen ergeben die Berechnungen keinen Sinn, wenn ein Merkmal fehlt. Das ist etwa so, wie den Wert von $x+y$ zu berechnen, ohne den Wert von y zu kennen.

Während k-Nearest Neighbor selbst nicht mit fehlenden Merkmalen umgehen kann, wird dieser Algorithmus gerne benutzt, um die Werte für fehlende Merkmale zu *imputieren*, also anhand anderer Merkmale zu schätzen [Barnard & Meng 1999].

7.11.8 Korrelierte Merkmale

Die meisten Algorithmen können gut mit korrelierten Merkmalen umgehen. Entscheidungsbäume wählen die Merkmale nach ihrer Relevanz für die Klassifikation der aktuellen Partition aus. Wenn es korrelierte Merkmale gibt, sinkt die Relevanz aller dieser Merkmale, sobald das erste ausgewählt wurde. Dies ist ebenfalls der Fall in Random Forests. Hier könnten zu viele korrelierte Merkmale dennoch ein Problem darstellen, da sie die zufällige Auswahl der Merkmale für jeden Baum beeinflussen: Die Chance, dass jedes Mal eines dieser Merkmale ausgewählt wird und die korrelierte Information damit jedem Random Tree zur Verfügung steht, wird mit jeder Korrelation erhöht. Gleichzeitig wird hierdurch die Anzahl der unkorrelierten Merkmale in den Random Trees reduziert, was sich negativ auf die Güte auswirken könnte. Bei neuronalen Netzen sind Korrelationen kein Problem, da diese von den Gewichten berücksichtigt werden können. Dies ist ebenfalls bei der logistischen Regression der Fall, wo die Korrelationen durch die Koeffizienten berücksichtigt werden können. Die Interpretierbarkeit der logistischen Regression wird durch Korrelationen jedoch reduziert, da die Werte der Koeffizienten möglicherweise nicht zuverlässig sind (siehe Kap. 8).

Bei Naive Bayes widersprechen Korrelationen der Naive Assumption. Je mehr Korrelationen es gibt, desto stärker wird die Annahme der Unabhängigkeit der Merkmale verletzt, was die Zuverlässigkeit der Ergebnisse reduziert. In der Praxis ist dies jedoch kein Problem und führt lediglich dazu, dass die Scoring-Funktion keine gute Schätzungen für die Wahrscheinlichkeit einer Klasse liefert. Bei SVMs hängen die Auswirkungen von Korrelationen von der Kernfunktion ab. Eine lineare SVM hat keine Probleme mit Korrelationen. Wenn die Distanzen zwischen den Instanzen von der Kernfunktion berücksichtigt werden, wie zum Beispiel beim RBF-Kernel, werden die korrelierten Merkmale überrepräsentiert, was zu einer künstlichen Gewichtung der Merkmale führt und sich negativ auf die Güte auswirken kann. Dies ist auch das Problem des *k*-Nearest-Neighbor-Algorithmus mit korrelierten Merkmalen.

7.11.9 Zusammenfassung des Vergleichs

Die Tabellen 7–5 und 7–6 fassen die Stärken und Schwächen der Klassifikationsalgorithmen noch einmal zusammen.

	Decision Surface	Laufzeit	Interpretierbarkeit	Darstellung
***k*-Nearest Neighbor**	+	o	–	–
Entscheidungsbaum	o	+	+	+
Random Forest	+	o	–	o
Logistische Regression	–	+	+	+
Naive Bayes	–	+	–	o
SVM	+	–	–	o
Neuronales Netzwerk	+	–	–	o

Tab. 7–5 *Zusammenfassung der Vor- und Nachteile der Klassifikationsalgorithmen (1/2)*

	Scoring	Kategorische Merkmale	Fehlende Merkmale	Korrelierte Merkmale
k-Nearest Neighbor	–	–	+	–
Entscheidungsbaum	+	+	o	+
Random Forest	+	+	o	+
Logistische Regression	+	o	–	o
Naive Bayes	+	+	–	o
SVM	–	o	–	–
Neuronales Netzwerk	+	o	–	+

Tab. 7–6 *Zusammenfassung der Vor- und Nachteile der Klassifikationsalgorithmen (2/2)*

7.12 Übung

In dieser Übung geht es um die praktische Erfahrung mit den Klassifikationsalgorithmen. Hierzu wenden wir die Algorithmen auf einen Datensatz an, vergleichen die Güte und versuchen, gute Parameter zu finden. Letzteres, also die Wahl der Parameter, ist das Wichtigste an dieser Übung: Wie tief sollten Entscheidungsbäume sein, welche Aktivierungsfunktion ist beim MLP gut, wie viele Nachbarn braucht der k-Nearest Neighbor und welche Kernfunktion liefert bei der SVM gute Ergebnisse?

Für dieses Datensatz benutzen wir Daten über die Arten von Bäumen in einem Wald aus scikit-learn[1].

Trainings- und Testdaten

Laden Sie die Daten. Teilen Sie die Daten so auf, dass Sie 5 % der Daten zum Training verwenden und 95 % der Daten zum Testen[2]. Auch wenn man in der Praxis mehr Daten zum Training nutzen würde, ist die kleinere Trainingsmenge für diese Übung aufgrund der Laufzeit sinnvoller. Verwenden Sie *Stratified Sampling*, um sicherzustellen, dass alle Klassen entsprechend ihrer Verteilung in den Trainings- und Testdaten repräsentiert sind.

1. *https://scikit-learn.org/stable/modules/generated/sklearn.datasets.fetch_covtype.html#sklearn.datasets.fetch_covtype*
2. *https://scikit-learn.org/stable/modules/generated/sklearn.model_selection.train_test_split.html*

Trainieren, Testen, Bewerten

Nutzen Sie die Trainingsdaten, um die Algorithmen aus diesem Kapitel auszuprobieren. Hierbei werden Sie erhebliche Laufzeitunterschiede feststellen. Einige Algorithmen sind möglicherweise gar nicht für diese Daten geeignet.

Finden Sie einen guten Algorithmus für die Daten. Dieser sollte zwei Bedingungen erfüllen:

- Das Training und die Vorhersagen sollten in einer akzeptablen Zeit durchführbar sein. Nutzen Sie »weniger als 10 Minuten« als Definition von »akzeptabel« für diese Übung.
- Die Güte, gemessen mit MCC, Recall, Prediction und F1-Score, sollte gut sein.

Probieren Sie verschiedene Parameter aus, um die Ergebnisse zu verbessern.

Automatische Parameterwahl

Sie können gute Parameter auch automatisch bestimmen. Nutzen Sie hierfür die *Grid Search*, bei der alle Paare von Parametern aus einem vorgegebenen Wertebereich kombiniert werden[3]. Beachten Sie, dass der Aufwand hierbei exponentiell mit der Anzahl der Parameter wächst. Probieren Sie die Grid Search aus, um noch bessere Parameter zu finden, ohne dabei länger als eine Stunde Rechenzeit zu investieren.

3. *https://scikit-learn.org/stable/modules/grid_search.html*

8 Regression

Das Ziel der Regressionsanalyse ist es, Beziehungen zwischen Variablen zu finden. Abbildung 8–1 zeigt ein Beispiel für die Beziehung von zwei Eigenschaften von Fahrzeugen mit Verbrennungsmotor: dem Spritverbrauch und der Höchstgeschwindigkeit. In der Regel haben Fahrzeuge mit einer höheren Höchstgeschwindigkeit auch einen höheren Spritverbrauch. Mit einer Regression kann man diesen Zusammenhang basierend auf einer Stichprobe modellieren.

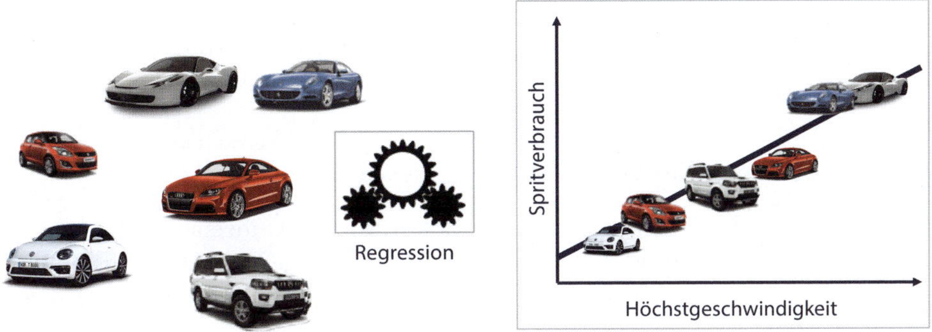

Abb. 8–1 *Beziehung von Spritverbrauch und Höchstgeschwindigkeit*

Etwas allgemeiner kann man Regression wie in Abbildung 8–2 darstellen. Wir haben Instanzen, deren Merkmale wir kennen. Bei der Regression spricht man statt von Merkmalen auch von *unabhängigen Variablen*. Durch die Regression versucht man, die Beziehung von den Merkmalen zu einer *abhängigen Variablen* herzustellen, also dem Wert, an dem wir interessiert sind. In Abbildung 8–2 haben wir ein Merkmal x und eine abhängige Variable y. Durch die Regression wird beschrieben, wie sich y verändert, wenn sich x verändert. Das Beispiel zeigt eine *lineare Regression,* also die Regression von y durch eine lineare Abbildung, was in zwei Dimensionen einer Geraden entspricht.

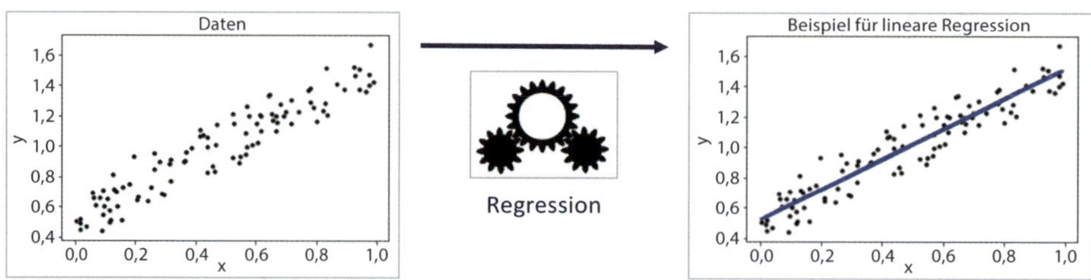

Abb. 8–2 *Beziehung von Spritverbrauch und Höchstgeschwindigkeit*

Formal haben wir eine Menge von Objekten $O = \{object_1, object_2, ...\}$, die möglicherweise unendlich viele Elemente enthält. Außerdem haben wir eine Repräsentation der Objekte als Instanzen im Merkmalsraum $\mathcal{F} = \{\phi(o) : o \in O\}$, wobei wir von numerischen Merkmalen ausgehen, also $\mathcal{F} \subseteq \mathbb{R}^m$. Für jedes Objekt kennen wir außerdem die abhängige Variable $f^*(o) = y \in \mathbb{R}$. Das Ziel der Regression ist es, eine Regressionsfunktion

$$f : \mathcal{F} \rightarrow \mathbb{R}$$

zu bestimmen, sodass $f(\phi(o)) \approx f^*(o)$. Die Regressionsfunktion f wird auch einfach Regression von y genannt. Die Problemstellung der Regression ist also ähnlich zur Klassifikation, nur dass es keine fest definierten Klassen gibt, sondern stattdessen ein numerischer Wert basierend auf den Merkmalen vorhergesagt werden soll.

8.1 Güte von Regressionen

Ähnlich wie bei der Klassifikation ist die Bewertung der Güte ein wichtiges Kriterium, um eine gute Regressionsfunktion für eine abhängige Variable zu bestimmen. Wir diskutieren die Güte einer linearen Regression anhand von zwei Beispielen.

```
import matplotlib.pyplot as plt
import numpy as np
from sklearn.linear_model import LinearRegression

np.random.seed(seed=0)
n = 100

# Linear data
X_lin = np.random.rand(n, 1)
Y_lin = X_lin+np.random.randn(n, 1)*0.1+0.5

# Train and predict
regr_lin = LinearRegression()
regr_lin.fit(X_lin, Y_lin)
Y_lin_pred = regr_lin.predict(X_lin)

# Exponential data
X_exp = np.random.rand(n, 1)
Y_exp = X_exp**4+np.random.randn(n, 1)*0.1+0.19

# Train and predict
regr_lin = LinearRegression()
regr_lin.fit(X_exp, Y_exp)
Y_exp_pred = regr_lin.predict(X_exp)

# Scatterplot
f, axes = plt.subplots(2, 2, figsize=(12, 7))

axes[0, 0].set_title('Lineare Daten')
axes[0, 0].scatter(X_lin, Y_lin,  color='black', s=10)
axes[0, 0].set_xlabel('x')
axes[0, 0].set_ylabel('y')

axes[0, 1].set_title('Lineare Regression (gutes Ergebnis)')
axes[0, 1].scatter(X_lin, Y_lin,  color='black', s=10)
axes[0, 1].plot(X_lin, Y_lin_pred, color='blue', linewidth=3)
axes[0, 1].set_xlabel('x')
axes[0, 1].set_ylabel('y')

axes[1, 0].set_title('Exponentielle Daten')
axes[1, 0].scatter(X_exp, Y_exp,  color='black', s=10)
axes[1, 0].set_xlabel('x')
axes[1, 0].set_ylabel('y')

axes[1, 1].set_title('Lineare Regression (schlechtes Ergebnis)')
axes[1, 1].scatter(X_exp, Y_exp,  color='black', s=10)
axes[1, 1].plot(X_exp, Y_exp_pred, color='blue', linewidth=3)
axes[1, 1].set_xlabel('x')
axes[1, 1].set_ylabel('y')

plt.subplots_adjust(left=None, bottom=0, right=None,
                    top=None, wspace=None, hspace=0.3)
plt.show()
```

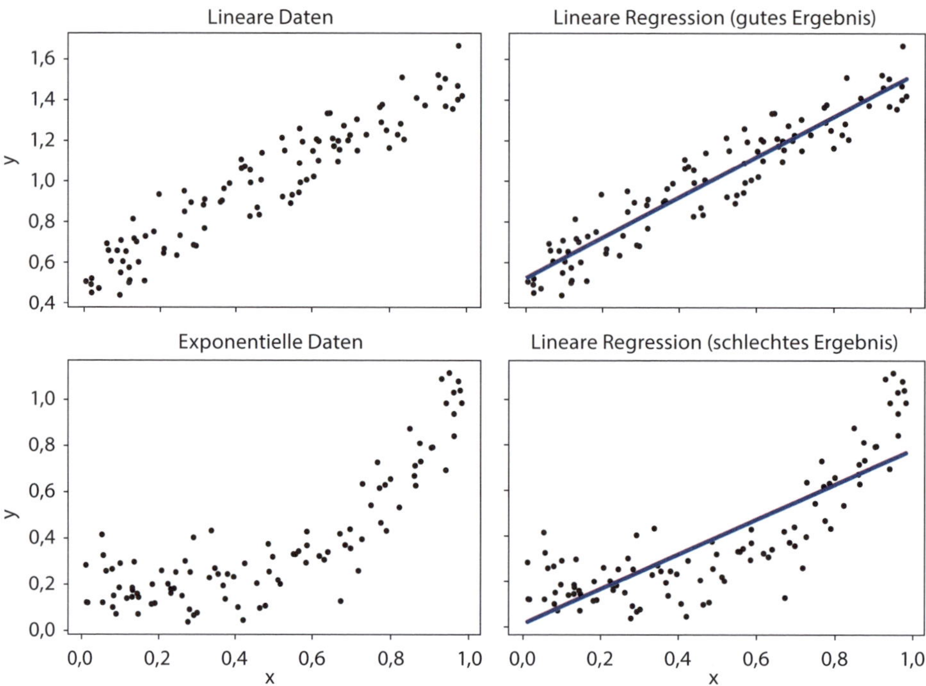

Das erste Beispiel zeigt eine Regression, bei der die blaue Regressionsgerade sehr gut zu den Daten passt. Dies ist auch nicht verwunderlich, da wir die Daten mithilfe einer linearen Funktion generiert haben. Im zweiten Beispiel sieht man eine schlechte Regression, da die Regressionsgerade nicht gut zur eigentlichen Form der Daten passt. Auch dies ist nicht überraschend, da wir die Daten mithilfe der Exponentialfunktion generiert haben. Im Folgenden nennen wir das erste Beispiel einfach nur noch das »gute Ergebnis« und das zweite Beispiel das »schlechte Ergebnis«. Bei der Regression nennt man dies auch guten bzw. schlechten *Fit*, um zu betonen, ob sich die Regression an die Form der Daten angepasst hat.

8.1.1 Visuelle Bewertung der Güte

Die obige Abbildung zu unserem Beispiel zeigt uns bereits die erste Methode zur Bewertung der Güte: Man kann einfach die Daten als Scatterplot zusammen mit der Regression als Liniendiagramm visualisieren. Hierdurch sieht man, wie nah die Regression an den Daten liegt und ob sie ein gutes Ergebnis ist. Außerdem kann man auch systematische Fehler gut erkennen. Beim guten Ergebnis sehen wir, dass die Daten gleichmäßig um die blaue Gerade streuen, ohne dass es eine sehr große Abweichung gibt. Man erkennt also, dass die Regression zwar den Wert von y nicht perfekt vorhersagt, aber die Abweichung gering ist und es kein Muster in der Abweichung gibt. Dies ist bei unserem schlechten Ergebnis anders. Zu Beginn befinden sich die meisten Instanzen oberhalb der blauen Geraden, zwischen 0,4 und 0,7 liegend alle Instanzen unterhalb der Geraden und am Ende befinden sich die meisten Instanzen wieder oberhalb der Geraden. Ein derartiges Muster ist ein klarer Hinweis darauf, dass die Regression keine gute Beschreibung der Daten ist. Diese systematischen Fehler kann man auch benennen. Wenn der Großteil der Instanzen unterhalb der Regressionsgeraden liegt, nennt man dies auch *Overprediction*, da die Regression einen zu hohen Wert vorhersagt. Wenn der Großteil der Instanzen oberhalb der Regressionsgeraden liegt, spricht man hingegen von *Underprediction*.

Eine weitere Möglichkeit, sich die Ergebnisse der Regression grafisch aufzubereiten, ist die Betrachtung der *Residuen* (engl. *residuals*). Das Residuum einer Instanz $x \in \mathcal{F}$ ist definiert als

$$e_x = f^*(x) - f(x) = y - f(x),$$

also die Abweichung der Vorhersage vom wahren Wert. Durch die Visualisierung der Residuen können wir also den Fehler der Regression für verschiedene Werte von x darstellen.

```
f, axes = plt.subplots(1, 2, figsize=(12, 4))

axes[0].set_title('Residuen der Regression (gutes Ergebnis)')
axes[0].scatter(X_lin, Y_lin-Y_lin_pred,  color='black', s=10)
axes[0].plot([0, 1],[0,0] , color='blue', linewidth=2)
axes[0].set_xlabel('x')
axes[0].set_ylabel('$e_x$')

axes[1].set_title('Residuen der Regression (schlechtes Ergebnis)')
axes[1].scatter(X_exp, Y_exp-Y_exp_pred,  color='black', s=10)
axes[1].plot([0, 1],[0,0] , color='blue', linewidth=2)
axes[1].set_xlabel('x')
axes[1].set_ylabel('$e_x$')

plt.show()
```

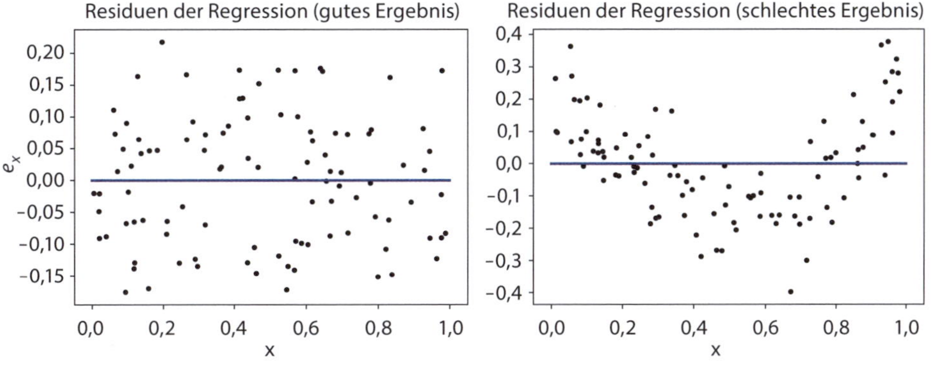

Die Residuen haben eine ähnliche Aussagekraft wie die direkte Darstellung der Regression und der Daten. Der Vorteil bei den Residuen ist jedoch, dass nur der Fehler dargestellt wird, sodass der Fokus klarer ist. Bei der Darstellung des guten Ergebnisses auf der linken Seite könnte man irrtümlicherweise vermuten, dass das Ergebnis schlecht ist, da die Punkte in der vollen Fläche der Darstellung streuen und nicht unbedingt nah an der blauen Geraden liegen, die einen Fehler von 0 markiert. Wenn man einen Blick auf die y-Achse wirft, erkennt man aber, dass das Ergebnis eigentlich sehr gut ist, da der Datenbereich einfach sehr klein ist. Auf der rechten Seite sieht man beim schlechten Ergebnis, dass der Datenbereich auf der y-Achse beinahe 20-mal so groß ist. Dies ist bereits der erste Indikator dafür, dass es ein schlechtes Ergebnis ist. Außerdem erkennt man anhand der Residuen auch wieder gut das Muster aus Over- und Underprediction.

Unsere bisherigen Analysen funktionieren zwar sehr gut, aber nur dann, wenn es ein Merkmal gibt. Sobald es viele Merkmale gibt, kann man weder die Residuen noch die Daten mit der Regression gut darstellen. Wir können jedoch eine andere Art der Darstellung der Fehler wählen, die unabhängig von der Anzahl der Merkmale ist. Die Grundidee ist ähnlich zur Confusion Matrix, die wir aus Kapitel 7 kennen: Wir vergleichen die wahren Werte der abhängigen Variablen mit den Vorhersagen.

```
f, axes = plt.subplots(1, 2, figsize=(12, 4))

axes[0].set_title('Wahre Werte vs. Vorhersagen (gutes Ergebnis)')
axes[0].scatter(Y_lin, Y_lin_pred,  color='black', s=10)
axes[0].plot([np.min(np.minimum(Y_lin, Y_lin_pred)), np.max(np.maximum(Y_lin,
             Y_lin_pred))],[np.min(np.minimum(Y_lin, Y_lin_pred)),
             np.max(np.maximum(Y_lin, Y_lin_pred))] , color='blue',
             linewidth=2)
axes[0].set_xlabel('actual (y)')
axes[0].set_ylabel('predited (f(x))')

axes[1].set_title('Wahre Werte vs. Vorhersagen (schlechtes Ergebnis)')
axes[1].scatter(Y_exp, Y_exp_pred,  color='black', s=10)
axes[1].plot([np.min(np.minimum(Y_exp, Y_exp_pred)), np.max(np.maximum(Y_exp,
             Y_exp_pred))],[np.min(np.minimum(Y_exp, Y_exp_pred)),
             np.max(np.maximum(Y_exp, Y_exp_pred))] , color='blue',
             linewidth=2)
axes[1].set_xlabel('actual (y)')
axes[1].set_ylabel('predited (f(x))')

plt.show()
```

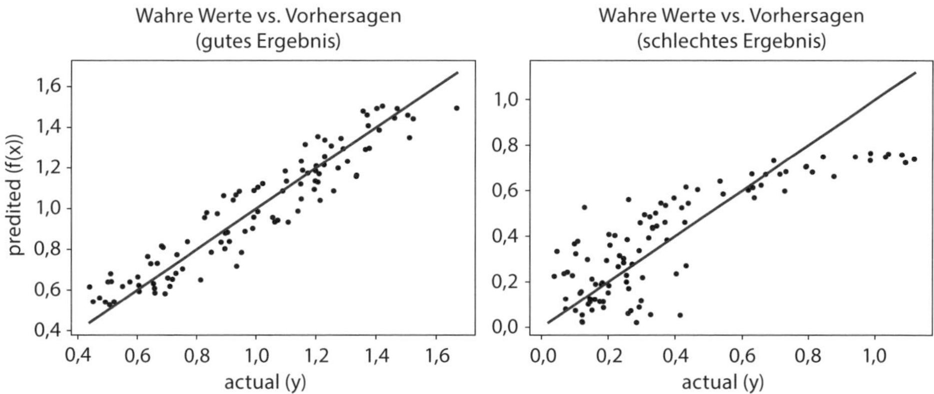

Im Idealfall entsprechen die Vorhersagen den wahren Werten. Dies ist in der Darstellung die blau markierte Diagonale. Je weiter die Instanzen von der Diagonale entfernt sind, desto schlechter ist die Regression. Für ein gutes Ergebnis sollten alle Instanzen relativ nah an der Diagonale liegen und es sollte kein Muster in der Streuung geben. Bei einem schlechten Ergebnis sind die Abweichungen größer und/oder es gibt Muster, die auf systematische Fehler hindeuten. Beim schlechten Ergebnis beobachten wir beides. Zum einen sehen die Werte kleiner als 0,35 nahezu zufällig aus und sind weit von der Diagonale entfernt. Zum anderen erkennen wir wieder das gleiche Muster wie bisher auch.

8.1.2 Gütemaße

Es gibt auch Gütemaße für die Bewertung von Regressionen. Diese Gütemaße werden mithilfe der Residuen definiert. Sei hierfür $X=\{x_1,\dots,x_n\}\subseteq\mathcal{F}\subseteq\mathbb{R}^m$ eine Stichprobe von Instanzen mit m Merkmalen und $Y=\{y_i,\dots,y_n\}\subseteq\mathbb{R}$ die Werte der dazugehörigen abhängigen Variablen. Tabelle 8–1 listet die Definition von vier Gütemaßen auf.

Gütemaß	Beschreibung	Definition
Mean Absolute Error	Das arithmetische Mittel der Residuen, also die absolute Abweichung der Vorhersagen von den erwarteten Werten	$MAE = \frac{1}{n}\sum_{i=1}^{n}\lvert e_{x_i}\rvert$
Mean Squared Error	Das arithmetische Mittel des Quadrats der Residuen	$MSE = \frac{1}{n}\sum_{i=1}^{n}e_{x_i}^2$
R Squared, R2, R^2	Das *Bestimmtheitsmaß*, definiert als der Anteil der Varianz der Daten, der durch die Regression erklärt wird.	$R^2=1-\frac{\sum_{i=1}^{n}(y_i-f(x_i))^2}{\sum_{i=1}^{n}(y_i-mean(Y))^2}$
Adjusted R Squared	Variante von R^2, die die Komplexität der Regression berücksichtigt.	$\bar{R}^2=1-(1-R^2)\,\frac{n-1}{n-m-1}$

Tab. 8–1 *Gütemaße für Regressionen*

MAE misst die absolute Abweichung der Vorhersagen von den erwarteten Werten. MSR ist ähnlich zu MAE, nutzt aber die quadratischen Distanzen. Da MSE die quadratischen Instanzen berücksichtigt, werden Ausreißer stärker bestraft als bei MAE. Sowohl MAE als auch MSE sind absolute Gütemaße und daher schwer zu interpretieren, da es keine festen Referenzpunkte gibt. Bei der Klassifikation waren die Gütemaße fast alle im Intervall $[0,1]$ verteilt, sodass eindeutig klar war, was das beste und schlechteste Ergebnis ist. Um MAE und MSE zu interpretieren, braucht man detailliertes Wissen über die abhängige Variable, insbesondere über den Wertebereich und die praktische Relevanz von Abweichungen.

In dieser Hinsicht ist R^2 ähnlicher zu den Gütemaßen für die Klassifikation: Die Werte liegen im Intervall $[0,1]$, wobei 1 der beste mögliche Wert ist. Mit R^2 kann man die Frage beantworten, ob eine Regression besser ist, als einfach nur das arithmetische Mittel der Daten als Schätzung von der abhängigen Variablen zu nutzen. Die Summe im Zähler entspricht der Summe der quadrierten Residuen. Der Nenner betrachtet sozusagen auch Residuen, nur dass das arithmetische Mittel als Regression genommen wird. Würde man Zähler und Nenner noch durch n teilen, hätte man MSE als Zähler und die Varianz als Nenner. R^2 ist also das Verhältnis von MSE des Modells zur Varianz der abhängigen Variablen. Je kleiner MSR im Verhältnis zur Varianz ist, desto besser. Hierdurch berücksichtigt R^2 die Unsicherheit in den Daten.

Eine Schwäche von R^2 ist, dass Regressionen mit mehr Merkmalen eigentlich immer besser werden. Dies kann jedoch zu Overfitting führen. Adjusted R^2 berücksichtigt daher die Anzahl der Merkmale. Wenn die Verbesserung von R^2 durch eine Senkung von MSE kleiner ist als die Bestrafung durch mehr Merkmale, wird der Wert von Adjusted R^2 kleiner.

Betrachten wir jetzt die Werte unserer Gütemaße für unsere zwei Beispiele.

```
from sklearn.metrics import mean_absolute_error, mean_squared_error, r2_score

def adjusted_r2_score(Y, Y_pred, n_instances, n_features):
    return (1-(1-r2_score(Y, Y_pred))*(n_instances-1)/
                                        (n_instances-n_features-1))

print('Gütemaße (gutes Ergebnis)')
print('MAE:          %.2f' % mean_absolute_error(Y_lin, Y_lin_pred))
print('MSE:          %.2f' % mean_squared_error(Y_lin, Y_lin_pred))
print('R2:           %.2f' % r2_score(Y_lin, Y_lin_pred))
print('Adjusted R2: %.2f' % adjusted_r2_score(Y_lin, Y_lin_pred, n, 1))
print()
print('Gütemaße (schlechtes Ergebnis)')
print('MAE:          %.2f' % mean_absolute_error(Y_exp, Y_exp_pred))
print('MSE:          %.2f' % mean_squared_error(Y_exp, Y_exp_pred))
print('R2:           %.2f' % r2_score(Y_exp, Y_exp_pred))
print('Adjusted R2: %.2f' % adjusted_r2_score(Y_exp, Y_exp_pred, n, 1))
```

```
Gütemaße (gutes Ergebnis)
MAE:          0.08
MSE:          0.01
R2:           0.89
Adjusted R2: 0.89

Gütemaße (schlechtes Ergebnis)
MAE:          0.13
MSE:          0.03
R2:           0.68
Adjusted R2: 0.68
```

Da wir zufällige Daten generiert haben, können wir die Werte von MAE und MSE nicht bewerten. Ohne den Wertebereich und die Bedeutung der abhängigen Variable zu kennen, hilft ein Wert von $MAE = 0{,}08$ nicht weiter, um zu verstehen, wie gut eine Regression ist. Man erkennt lediglich, dass MAE und MSE beim guten Ergebnis niedriger sind als beim schlechten Ergebnis. Bitte beachten Sie, dass die Werte des MSE kleiner sind als bei MAE, da $x^2 < x$ für $x \in (0,1)$. Auch hier erkennt man wieder die Bedeutung des Wertebereichs für diese Gütemaße.

Bei R^2 sehen wir, dass der Wert vom guten Ergebnis viel größer ist als beim schlechten Ergebnis. Das schlechte Ergebnis erklärt nur etwa zwei Drittel der Varianz, während das gute Ergebnis fast 90 % erklärt. Bei Adjusted R^2 verhält es sich genauso, da es nur ein einziges Merkmal gibt.

8.2 Lineare Regression

Die *lineare Regression* ist uns bereits in Kapitel 7 als Teil der logistischen Regression begegnet sowie im obigen Beispiel. Jetzt wollen wir die lineare Regression genauer betrachten. Die Formel für die Regressionsfunktion der linearen Regression ist

$$y = b_0 + b_1 x_1 + \ldots + b_m x_m = b_0 + \sum_{i=1}^{m} b_i x_i$$

mit den *Koeffizienten* $b_1, \ldots, b_m \in \mathbb{R}$ und dem *Achsenabschnitt* (engl. *intercept*) b_0. Die Koeffizienten definieren den Einfluss der Merkmale auf die abhängige Variable. Dies ist ähnlich zur Korrelation und damit auch direkt verwandt. Ein positiver Koeffizient bedeutet, dass ein Merkmal positiv mit der abhängigen Variablen korreliert ist. Ein negativer Koeffizient heißt, dass es eine negative Korrelation gibt. Es existieren jedoch auch Ausnahmen, wie wir in den nächsten Abschnitten sehen werden.

Der Achsenabschnitt ist der »Basiswert« der abhängigen Variablen, also der Wert, wenn alle Merkmale gleich null wären. Geometrisch betrachtet ist das der Schnittpunkt mit den Achsen des Koordinatensystems.

Ein wichtiger Aspekt der linearen Regression ist, wie die Koeffizienten und der Achsenabschnitt bestimmt werden. Dies hat nicht nur Auswirkungen auf die Qualität der Regression, sondern auch auf die Interpretation der Koeffizienten.

8.2.1 Ordinary Least Squares (OLS)

Das übliche Verfahren zum Berechnen der Koeffizienten einer linearen Regression ist die Methode der kleinsten Quadrate, bekannt als *Ordinary Least Squares* (OLS). Hierfür interpretieren wir die Instanzen als Matrix und die abhängige Variable als Vektor:

$$X=\begin{pmatrix} x_{1,1} & \cdots & x_{1,m} \\ \vdots & \ddots & \vdots \\ x_{n,1} & \cdots & x_{n,m} \end{pmatrix}$$

$$y=(y_1,...,y_n)$$

$$b=(b_1,...,b_m)$$

Mit dieser Repräsentation können wir die Vorhersagen für alle Instanzen gleichzeitig als Matrixoperation berechnen, sodass

$$f(X)=b_0+Xb.$$

Da wir die Residuen minimieren wollen, können wir dies als Optimierungsproblem formulieren. Hierzu müssen wir nur die wahren Werte von den Vorhersagen abziehen und dann den quadratischen Fehler berechnen:

$$\min\|f(X)-f^*(X)\|_2^2=\min\|b_0+Xb-y\|_2^2.$$

Wir minimieren also das Quadrat der euklidischen Distanz, die wir in Kapitel 6 betrachtet haben. Wir suchen also eine Lösung, die die *kleinsten Quadrate* findet.

Da wir in der Regel mehr Instanzen als Merkmale haben (andernfalls hat man meistens zu viele Merkmale), gibt es viele mögliche Lösungen für dieses Optimierungsproblem. Alle diese Lösungen haben die gleiche Güte, aber unterschiedliche Koeffizienten. Wenn die Koeffizienten korreliert sind, kann dies zu interessanten Effekten führen.

Betrachten wir zwei Merkmale x_1,x_2 und eine abhängige Variable y, sodass $y=x_1=x_2$. Die folgenden vier Lösungen sind alle optimal:

- Lösung 1: $b_0=0$, $b_1=0{,}5$, $b_2=0{,}5$
- Lösung 2: $b_0=0$, $b_1=1$, $b_2=0$
- Lösung 3: $b_0=0$, $b_1=0$, $b_2=1$
- Lösung 4: $b_0=0$, $b_1=10000$, $b_2=-9999$

Im Allgemeinen ist in diesem Fall jede Lösung, für die gilt $b_0=0$ und $b_1+b_2=1$, optimal. Die ersten drei Lösungen sehen vernünftig aus, führen aber zu sehr unterschiedlichen Interpretationen der Koeffizienten. Bei Lösung 2 könnte man denken, dass es keine Beziehung zwischen x_2 und y gibt, bei Lösung 3 ist es genau anders, hier gibt es scheinbar eine sehr starke Beziehung. Dies zeigt, wie die Koeffizienten irreführend sein können. Da b_1 und b_2 jeden beliebigen Wert annehmen können, könnte wir für beide Merkmale beliebige »Korrelationen« finden.

8.2.2 Ridge

Im Folgenden zeigen wir, wie man OLS abwandeln kann, um die Ergebnisse zu *regularisieren*. Durch die Regularisierung kann man extreme Koeffizienten verhindern, auch wenn die Merkmale korreliert sind. Die Idee ist einfach: Wenn ein Optimierungsproblem viele optimale Lösungen hat, benötigen wir einfach ein zusätzliches Kriterium, mit dem wir die Lösungen auswählen, die uns besser gefallen. Hierzu fügt man einfach einen *Regularisierungsterm* zur OLS-Formel hinzu.

Bei der *Ridge*-Regularisierung ist es das Ziel, möglichst kleine Werte für die Koeffizienten zu bekommen und dadurch extreme Werte durch Korrelationen zu verhindern. Wir müssen also das Optimierungsproblem so verändern, dass wir neben der Güte der Regression auch noch die Größe der Koeffizienten optimieren:

$$\min ||b_0+Xb-y||_2^2+\alpha||b||_2^2,$$

wobei $\alpha \in \mathbb{R}$, $\alpha > 0$ die Stärke der Regularisierung bestimmt und

$$||b||_2^2=\sqrt{\sum_{i=1}^m b_i^2}^2=\sum_{i=1}^m b_i^2$$

nichts anderes als die Summe der Quadrate der Koeffizienten ist. Bei unseren vier Lösungen von oben, würden wir folgende Werte für $||b||_2^2$ erhalten:

- Lösung 1: $||b||_2^2=0{,}5^2+0{,}5^2=0{,}5$
- Lösung 2/3: $||b||_2^2=1^2+0^2=1{,}0$
- Lösung 4: $||b||_2^2=10000^2+(-9999)^2=199980001$

Mit der Ridge-Regularisierung würden wir also die erste Lösung auswählen.

8.2.3 Lasso

Ein weiteres Regularisierungsverfahren ist *Lasso*. Obwohl Ridge die absoluten Werte der Koeffizienten minimiert, sind die Werte häufig nicht null. Eine Regression, die eine ähnliche Güte mit weniger Merkmalen erreicht, ist aber oft besser, da die Gefahr von Overfitting reduziert wird. Das Ziel der Lasso-Regularisierung ist es, die Koeffizienten nicht nur zu minimieren, sondern dafür zu sorgen, dass sie exakt null werden. Hierzu modifizieren wir auch wieder das OLS-Optimierungsproblem:

$$\min ||b_0+Xb-y||_2^2+\alpha||b||_1$$

Der Unterschied zu Ridge ist, dass wir jetzt

$$||b||_1 = \sum_{i=1}^{m} |b_i|$$

als Regularisierungsterm benutzen, also die Manhattan-Norm statt der euklidischen Norm. Auf unsere Lösungen wirkt sich das wie folgt aus:

- Lösung 1: $||b||_1 = |0{,}5| + |0{,}5| = 1{,}0$
- Lösung 2/3: $||b||_1 = |1| + |0| = 1{,}0$
- Lösung 4: $||b||_1 = |10000| + |-9999| = 19999$

Die Lösungen 1, 2 und 3 sind also optimal mit Lasso, es gibt eine hohe Wahrscheinlichkeit, dass eine Lösung gewählt wird, bei der ein Koeffizient exakt null ist.

Bemerkung:

Wir überspringen an dieser Stelle die mathematische Begründung, warum Ridge nur die Koeffizienten minimiert, sie aber bei Lasso genau null werden. Verkürzt kann man sagen, dass es an den Bedingungen des Optimierungsproblems liegt. Die geometrische Form dieser Bedingungen ist ein Kreis bei Ridge und eine Raute bei Lasso, da dies die Form der Einheitskreise der euklidischen bzw. Manhattan-Norm ist. Aufgrund der Rautenform, die ihre Spitzen auf den Achsen hat, werden die Koeffizienten mit hoher Wahrscheinlichkeit genau null. Eine vollständige Erklärung findet man zum Beispiel hier [Bhattacharyya 2018].

8.2.4 Elastic Net

Die letzte Regularisierungsvariante, die wir hier betrachten wollen, ist das *Elastic Net*, das Ridge und Lasso kombiniert:

$$\min ||b_0 + Xb - y||_2^2 + \rho\alpha||b||_1 + \frac{1-\rho}{2}\alpha||b||_2^2$$

$\rho \in [0,1]$ definiert die Gewichtung von Ridge und Lasso. Mit $\rho = 0$ hätten wir Ridge, mit $\rho = 1$ hätten wir Lasso. Mit dem Elastic Net kann man niedrige Koeffizienten erzwingen, die nach Möglichkeit null werden.

8.2.5 Auswirkung der Regularisierung

Um die Auswirkungen der Regularisierung zu untersuchen, betrachten wir noch einmal die Bostondaten, die wir bereits aus Kapitel 4 kennen, und erstellen jetzt eine lineare Regression für die Daten. Wir vergleichen die Ergebnisse von OLS, Ridge, Lasso und dem Elastic Net. Wir nutzen eine Regularisierungsstärke von $\alpha = 0{,}5$ und ein Gewicht von $\rho = 0{,}25$ für das Verhältnis von Ridge und Lasso beim Elastic Net. Balkendiagramme sind ein gutes Hilfsmittel, um die Veränderung der Koeffizienten zu betrachten.

```
import pandas as pd
from sklearn import datasets
from sklearn.linear_model import Ridge, Lasso, ElasticNet

boston = datasets.load_boston()
predictors = boston.feature_names
X_boston=boston.data
Y_boston=boston.target

alpha = 0.5

# OLS linear regression
ols = LinearRegression()
ols.fit(X_boston, Y_boston)
Y_ols = ols.predict(X_boston)

ridge = Ridge(alpha=alpha)
ridge.fit(X_boston, Y_boston)
Y_ridge = ridge.predict(X_boston)

lasso = Lasso(alpha=alpha)
lasso.fit(X_boston, Y_boston)
Y_lasso = lasso.predict(X_boston)

elastic = ElasticNet(alpha=alpha, l1_ratio=0.25)
elastic.fit(X_boston,Y_boston)
Y_elastic = elastic.predict(X_boston)

fig, axes = plt.subplots(2,2, figsize=(12,7))
axes[0,0].set_title('OLS (R2=%.2f, Adjusted R2=%.2f)' % (r2_score(Y_boston,
                    Y_ols), adjusted_r2_score(Y_boston, Y_ols, len(Y_boston),
                    sum(ols.coef_!=0))))
axes[0,0].bar(predictors, ols.coef_)
axes[0,0].tick_params(axis='x', labelrotation=90)

axes[0,1].set_title('Ridge (R2=%.2f, Adjusted R2=%.2f)' % (r2_score(Y_boston,
                    Y_ridge), adjusted_r2_score(Y_boston, Y_ols,
                    len(Y_boston), sum(ridge.coef_!=0))))
axes[0,1].bar(boston.feature_names, ridge.coef_)
axes[0,1].tick_params(axis='x', labelrotation=90)

axes[1,0].set_title('Lasso (R2=%.2f, Adjusted R2=%.2f)' % (r2_score(Y_boston,
                    Y_lasso), adjusted_r2_score(Y_boston, Y_ols,
                    len(Y_boston), sum(lasso.coef_!=0))))
axes[1,0].bar(boston.feature_names, lasso.coef_)
axes[1,0].tick_params(axis='x', labelrotation=90)

axes[1,1].set_title('Elastic Net (R2=%.2f, Adjusted R2=%.2f)' %
                    (r2_score(Y_boston, Y_elastic),
                    adjusted_r2_score(Y_boston, Y_ols, len(Y_boston),
                    sum(elastic.coef_!=0))))
axes[1,1].bar(boston.feature_names, elastic.coef_)
axes[1,1].tick_params(axis='x', labelrotation=90)

plt.subplots_adjust(left=None, bottom=0, right=None,
                    top=None, wspace=None, hspace=0.4)
plt.show()
```

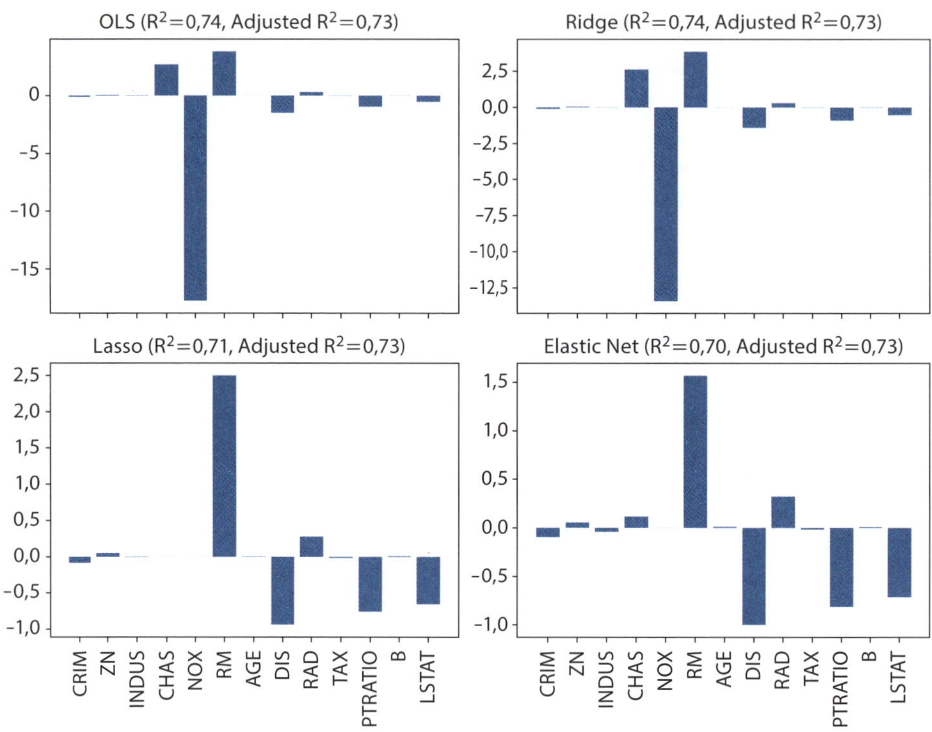

Man sieht bereits einen sehr starken Effekt durch die Regularisierung. Das Merkmal NOX hat den absolut größten Koeffizienten und die Änderung zwischen den Regularisierungen ist sehr groß. Mit OLS ist der Wert von NOX bei ca. -18, mit Ridge nur noch bei ca. -13 und mit Lasso und dem Elastic Net wird der Koeffizient sogar auf null gesetzt. Bei Ridge ändert sich der R^2-Wert nicht gegenüber OLS, obwohl es eine derart große Änderung der Koeffizienten gibt. Bei Lasso werden neben NOX auch noch CHAS auf null gesetzt. Obwohl vier Merkmale entfernt wurden, ändert sich der R^2-Wert nur leicht. Dadurch dass es weniger Merkmale sind, hat sich Adjusted R^2 nicht verändert. Man sieht auch, dass mit dem Elastic Net weniger Merkmale auf null gesetzt werden als mit Lasso.

Insgesamt erkennt man einen starken Einfluss der Regularisierung auf die Koeffizienten und auch, dass gerade NOX scheinbar nicht so relevant ist, wie es ohne Regularisierung erscheint. Dennoch sollte man Regularisierung mit Bedacht einsetzen. Wenn man einen zu hohen Wert für die Regularisierungsstärke wählt, kann es sein, dass der Fokus des Optimierungsproblems nicht mehr auf einer guten Regression liegt, weil kleine Werte der Koeffizienten zu wichtig sind. Betrachten wir noch einmal das gleiche Beispiel mit $\alpha=5$, also einer zehnmal stärkeren Regularisierung.

```
import pandas as pd
from sklearn import datasets
from sklearn.linear_model import Ridge, Lasso, ElasticNet

boston = datasets.load_boston()
predictors = boston.feature_names
X_boston=boston.data
Y_boston=boston.target

alpha = 5

# OLS linear regression
ols = LinearRegression()
ols.fit(X_boston, Y_boston)
Y_ols = ols.predict(X_boston)

ridge = Ridge(alpha=alpha)
ridge.fit(X_boston, Y_boston)
Y_ridge = ridge.predict(X_boston)

lasso = Lasso(alpha=alpha)
lasso.fit(X_boston, Y_boston)
Y_lasso = lasso.predict(X_boston)

elastic = ElasticNet(alpha=alpha, l1_ratio=0.25)
elastic.fit(X_boston,Y_boston)
Y_elastic = elastic.predict(X_boston)

fig, axes = plt.subplots(2,2, figsize=(12,7))
axes[0,0].set_title('OLS (R2=%.2f, Adjusted R2=%.2f)' % (r2_score(Y_boston,
                    Y_ols), adjusted_r2_score(Y_boston, Y_ols, len(Y_boston),
                    sum(ols.coef_!=0))))
axes[0,0].bar(predictors, ols.coef_)
axes[0,0].tick_params(axis='x', labelrotation=90)

axes[0,1].set_title('Ridge (R2=%.2f, Adjusted R2=%.2f)' % (r2_score(Y_boston,
                    Y_ridge), adjusted_r2_score(Y_boston, Y_ols,
                    len(Y_boston), sum(ridge.coef_!=0))))
axes[0,1].bar(boston.feature_names, ridge.coef_)
axes[0,1].tick_params(axis='x', labelrotation=90)

axes[1,0].set_title('Lasso (R2=%.2f, Adjusted R2=%.2f)' % (r2_score(Y_boston,
                    Y_lasso), adjusted_r2_score(Y_boston, Y_ols,
                    len(Y_boston), sum(lasso.coef_!=0))))
axes[1,0].bar(boston.feature_names, lasso.coef_)
axes[1,0].tick_params(axis='x', labelrotation=90)

axes[1,1].set_title('Elastic Net (R2=%.2f, Adjusted R2=%.2f)' %
                    (r2_score(Y_boston, Y_elastic),
                    adjusted_r2_score(Y_boston, Y_ols, len(Y_boston),
                    sum(elastic.coef_!=0))))
axes[1,1].bar(boston.feature_names, elastic.coef_)
axes[1,1].tick_params(axis='x', labelrotation=90)

plt.subplots_adjust(left=None, bottom=0, right=None
                    top=None, wspace=None, hspace=0.4)
plt.show()
```

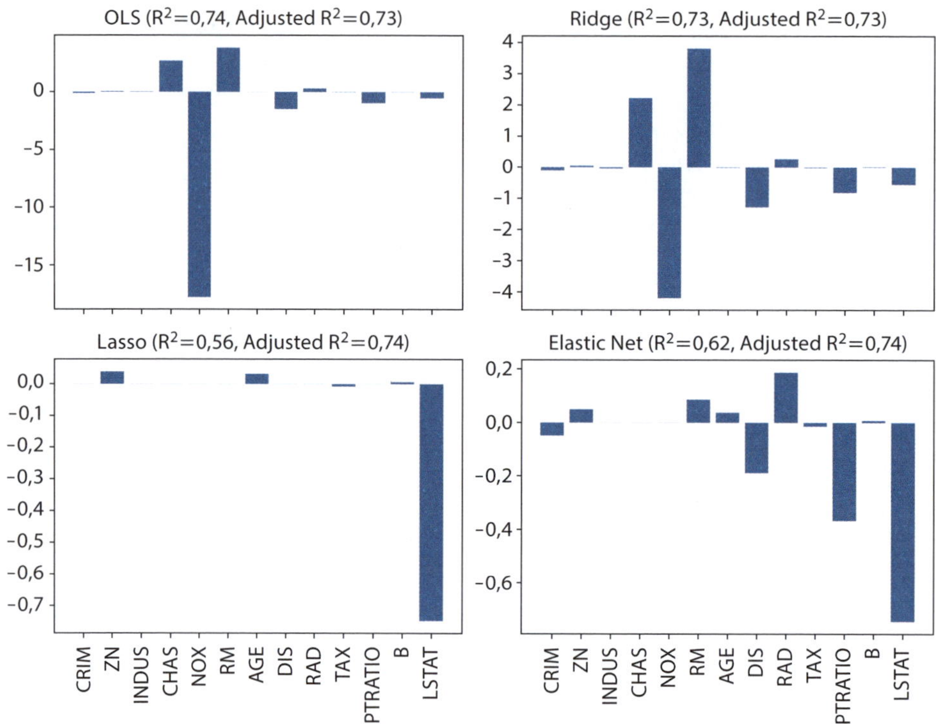

Bei Ridge werden lediglich die Werte der Koeffizienten weiter reduziert, ohne dass sich der R^2-Wert stark verändert. Das spricht dafür, dass der höhere Wert von α für Ridge besser ist. Bei Lasso und dem Elastic Net hat sich der R^2-Wert hingegen stark reduziert, weil deutlich mehr Merkmale auf null gesetzt werden. Die Regression ist also insgesamt schlechter. Das Verhältnis von Modellkomplexität und Güte der Regression ist jedoch unverändert: Adjusted R^2 ist immer noch gut. Hier hat man also die Wahl: Will man eine bessere, aber auch komplexere Regression oder einfachere Regression mit weniger Merkmalen, die jedoch eine geringere Güte aufweist.

8.3 Jenseits von linearer Regression

Lineare Regression ist natürlich nicht die einzige Möglichkeit, um Regressionsprobleme zu lösen und gerade für komplexe Beziehungen zwischen den Merkmalen und der abhängigen Variablen in der Regel auch nicht ausdrucksstark genug. Mit Ausnahme von Naive Bayes gibt es für alle Klassifikationsalgorithmen aus Kapitel 7 einen ähnlichen Algorithmus für die Regression: *k*-Nearest Neighbor Regression, Regression Trees, Random Forest Regression und Support Vector Regression. Der Ansatz bleibt der gleiche, nur dass einige Details für die Regression angepasst werden müssen. Bei Entscheidungsbäumen wird zum Beispiel die Varianz benutzt, um den Informationsgehalt zu schätzen. Neuronale Netzwerke lösen ohnehin schon ein Regressionsproblem, hier muss man einfach die abhängige Variable als Output Layer modellieren.

8.4 Übung

In dieser Übung vertiefen wir die Regression. Hierzu vergleichen wir die Varianten der linearen Regression auf einem Datensatz und bewerten die Güte. Außerdem versuchen wir, die Modelle anhand der Koeffizienten zu verstehen. Als Daten verwenden wir wieder Hauspreise, nur diesmal aus Kalifornien[1].

Trainings- und Testdaten

Laden Sie die Daten. Teilen Sie die Daten so auf, dass Sie 50 % der Daten zum Training und 50 % der Daten zum Testen verwenden.

Trainieren, Testen, Bewerten

Benutzen Sie die verschiedenen Varianten der linearen Regression, um ein Modell der Hauspreise zu erstellen. Was sind die Unterschiede zwischen OLS/Ridge/Lasso/Elastic Net? Finden Sie gute Werte für die Stärke der Regularisierung. Untersuchen Sie, wie sich die Güte, gemessen mit R^2 und Adjusted R^2, auf den Testdaten verändert. Visualisieren Sie die Koeffizienten als Balkendiagramme, um die Modelle und die Auswirkung der Regularisierung zu verstehen.

Nichtlineare Regression

Verwenden Sie eines der Modelle, die wir zum Abschluss des Kapitels genannt haben, zum Beispiel eine Random Forest Regression. Vergleichen Sie die Güte mit den linearen Modellen.

1. *https://scikit-learn.org/stable/modules/generated/sklearn.datasets.fetch_california_housing.html#sklearn.datasets.fetch_california_housing*

9 Zeitreihenanalyse

Die *Zeitreihenanalyse* (engl. *time series analysis*) behandelt die Analyse von geordneten Sequenzen von Daten, zum Beispiel Daten, die über die Zeit gemessen wurden. Abbildung 9–1 zeigt ein Beispiel für eine Zeitreihe: Das Liniendiagramm zeigt die monatlichen Werte der Passagierzahlen einer Fluggesellschaft zwischen 1949 und 1961. Es gibt also für jeden Monat eine Instanz in den Daten. Das Ziel der Zeitreihenanalyse besteht darin, die zeitliche Struktur der Daten zu beschreiben, also ein Modell zu finden, das die monatlichen Änderungen erklärt. Mit einem solchen Modell kann man entweder retrospektiv die Daten analysieren, um Wissen zu extrahieren, oder sogar die Werte für die nächsten Zeitschritte vorhersagen.

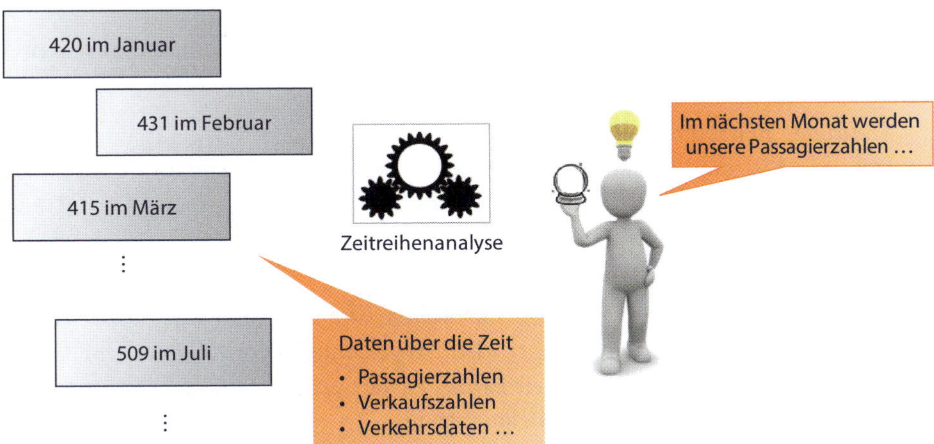

Abb. 9–1 *Entwicklung der Passagierzahlen bei einer amerikanischen Fluggesellschaft*

Etwas abstrakter kann man die Zeitreihenanalyse wie in Abbildung 9–2 beschreiben. Unsere Daten sind zeitlich durchnummerierte Werte. Das Zeitreihenmodell beschreibt, wie sich die Werte mit jedem dieser durchnummerierten Zeitschritte ändern. Dieses Problem ist ähnlich zur Regression: Wenn wir sagen, dass der Zeitpunkt unser Merkmal ist und der Wert zu diesem Zeitpunkt die abhängige Variable, können wir mit einer Regression ein sehr einfaches Zeitreihenmodell berechnen. Wie wir jedoch im Folgenden sehen werden, geht die Zeitreihenanalyse über Regressionsmodelle hinaus.

Daten über die Zeit

- Wert an Zeitpunkt 1
- Wert an Zeitpunkt 2
- Wert an Zeitpunkt 3
- Wert an Zeitpunkt 4
- Wert an Zeitpunkt 5
- Wert an Zeitpunkt 6
- Wert an Zeitpunkt 7
- Wert an Zeitpunkt 8
- Wert an Zeitpunkt 9
- …

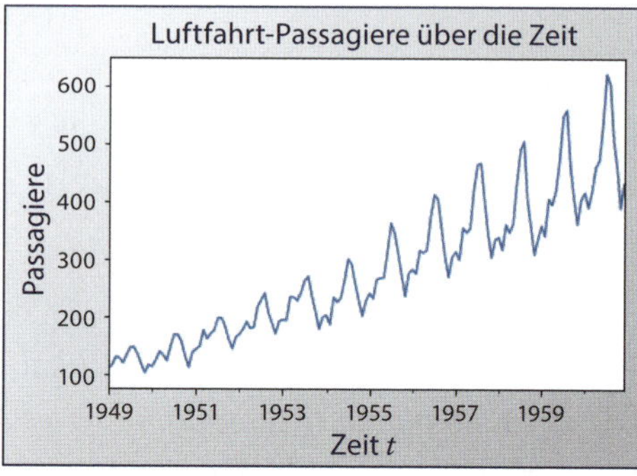

Abb. 9-2 *Konzept der Zeitreihenanalyse*

Formal haben wir diskrete Werte $\{x_1,...,x_T\}=\{x_t\}_{t=1}^T$ mit $x_t \in \mathbb{R}$. Wir nutzen die Notation $\{x_t\}$ als Kurzform für $\{x_t\}_{t=1}^T$. Aus mathematischer Sicht sind diese Werte eine Folge von Zufallsvariablen bzw. ein diskreter stochastischer Prozess. Aus der Tatsache, dass wir durchnummerierte Zeitpunkte betrachten, folgt, dass der Abstand zwischen den Zeitpunkten t und $t+1$ gleich sein muss für alle $t=1,...,T-1$. Diese feste Schrittgröße könnte zum Beispiel eine Minute, Stunde, Woche oder – wie in unserem Beispiel – ein Monat sein.

Eine Zeitreihe besteht aus verschiedenen Komponenten, von denen wir drei betrachten:

- ***Trend* der Zeitreihe T_t**
  Der Trend ist die Veränderung insgesamt über die Zeit, also zum Beispiel das stetige Wachstum oder die Reduktion der Werte. Ein Beispiel für einen Trend ist der stetig steigende Energiebedarf in vielen Ländern.
- ***Saisonalität* der Zeitreihe S_t**
  Die Saisonalität ist die Folge von *saisonalen Effekten*, also regelmäßig zu bestimmten Zeitpunkten wiederkehrenden Abweichungen vom allgemeinen Trend. Ein Beispiel für einen saisonalen Effekt ist der erhöhte Energieverbrauch im Winter durch Heizkosten und Beleuchtung.
- ***Autokorrelation* zwischen den Zeitpunkten R_t**
  Die Autokorrelation modelliert, wie der Wert zum Zeitpunkt t von den vorherigen Zeitpunkten abhängt, also wie x_t mit den Werten $x_{t-1}, x_{t-2},...$ korreliert ist. Die Autokorrelation modelliert die Änderungen der Zeitreihe, die nicht durch den Trend oder den saisonalen Effekt erfasst werden.

Zusammen ergeben diese drei Komponenten den Wert der Zeitreihe als

$$x_t = T_t + S_t + R_t.$$

9.1 Box-Jenkins-Verfahren

Zur Zeitreihenanalyse betrachten wir sogenannte *Box-Jenkins*-Modelle. Beim Box-Jenkins-Ansatz wird zuerst sichergestellt, dass die Zeitreihe *stationär* ist. Anschließend wird die Autokorrelation als stochastischer Prozess modelliert, der die Werte der letzten Zeitschritte mit einer zufälligen Komponente kombiniert. Stationär bedeutet, dass sich weder der Mittelwert noch die Varianz über die Zeit verändern. Für eine Zeitreihe bedeutet das, dass es keinen Trend und keine saisonalen Effekte geben darf. Der Trend kann auch als mittlere Veränderung des Mittelwerts über die Zeit betrachtet werden. Die Saisonalität kann man als sich regelmäßig wiederholende lokale Veränderung des Mittelwerts interpretieren. Die Varianz ist im Wesentlichen die zufällige Streuung der Daten um den Mittelwert.

Im Folgenden betrachten wir jeden Aspekt des Box-Jenkins-Ansatzes. Zuerst schauen wir uns an, wie man den Trend und die Saisonalität einer Zeitreihe bestimmt und wie man diese anschließend aus den Daten entfernt, damit die Daten stationär sind. Anschließend betrachten wir ARMA-Modelle, um die Autokorrelationen zu erfassen. Für die Erklärung der Methoden nutzen wie die Daten über Flugpassagiere, die wir oben schon gesehen haben.

```
import pandas as pd
import matplotlib.pyplot as plt

air_passengers_df = pd.read_csv("data/AirPassengers.csv", header = 0,
                               parse_dates = [0], names = ['Month',
                               'Passengers'], index_col = 0, squeeze=True)

fig, ax = plt.subplots()
ax.set_title("Luftfahrt-Passagiere über die Zeit")
air_passengers_df.plot(ax=ax)
ax.set_xlabel('Zeit $t$')
ax.set_ylabel('Passagiere')
plt.show()
```

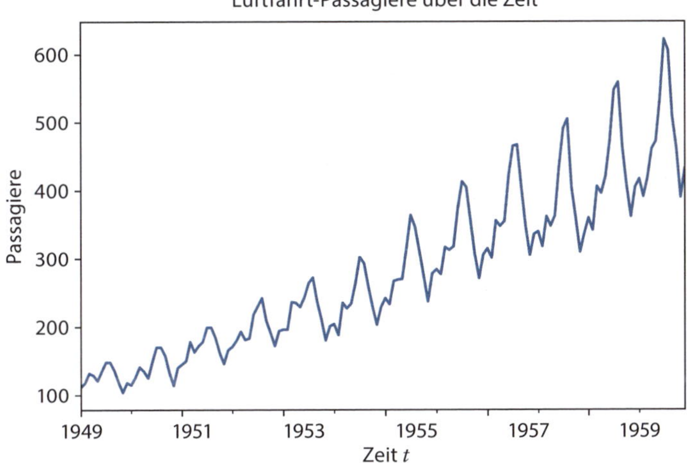

9.2 Trends und saisonale Effekte

Unser Ansatz, die Daten einer Zeitreihe stationär zu machen, besteht darin, dass wir zuerst den Trend T_t und anschließend die Saisonalität S_t modellieren und diese von den Daten abziehen. Im Detail ist der Ablauf wie folgt:

- Wir modellieren den Trend T_t der Zeitreihe $\{x_t\}$.
- Wir berechnen die trendbereinigte Zeitreihe $\hat{x}_t = x_t - T_t$.
- Wir modellieren die Saisonalität S_t der trendbereinigten Zeitreihe $\{\hat{x}_t\}$.
- Wir berechnen die trend- und saisonbereinigte Zeitreihe $\hat{\hat{x}}_t = \hat{x}_t - S_t$.

Wir betrachten jeweils zwei Ansätze für die Modellierung des Trends und der Saisonalität.

9.2.1 Regression und das saisonale Mittel

Der erste Ansatz für die Trendbereinigung ist eine Regression. Der Trend der Flugpassagierdaten sieht ungefähr linear aus, das heißt, wir sehen ein über die Zeit gleichmäßiges Wachstum. In diesem Fall können wir eine lineare Regression berechnen, um den Trend zu modellieren.

```
import numpy as np
from sklearn.linear_model import LinearRegression

X = np.arange(1,air_passengers_df.shape[0]+1).reshape(-1,1)
Y = air_passengers_df.values

regr = LinearRegression()
regr.fit(X,Y)
T_pred = regr.predict(X)
air_passengers_detrended = air_passengers_df - T_pred

f, axes = plt.subplots(1, 2, figsize=(12, 4))
axes[0].set_title('%.2f mehr Passagiere pro Monat (linearer Trend)' %
                  regr.coef_[0])
axes[0].plot(X, Y)
axes[0].plot(X, T_pred, color='black')
axes[0].set_xlabel('Zeit $t$')
axes[0].set_ylabel('Passagiere')

axes[1].set_title('Trendbereinigte Zahl der Passagiere')
axes[1].plot(X, air_passengers_detrended)
axes[1].set_xlabel('Zeit $t$')
axes[1].set_ylabel('Passagiere')
plt.show()
```

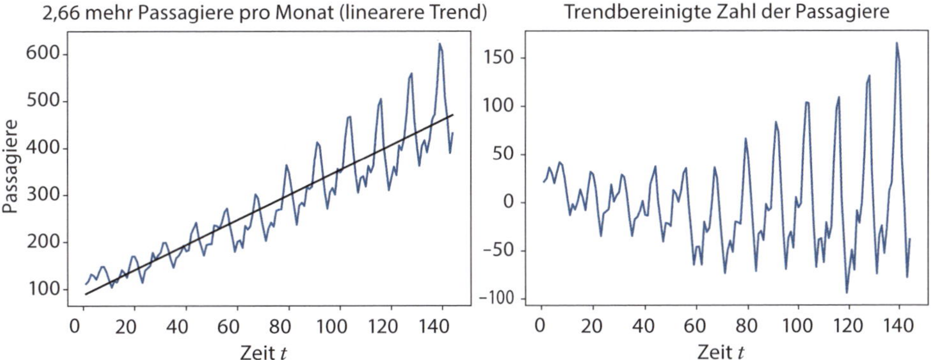

Links sehen wir die lineare Regression der Zeitreihe. Wie man sieht, passt die Regression sehr gut zur Form der Zeitreihe. Die Steigung der Regression (also der Koeffizient) ist das monatliche Wachstum der Passagierzahlen. Dies ist der Vorteil der Regression zur Modellierung des Trends: Wir können nicht nur die trendbereinigte Zeitreihe berechnen, sondern bekommen auch noch eine genaue Interpretation des Trends, nämlich dass es 2,66 mehr Passagiere jeden Monat gibt.

Rechts sehen wir die trendbereinigte Zeitreihe. Man sieht, dass sich das Mittel der Werte nicht mehr erhöht, die Werte sind also in etwa zentriert um die 0. Dies sollte nach einer erfolgreichen Trendbereinigung immer der Fall sein. Wir können außerdem die Datenbereiche der y-Achsen vergleichen. Links war die Größe des Datenbereichs noch 600-100=500. Rechts ist die Größe nur noch 150-(-100)=250. Der Trend erklärt also in etwa 50 % der absoluten Änderung der Werte über die Zeit.

Die trendbereinigten Daten haben noch ein klares Muster in der Schwankung rund um null. Das ist die Saisonalität der Daten. Da wir monatliche Daten haben, ist es eine vernünftige Annahme, dass es sich um ein jährliches Muster handelt. Dies können wir durch das *saisonale Mittel* erfassen. Hierzu müssen wir die Länge der Saison kennen, also die Anzahl von Zeitschritten, nach der eine Saison von vorne beginnt. In unseren Beispieldaten können wir die Saison durch das *monatliche Mittel* mit einer Länge von $s=12$ Zeitschritten für die Saison modellieren. Hierzu berechnen wir die Differenz der monatlichen Mittelwerte vom gesamten Mittelwert der Zeitreihe. Das können wir dann von der trendbereinigten Zeitreihe abziehen, um die trend- und saisonbereinigte Zeitreihe zu erhalten als

$$\hat{\hat{x}}_t = \hat{x}_t - (mean(\{\hat{x}_{t'}\}_{\{t' \in 1,\dots,T: mod(t',s)=mod(t,s)\}} - mean(\{\hat{x}_t\})),$$

wobei $mod(t,s)$ der Rest der Division von t durch s ist. Für $s=12$ und $t=26$ ist $mod(t,s)=2$. Das saisonale Mittel würde man zum Beispiel für alle Zeitpunkte t' mit $mod(t',s)=2$ berechnen, also 2, 14, 26, 38 etc. Bei unseren Beispieldaten bekommen wir für eine Saison der Länge $s=12$ folgendes Ergebnis.

```
monthly_means =
air_passengers_detrended.groupby(air_passengers_detrended.index.month).mean()

# mean of detrended data is zero
air_passengers_detrended_unseasonal = air_passengers_detrended -
                                      np.tile(monthly_means,12)

f, axes = plt.subplots(1, 2, figsize=(12, 4))
axes[0].set_title('Monatliche Abweichung vom Mittelwert')
axes[0].bar(['Jan','Feb','Mär','Apr','Mai','Jun','Jul','Aug','Sep','Okt',
             'Nov','Dez'], monthly_means)
axes[0].set_xlabel('Zeit $t$')
axes[0].set_ylabel('Passagiere')

axes[1].set_title('Trend- und saisonbereinigte Zahl der Passagiere')
axes[1].plot(X, air_passengers_detrended_unseasonal)
axes[1].set_xlabel('Zeit $t$')
axes[1].set_ylabel('Passagiere')
plt.show()
```

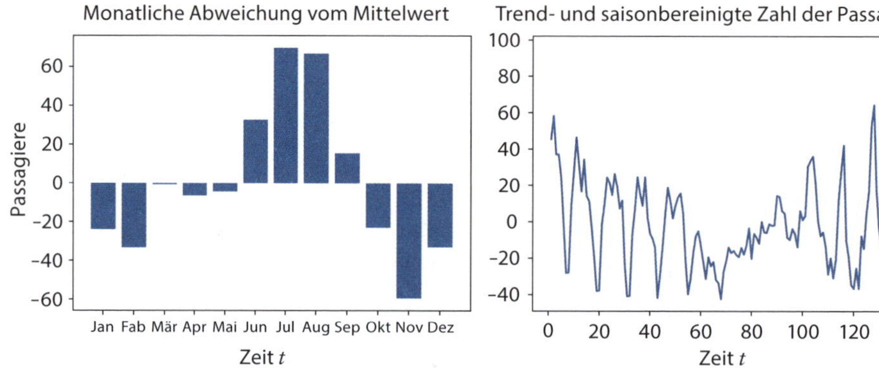

Wie man sieht, gibt es im Juli im Mittel über 60 Passagiere mehr als im Gesamtmittel. Im November sind es hingegen 60 Passagiere weniger. Der saisonale Effekt der anderen Monate schwankt zwischen diesen beiden Werten. Im März gibt es zum Beispiel fast gar keinen saisonalen Effekt. Das saisonale Mittel liefert, ähnlich wie die Regression, also eine genaue Information über die Veränderung.

Wenn wir den saisonalen Effekt entfernen, bekommen wir die Zeitreihe in der rechten Grafik. Der Datenbereich der y-Achse ist jetzt auf 100-(-40)=140 reduziert. Durch Trend und Saisonalität konnten wir also bereits den Großteil der Varianz in den Daten erklären. Leider erkennt man immer noch ein Muster in den Daten. Das ursprüngliche saisonale Muster hatte eine Spitze nach oben und zwei direkt nebeneinander liegende Spitzen nach unten. Das saisonbereinigte Muster sieht etwas anders aus:

- Für $t<70$ gibt es zwei Spitzen nach oben und eine Spitze nach unten.
- Zwischen $t=80$ und $t=100$ gibt es keine klar erkennbaren Spitzen.
- Für $t>100$ gibt es eine Spitze nach oben und zwei Spitzen nach unten.

Das Muster zeigt, dass der saisonale Effekt nicht vollständig korrigiert wurde. Der Grund dafür ist, dass der saisonale Effekt auch einen Trend hat: Genau wie die Zahl der Passagiere steigt, werden auch die Schwankungen während der Saison von Jahr zu Jahr stärker. In der Mitte der Daten passt die Schätzung des saisonalen Mittels. Zu Beginn der Daten ist die Schätzung des saisonalen Mittels höher als die eigentliche saisonale Abweichung, weshalb das saisonale Muster invertiert wird. Am Ende der Daten ist das saisonale Mittel kleiner als die eigentliche saisonale Abweichung, weshalb ein Teil des saisonalen Effekts nicht korrigiert wird.

Insgesamt ist unsere Zeitreihe also nicht vollständig stationär, da es immer noch Muster in den Daten gibt und insbesondere die Varianz daher nicht überall gleich ist. Dieses Muster ist jedoch relativ schwach, wenn man berücksichtigt, wie viel Information wir bereits durch den Trend und die Saison erklärt haben. Dies kann man sich veranschaulichen, indem wir die y-Achse wieder mit einem Datenbereich der ursprünglichen Größe von 500 anzeigen.

```
monthly_means =
air_passengers_detrended.groupby(air_passengers_detrended.index.month).mean()

# mean of detrended data is zero
air_passengers_detrended_unseasonal = air_passengers_detrended -
                                      np.tile(monthly_means,12)

fig, ax = plt.subplots()
ax.set_title('Trend- und saisonbereinigte Zahl der Passagiere\nUrsprüngliche
             Datenbereichsgröße auf der y-Achse')
ax.plot(X, air_passengers_detrended_unseasonal)
ax.set_xlabel('Zeit $t$')
ax.set_ylabel('Passagiere')
ax.set_ylim(-250,250)
plt.show()
```

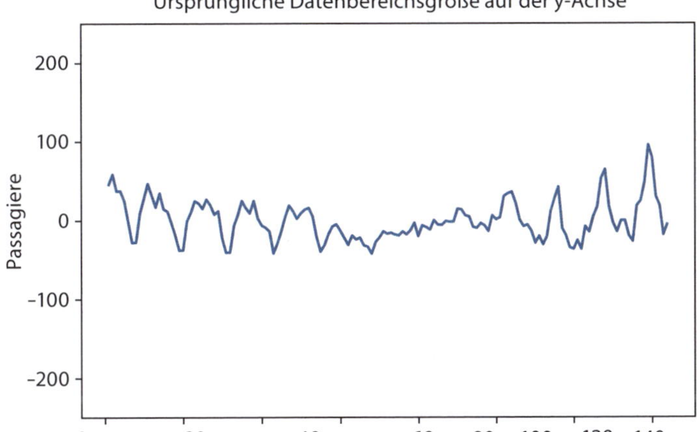

9.2.2 Differencing

Der zweite Ansatz zur Bereinigung des Trends und der Saison ist das sogenannte *Differencing*. Wie der Name schon vermuten lässt, ist das Differencing an das Konzept der Ableitung angelehnt und führt zu einer besseren Bereinigung als die Regression und das saisonale Mittel. Die Idee des Differencing ist, dass der Trend nichts anderes als die Steigung der Zeitreihe ist und die Steigung ist nichts anderes als die erste Ableitung. Wenn der Trend nicht konstant ist, sondern sich mit der Zeit ändert, sieht man dies in der zweiten Ableitung. Wenn wir also den Trend berechnen und bereinigen wollen, können wir die Ableitung hierfür nutzen.

Das Differencing basiert auf einer Variante der *Punktsteigungsformel* zum Berechnen der Steigung einer Geraden. Die Steigung zwischen zwei Punkten $(x_1,y_1),(x_2,y_2)$ ist dann definiert als $\frac{y_2-y_1}{x_2-x_1}$. Da wir äquidistante Zeitschritte t haben, ist für zwei benachbarte Zeitpunkte $(t-1,x_{t-1}),(t,x_t)$ die Steigung

$$\frac{x_t-x_{t-1}}{t-(t-1)}=\frac{x_t-x_{t-1}}{1}=x_t-x_{t-1}.$$

Diese Steigung nennt man auch die *Differenz erster Ordnung* der Zeitreihe und wir schreiben

$$\Delta^1 x_t=x_t-x_{t-1}.$$

Mit der Differenz erster Ordnung kann man lineare Trends entfernen als

$$\hat{x}_t=\Delta^1 x_t.$$

Wenn sich die Änderung des Mittelwerts mit der Zeit ändert, müssen wir die *Differenz zweiter Ordnung* berechnen, die definiert ist als

$$\Delta^2 x_t=\Delta^1 x_t-\Delta^1 x_{t-1}=x_t-2\cdot x_{t-1}+x_{t-2}.$$

Da wir in etwa einen linearen Trend in unseren Daten haben, können wir ohne Weiteres die Differenz erster Ordnung zur Trendbereinigung benutzen.

```
air_passengers_differenced = air_passengers_df.diff(1)

f, axes = plt.subplots(1, 2, figsize=(12, 4))
axes[0].set_title('Luftfahrt-Passagiere über die Zeit')
axes[0].plot(X, Y)
axes[0].set_xlabel('Zeit $t$')
axes[0].set_ylabel('Passagiere')

axes[1].set_title('Trendbereinigte Zahl der Passagiere (d=1)')
axes[1].plot(X, air_passengers_differenced)
axes[1].set_xlabel('Zeit $t$')
axes[1].set_ylabel('Passagiere')
plt.show()
```

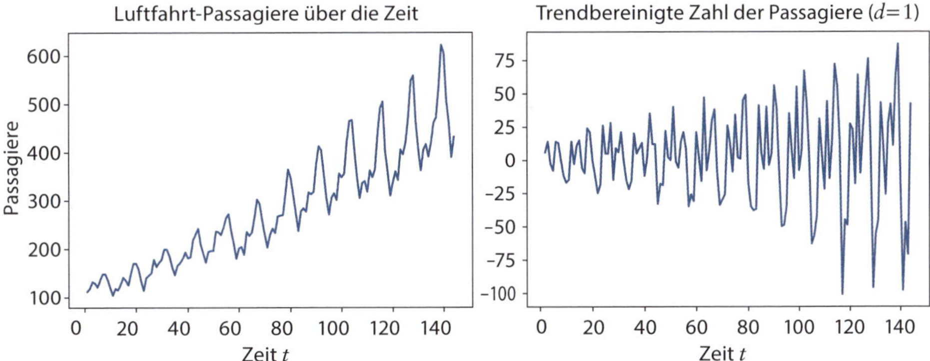

Die trendbereinigte Zeitreihe ist um null zentriert, aber wir sehen immer noch saisonale Schwankungen. Der Datenbereich der y-Achse ist auf 75-(-100)=175 reduziert, der Trend erklärt also bereits etwa zwei Drittel der Änderung der Werte über die Zeit.

Differencing kann auch zur Modellierung der Saison genutzt werden. Hierzu betrachtet man aber nicht benachbarte Zeitpunkte, sondern die Differenz zwischen zwei aufeinander folgenden Punkten der Saison. Wenn unsere Saison eine Länge von s hat, können wir die Saison bereinigen, indem wir $\hat{\hat{x}}=\Delta_s\hat{x}_t$ berechnen als

$$\Delta_s\hat{x}_t=\hat{x}_t\text{-}\hat{x}_{t-s}.$$

Das saisonale Differencing mit einer Saison von $s=12$ Zeitschritten führt zu folgendem Ergebnis.

```
air_passengers_differenced_seasonal = air_passengers_differenced.diff(periods=12)

f, axes = plt.subplots(1, 2, figsize=(12, 4))
axes[0].set_title('Trendbereinigte Zahl der Passagiere (d=1)')
axes[0].plot(X, air_passengers_differenced)
axes[0].set_xlabel('Zeit $t$')
axes[0].set_ylabel('Passagiere')

axes[1].set_title('Saisonale Bereinigung mit Differencing ($s=12$)')
axes[1].plot(X, air_passengers_differenced_seasonal)
axes[1].set_xlabel('Zeit $t$')
axes[1].set_ylabel('Passagiere')
plt.show()
```

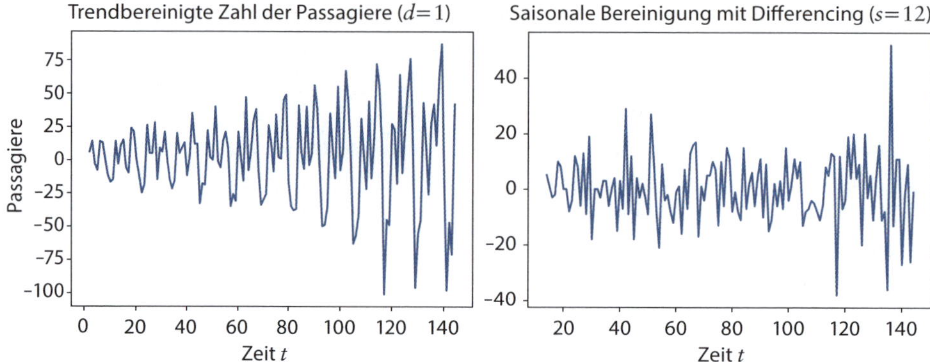

Nach der Bereinigung ist auf der rechten Seite kein Muster mehr in den Daten zu erkennen. Die Schwankung um null sieht komplett zufällig aus, was ein starker Hinweis darauf ist, dass die Daten jetzt stationär sind. Der Bereich der y-Achse ist jetzt auf 40-(-40)=80 reduziert, also noch mal halbiert gegenüber der trendbereinigten Zeitreihe.

9.2.3 Vergleich der Ansätze

Beide Ansätze, den Trend und die Saison zu modellieren, haben Stärken und Schwächen. Der Vorteil der Regression und der saisonalen Mittelwerte ist die Interpretierbarkeit. Da dies jedoch nur bei linearen Trends und saisonalen Effekten ohne Trend funktioniert, ist die Anwendbarkeit des Verfahrens limitiert und die Daten sind hinterher möglicherweise nicht stationär. Beim Differencing ist das Gegenteil der Fall: Die Bereinigung des Trends und der saisonalen Effekte funktioniert in der Regel sehr gut, da man auch Differenzen höherer Ordnung verwenden kann. Dafür gibt es keine Formel, die man interpretieren kann.

9.3 Autokorrelationen mit ARMA

Der letzte Aspekt der Zeitreihe, den wir noch modellieren müssen, ist die Autokorrelation.

9.3.1 Autokorrelation und partielle Autokorrelation

Die Autokorrelation ist der direkte Zusammenhang zwischen Werten der Zeitreihe an unterschiedlichen Zeitpunkten. Es handelt sich also um die Korrelation der Zeitreihe mit sich selbst.

> **Bemerkung:**
>
> *Auto* ist Latein für *selbst*, es handelt sich also in diesem Zusammenhang um das lateinische Wort und nicht um die Kurzform von *automatisch*.

Die Autokorrelation kann man sich als Scatterplot darstellen. Wir können zum Beispiel die Beziehung zwischen benachbarten Zeitpunkten für die trend- und saisonbereinigten Daten betrachten.

```
from pandas.plotting import lag_plot

fig, axes = plt.subplots(2, 3, figsize=(18, 7))

for i in range(1,4):
    axes[0,i-1].set_title('Scatterplot der Beziehung von $t$ und
                           $t+%i$\nLineare Regression and saisonale Mittel' % i)
    lag_plot(air_passengers_detrended_unseasonal,lag=i, ax=axes[0,i-1])
    axes[0,i-1].set_xlabel('$x_t$')
    axes[0,i-1].set_ylabel('$x_{t+%i}$'%i)

    axes[1,i-1].set_title('Scatterplot der Beziehung von $t$ und
                           $t+%i$\nDifferencing'%i)
    lag_plot(air_passengers_differenced_seasonal,lag=i, ax=axes[1,i-1])
    axes[1,i-1].set_xlabel('$x_t$')
    axes[1,i-1].set_ylabel('$x_{t+%i}$'%i)

plt.subplots_adjust(left=None, bottom=0, right=None,
                    top=None, wspace=None, hspace=0.4)
plt.show()
```

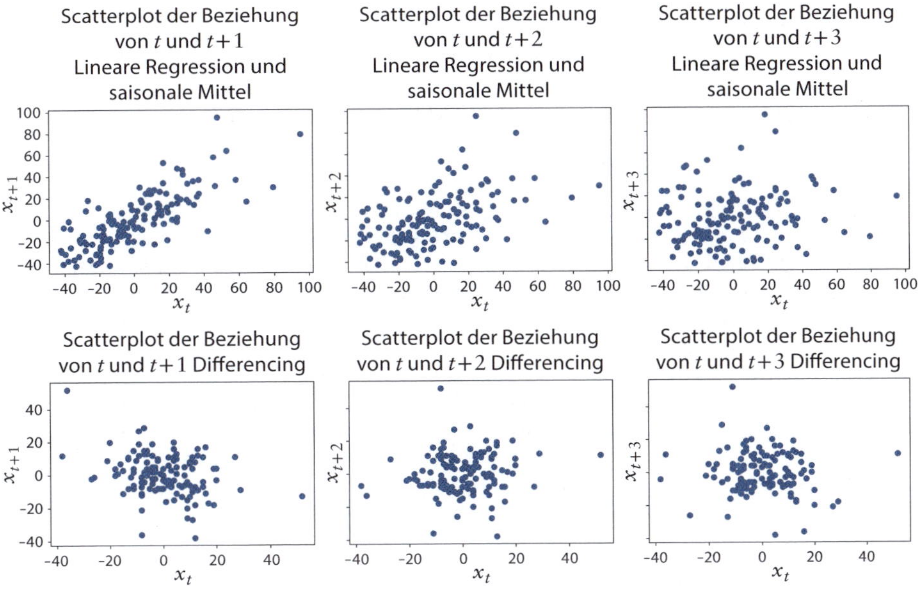

In der ersten Spalte sehen wir die Beziehung zum nächsten Zeitschritt, die zweite Spalte zeigt die Beziehung zwei Schritte in die Zukunft und die dritte Spalte drei Schritte in die Zukunft. Bei der linearen Regression und dem saisonalen Mittel erkennen wir, dass es eine lineare Beziehung zwischen x_t und x_{t+1} gibt, die mit x_{t+2} schwächer wird und bei x_{t+3} verschwindet. Diese Beziehung ist die Autokorrelation. In der zweiten Zeile sehen wir keinerlei Beziehungen, die Daten sind zufällig verteilt. Das deutet darauf hin, dass es keinen direkten Zusammenhang mehr zwischen den Zeitpunkten gibt.

Die obige Darstellung der Autokorrelation ignoriert noch einen wichtigen Aspekt:

- x_{t+2} ist mit x_{t+1} korreliert.
- x_{t+1} ist mit x_t korreliert.
- Wie viel der Korrelation zwischen x_{t+2} und x_t wird bereits durch die indirekte Korrelation zwischen x_{t+2} und x_t über x_{t+1} erklärt?

Es gibt also einen gewissen *Übertrag* (engl. *carry over*) zwischen den Zeitpunkten. Dieser Zusammenhang klingt in der abstrakten Beschreibung etwas kompliziert, wird aber durch ein Beispiel schnell klar. Wenn die Passagierzahlen vom März mit den Zahlen aus dem Februar zusammenhängen und der Wert vom Februar mit dem Wert vom Januar, dann hat der Wert aus dem Januar hierdurch eine indirekte Auswirkung auf den März. Das bedeutet, dass ein Teil der Korrelation von Januar und Februar sich auf den März überträgt.

Das heißt jedoch nicht, dass es nicht auch noch einen direkten Zusammenhang zwischen Januar und März geben kann, der sich nicht durch den Übertrag erklären lässt. Dies ist die partielle Autokorrelation, also nur die direkte Korrelation zwischen Zeitpunkten ohne den Übertrag. In unserem Beispiel haben wir die folgenden Autokorrelationen und partiellen Autokorrelationen.

```
from statsmodels.graphics.tsaplots import plot_acf, plot_pacf

fig, axes = plt.subplots(2, 2, figsize=(12, 7))

plot_acf(air_passengers_detrended_unseasonal, lags=40, alpha=None,
         ax=axes[0,0], title="Autokorrelation\nRegression und saisonales
         Mittel")
plot_pacf(air_passengers_detrended_unseasonal, lags=40, alpha=None,
          ax=axes[0,1], title="Partielle Autokorrelation\nRegression und
          saisonales Mittel")
plot_acf(air_passengers_differenced_seasonal.dropna(), lags=40, alpha=None,
         ax=axes[1,0], title="Autokorrelation\nDifferencing")
plot_pacf(air_passengers_differenced_seasonal.dropna(), lags=40, alpha=None,
          ax=axes[1,1], title="Partielle Autokorrelation\nDifferencing")
plt.subplots_adjust(left=None, bottom=0, right=None,
                    top=None, wspace=None, hspace=0.3)
plt.show()
```

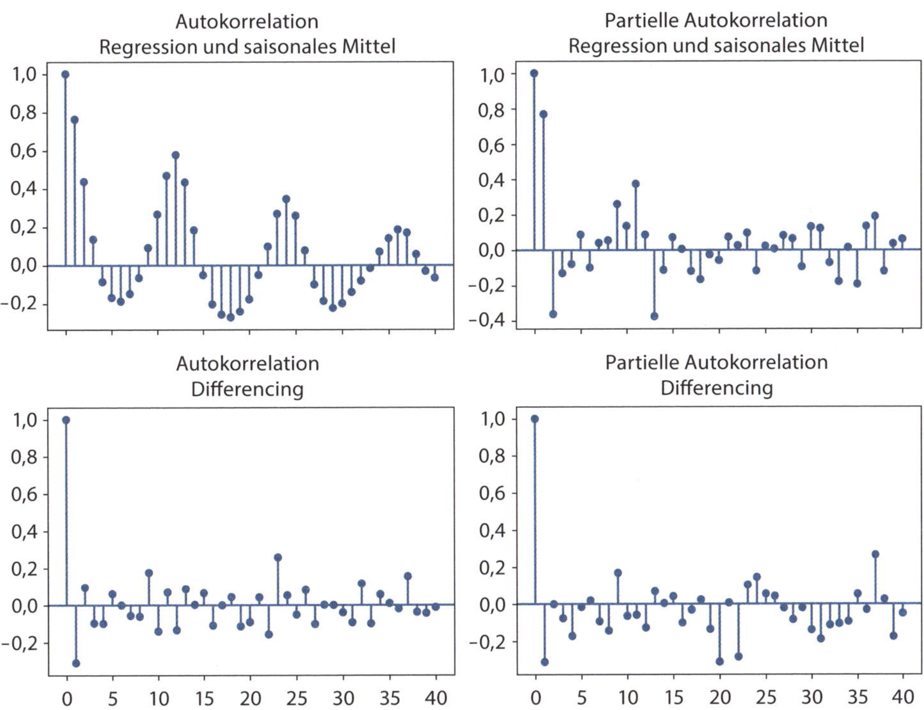

Die Balken zeigen die Stärke der Korrelation. Auch wenn es keinen festen Richtwert für die Definition einer starken bzw. schwachen Korrelation gibt, verwenden wir im Folgenden die übliche Konvention, dass Werte, die absolut kleiner als 0,3 sind, bedeuten, dass es keine Korrelation gibt, Werte zwischen 0,3 und 0,5 auf eine schwache Korrelation hindeuten, Werte zwischen 0,5 und 0,7 auf eine moderate Korrelation und Werte größer als 0,7 auf eine starke Korrelation. Für uns sind nur Korrelationen relevant, die mindestens moderat sind.

In der ersten Zeile der obigen Visualisierung sehen wir die Autokorrelation und die partielle Autokorrelation der trend- und saisonbereinigten Zeitreihe. In der Autokorrelation erkennt man ein klares Muster von wechselnder positiver und negativer Korrelation über die Zeit mit einer Periode von 12 Zeitschritten. Dies ist der saisonale Effekt, der durch die unzureichende Korrektur der Saison übrig geblieben ist. Die partielle Autokorrelation zeigt, dass es einen direkten Einfluss auf $t+1$ gibt und dass es außerdem noch eine schwache Korrelation mit den Zeitschritten $t+10$ und $t+13$ gibt. Auch hier sieht man also noch die nicht vollständig korrigierte Saison, wenn auch deutlich schwächer.

In der zweiten Zeile sehen wir die Autokorrelation und die partielle Autokorrelation der durch Differencing bereinigten Zeitreihe. Wie auch schon in den Scatterplots gibt es keine Hinweise auf eine Korrelation, weder bei der Autokorrelation noch bei der partiellen Autokorrelation.

9.3.2 AR, MA und ARMA

Was noch fehlt, ist ein Modell für die Autokorrelation. Ein häufig verwendeter Ansatz besteht darin, ein *AutoRegressives* (AR-) oder ein *Moving-Average*-(MA-)Modell zu benutzen. Wenn man beides zusammen verwendet, spricht man von einem *ARMA-Modell*.

Ein *AR-Modell* beschreibt die lineare Beziehung der Zeitschritte. Hierzu wird der direkte Einfluss der letzten p Zeitpunkte auf den aktuellen Zeitpunkt modelliert als

$$c+\varepsilon_t+\sum_{i=1}^{p} a_i x_{t-i},$$

wobei $c \in \mathbb{R}$ eine konstante Veränderung mit jedem Zeitpunkt ist, ε_t ist *weißes Rauschen* (engl. *white noise*) und $a_i \in \mathbb{R}, i=1,...,p$ sind die Koeffizienten, die den Einfluss der letzten Zeitschritte bestimmen. Das AR-Modell kombiniert also eine feste Änderung c mit einer zufälligen Änderung ε_t und einer linearen Regression der letzten p Zeitpunkte.

Bemerkung:

Weißes Rauschen entspricht einer Zufallsvariablen mit dem Erwartungswert null. Das heißt, dass der Wert im Mittel null ist, also den Mittelwert der Zeitreihe nicht beeinflusst. Üblicherweise wird weißes Rauschen durch eine Normalverteilung mit einem Mittelwert von null und mit einer kleinen Standardabweichung modelliert.

Ein *MA-Modell* beschreibt, wie sich die Zeitreihe nur aufgrund des Zufalls weiterentwickelt. Dies geht über das ε_t, das wir schon aus dem AR-Modell kennen, hinaus, indem nicht nur das weiße Rauschen des aktuellen Zeitschritts einen Einfluss hat, sondern auch die letzten q zufälligen Schwankungen, sodass

$$c+\varepsilon_t+\sum_{j=1}^{q} b_j \varepsilon_{t-j}$$

mit c und ε_t wie oben. Die Summe $\sum_{j=1}^{q} b_j \varepsilon_{t-j}$ beschreibt den Einfluss des vergangenen weißen Rauschens auf die Zukunft. Dies kann man sich so vorstellen, dass eine zufällig erhöhte Passagierzahl im Januar möglicherweise zu einer Reduktion im Februar führt. Dies würde man dann durch einen negativen Koeffizienten b_1 im MA-Modell beschreiben.

Wenn wir AR mit MA kombinieren, haben wir ein ARMA-Modell für die Autokorrelation, das definiert ist als

$$x_t=c+\varepsilon_t+\sum_{i=1}^{p} a_i x_{t-i}+\sum_{j=1}^{q} b_j \varepsilon_{t-j}.$$

Das ARMA-Modell kombiniert also den Einfluss der letzten Zeitreihenwerte mit dem Einfluss der letzten zufälligen Schwankungen.

9.3.3 Auswahl von p und q

Um ein ARMA-Modell zu benutzen, müssen wir die Werte p und q bestimmen, also festlegen, wie viele vergangene Zeitschritte einen Einfluss haben sollen. Hierzu benutzen wir die Autokorrelation und die partielle Autokorrelation.

Zuerst wählen wir Werte für die mit Regression und saisonalen Mittel bereinigte Zeitreihe. Hier haben wir die folgenden (partiellen) Autokorrelationen.

```
fig, axes = plt.subplots(1, 2, figsize=(12, 3))
plot_acf(air_passengers_detrended_unseasonal, lags=40, alpha=None,
         ax=axes[0], title="Autokorrelation\nRegression und saisonales
         Mittel")
plot_pacf(air_passengers_detrended_unseasonal, lags=40, alpha=None,
          ax=axes[1], title="Partielle Autokorrelation\nRegression und
          saisonales Mittel")
plt.show()
```

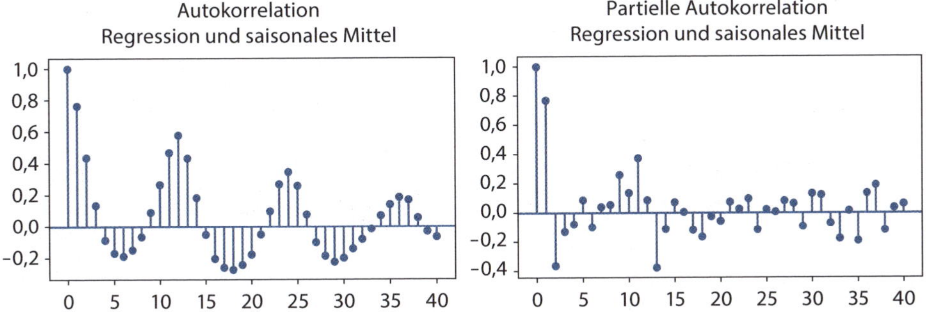

Da AR den direkten Einfluss der vergangenen Werte modelliert, können wir die partielle Autokorrelation zur Wahl von p nutzen. In unserem Beispiel wären $p=1$ und $p=13$ geeignete Werte. Mit $p=1$ hätte man ein kleines Zeitreihenmodell mit wenig Parametern, mit $p=13$ hingegen ein recht großes Modell. Das große Modell wäre genauer, da es den nicht korrigierten saisonalen Effekt miterfassen würde. Es wäre jedoch schwieriger, das Modell über die Koeffizienten zu interpretieren. Ein so hoher Wert von p führt außerdem zu einem gewissen Risiko des Overfittings.

MA modelliert die langfristigen Auswirkungen zufälliger Schwankungen. Wenn man ein reines MA-Modell verwendet (also nicht ARMA), kann man q anhand der Autokorrelation auswählen, da diese nach q Zeitschritten gegen null gehen sollte. Dies wäre in unserem Beispiel erst nach Ablauf von drei Saisons der Fall. Das ignoriert bei einem ARMA-Modell jedoch den Übertrag durch die vergangenen Werte der Zeitreihe, die ebenfalls vom weißen Rauschen beeinflusst werden, also vom AR-Teil des Modells. Die Autokorrelation mit $t+1$ wird bereits vollständig hierdurch abgedeckt, und durch den Übertrag wird somit auch ein gewisser Teil der Autokorrelation zum Zeitpunkt $t+2$ mit abgedeckt, usw. Wenn wir dies berücksichtigen, ist der verbleibende Einfluss der zufälligen Schwankungen relativ klein, sodass $q=1$ oder $q=12$ gute Werte wären, je nach Wahl von p.

Insgesamt haben wir also folgende Kandidaten für Paare von p und q:

- $p=1$, $q=1$, um ein kompaktes Modell der Zeitreihe zu erhalten, das aber eventuell den saisonalen Effekt nicht vollständig berücksichtigt.
- $p=1$, $q=12$, um die MA-Komponente zu nutzen und damit den verbleibenden saisonalen Effekt zu modellieren.
- $p=13$, $q=1$, um die AR-Komponente zu nutzen und damit den verbleibenden saisonalen Effekt zu modellieren.

Bei der Zeitreihe, die wir mit Differencing bereinigt haben, ist die Wahl von p und q einfacher, da wir folgende (partielle) Autokorrelationen haben.

```
fig, axes = plt.subplots(1, 2, figsize=(12, 3))
plot_acf(air_passengers_differenced_seasonal.dropna(), lags=40, alpha=None,
         ax=axes[0], title="Autokorrelation\nDifferencing")
plot_pacf(air_passengers_differenced_seasonal.dropna(), lags=40, alpha=None,
          ax=axes[1], title="Partielle Autokorrelation\nDifferencing")
plt.show()
```

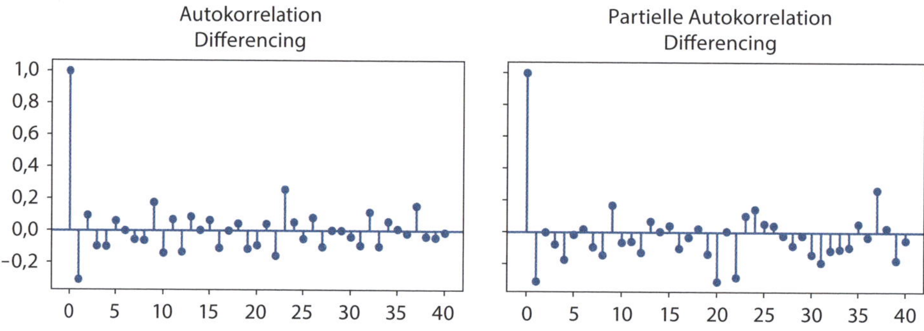

Da es keine starke partielle Autokorrelation gibt, wählen wir $p=0$. In den Autokorrelationen sieht man lediglich bei $t+1$ einen Wert von etwa -0,3, anschließend schwanken die Werte um null. Da wir mit $p=0$ ein reines MA-Modell haben, sollten wir, wie oben erklärt, also $q=1$ wählen.

9.3.4 ARIMA

Oft findet man auch ARIMA-Modelle für die Zeitreihenanalyse mit den Parametern p, d und q. ARIMA funktioniert genau wie ARMA, nur dass die Bereinigung des Trends durch Differencing über den Parameter d ein Teil des Modells ist. ARIMA ist also das Gleiche wie ein ARMA-Modell, das auf eine durch Differencing trendbereinigte Zeitreihe angewendet wird.

9.4 Jenseits von Box-Jenkins

Man kann Zeitreihen auch komplett anders modellieren, als wir es beschrieben haben. Ein gängiger Ansatz ist es, die Werte der letzten k Zeitschritte als Merkmale zu nehmen und dann eine Regression hierfür zu definieren. In unserem Beispiel könnte man einfach die letzten $k=24$ Zeitschritte als Merkmale verwenden, um den nächsten Wert vorherzusagen. Dies ist vergleichbar mit einem AR-Modell mit $p=k$ ohne weißes Rauschen: Damit hat man einfach eine lineare Regression mit den letzten k Zeitschritten als Merkmalen. Statt der linearen Regression kann man diesen Ansatz aber auch mit beliebigen anderen Regressionsalgorithmen nutzen, die wir am Ende von Kapitel 8 genannt haben. Bei den neuronalen Netzen gibt es auch spezielle Architekturen für Zeitreihen, wie zum Beispiel die in Kapitel 7 erwähnten Long-Short-Term-Memory-(LSTM-)Netzwerke.

9.5 Übung

Mit dieser Übung wollen wir unsere Kenntnisse der Zeitreihenanalyse vertiefen, indem wir die Methoden aus diesem Kapitel anwenden. Als Daten verwenden wir den Umsatz von Online- und Versandshops von 2002 bis 2014 aus den USA[1].

Trend- und Saisonbereinigung

Laden Sie die Daten. Verwenden Sie sowohl die lineare Regression und saisonale Mittel als auch Differencing, um den Trend und die saisonalen Effekte zu bereinigen. Vergleichen Sie die Ergebnisse mithilfe von Visualisierungen.

Vorhersagen mit ARMA

Trainieren Sie ein ARMA-Modell mit geeigneten Parametern für p und q für beide Varianten der trend- und saisonbereinigten Daten. Entfernen Sie für das Training die Daten aus dem Jahr 2013. Benutzen Sie anschließend die Modelle, um Werte für das Jahr 2013 vorherzusagen, und visualisieren Sie den Unterschied zwischen den Vorhersagen und den wahren Werten. Dieser Vergleich sollte nicht nur die autoregressive Komponente (R_t), sondern die echten Werte $x_t=T_t+S_t+R_t$ berücksichtigen. Hierzu müssen Sie die saisonalen Effekte und den Trend auf die Vorhersage aus dem ARMA-Modell addieren.

1. *https://data-science-crashkurs.de/exercises/data/online_and_mail_shopping.csv*

10 Text Mining

Beim *Text Mining* geht es um die Anwendung der in den vergangenen Kapiteln besprochenen Methoden auf textuelle Daten mit dem Ziel, Wissen aus den Daten zu gewinnen. Beispiele für Text Mining sind die Analyse von Kundenbewertungen bezüglich der Emotion und Meinung (engl. *sentiment*) oder die automatische Gruppierung ähnlicher Dokumente. Das Problem bei der Analyse von natürlicher Sprache ist, dass Sätze und längere Texte weder numerisch noch kategorisch sind. Es gibt also keine offensichtliche Darstellung durch Merkmale. Hinzu kommt, dass Text oft eine innere Struktur hat, zum Beispiel durch Überschriften, Einleitungen oder Referenzen zu verwandten Inhalten. Wenn wir Text lesen, erkennen wir diese semantische Struktur automatisch und ordnen diese ein. Daher ist es die große Herausforderung des Text Mining, eine geeignete Struktur der textuellen Daten für das maschinelle Lernen zu finden.

Hierfür müssen wir den Text *codieren,* um eine numerische oder kategorische Repräsentation zu erhalten. Ziel der Repräsentation sollte sein, möglichst wenig relevante Information aus dem Text zu verlieren. Eine ideale Codierung beinhaltet daher nicht nur die Worte, sondern auch die *Bedeutung* der Worte im jeweiligen *Kontext*, die grammatikalische Struktur und eventuell sogar den Gesamtkontext eines Satzes innerhalb eines Dokuments. Aufgrund dieser Komplexität ist die Repräsentation von Texten für das maschinelle Lernen immer noch der Gegenstand der aktuellen Forschung. Durch Fortschritte der letzten Jahre wird das Text Mining jedoch zu einem immer mächtigeren und zuverlässigeren Werkzeug. Das Text Mining selbst ist ein großes Gebiet, bei dem wir hier nur an der Oberfläche kratzen können. Das Ziel dieses Kapitels ist es, dass wir ein gutes Verständnis der Herausforderungen vom Text Mining bekommen, grundlegende Verfahren kennenlernen und außerdem Wissen wie fortgeschrittene Verfahren erarbeiten.

Als Beispiel nutzen wir in diesem Kapitel acht Tweets von Donald Trump. Die Verarbeitungsschritte, die wir zeigen, haben alle das Ziel, die Analyse des Themas der Tweets zu erlauben. Ähnlich wie bei den Bostondaten ist es auch bei Donald Trumps Tweets: Diese sind inhaltlich, vor allem was das Thema Wahlen angeht, nicht unproblematisch. Problematische Daten existieren aber und es ist wichtig, sich auch damit auseinanderzusetzen. Hinzu kommt, dass sie ein gutes Beispiel sind, um zu zeigen, wie Text Mining funktioniert: Sie sind kurz, jeder kennt das Medium, die Auswahl an Tweets ist inhaltlich unkritisch und die Daten beinhalten die üblichen Probleme, auf die man beim Text Mining trifft.

```
from textwrap import TextWrapper

tweets_list = ['Oct 4, 2018 08:03:25 PM Beautiful evening in Rochester,
                Minnesota. VOTE, VOTE, VOTE! https://t.co/SyxrxvTpZE
                [Twitter for iPhone]',
               'Oct 4, 2018 07:52:20 PM Thank you Minnesota - I love you!
                https://t.co/eQC2NqdIil [Twitter for iPhone]',
               'Oct 4, 2018 05:58:21 PM Just made my second stop in Minnesota
                for a MAKE AMERICA GREAT AGAIN rally. We need to elect
                @KarinHousley to the U.S. Senate, and we need the
                strong leadership of @TomEmmer, @Jason2CD,
                @JimHagedornMN and @PeteStauber in the U.S. House!
                [Twitter for iPhone]',
               'Oct 4, 2018 05:17:48 PM Congressman Bishop is doing a GREAT
                job! He helped pass tax reform which lowered taxes for
                EVERYONE! Nancy Pelosi is spending hundreds of
                thousands of dollars on his opponent because they both
                support a liberal agenda of higher taxes and wasteful
                spending! [Twitter for iPhone]',
               'Oct 4, 2018 02:29:27 PM "U.S. Stocks Widen Global Lead"
                https://t.co/Snhv08ulc0 [Twitter for iPhone]',
               'Oct 4, 2018 02:17:28 PM Statement on National Strategy for
                Counterterrorism: https://t.co/ajFBg9Elsj
                https://t.co/Qr56ycjMAV [Twitter for iPhone]',
               'Oct 4, 2018 12:38:08 PM Working hard, thank you!
                https://t.co/6HQVaEXHOI [Twitter for iPhone]',
               'Oct 4, 2018 09:17:01 AM This is now the 7th. time the FBI has
                investigated Judge Kavanaugh. If we made it 100, it
                would still not be good enough for the Obstructionist
                Democrats. [Twitter for iPhone]']

wrapper = TextWrapper(width=65)
for tweet in tweets_list:
    print('\n'.join(wrapper.wrap(tweet)))
    print()
```

```
Oct 4, 2018 08:03:25 PM Beautiful evening in Rochester,
Minnesota. VOTE, VOTE, VOTE! https://t.co/SyxrxvTpZE [Twitter for
iPhone]

Oct 4, 2018 07:52:20 PM Thank you Minnesota - I love you!
https://t.co/eQC2NqdIil [Twitter for iPhone]

Oct 4, 2018 05:58:21 PM Just made my second stop in Minnesota for
a MAKE AMERICA GREAT AGAIN rally. We need to elect @KarinHousley
to the U.S. Senate, and we need the strong leadership of
@TomEmmer, @Jason2CD, @JimHagedornMN and @PeteStauber in the U.S.
House! [Twitter for iPhone]
↓
```

```
Oct 4, 2018 05:17:48 PM Congressman Bishop is doing a GREAT job!
He helped pass tax reform which lowered taxes for EVERYONE! Nancy
Pelosi is spending hundreds of thousands of dollars on his
opponent because they both support a liberal agenda of higher
taxes and wasteful spending! [Twitter for iPhone]

Oct 4, 2018 02:29:27 PM "U.S. Stocks Widen Global Lead"
https://t.co/Snhv08ulc0 [Twitter for iPhone]

Oct 4, 2018 02:17:28 PM Statement on National Strategy for
Counterterrorism: https://t.co/ajFBg9Elsj https://t.co/Qr56ycjMAV
[Twitter for iPhone]

Oct 4, 2018 12:38:08 PM Working hard, thank you!
https://t.co/6HQVaEXHOI [Twitter for iPhone]

Oct 4, 2018 09:17:01 AM This is now the 7th. time the FBI has
investigated Judge Kavanaugh. If we made it 100, it would still
not be good enough for the Obstructionist Democrats. [Twitter for
iPhone]
```

10.1 Preprocessing

Durch das Preprocessing wird der Text in eine Repräsentation überführt, die für maschinelles Lernen geeignet ist, also mit der man den Text klassifizieren oder clustern kann.

10.1.1 Erstellung eines Korpus

Der erste Preprocessing-Schritt ist die Erstellung eines *Korpus* von *Dokumenten*. Im Sinne der in Kapitel 3 eingeführten Begriffe sind die Dokumente die Objekte und ein Korpus eine Menge von Objekten. In unserem Twitter-Beispiel ist der Korpus eine Menge von Tweets, jeder Tweet ist ein Dokument. Wir haben bereits eine Liste von Tweets, was einem Korpus entspricht. In anderen Anwendungsfällen kann die Erstellung des Korpus aufwendiger sein. Dies wäre zum Beispiel der Fall, wenn erst Bewertungen eines Produkts durch Crawling aus dem Internet gesammelt werden müssen. Hierbei ist es relativ wahrscheinlich, dass es auf der gleichen Webseite mehrere Bewertungen gibt. Diese müssen dann zum Beispiel innerhalb der Webseite identifiziert und anschließend in separate Dokumente aufgeteilt werden.

10.1.2 Relevanter Inhalt

Die textuellen Daten beinhalten oft irrelevante Informationen für einen bestimmten Anwendungsfall, insbesondere wenn der Text automatisch aus dem Internet gesammelt wurde. Wenn wir am Thema von Tweets interessiert sind, ist der Zeitstempel irrelevant. Es ist ebenfalls nicht wichtig, ob ein Tweet mit einem iPhone oder einer anderen Anwendung verschickt wurde. Links zu Webseiten sind knifflig, da sie relevante Informationen enthalten könnten, jedoch auch irrelevant sein können. Wenn eine URL relevante Informationen, wie zum Beispiel den Autor oder das Thema, enthält, kann dies wertvoll für das Text Mining sein. Andere Aspekte, wie zum Beispiel das http(s):// zu Beginn eines Links, sind irrelevant. Es gibt auch Links, die keine relevanten Informationen enthalten, zum Beispiel wenn Link Shortener benutzt werden. Dann ist der Link nur eine zufällige Zeichenkette. Ob Links beibehalten werden sollen, muss man daher von Anwendungsfall zu Anwendungsfall entscheiden.

Wenn wir den irrelevanten Inhalt der Tweets (inkl. Links) entfernen, bekommen wir Folgendes:

```
import re

tweets_relevant_content = []
for tweet in tweets_list:
    # remove the first 24 chars, because they are the time stamp
    # remove everything after last [ because this is the source of the tweet
    modified_tweet = tweet[24:tweet.rfind('[')]
    # drop links
    modified_tweet = re.sub(r'http\S+', '', modified_tweet).strip()
    tweets_relevant_content.append(modified_tweet)

for tweet in tweets_relevant_content:
    print('\n'.join(wrapper.wrap(tweet)))
    print()
```

```
Beautiful evening in Rochester, Minnesota. VOTE, VOTE, VOTE!

Thank you Minnesota - I love you!

Just made my second stop in Minnesota for a MAKE AMERICA GREAT
AGAIN rally. We need to elect @KarinHousley to the U.S. Senate,
and we need the strong leadership of @TomEmmer, @Jason2CD,
@JimHagedornMN and @PeteStauber in the U.S. House!

Congressman Bishop is doing a GREAT job! He helped pass tax
reform which lowered taxes for EVERYONE! Nancy Pelosi is spending
hundreds of thousands of dollars on his opponent because they
both support a liberal agenda of higher taxes and wasteful
spending!

"U.S. Stocks Widen Global Lead"

Statement on National Strategy for Counterterrorism:

Working hard, thank you!

This is now the 7th. time the FBI has investigated Judge
Kavanaugh. If we made it 100, it would still not be good enough
for the Obstructionist Democrats.
```

Was relevant und irrelevant ist, hängt auch vom Kontext ab. Ein anderer Anwendungsfall für unsere Twitterdaten wäre die Analyse der Quelle der Tweets, um zum Beispiel herauszufinden, ob es einen Unterschied macht, ob ein Tweet von einem Handy oder von einem Computer verschickt wurde. In diesem Fall kann man die Quelle nicht einfach entfernen, da man sie zur Gruppierung der Tweets braucht. Wenn man wissen möchte, wie sich Tweets im Laufe der Zeit verändern, dann sind die Zeitstempel wichtig. In beiden Fällen würde man aber diese Informationen trotzdem aus dem eigentlichen Text entfernen und sie stattdessen als separate Merkmale speichern, da es sich um Metadaten über die Dokumente handelt.

10.1.3 Zeichensetzung und Großschreibung

Für das Thema von Dokumenten sind die Zeichensetzung und die Groß- und Kleinschreibung von Buchstaben in der Regel irrelevant. Stattdessen führen sie dazu, dass es ungewollte Unterschiede zwischen Worten gibt. Eine Ausnahme von dieser Regel bilden Abkürzungen und Akronyme. Das Akronym `U.S.` der Tweets ist ein perfektes Beispiel hierfür, da es zum Wort `us` werden würde, wenn man einfach alle Zeichen entfernen und alle Buchstaben zu Kleinbuchstaben umwandeln würde. Wir würden also eine ganz andere Bedeutung erhalten. Wenn solche Fälle bekannt sind, sollte man diese manuell adressieren, bevor die Zeichensetzung und Großschreibung entfernt wird. Man könnte zum Beispiel `US` und `U.S.` zu `usa` umwandeln, um zu verhindern, dass es ein Problem gibt.

Wenn wir dies bei den Tweets anwenden, bekommen wir folgende Dokumente:

```
import string
tweets_lowercase = []

for tweet in tweets_relevant_content:
    modified_tweet = tweet.translate(str.maketrans('', '', string.punctuation))
    modified_tweet = modified_tweet.replace('US', 'usa')
    modified_tweet = modified_tweet.lower()
    tweets_lowercase.append(modified_tweet)

for tweet in tweets_lowercase:
    print('\n'.join(wrapper.wrap(tweet)))
    print()
```

```
beautiful evening in rochester minnesota vote vote vote

thank you minnesota  i love you

just made my second stop in minnesota for a make america great
again rally we need to elect karinhousley to the usa senate and
we need the strong leadership of tomemmer jason2cd jimhagedornmn
and petestauber in the usa house
↓
```

```
congressman bishop is doing a great job he helped pass tax reform
which lowered taxes for everyone nancy pelosi is spending
hundreds of thousands of dollars on his opponent because they
both support a liberal agenda of higher taxes and wasteful
spending

usa stocks widen global lead

statement on national strategy for counterterrorism

working hard thank you

this is now the 7th time the fbi has investigated judge kavanaugh
if we made it 100 it would still not be good enough for the
obstructionist democrats
```

10.1.4 Stoppwörter

Eine weitere Eigenschaft von Text ist, dass nicht jedes Wort relevant für die Bedeutung ist. Oft werden Wörter nur für die korrekte grammatikalische Struktur benötigt, ohne dass sie die Bedeutung eines Dokuments beeinflussen. Beispiele dafür sind Artikel (der, die, das, den, dem bzw. auf Englisch the, a). Außerdem gibt es noch Wörter, die sehr häufig vorkommen, unabhängig vom Inhalt, zum Beispiel die verschiedenen Formen von sein und haben. Daher besteht ein üblicher Preprocessing-Schritt darin, solche Wörter zu entfernen. Hierzu nutzt man Wortlisten, die es für viele Sprachen als Teil von Textverarbeitungsbibliotheken gibt.

Mit einer englischen Stoppwortliste verändern sich unsere Tweets wie folgt:

```python
from nltk.corpus import stopwords
from nltk.tokenize import word_tokenize

# this needs only to be run once
# uncomment this line to download the stopword and punctuation lists
# import nltk; nltk.download('stopwords'); nltk.download('punkt')

stop_words = set(stopwords.words('english'))

tweets_no_stopwords = []
for tweet in tweets_lowercase:
    tweet_tokens = word_tokenize(tweet)
    modified_tweet = ' '.join([w for w in tweet_tokens if not w in stop_words])
    tweets_no_stopwords.append(modified_tweet)

for tweet in tweets_no_stopwords:
    print('\n'.join(wrapper.wrap(tweet)))
    print()
```

```
beautiful evening rochester minnesota vote vote vote

thank minnesota love

made second stop minnesota make america great rally need elect
karinhousley usa senate need strong leadership tomemmer jason2cd
jimhagedornmn petestauber usa house

congressman bishop great job helped pass tax reform lowered taxes
everyone nancy pelosi spending hundreds thousands dollars
opponent support liberal agenda higher taxes wasteful spending

usa stocks widen global lead

statement national strategy counterterrorism

working hard thank

7th time fbi investigated judge kavanaugh made 100 would still
good enough obstructionist democrats
```

10.1.5 Stemming und Lemmatisierung

Für die gleiche Grundform gibt es oft viele grammatikalische Formen (z.B. Singular und Plural), was zu verschiedenen Schreibweisen führt. Außerdem gibt es verwandte Verben, Adjektive und Nomen. Hinzu kommen Synonyme, also mehrere Wörter mit der gleichen Bedeutung. Für das Text Mining ist es wichtig, zu erkennen, dass es sich eigentlich um die gleiche Bedeutung handelt. Ein Ansatz besteht darin, dass man versucht, alle Wörter auf ein gemeinsames Merkmal abzubilden. Stemming und Lemmatisierung sind zwei Methoden, mit denen man dies erreichen kann.

Beim *Stemming* werden Wörter auf ihren Stamm reduziert. Aus dem deutschen `lachte` und `lachen` wird `lach`, aus dem englischen `spending` und `spends` wird `spend`. Für das Stemming wird in der Regel ein algorithmischer Ansatz verwendet, zum Beispiel Porters Algorithmus [Porter 1980]. Der Nachteil beim Stemming ist, dass man Wörter nur auf ihren Stamm reduzieren kann. Ähnliche Wörter mit einem anderen Stamm werden nicht vereinheitlicht, zum Beispiel `gewinnen` und `gewann` oder `good` und `well`.

Bei der *Lemmatisierung* wird mit Wortlisten gearbeitet. Diese Wortlisten definieren, welche Wörter als Synonyme behandelt werden sollen. Anschließend kann man eines der Synonyme auswählen. Auf diese Weise könnte man zum Beispiel alle Formen von `good` erkennen, insbesondere auch Formen wie `well`, die nicht den gleichen Wortstamm haben. Die Lemmatisierung ist jedoch nur so mächtig, wie es die Wortlisten zulassen.

Wenn man sowohl Lemmatisierung als auch Stemming anwenden möchte, sollte man immer zuerst Lemmatisieren. Der Grund liegt darin, dass die durch das Stemming gefundenen Wortstämme nicht immer Wörter sind, die es in der natürlichen Sprache gibt. Entsprechend gibt es auch keine Einträge in den Wortlisten für das Lemmatisieren. Man reduziert also die Mächtigkeit der Lemmatisierung, wenn man zuerst Stemming anwendet.

Für unsere Tweets verwenden wir zuerst eine Lemmatisierung mit einer englischen Wortliste.

```
# The following two lines must be run once in each environment
# This downloads the list from nltk for lemmatization
# import nltk; nltk.download('wordnet')

from nltk.stem import WordNetLemmatizer

# the wordnet lemmatizer does not only harmonize synonyms but also performs
# some stemming
lemmatizer = WordNetLemmatizer()

tweets_lemmatization = []
for tweet in tweets_no_stopwords:
    tweet_tokens = word_tokenize(tweet)
    modified_tweet = ' '.join([lemmatizer.lemmatize(w) for w in tweet_tokens])
    tweets_lemmatization.append(modified_tweet)

for tweet in tweets_lemmatization:
    print('\n'.join(wrapper.wrap(tweet)))
    print()
```

```
beautiful evening rochester minnesota vote vote vote

thank minnesota love

made second stop minnesota make america great rally need elect
karinhousley usa senate need strong leadership tomemmer jason2cd
jimhagedornmn petestauber usa house

congressman bishop great job helped pas tax reform lowered tax
everyone nancy pelosi spending hundred thousand dollar opponent
support liberal agenda higher tax wasteful spending

usa stock widen global lead

statement national strategy counterterrorism

working hard thank

7th time fbi investigated judge kavanaugh made 100 would still
good enough obstructionist democrat
```

Einige Wörter wurden ersetzt, aus stocks wurde zum Beispiel stock. Mit Stemming erhalten wir folgende Veränderungen:

```
from nltk.stem import PorterStemmer

# porter stemming is a linguistic algorithm that provides additional stemming
stemmer = PorterStemmer()

tweets_stemming = []
for tweet in tweets_lemmatization:
    tweet_tokens = word_tokenize(tweet)
    modified_tweet = ' '.join([stemmer.stem(w) for w in tweet_tokens])
    tweets_stemming.append(modified_tweet)

for tweet in tweets_stemming:
    print('\n'.join(wrapper.wrap(tweet)))
    print()
```

```
beauti even rochest minnesota vote vote vote

thank minnesota love

made second stop minnesota make america great ralli need elect
karinhousley usa senat need strong leadership tomemm jason2cd
jimhagedornmn petestaub usa hous

congressman bishop great job help pa tax reform lower tax everyon
nanci pelosi spend hundr thousand dollar oppon support liber
agenda higher tax wast spend

usa stock widen global lead

statement nation strategi counterterror

work hard thank

7th time fbi investig judg kavanaugh made 100 would still good
enough obstructionist democrat
```

Viele der Wörter sind jetzt kürzer, unter anderem wurde hundred auf hundr, wasteful auf wast und spending auf spend reduziert. Zwei dieser Beispiele sind keine echten Wörter mehr, da die Wortstämme hundr und wast nicht in der englischen Sprache vorkommen.

10.1.6 Visualisierung des Preprocessing

Eine einfache Möglichkeit, textuelle Daten zu visualisieren, sind *Wortwolken* (engl. *word clouds*). Wortwolken zeigen wichtige Wörter, die in Texten häufig vorkommen. Je häufiger ein Wort vorkommt, desto größer wird es dargestellt. Mithilfe von Wortwolken können wir uns gut die Auswirkungen der Preprocessing-Schritte auf unsere Tweets veranschaulichen.

```
import matplotlib.pyplot as plt
from wordcloud import WordCloud

wc_raw = WordCloud(background_color="white")
wc_raw.generate(' '.join(tweets_list))

wc_relevant = WordCloud(background_color="white")
wc_relevant.generate(' '.join(tweets_relevant_content))

wc_lowercase = WordCloud(background_color="white")
wc_lowercase.generate(' '.join(tweets_lowercase))

wc_stopwords = WordCloud(background_color="white")
wc_stopwords.generate(' '.join(tweets_no_stopwords))

wc_lemma = WordCloud(background_color="white")
wc_lemma.generate(' '.join(tweets_lemmatization))

wc_stemming = WordCloud(background_color="white")
wc_stemming.generate(' '.join(tweets_stemming))

fig, axes = plt.subplots(3, 2, figsize=(12, 11))
axes[0, 0].axis("off")
axes[0, 0].imshow(wc_raw, interpolation="bilinear")
axes[0, 0].set_title('Kein Preprocessing')

axes[0, 1].axis("off")
axes[0, 1].imshow(wc_relevant, interpolation="bilinear")
axes[0, 1].set_title('Relevanter Inhalt')

axes[1, 0].axis("off")
axes[1, 0].imshow(wc_lowercase, interpolation="bilinear")
axes[1, 0].set_title('Kleinschreibung und keine Satzzeichen')

axes[1, 1].axis("off")
axes[1, 1].imshow(wc_stopwords, interpolation="bilinear")
axes[1, 1].set_title('Stopwords entfernt')

axes[2, 0].axis("off")
axes[2, 0].imshow(wc_lemma, interpolation="bilinear")
axes[2, 0].set_title('Mit Lemmatisierung')

axes[2, 1].axis("off")
axes[2, 1].imshow(wc_stemming, interpolation="bilinear")
axes[2, 1].set_title('Mit Stemming')
plt.show()
```

Kein Preprocessing

Relevanter Inhalt

Kleinschreibung und keine Satzzeichen

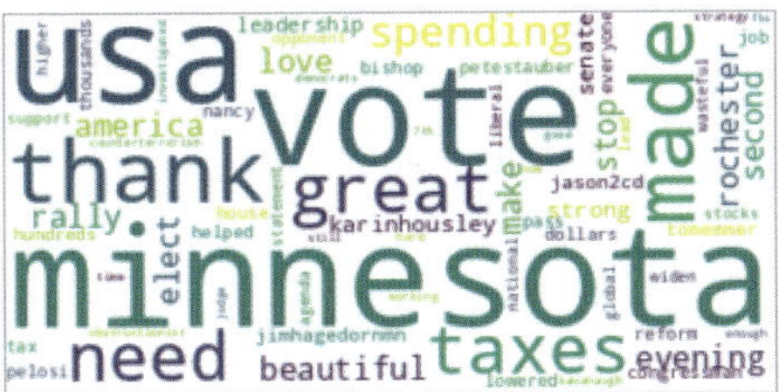

Stopwords entfernt

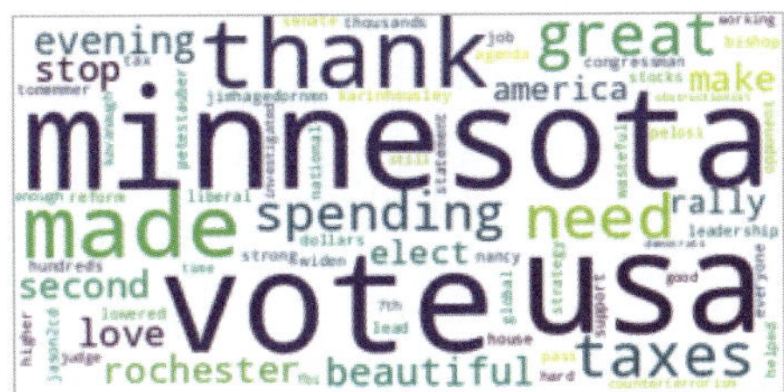

Mit Lemmatisierung

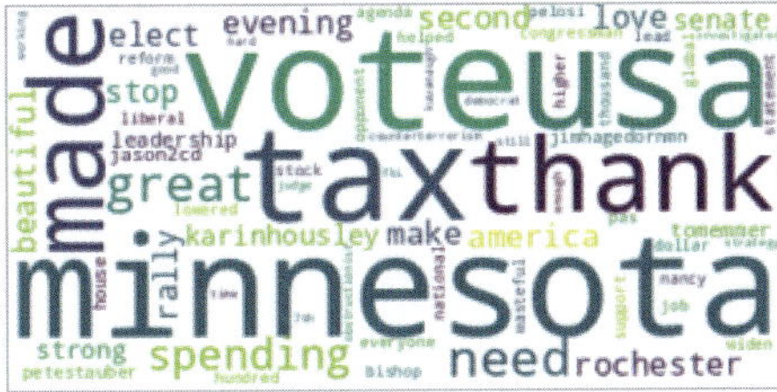

Mit Stemming

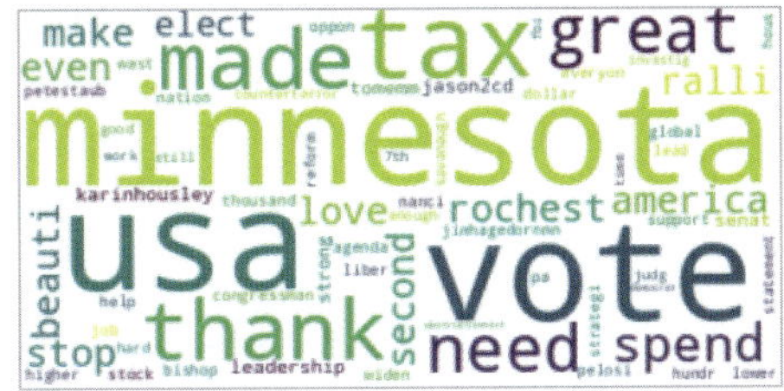

10.1.7 Bag-of-Words

Nach dem Preprocessing können wir eine numerische Repräsentation namens *Bag-of-Words* erstellen. Ein Bag-of-Words ist ähnlich zu einem One-Hot Encoding für Text. Jedes Wort ist ein Merkmal. Der Wert des Merkmals ist die Häufigkeit des Worts im Dokument. Die Worthäufigkeit wird in diesem Kontext auch als *Term Frequency* (TF) bezeichnet. Hier zeigt sich auch, warum die Harmonisierung sinnvoll ist: Ähnliche Wörter, die zur gleichen Repräsentation harmonisiert wurden, zählen zur Häufigkeit des gleichen Merkmals. Ein Bag-of-Words für unsere Tweets sieht wie folgt aus.

```
import pandas as pd
from sklearn.feature_extraction.text import CountVectorizer

vectorizer = CountVectorizer()
bag_of_words = vectorizer.fit_transform(tweets_stemming)
bag_of_words_df = pd.DataFrame(bag_of_words.todense(),
                               columns=vectorizer.get_feature_names())
bag_of_words_df
```

	100	7th	agenda	america	beauti	bishop	congressman	counterterror	democrat	dollar	...	thank	thousand	time	tomemm	usa	vote	wast	widen	work	would
0	0	0	0	0	1	0	0	0	0	0	...	0	0	0	0	0	3	0	0	0	0
1	0	0	0	0	0	0	0	0	0	0	...	1	0	0	0	0	0	0	0	0	0
2	0	0	0	1	0	0	0	0	0	0	...	0	0	0	1	2	0	0	0	0	0
3	0	0	1	0	0	1	1	0	0	1	...	0	1	0	0	0	0	1	0	0	0
4	0	0	0	0	0	0	0	0	0	0	...	0	0	0	0	1	0	0	1	0	0
5	0	0	0	0	0	0	0	1	0	0	...	0	0	0	0	0	0	0	0	0	0
6	0	0	0	0	0	0	0	0	0	0	...	1	0	0	0	0	0	0	0	1	0
7	1	1	0	0	0	0	0	0	1	0	...	0	0	1	0	0	0	0	0	0	1

8 rows × 70 columns

Den Bag-of-Words kann man als Eingabe für Algorithmen nutzen. Beim Clustering würde man Dokumente, die die gleichen Wörter benutzen, gemeinsam gruppieren, bei der Klassifikation würde man Scores und Klassen basierend auf den Worthäufigkeiten berechnen.

10.1.8 Inverse Document Frequency

Eine beliebte Erweiterung des Bag-of-Words ist die *Inverse Document Frequency* (IDF). Hinter der IDF steckt die Idee, dass man die Wörter nach ihrer »Einzigartigkeit« gewichten sollte. Wenn ein Wort in nur wenigen Dokumenten vorkommt, könnte es sehr spezifisch sein und sollte daher einen größeren Einfluss haben. Wenn ein Wort in sehr vielen Dokumenten vorkommt, ist es eher unspezifisch und sollte daher nur geringen Einfluss haben. Diese Idee ist ähnlich zur Entfernung von Stoppwörtern, nur dass mit Gewichten gearbeitet wird und keine Begriffe komplett entfernt werden. Die IDF ist definiert als

$$IDF_t = \log \frac{N}{D_t},$$

wobei t ein Wort (Term) ist, N die Anzahl der Dokumente im Korpus und D_t die Anzahl der Dokumente, die t enthält. Die TF-IDF kombiniert die Term Frequency mit den Gewichten der IDF und kann anstatt der TF im Bag-of-Words benutzt werden. TF-IDF ist für ein Wort t definiert als

$$TF\text{-}IDF_t = TF_t \cdot IDF_t.$$

Mit unseren Tweets erhalten wir einen Bag-of-Words mit folgenden TF-IDF-Werten:

```
import numpy as np

bag_of_words_df.apply(lambda col: col*np.log(len(col)/col.gt(0).sum()))
```

	100	7th	agenda	america	beauti	bishop	congressman	counterterror	democrat	dollar	...	thank	thousand	time	tomemm	usa	vote	wast	widen	work	would
0	0.000000	0.000000	0.000000	0.000000	2.079442	0.000000	0.000000	0.000000	0.000000	0.000000	...	0.000000	0.000000	0.000000	0.000000	0.000000	6.238325	0.000000	0.000000	0.000000	0.000000
1	0.000000	0.000000	0.000000	0.000000	0.000000	0.000000	0.000000	0.000000	0.000000	0.000000	...	1.386294	0.000000	0.000000	0.000000	0.000000	0.000000	0.000000	0.000000	0.000000	0.000000
2	0.000000	0.000000	0.000000	2.079442	0.000000	0.000000	0.000000	0.000000	0.000000	0.000000	...	0.000000	0.000000	0.000000	2.079442	2.772589	0.000000	0.000000	0.000000	0.000000	0.000000
3	0.000000	0.000000	2.079442	0.000000	0.000000	2.079442	2.079442	0.000000	0.000000	2.079442	...	0.000000	2.079442	0.000000	0.000000	0.000000	0.000000	2.079442	0.000000	0.000000	0.000000
4	0.000000	0.000000	0.000000	0.000000	0.000000	0.000000	0.000000	0.000000	0.000000	0.000000	...	0.000000	0.000000	0.000000	0.000000	1.386294	0.000000	0.000000	2.079442	0.000000	0.000000
5	0.000000	0.000000	0.000000	0.000000	0.000000	0.000000	0.000000	2.079442	0.000000	0.000000	...	0.000000	0.000000	0.000000	0.000000	0.000000	0.000000	0.000000	0.000000	0.000000	0.000000
6	0.000000	0.000000	0.000000	0.000000	0.000000	0.000000	0.000000	0.000000	0.000000	0.000000	...	1.386294	0.000000	0.000000	0.000000	0.000000	0.000000	0.000000	0.000000	2.079442	0.000000
7	2.079442	2.079442	0.000000	0.000000	0.000000	0.000000	0.000000	0.000000	2.079442	0.000000	...	0.000000	0.000000	2.079442	0.000000	0.000000	0.000000	0.000000	0.000000	0.000000	2.079442

8 rows × 70 columns

Bemerkung:

Die IDF wird oft mit einer Glättung als

$$IDF_t = \log \frac{N}{D_t + 1}$$

definiert. Hierdurch werden undefinierte Werte durch einen Logarithmus von 0 vermieden, wenn ein Wort nicht in einem Korpus auftaucht. Es gibt noch andere ähnliche Glättungen. Diese Glättung hat in der Regel keinen Einfluss auf die Ergebnisse, verhindert jedoch oft Schwierigkeiten, indem die numerische Stabilität erhöht wird.

10.1.9 Jenseits des Bag-of-Words

Der Bag-of-Words ist eine gute Repräsentation, die sehr gut auch bei großen Datenmengen skaliert. Mit dieser relativ einfachen Repräsentation von Text sind jedoch auch diverse Nachteile verbunden. Zum einen werden alle strukturellen Aspekte von Text ignoriert, zum Beispiel die Grammatik. Zum anderen werden Ähnlichkeiten nicht berücksichtigt. Die Worte `dollar` und `euro` sind, basierend auf dem Bag-of-Words, genauso verschieden voneinander wie `elefant` und `computer`. Hierdurch ist es schwierig, einen abstrakteren Kontext zu lernen, zum Beispiel, dass etwas mit einer Währung zusammenhängt. Aus diesem Grund sind Bag-of-Words im modernen Text Mining eher als Einstieg zu verstehen, der für einfache Anwendungsfälle genügt, aber bei komplexen Anwendungsfällen oft nicht ausreichend ist. Eine relativ einfache Erweiterung sind *n*-grams, bei denen nicht individuelle Wörter, sondern Sequenzen aus *n* Wörtern als Merkmale verwendet werden. Hierdurch wird der Kontext zu einem gewissen Grad erfasst. Da es aber sehr viele Kombinationen von Wörtern gibt, skalieren *n*-grams nur sehr schlecht.

Neuere Text-Mining-Verfahren basieren daher auf neuronalen Netzen. Zum einen gibt es *Worteinbettungen* (engl. *word embeddings)*, bei denen Wörter als Vektoren in einem hochdimensionalen Raum dargestellt werden. Je näher sich zwei Wörter in dieser Worteinbettung sind, desto ähnlicher sind die Wörter. Worteinbettungen selbst kann man ähnlich zu den Wortlisten, die uns oben begegnet sind, häufig direkt herunterladen und anwenden. Alternativ kann man für einen Text eigene Einbettungen mit einem einfachen neuronalen Netz lernen. Die neuesten Text-Mining-Verfahren basieren auf tiefen neuronalen Netzen mit einer sogenannten Transformer-Architektur. Derartige neuronale Netze betrachten nicht nur einzelne Wörter, sondern den kompletten Kontext eines Textes. Wie sich der Kontext von Wörtern zusammensetzt, wird aus riesigen Datenmengen gelernt, um dies in Anwendungen ausnutzen zu können.

10.2 Herausforderungen des Text Mining

Auch wenn es mittlerweile gute Repräsentationen für Text gibt, sind viele Herausforderungen des Text Mining immer noch ungelöst und manche auch gar nicht lösbar.

10.2.1 Dimensionalität

Das erste Problem ist die *Dimensionalität*. In unserem Beispiel haben wir lediglich acht Tweets, aber trotzdem noch 70 verschiedene Wörter nach dem Preprocessing. In einem längeren Text gibt es häufig Tausende von Wörtern. Es gibt also sehr viele Merkmale. Hinzu kommt, dass der Korpus eventuell auch sehr viele Dokumente enthalten kann. Täglich gibt es zum Beispiel über 100 Millionen Tweets, die im Rahmen einer umfassenden Analyse von sozialen Netzwerken betrachtet werden müssten.

Die Kombination aus vielen Merkmalen und vielen Instanzen führt dazu, dass man für Text Mining häufig hohe Anforderungen an die Analyseumgebung stellt. Große Text-Mining-Projekte, insbesondere solche, die auf neuronalen Netzen basieren, benötigen daher spezielle Hardware. Dies ist auch ein Grund, warum ein einfacher Ansatz wie der Bag-of-Words immer noch hoch relevant ist: Mit einem Bag-of-Words und einem relativ einfachen Algorithmus wie Multinomial Naive Bayes kann man häufig auch auf einfacher Hardware bereits gute Ergebnisse erreichen.

10.2.2 Mehrdeutigkeiten

Das zweite Problem ist die *Mehrdeutigkeit* der natürlichen Sprache. Teilweise ist dieses Problem nicht lösbar, da man häufig den Kontext benötigt, um den Inhalt zu verstehen. Der Kontext selbst besteht aber nicht nur aus dem Text, sondern auch aus den Aspekten rund um ein Dokument. Innerhalb dieses Buches ist der Kontext des Wortes »Lernen« zum Beispiel ein anderer als in einem Buch über Didaktik. Hier ist ein Beispiel für einen Satz, den man nur im Kontext versteht:

- Ist das sicher genug? (Ist diese Erkenntnis gesichert?)
- Ist das sicher genug? (Ist die Gefahr eines Unfalls gering?)

Es gibt viele Beispiele für derartige Probleme, die unweigerlich zu Rauschen beim Text Mining führen.

Häufig liegen diese Probleme schon direkt bei den Wörtern, die wir verwenden: *Homonyme* sind Wörter mit mehreren Bedeutungen. Das Wort »erfassen« kann zum Beispiel heißen, dass man etwas aufnimmt, aber auch dass man von einem Fahrzeug überfahren wurde. Um Homonyme korrekt zu verarbeiten, muss man sie in ihrem Kontext interpretieren, was insbesondere beim Bag-of-Words ein Problem ist.

10.2.3 Weitere Probleme

Es gibt noch weitere Probleme, die wir hier aber nicht im Detail diskutieren:

- Rechtschreibfehler führen zu unbekannten Wörtern und lassen sich häufig nicht automatisch korrigieren.
- Sprache entwickelt sich weiter, insbesondere in Form von neuen Wörtern und Jugendsprache, aber auch durch domänenspezifische Fachbegriffe.
- Beim Preprocessing kann es leicht passieren, Aspekte zu übersehen, zum Beispiel durch mangelhafte Wortlisten.
- Das Lesen von Text selbst ist häufig bereits ein Problem, insbesondere wenn verschiedene Codierungen (ASCII, UNICODE) und Zeichensätze (Chinesisch, Japanisch, Koreanisch, Arabisch, Kyrillisch, Lateinisch, ...) verwendet werden.

Das heißt auch, dass man bei Text-Mining-Anwendungen in der Regel kein perfektes Ergebnis bekommt, sondern nur immer weitere Probleme lösen kann. Deshalb ist es bei Text-Mining-Projekten besonders wichtig, klare Ziele zu formulieren und hierdurch sicherzustellen, dass ein Projekt auch wirklich beendet wird und nicht immer weitere Sonderfälle betrachtet werden.

10.3 Übung

In dieser Übung wollen wir das Text Mining mit einem größeren Beispiel vertiefen. Hierzu verwenden wir eine Erweiterung der oben genannten Tweets: Statt nur acht Tweets betrachten wir den vollständigen Korpus der Tweets von Donald Trump aus dem Jahr 2017[1].

Wortwolke ohne Preprocessing

Laden Sie die Daten. Erstellen Sie eine Wortwolke ohne jegliches Preprocessing. Welche Probleme gibt es? Was erkennt man eventuell trotzdem bereits?

Wortwolke mit Preprocessing

Wenden Sie die Preprocessing-Schritte, die wir diskutiert haben, an und erstellen Sie eine neue Wortwolke.

TF-IDF

Die Wortwolken benutzen üblicherweise die Worthäufigkeiten. Berechnen Sie die TF-IDF und erstellen Sie neue Wortwolken basierend auf den auf diese Art gewichteten Worthäufigkeiten. Wie verändert sich das Ergebnis?

1. *https://data-science-crashkurs.de/exercises/data/trump-tweets-2017.txt*

11 Statistik

Im Laufe der Kapitel haben wir bereits einige Datensätze betrachtet. Einen wichtigen Aspekt haben wir aber bisher ignoriert: die Rolle des Zufalls, um Unterschiede zu erklären. Daher wollen wir uns an dieser Stelle noch mit Methoden aus der Statistik beschäftigen, die dazu geeignet sind, Aussagen darüber zu treffen, ob wir einen echten Effekt beobachten oder lediglich zufällige Schwankungen. Um zu verstehen, warum das relevant ist, betrachten wir direkt zwei Beispiele. In Kapitel 4 haben wir zum Beispiel die Verteilung von Daten mit Histogrammen visualisiert. Hier sind die Histogramme von zwei weiteren Datensätzen:

```
import numpy as np
import matplotlib.pyplot as plt
from scipy import stats

# generate data
np.random.seed(42)
mu, sigma = 0, 0.2 # mean and standard deviation
s1 = np.random.normal(mu, sigma, 200)
s2 = np.random.normal(mu+0.05, sigma, 200)

fig, axes = plt.subplots(1, 2, figsize=(12, 4))

axes[0].hist(s1, 30, density=True, alpha=0.5)
axes[0].set_title("Histogramm von zufällig generierten Daten\nFrage: Sind
                  diese Daten normalverteilt?")
axes[0].set_xlabel("x")
axes[0].set_ylabel("count")

axes[1].hist(s1, 30, density=True, alpha=0.5)
axes[1].hist(s2, 30, density=True, alpha=0.5)
axes[1].set_title('Histogramm von zufällig generierten Daten\nmean("blau"):
                  %.2f - mean("orange"): %.2f\nFrage: Sind die Mittelwerte
                  verschieden?' % (np.mean(s1), np.mean(s2)))
axes[1].set_xlabel("x")
axes[1].set_ylabel("count")

plt.show()
```

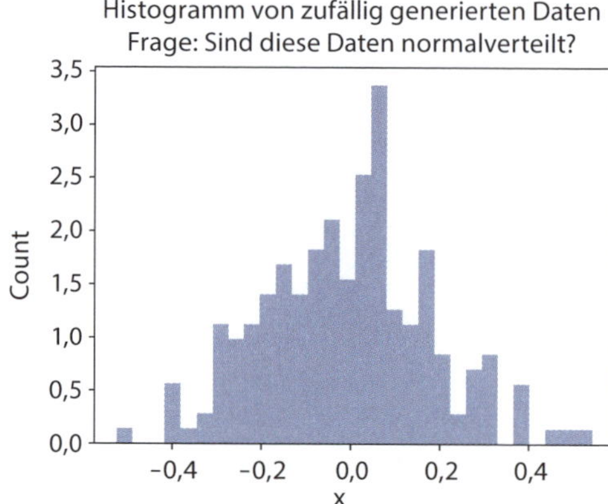

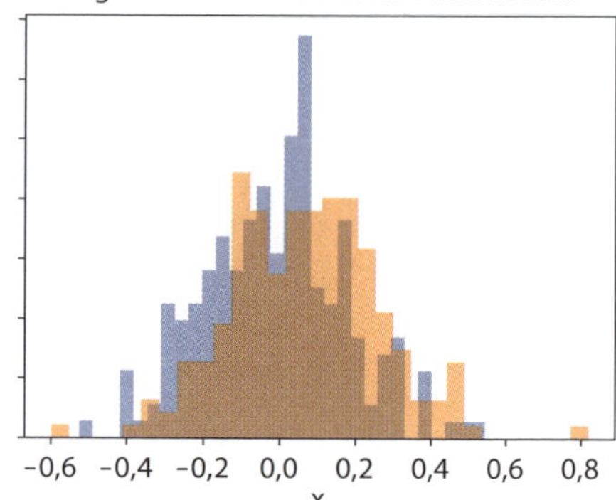

Das Histogramm auf der linken Seite hat eine Glockenform, was auf eine Normalverteilung hindeutet. Wie wahrscheinlich es ist, dass es sich um eine Normalverteilung handelt, ist jedoch unklar. Auf der rechten Seite sehen wir die Histogramme von zwei Stichproben $X_1 = \{x_1^1, \ldots, x_{n_1}^1\}$ (»blau«) und $X_2 = \{x_1^2, \ldots, x_{n_2}^2\}$ (»orange«). Diese Stichproben sind aus der »blauen« und der »orangen« Grundgesamtheit gezogen, die auch *Populationen* genannt werden. Beide Stichproben sehen sich sehr ähnlich, auch wenn der Mittelwert der blauen Daten etwas kleiner ist als bei den orangen Daten. Ob dies ein zufälliger Effekt der Stichproben ist oder ob die blaue Population im Mittel wirklich etwas kleiner ist, kann man mit dem Histogramm nicht erkennen.

Statistische Methoden können uns diese Fragen (mit einer gewissen Wahrscheinlichkeit) beantworten. In diesem Kapitel befassen wir uns in einer kurzen Einführung mit der ziemlich großen Welt der Statistik. Unser Ziel ist ein Grundverständnis von Hypothesentests, Effektstärken und Konfidenzintervallen. Die Hypothesen in diesem Kapitel sind nicht mit den Hypothesen eines Klassifikationsmodells zu verwechseln (siehe Kap. 8).

11.1 Hypothesentests

Hypothesentests sind das wichtigste Werkzeug der *häufigkeitsbasierten Statistik* (engl. *frequentist statistics*). Bei Hypothesentests hat man Annahmen an die Daten. Durch diese Annahmen kann man Hypothesen über die Daten formulieren. Es gibt immer zwei Hypothesen: die *Nullhypothese* und die *Alternativhypothese*.

- **Nullhypothese** (H_0)
  Die Annahmen des Tests sind erfüllt und können nicht mit einem vorgegebenen Signifikanzniveau verworfen werden.

- **Alternativhypothese** (H_1)
  Die Annahmen des Tests sind nicht erfüllt und können mit einem vorgegebenen Signifikanzniveau verworfen werden.

Die Formulierung dieser Hypothesen basiert auf einigen abstrakten Konzepten: Was genau ist eine »Annahme« und was heißt »mit einem vorgegebenen Signifikanzniveau verwerfen«? Im Folgenden erklären wir die Bedeutung dieser Konzepte am Beispiel des t-Tests.

11.1.1 *t*-Test

Der t-Test ist der Urvater der statistischen Tests und wurde von William Gosset unter dem Pseudonym »Student« entwickelt. Die älteste Version des Tests und die Wahrscheinlichkeitsverteilung, auf dem dieser Test basiert, heißen daher auch Students t-Test und Students t-Verteilung. Wir betrachten hier eine neuere Variante des t-Tests, nämlich *Welchs t-Test.* Welchs t-Test hat folgende Hypothesen:

- H_0
  Die Mittelwerte von zwei normalverteilten Populationen X_1 und X_2 sind gleich.
- H_1
  X_1 und X_2 sind keine normalverteilten Populationen mit dem gleichen Mittelwert.

Anhand der Hypothesen kann man bereits den Zweck des t-Tests erkennen: Wir wollen bestimmen können, ob die Mittelwerte unterschiedlich sind. Zum besseren Verständnis hier ein Beispiel: Wir wollen wissen, ob das Durchschnittsalter der Einwohner von Berlin gleich dem von Hamburg ist. In beiden Städten haben wir 10.000 Einwohner zufällig ausgewählt und nach dem Alter gefragt. Die Städte sind unsere Populationen, die ausgewählten Einwohner unsere Stichproben. Derartige Fragestellungen gibt es häufig: Sind zwei Medikamente gleich wirksam oder auch ist mein Random Forest gleich gut wie mein neuronales Netz?

Eine wichtige Eigenschaft vom t-Test ist, dass die Alternativhypothese nicht aussagt, dass die Mittelwerte nicht gleich sind. Sie sagt lediglich aus, dass wenn X_1 und X_2 beide normalverteilt sind, die Mittelwerte unterschiedlich sind. Wenn eine von beiden Populationen nicht normalverteilt ist, weiß man nicht, ob die Nullhypothese verworfen wurde, weil die Mittelwerte unterschiedlich sind oder weil es keine Normalverteilung war. Diese wichtige Eigenschaft wird oft vergessen und ist einer der häufigsten Fehler bei der Benutzung von Hypothesentests.

Der t-Test bestimmt, ob die Nullhypothese verworfen wird, basierend auf der Überlegung, wie wahrscheinlich es ist, die Stichprobe zu beobachten, wenn die Hypothese zutrifft. Für den t-Test heißt das, dass man berechnet, wie wahrscheinlich es ist, die Stichproben X_1 und X_2 zu beobachten, wenn beide aus normalverteilten Populationen mit dem gleichen Mittelwert gezogen werden. Dies ist der gleichermaßen berühmte wie berüchtigte *p-value*. Um den p-value zu bestimmen, brauchen wir eine *Teststatistik*. Im Fall vom *t*-Test ist das Students *t*-Verteilung.

```
from scipy import stats

rv = stats.t(df=100, loc=0, scale=1)
x = np.linspace(rv.ppf(0.0001), rv.ppf(0.9999), 100)
y = rv.pdf(x)

fig, ax = plt.subplots()
ax.set_title("Students $t$-Verteilung mit 100 Freiheitsgraden")
ax.set_xlim(-5, 5)
ax.plot(x, y)
plt.show()
```

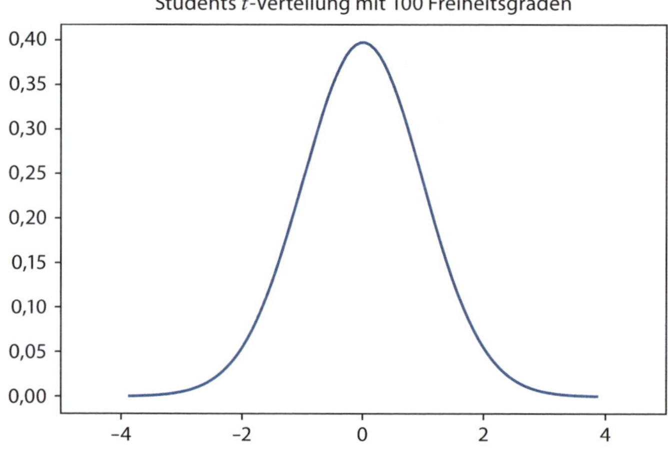

Diese Verteilung sieht auf den ersten Blick aus wie eine Normalverteilung. Die *t*-Verteilung hat jedoch eine etwas breitere Glocke als die Normalverteilung, die Fläche ist also in den Randbereichen größer. Diese Ähnlichkeit zur Normalverteilung ist kein Zufall. Die *t*-Verteilung ist definiert als die erwartete Abweichung des Mittelwerts von null bei einer Stichprobe, die aus der Standardnormalverteilung mit Mittelwert null und Standardabweichung eins gezogen wurde. Die *t*-Verteilung sagt also etwas über die Unsicherheit der Mittelwerts einer Stichprobe aus. Diese Unsicherheit können wir natürlich auch für zwei Stichproben bestimmen, was dann schon sehr ähnlich zu unserer Hypothese ist.

Der Unterschied ist, dass die *t*-Verteilung die Unsicherheit für einen Mittelwert von null und eine Standardabweichung von eins berechnet, wir aber mit unserer Hypothese beliebige Normalverteilungen zulassen. Daher benötigen wir die Teststatistik. Diese ist für den *t*-Test definiert als

$$t = \frac{mean(X_1) - mean(X_2)}{\sqrt{\frac{sd(X_1)^2}{n_1} + \frac{sd(X_2)^2}{n_2}}}.$$

Diese Gleichung sieht zwar kompliziert aus, ist aber – etwas vereinfacht ausgedrückt – nichts anderes als eine Standardisierung der Stichproben, sodass sich die Differenz der Mittelwerte wie bei zwei Standardnormalverteilungen verhält. Daher können wir die *t*-Verteilung benutzen, um auszurechnen, wie wahrscheinlich es ist, dass wir diese Abweichung beobachten. Hierfür berechnet man die Fläche unter der *t*-Verteilung außerhalb von $\pm t$.

```
tvalue = 2
xfill = np.linspace(-tvalue, tvalue)
xfill_left = np.linspace(rv.ppf(0.0001),-tvalue)
xfill_right = np.linspace(rv.ppf(0.9999),tvalue)

plt.figure()
plt.title("p-value mit Students $t$-Verteilung\nDie grüne Fläche ist der
          p-value.")
plt.axvline(tvalue, linestyle=':')
plt.axvline(-tvalue, linestyle=':')
plt.xlim(-5,5)
plt.xticks([-tvalue,0,tvalue], ['-t','0','t'])
plt.plot(x,y)
plt.fill_between(xfill, rv.pdf(xfill), y2=0, alpha=0.1, color='b')
plt.fill_between(xfill_left, rv.pdf(xfill_left), y2=0, alpha=0.2, color='g')
plt.fill_between(xfill_right, rv.pdf(xfill_right), y2=0, alpha=0.2,
                 color='g')
plt.show()
```

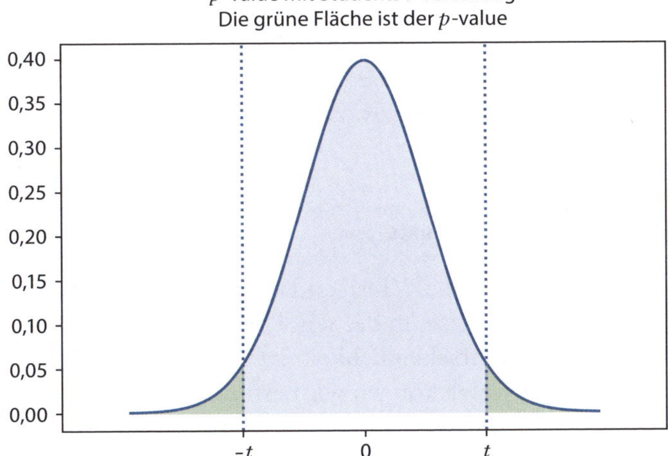

Die grüne Fläche ist die Wahrscheinlichkeit, dass die Stichprobe einer Standardnormalverteilung um mindestens *t* von null abweicht. Da wir *t* so berechnen, dass es genau die Abweichung der Mittelwerte voneinander darstellt, entspricht dies der Wahrscheinlichkeit, dass die zwei Stichproben gezogen wurden, wenn die Populationen normalverteilt sind und den gleichen Mittelwert haben. Das ist der p-value des *t*-Tests: Die Wahrscheinlichkeit, dass die Daten beobachtet werden, wenn unsere Nullhypothese zutrifft.

11.1.2 Das Signifikanzniveau

Der p-value gibt also an, wie wahrscheinlich es ist, die Daten zu sehen. Es ist also nur logisch, dass ein kleiner p-value darauf hindeutet, dass die Nullhypothese nicht zutrifft und verworfen werden sollte. Diese Folgerung wird durch das *Signifikanzniveau* α formalisiert, um die *statistische Signifikanz* des Testergebnisses zu definieren. Das Signifikanzniveau ist definiert als die Wahrscheinlichkeit, dass die Nullhypothese verworfen wird, obwohl sie zutrifft. Häufig wird ein Signifikanzniveau von 0,05 oder in letzter Zeit auch 0,005 verwendet. Mit dem Signifikanzniveau können wir anhand von p-value entscheiden, ob wir die Nullhypothese verwerfen:

- Wenn $p\text{-}value > \alpha$ ist, können wir die Nullhypothese nicht verwerfen. Das heißt, dass die Stichproben nicht unwahrscheinlich sind, wenn die Nullhypothese wahr ist.
- Wenn $p\text{-}value \leq \alpha$ ist, verwerfen wir die Nullhypothese und haben ein *statistisch signifikantes Ergebnis*. Die Stichproben sind also sehr unwahrscheinlich, wenn die Nullhypothese wahr ist.

Mit Hypothesentests erhält man keine absolute Sicherheit, die Ergebnisse stimmen nur mit einer durch das Signifikanzniveau festgelegten Wahrscheinlichkeit. Das heißt auch, dass wenn wir die Nullhypothese verwerfen, sie trotzdem wahr sein könnte. Es ist nur unwahrscheinlich – aber nicht unmöglich! –, dass diese Daten vorkommen. Deshalb verwenden wir auch die etwas komplizierten Formulierungen *nicht verwerfen können* bzw. *verwerfen* bezogen auf ein Signifikanzniveau.

11.1.3 Wichtige Hypothesentests

Was wir oben im Detail für den *t*-Test erklärt haben, gilt für alle statistischen Tests: Es gibt eine Nullhypothese, in der wir Annahmen treffen. Dann berechnen wir den p-value, also die Wahrscheinlichkeit der Daten, entsprechend den Annahmen. Basierend auf dem p-value können wir bestimmen, ob wir die Nullhypothese mit einem gewissen Signifikanzniveau verwerfen. Es gibt sehr viele derartige statistische Tests. Hier sind die Nullhypothesen einiger sehr wichtiger Tests:

- **Welchs *t*-Test**
  Die Mittelwerte zweier unabhängiger normalverteilter Populationen sind gleich.
- **Mann-Whitney-U-Test/Wilcoxon-Ranksum-Test**
  Die Werte einer Population dominieren die Werte einer anderen Population nicht (entspricht in etwa der Frage, ob die Mediane gleich sind).
- **Shapiro-Wilk-Test**
  Die Population einer Stichprobe mit einer Größe zwischen 3 und 5.000 ist normalverteilt.
- **Levene-Test**
  Die Varianz von einer Gruppe von Populationen ist gleich.
- **ANOVA (F-Test)**
  Die Mittelwerte einer Gruppe von normalverteilten Populationen mit gleichen Varianzen sind gleich.
- **Kolmogorow-Smirnow-Test**
  Zwei Populationen haben die gleiche Wahrscheinlichkeitsverteilung.

Wir wissen bereits, dass wir Welchs *t*-Test benutzen können, um die Mittelwerte von Normalverteilungen zu vergleichen. Wenn die Daten nicht normalverteilt sind, können wir stattdessen den Mann-Whitney-U-Test nutzen. Mithilfe des Shapiro-Wilk-Tests können wir bestimmen, ob eine Stichprobe normalverteilt ist. Wenn man mehr als zwei Datensätze vergleichen möchte, spricht man von einer Gruppe von Populationen. Mit ANOVA kann man bestimmen, ob die Mittelwerte aller dieser Populationen gleich sind, sofern es sich um Normalverteilungen mit der gleichen Varianz handelt. Die Normalverteilung können wir mit dem Shapiro-Wilk-Test überprüfen, für die Varianzen können wir den Levene-Test verwenden.

Ähnlich wie bei den deskriptiven Statistiken (siehe Kap. 4) gibt es *parametrische* und *nicht parametrische* statistische Tests. Die parametrischen Tests haben Annahmen an die Daten (z.B. Normalverteilung), die nicht parametrischen Tests machen keine derartigen Annahmen. Welchs *t*-Test ist zum Beispiel parametrisch und der Mann-Whitney-U-Test ist das nicht parametrische Gegenstück.

Der Kolmogorow-Smirnow-Test ist ein sehr generischer statistischer Test, da er beliebige Populationen mit kontinuierlichen Verteilungen miteinander vergleichen kann. Es gibt also nur wenige Einschränkungen, wann man den Test benutzen kann. Dennoch sollte man ihn als »letztes Mittel« betrachten, mit dem man zumindest sagen kann, ob es irgendwelche Unterschiede gibt. Was genau unterschiedlich ist, zum Beispiel die Lage, die Variabilität oder die Art der Verteilung, ist unklar. Als Vergleich: Wenn man mit dem Shapiro-Wilk-Test bestimmt, dass die Populationen normalverteilt sind, und mit Welchs *t*-Test einen signifikanten Unterschied der Mittelwerte feststellt, weiß man sehr genau, wie sich die Populationen voneinander unterscheiden.

11.1.4 Anwendung der Tests

Mit dem uns jetzt bekannten Wissen über die statistischen Tests können wir die Fragen vom Anfang des Kapitels beantworten: Sind die Mittelwerte der blauen und der orangen Population unterschiedlich? Mithilfe der Hypothesentests können wir hierzu eine Aussage treffen, die mit hoher Wahrscheinlichkeit richtig ist. Hierzu müssen wir ein Signifikanzniveau α festlegen. Anschließend können wir den Shapiro-Wilk-Test auf beide Stichproben anwenden, um zu bestimmen, ob die Populationen normalverteilt sind. Wenn dies der Fall ist, können wir die Mittelwerte mit Welchs t-Test vergleichen, ansonsten nehmen wir den Mann-Whitney-U-Test.

```
from textwrap import TextWrapper

wrapper = TextWrapper(width=65)
def wrap_print(string):
    print('\n'.join(wrapper.wrap(string)))

alpha = 0.05
pval_shapiro1 = stats.shapiro(s1)[1]
pval_shapiro2 = stats.shapiro(s2)[1]

wrap_print('p-value des Shapiro-Wilk-Tests für die "blauen" Daten: %.4f' %
           pval_shapiro1)
if pval_shapiro1>alpha:
    wrap_print('Der Test hat ermittelt, dass die Daten wahrscheinlich
                normalverteilt sind, und wir können die Nullhypothese nicht mit
                einem Signifikanzniveau von alpha=%.3f verwerfen.' % alpha)
else:
    wrap_print('Der Test hat ermittelt, dass die Daten wahrscheinlich nicht
                normalverteilt sind, und wir verwerfen die Nullhypothese mit
                einem Signifikanzniveau von alpha=%.3f.' % alpha)

print()
print('p-value des Shapiro-Wilk-Tests für die "orangen" Daten: %.4f' %
      pval_shapiro2)
if pval_shapiro1>alpha:
    wrap_print('Der Test hat ermittelt, dass die Daten wahrscheinlich
                normalverteilt sind, und wir können die Nullhypothese nicht mit
                einem Signifikanzniveau von alpha=%.3f verwerfen.' % alpha)
else:
    wrap_print('Der Test hat ermittelt, dass die Daten wahrscheinlich nicht
                normalverteilt sind, und wir verwerfen die Nullhypothese mit
                einem Signifikanzniveau von alpha=%.3f.' % alpha)
print()

if pval_shapiro1>alpha and pval_shapiro2>alpha:
    wrap_print("Beide Populationen sind normalverteilt. Wir benutzen Welchs
                t-Test.")
    pval_equal = stats.ttest_ind(s1,s2,equal_var=False)[1]
    print()
    wrap_print("p-value von Welchs t-Test: %f" % pval_equal)
↓
```

```
        if pval_equal>alpha:
            wrap_print('Der Test hat ermittelt, dass die Mittelwerte wahrscheinlich
                        gleich sind, und wir können die Nullhypothese nicht mit
                        einem Signifikanzniveau von alpha=%.3f verwerfen.' % alpha)
        else:
            wrap_print('Der Test hat ermittelt, dass die Mittelwerte wahrscheinlich
                        nicht gleich sind, und wir verwerfen die Nullhypothese mit
                        einem Signifikanzniveau von alpha=%.3f.' % alpha)
    else:
        wrap_print("Mindestens eine Population ist nicht normalverteilt. Wir
                   benutzen den Mann-Whitney-U-Test.")
        pval_equal = stats.mannwhitneyu(s1,s2,alternative='two-sided')[1]
        wrap_print("p-value des Mann-Whitney-U Tests: %f" % pval_equal)
        if pval_equal>alpha:
            wrap_print('Der Test hat ermittelt, dass die Populationen sich nicht
                        dominieren, und wir können die Nullhypothese nicht mit
                        einem Signifikanzniveau von alpha=%.3f verwerfen.' % alpha)
        else:
            wrap_print('Der Test hat ermittelt, dass eine Population die andere
                        dominiert, und wir verwerfen die Nullhypothese mit einem
                        Signifikanzniveau von alpha=%.3f.' % alpha)
```

```
p-value des Shapiro-Wilk-Tests für die "blauen" Daten: 0.8290
Der Test hat ermittelt, dass die Daten wahrscheinlich
normalverteilt sind, und wir können die Nullhypothese nicht mit
einem Signifikanzniveau von alpha=0.050 verwerfen.

p-value des Shapiro-Wilk-Tests für die "orangen" Daten: 0.2498
Der Test hat ermittelt, dass die Daten wahrscheinlich
normalverteilt sind, und wir können die Nullhypothese nicht mit
einem Signifikanzniveau von alpha=0.050 verwerfen.

Beide Populationen sind normalverteilt. Wir benutzen Welchs
t-Test.

p-value von Welchs t-Test: 0.000102
Der Test hat ermittelt, dass die Mittelwerte wahrscheinlich nicht
gleich sind, und wir verwerfen die Nullhypothese mit einem
Signifikanzniveau von alpha=0.050.
```

Die Tests haben also festgestellt, dass die Daten wahrscheinlich normalverteilt sind, aber die Mittelwerte nicht gleich sind. Wir haben also einen statistisch signifikanten Unterschied zwischen den blauen und den orangen Daten mit einem Signifikanzniveau von $\alpha = 0{,}05$.

11.1.5 Übliche Fehler bei Hypothesentests

Bei Hypothesentests steckt der Teufel im Detail, da es viele Aspekte gibt, die man vergessen oder ungenau darstellen kann, was dazu führen kann, dass man die Ergebnisse überinterpretiert. Daher wollen wir hier einige größere und häufig vorkommende Fehler nennen, damit wir diese vermeiden können.

Das größte Problem ist, dass man Hypothesentests nutzt, um binäre Aussagen zu machen, zum Beispiel »die Daten sind normalverteilt« statt »der statistische Test indiziert, dass die Daten mit hoher Wahrscheinlichkeit normalverteilt sind«. Der große Unterschied: Die korrekte Aussage beinhaltet, dass es eine gewisse Unsicherheit über das Ergebnis gibt, was bei der absoluten Aussage nicht der Fall ist. Dass derartige Fehler (häufig!) passieren, ist verständlich. Das korrekte Formulieren von statistischen Ergebnissen ist schwierig und die Sätze klingen oft umständlich, was dazu verleitet, lieber eine deutlich einfachere absolute Formulierung zu benutzen.

Ein weiteres Problem ist, dass p-values häufig falsch benutzt werden. Dies liegt daran, dass die Definition von p-values als die Wahrscheinlichkeit, die Daten unter den gegebenen Annahmen zu beobachten, relativ komplex ist. Aus diesem Grund gibt es auch viele Forscher, die am liebsten Hypothesentests komplett abschaffen und durch andere Verfahren (*Bayesian Statistics*) ersetzen würden. Es gibt aber auch sehr viele Forscher, die das Problem in der falschen Verwendung der p-values sehen, sodass lediglich eine bessere Statistikausbildung erforderlich ist. In diesem Sinne betrachten wir hier auch die zwei größten Probleme der p-values: *Scoring* und *p-Hacking*.

Scoring bedeutet, dass der p-value als Punktzahl interpretiert wird und dann die Unterschiede der Populationen anhand ihrer p-values sortiert werden. Dies macht jedoch keinen Sinn, da die p-values eben nicht die Wahrscheinlichkeit, dass eine Hypothese korrekt ist, schätzen, sondern nur, dass die Daten zur Annahme passen. Eine Sortierung wäre also stattdessen eine Art Bewertung der Daten, was nicht gewollt ist.

Das *p-Hacking* passiert oft unbewusst. Auch hier liegt das Problem daran, dass die p-values die Wahrscheinlichkeit sind, dass die Daten unter Berücksichtigung der Annahmen generiert werden. Ein p-value von 0,05 bedeutet also, dass es eine 5 %ige Wahrscheinlichkeit gibt, dass diese Daten generiert werden, unter der Annahme, dass die Nullhypothese zutrifft. Mit anderen Worten, es wird vom Test sogar erwartet, dass es eine gewisse Anzahl von *falsch-positiven Testergebnissen* gibt, also dass wir die Nullhypothese verwerfen, obwohl diese zutrifft. Dies ist im Allgemeinen kein Problem, solange die Wahrscheinlichkeit hierfür niedrig ist. Wenn man jedoch 20 Tests durchführt und jeder Test mit 5 % Wahrscheinlichkeit falsch-positiv ist, ist es fast sicher, dass es falsch-positive Ergebnisse gibt. Diesem Effekt kann man entgegenwirken, indem man ein höheres Signifikanzniveau verlangt, was bedeutet, dass der p-value zum Verwerfen der Hypothesen kleiner sein muss, wodurch man die Wahrscheinlichkeit von falsch-positiven Ergebnissen reduziert. Man spricht hierbei auch vom *p-value adjustment*, zum Beispiel durch die *Bonferonni-Korrektur*[1]. Derartiges p-Hacking ist oft keine Absicht, sondern geschieht durch die Analyse von Teilgruppen. Um zu unserem Beispiel vom Alter der Einwohner zurückzukommen: Auch wenn Berlin und Hamburg das gleiche Durchschnittsalter hätten,

1. *https://mathworld.wolfram.com/BonferroniCorrection.html*

würde man sehr sicher Stadtteile finden, wo die Abweichung größer wäre und der Unterschied dadurch signifikant. Ein berühmtes Beispiel dafür ist dieser medizinische Fachartikel [ISIS-2 1988]: Die Autoren wurden von den Herausgebern gezwungen, Teilgruppen zu analysieren. Um zu demonstrieren, dass dies zu falschpositiven Ergebnissen führt, haben sie auch eine Analyse der Auswirkungen der Sternzeichen auf die Behandlung mit aufgenommen.

11.2 Effektstärke

Die Signifikanz von Ergebnissen bedeutet nicht immer, dass ein Unterschied auch eine Bedeutung hat. Für unsere blauen und orangen Daten haben wir folgende Mittelwerte und Standardabweichungen:

```
print('mean("blue")   = %.2f' % np.mean(s1))
print('sd("blue")     = %.2f' % np.std(s1))
print('mean("orange") = %.2f' % np.mean(s2))
print('sd("orange")   = %.2f' % np.std(s2))
```

```
mean("blue")   = -0.01
sd("blue")     = 0.19
mean("orange") = 0.07
sd("orange")   = 0.20
```

Der Unterschied der Mittelwerte ist im Verhältnis zu Standardabweichung also sehr klein. Die *Effektstärke* erweitert das Konzept der Signifikanz mit einem Maß dafür, wie groß die Differenz ist. Für normalverteilte Daten kann die Effektstärke für den Unterschied der Mittelwerte durch Cohens d berechnet werden, was definiert ist als

$$d = \frac{mean(X_1) - mean(X_2)}{s}$$

mit

$$s = \sqrt{\frac{(n_1 - 1) \cdot sd(X_1)^2 + (n_2 - 1) \cdot sd(X_2)^2}{n_1 + n_2 - 2}}.$$

Der Wert s definiert die *gepoolte Standardabweichung* zweier Stichproben, definiert als das nach der Anzahl der Datenpunkte gewichtete Mittel der Standardabweichungen der Stichproben. Daher ist Cohens d nichts anderes als das Verhältnis der Mittelwertdifferenz zur Standardabweichung und $d=1$ bedeutet, dass die Mittelwerte eine Standardabweichung voneinander entfernt liegen. Basierend auf Cohen und Sawilowski kann man Tabelle 11–1 zur Interpretation der Größenordnung der Effektstärke benutzen [Sawilowsky 2009].

Cohens d	Effektstärke
$\|d\|<0{,}01$	Vernachlässigbar/Negligible
$\|d\|\geq 0{,}01$	Sehr klein/Very small
$\|d\|\geq 0{,}2$	Klein/Small
$\|d\|\geq 0{,}5$	Mittel/Medium
$\|d\|\geq 0{,}8$	Groß/Large
$\|d\|\geq 1{,}2$	Sehr groß/Very large
$\|d\|\geq 2{,}0$	Riesig/Huge

Tab. 11-1 *Effektstärken von Cohens d*

Diese Tabelle wurde zwar für die Sozialwissenschaften erstellt, wird aber dennoch sehr häufig auch in anderen Domänen verwendet. In unserem Beispiel haben wir folgende Effektstärke:

```
from statistics import mean, stdev
from math import sqrt

s = sqrt( ((len(s1)-1)*stdev(s1)**2 + (len(s2)-1)*stdev(s2)**2)/
          (len(s1)+len(s2)-2))
cohens_d = (mean(s1) - mean(s2)) / s

if abs(cohens_d)<0.01:
    effsizestr = "vernachlässigbarer"
elif abs(cohens_d)<0.2:
    effsizestr = "sehr kleiner"
elif abs(cohens_d)<0.5:
    effsizestr = "kleiner"
elif abs(cohens_d)<0.8:
    effsizestr = "mittlerer"
elif abs(cohens_d)<1.2:
    effsizestr = "großer"
elif abs(cohens_d)<2:
    effsizestr = "sehr großer"
else:
    effsizestr = "riesiger"

print("Effektstärke (Cohens d): %.3f - %s Effekt" % (cohens_d, effsizestr))
```

```
Effektstärke (Cohens d): -0.393 - kleiner Effekt
```

Es gibt also einen kleinen Effekt. Das passt auch zu dem, was wir im Histogramm sehen: Es gibt zwar einen Unterschied zwischen den Stichproben, der ist aber klein, wie wir jetzt mithilfe von Cohens *d* bestätigt haben.

11.3 Konfidenzintervalle

Wenn man den Mittelwert anhand einer Stichprobe schätzt, ist es naheliegend, zu fragen, wie gut diese Schätzung ist. Das hängt von zwei Faktoren ab: der Größe der Stichprobe und der Variabilität der Daten. Dies erkennt man schnell an einem Beispiel: Angenommen wir wollen das Durchschnittsalter unserer Kunden bestimmen. Dass die Schätzung besser wird, je mehr Kunden wir befragen, ist offensichtlich. Wenn die ersten Kunden alle mit Zahlen zwischen 18 und 25 antworten, haben wir eine kleine Variabilität der Antworten und können den Wert schon gut eingrenzen. Wenn die ersten Kunden jedoch Zahlen zwischen 18 und 86 nennen, haben wir eine größere Unsicherheit und müssen mehr Kunden befragen, um zu einem guten Schätzwert zu kommen.

Dies ist auch für die Bewertung von Klassifikationsmodellen relevant. Angenommen wir haben ein Klassifikationsmodell für die Abwanderung von Kunden, das auf den Daten von fünf Filialen trainiert wird und mit 15 Filialen ausgewertet wird. Es gibt dann 15 Schätzwerte für die Güte dieses Modells. Als fiktive Ergebnisse nehmen wir an, dass die Accuracy normalverteilt mit einem Mittelwert von 0,83 und einer Standardabweichung von 0,13 ist. Für die weitere Anwendung ist folgende Frage sehr wichtig: Welchen Mittelwert erwarten wir, wenn wir das Modell bei 15 weiteren Filialen anwenden?

Dies kann man mithilfe von *Konfidenzintervallen* berechnen. Ein C%-Konfidenzintervall θ für einen Parameter p ist ein Intervall, in dem p mit C% Wahrscheinlichkeit liegt. Konfidenzintervalle kann man für beliebige statistische Merkmale p berechnen, auch wenn sie meistens für den Mittelwert berechnet werden. Der wahre Wert von p liegt dann mit hoher Wahrscheinlichkeit, nämlich mit C%, in diesem Intervall. Die Wahrscheinlichkeit C nennt man das Konfidenzniveau. Für ein Konfidenzniveau von $C=0{,}95$ haben wir also eine 95%-Chance, dass der Mittelwert von weiteren Stichproben im Konfidenzintervall liegt.

Für die Stichprobe $X=\{x_1,...,x_n\}$ einer normalverteilten Population kann man das Konfidenzintervall für den Mittelwert berechnen als

$$\theta=[mean(X)-z_C\frac{sd(X)}{\sqrt{n}},mean(X)+z_C\frac{sd(X)}{\sqrt{n}}],$$

wobei z_C der sogenannte *z-value* des Konfidenzniveaus ist. Die Formel passt zur Intuition: Das Konfidenzintervall wird kleiner, wenn die Stichprobe größer oder die Standardabweichung kleiner ist. In der Praxis liest man den Wert z_C einfach aus einer Tabelle ab, zum Beispiel direkt aus Tabelle 11–2.

C	z_C
90 %	1,645
95 %	1,96
99 %	2,58
99,5 %	2,807
99,9 %	3,291

Tab. 11–2 *z-values für häufig verwendete Konfidenzniveaus*

In dieser Tabelle stehen die z-values der Standardnormalverteilung. Der z-value ist so gewählt, dass die Fläche unter der Dichtefunktion der Normalverteilung C entspricht.

```
from math import sqrt
from scipy.stats import norm

mu = 0
sigma = 1
zc = 1.96
x = np.linspace(mu - 3*sigma, mu + 3*sigma, 100)
y = norm.pdf(x, mu, sigma)
xfill = np.linspace(-zc, zc)

fix, ax = plt.subplots()
ax.set_title("Dichtefunktion der Standardnormalverteilung (mean=0, sd=1)")
ax.fill_between(xfill, norm.pdf(xfill), y2=0, alpha=0.1, color='b')
ax.set_xticks([-zc,0,zc])
ax.set_xticklabels(['$-z_C$','0','$z_C$'])
ax.plot(x,y)
ax.text(-1, 0.15, "C% Wahrscheinlichkeit")
plt.show()
```

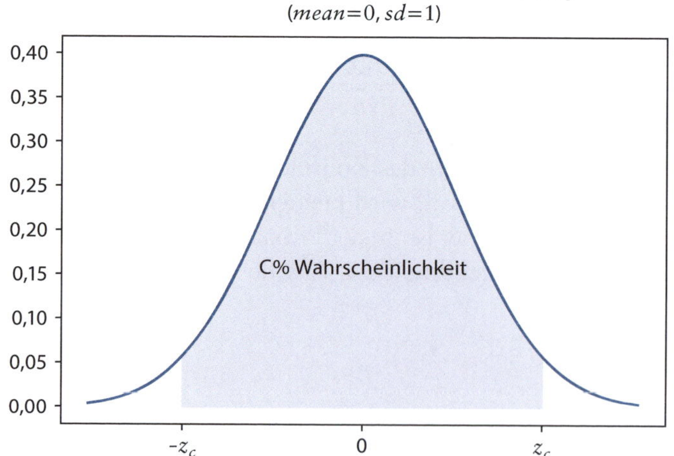

In unserem Beispiel erhalten wir für verschiedene Konfidenzlevel die folgenden Konfidenzintervalle:

```
mymu = 0.83
mysd = 0.13
myn = 15

x = np.linspace(0.7, 0.999)
y_upper = 0.83+norm.ppf((1-x)/2)*mysd/sqrt(myn)
y_lower = 0.83-norm.ppf((1-x)/2)*mysd/sqrt(myn)
fig, ax = plt.subplots()
ax.plot()
ax.plot(x,y_upper, color='navy')
ax.plot(x,y_lower, color='navy')
ax.plot([0.7,0.999],[0.83,0.83], color='darkorange')
ax.fill_between(x, y_upper, y2=y_lower, alpha=0.1, color='b')
ax.set_title('Konfidenzintervalle für verschiedene Konfidenzniveaus\nmean=0.83,
             sd=0.13, n=15')
ax.set_xlabel('Konfidenzniveau')
ax.set_ylabel('Konfidenzintervall')
plt.show()
```

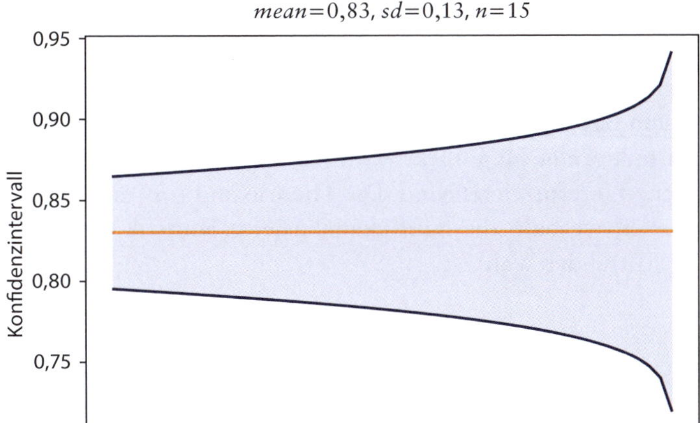

Ähnlich wie bei p-value wird auch das Konfidenzintervall häufig falsch interpretiert. Hier sind einige korrekte Interpretationen eines $C\%$-Konfidenzintervalls:

- Es gibt eine $C\%$-Chance, dass der gemessene Wert (zum Beispiel Mittelwert) bei zukünftigen Wiederholungen des gleichen Experiments in das Intervall θ fällt.
- Es gibt keinen statistisch signifikanten Unterschied zwischen dem geschätzten Wert und allen Werten in θ mit einem Signifikanzniveau von $1 - C\%$.
- Es gibt eine $1 - C\%$-Wahrscheinlichkeit der Stichprobe, wenn der wahre Wert außerhalb des Intervalls θ liegt.

Übliche falsche Interpretationen des Konfidenzintervalls sind zum Beispiel:

- Der wahre Wert von p liegt mit $C\%$ Wahrscheinlichkeit in θ. Ähnlich wie bei p-value bei Hypothesentests liefern Konfidenzintervalle nur eine Aussage über die Wahrscheinlichkeit bei Stichproben.
- $C\%$ der beobachteten Daten liegen innerhalb von θ. Hier wird das Konfidenzintervall mit den Quantilen verwechselt.

11.4 Gute Beschreibung von Ergebnissen

In der Wissenschaft, aber auch in der Praxis, wird häufig nur geschaut, ob es Unterschiede gibt und eventuell noch ob diese signifikant sind. Eine saubere statistische Bewertung von Projektergebnissen sollte aber darüber hinaus gehen und zum Beispiel auch die Effektstärke und die Konfidenzintervalle beinhalten. Außerdem sollte man die statistische Auswertung zu Beginn eines Projekts planen. Andernfalls riskiert man das oben beschriebene p-Hacking, indem man Experimente immer weiter anpasst, bis man ein gewünschtes Ergebnis gefunden hat. In der Wissenschaft führt dies zur Registrierung von Studien, bei denen das Protokoll bereits vor der Durchführung festgelegt wird. Dieses Vorgehen hat sich bereits bei klinischen Studien in der Medizin bewährt und vermeidet falsch-positive Ergebnisse.

In diesem Kapitel haben wir uns nur mit der häufigkeitsbasierten Statistik beschäftigt. Es gibt auch noch einen anderen Ansatz, Bayesian Statistics, der im Kern auf dem Satz von Bayes (siehe Kap. 7) basiert. Hier wird direkt geschätzt, wie wahrscheinlich es ist, dass eine Hypothese wahr ist. Dies hat den Vorteil, dass die Ergebnisse einfacher zu interpretieren sind. Die Theorie und Anwendung ist hier jedoch etwas komplexer, weshalb die häufigkeitsbasierte Statistik weiterhin bei vielen Analysen das Mittel der Wahl ist.

11.5 Übung

In dieser Übung wenden wir die eingeführten statistischen Methoden zum besseren Verständnis an. Hierzu vergleichen wir verschiedene Klassifikationsmodelle auf den Irisdaten[2].

Mehrfaches Training

Erstellen Sie fünf zufällige Aufteilungen der Irisdaten in je 50 % Trainingsdaten und 50 % Testdaten. Trainieren Sie ein 5-Nearest-Neighbor-Modell und einen Random Forest (mit 100 Random Trees) für jede dieser Aufteilungen. Berechnen Sie die Güte für jedes dieser Modelle mit MCC und erstellen Sie für jedes Modell eine Liste mit den Ergebnissen.

Statistischer Vergleich

Vergleichen Sie das arithmetische Mittel, die Standardabweichung, den Median, das Minimum und das Maximum des MCC für beide Algorithmen. Benutzen Sie geeignete statistische Tests, um zu bestimmen, ob der Unterschied signifikant ist. Falls der Unterschied signifikant ist, berechnen Sie Cohens *d*, um die Effektstärke zu bestimmen. Berechnen Sie außerdem das 95 %-Konfidenzintervall des arithmetischen Mittels von MCC.

Mehr Vergleiche

Wiederholen Sie diese Auswertung mit 10, 50 und 100 zufälligen Aufteilungen der Irisdaten. Wie verändern sich die Ergebnisse?

---

2. *https://scikit-learn.org/stable/modules/generated/sklearn.datasets.load_iris.html*

12 Big Data Processing

Wie wir bereits aus Kapitel 1 wissen, gehören neben dem Volume, der Velocity und der Variety auch *innovative Informationsverarbeitungsmethoden* zur Definition von Big Data. Hiermit wollen wir uns zum Abschluss beschäftigen.

Die Grundlage für alle großen Berechnungen ist die *Parallelität.* Es gibt hierzu auch ein berühmtes Zitat der Informatikpionierin Grace Hopper: »*In pioneer days they used oxen for heavy pulling, and when one ox couldn't budge a log, they didn't try to grow a larger ox. We shouldn't be trying for bigger computers, but for more systems of computers.*« Mit anderen Worten, große Aufgaben können nur gelöst werden, indem man die Ressourcen von vielen kleineren Einheiten gemeinsam nutzt.

12.1 Parallelisierung

Im Allgemeinen gibt es drei Ansätze zur Parallelisierung von Berechnungen. Der erste Ansatz ist das *Message Passing*, bei dem die Aufgaben unabhängig voneinander in einer isolierten Umgebung ausgeführt werden. Wenn zwei Aufgaben kommunizieren möchten, tauschen sie Nachrichten aus. Hierdurch können auch Daten zwischen verschiedenen Aufgaben hin und her kopiert werden. Diese Art der Kommunikation kann sowohl lokal auf einer einzelnen physischen Maschine als auch verteilt in einem Netzwerk genutzt werden.

Der zweite Ansatz ist *Shared Memory.* Hierbei sind die Umgebungen, in denen die Aufgaben ausgeführt werden, nicht voneinander isoliert. Stattdessen haben sie einen gemeinsamen Adressraum, in dem sie die gleichen Variablen lesen und schreiben können. Die Aufgaben interagieren und kommunizieren durch Veränderungen im geteilten Speicher. Auf einer einzelnen physischen Maschine erlaubt das Betriebssystem die Bereitstellung von geteiltem Speicher. Bei Threads ist dies sogar bereits Bestandteil der Art und Weise, wie Aufgaben erstellt werden. Alle Threads eines Prozesses verwenden den gleichen Speicher, Prozesse, die sich Speicher teilen wollen, müssen diesen explizit anfordern. Geteilter Speicher ist auch in verteilten Systemen möglich, zum Beispiel über Netzwerkspeicher oder ähnliche Lösungen, die aber üblicherweise langsamer sind als ein lokal geteilter Speicher.

Der dritte Ansatz ist *Data Parallelism*. Ähnlich wie beim Message Passing werden hier die Aufgaben unabhängig voneinander auf verschiedenen Partitionen der Daten ausgeführt. Es gibt jedoch einen wichtigen Unterschied: Die Aufgaben müssen nicht miteinander kommunizieren, da die Berechnungen keine Ergebnisse der anderen Aufgaben benötigen. Das bedeutet auch, dass Daten-Parallelismus nur möglich ist, wenn eine starke Entkopplung der Aufgaben in unabhängige Berechnungen erfolgen kann. Solche Probleme nennt man auch *embarrassingly parallel*, weil man sie fast schon peinlich einfach parallelisieren kann.

12.2 Verteiltes Rechnen zur Datenanalyse

Da Big Data zu groß zum Verarbeiten mit einer einzelnen physischen Maschine ist, benötigen wir eine verteilte Umgebung für Berechnungen mit Big Data. Bevor Rechenzentren angefangen haben, sich an die Eigenheiten von Big Data anzupassen, wurden großteils *Rechencluster* (engl. *compute cluster*) eingesetzt. Die Architektur eines Rechenclusters entspricht in etwa Abbildung 12–1. Es gibt einen *Storage Layer* mit dem Datenspeicher und einen *Compute Layer* mit den Rechenknoten, die als Rechencluster fungieren. Jeder Rechenknoten ist eine physische Maschine. Der Datenspeicher muss den Rechenknoten schnell zur Verfügung stehen (Latenz, Durchsatz oder beides), benötigt jedoch nicht viel Rechenkraft. Üblicherweise ist dieser Speicher über ein *Storage Area Network* (SAN) realisiert. Die Rechenknoten sind für Rechenkraft durch CPUs (und evtl. GPUs) und Arbeitsspeicher optimiert. Lokaler Speicher ist nebensächlich und wird häufig nur für die Installation des Betriebssystems und von Programmbibliotheken benutzt sowie eventuell für das Speichern von Zwischenergebnissen. Nutzer übermitteln *Jobs* an eine *Job Queue*, die ausgeführt werden, wenn die benötigten Ressourcen zur Verfügung stehen. Daten, die analysiert werden sollen, müssen in einer Datenbank oder dem SAN gespeichert werden, sodass die Rechenknoten Zugriff haben.

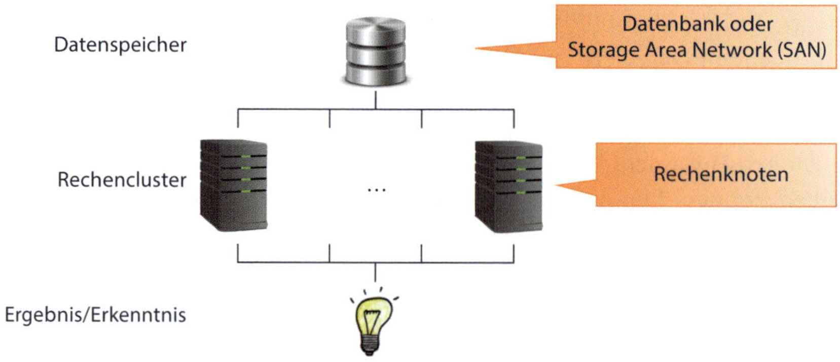

Abb. 12–1 *Übliche Architektur eines Rechenclusters*

Alle drei Ansätze zur Parallelisierung können in einem solchen Rechencluster umgesetzt werden. Keiner der Ansätze ist jedoch dazu geeignet, mit Big Data zu arbeiten. Abbildung 12–2 zeigt den Bottleneck, der zu Skalierungsproblemen mit Message Passing und Shared Memory führt. Da unklar ist, welche Daten benötigt werden, müssen im schlimmsten Fall alle Daten bei allen Rechenknoten zur Verfügung stehen. Während das bei kleinen Datensätzen kein Problem ist, skaliert dies nicht für große Datensätze, da der Transport der Daten über das Netzwerk zum Bottleneck wird. Hinzu kommt noch die Kommunikation zwischen den Aufgaben, die auf verschiedenen Rechenknoten berechnet werden.

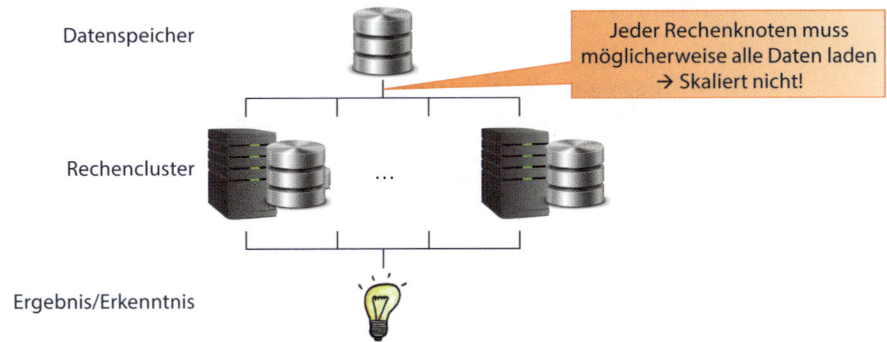

Abb. 12–2 *Rechencluster mit Message Passing und Shared Memory*

Daten-Parallelismus ist etwas besser für große Datenmengen geeignet, wie man in Abbildung 12–3 sieht. Hier bekommt jeder Rechenknoten nur die Partition der Daten, auf der gerechnet wird. Es müssen also nicht alle Daten, sondern nur ein kleinerer Teil geladen werden. Dennoch müssen alle Daten zu einem Rechenknoten übertragen werden. Der Gewinn ist also nur, dass die Daten nicht mehrfach übertragen werden müssen. Daher kann man mit Daten-Parallelismus zwar größere Datenmengen parallelisieren, aber auch hier wird das Datenvolumen irgendwann zu groß, um über das Netzwerk übertragen zu werden.

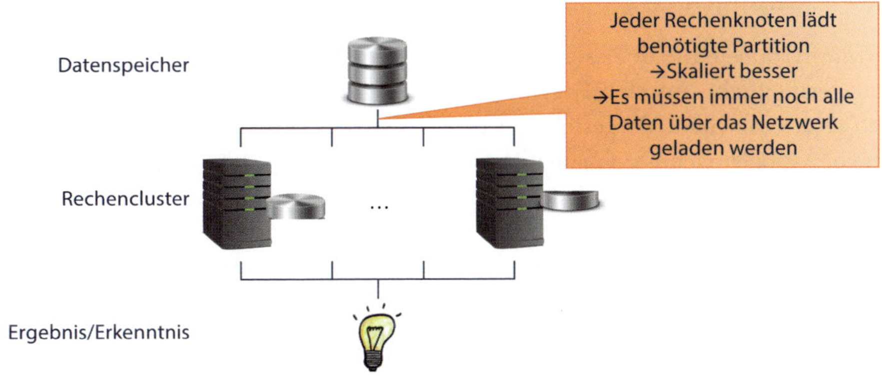

Abb. 12–3 *Rechencluster mit Daten-Parallelismus*

12.3 Datenlokalität

Das fundamentale Problem von traditionellen Recheninfrastrukturen ist also, dass die Daten über das Netzwerk angebunden sind, weshalb wir eine *innovative Informationsverarbeitungsmethode* benötigen. Die Lösung liegt auf der Hand: Wenn das Problem das Kopieren der Daten über das Netzwerk ist, brauchen wir eine Architektur, bei der die Daten nicht kopiert werden müssen. Wenn die Daten nicht mehr kopiert werden müssen, spricht man auch von *Datenlokalität*. Hierzu bricht man einfach mit der Trennung des Storage Layer vom Compute Layer: Alle Knoten sind sowohl Datenspeicher als auch Rechenknoten. Das Ergebnis sieht man in Abbildung 12–4: einen Rechencluster mit integriertem verteiltem Speicher.

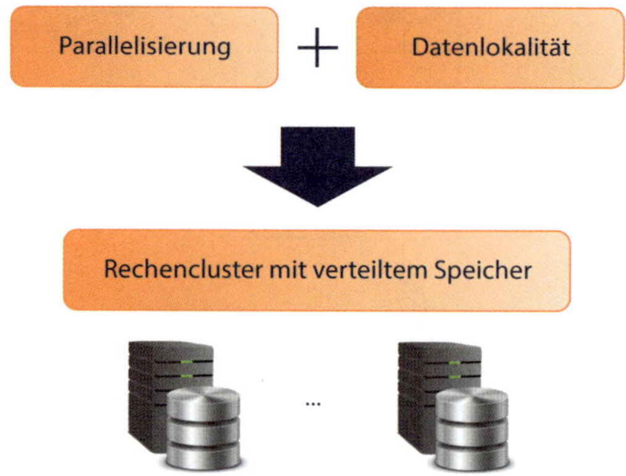

Abb. 12–4 *Datenlokalität für Big-Data-Infrastrukturen*

Im Folgenden erklären wir, wie man diese Konzepte in der Praxis umsetzt. Wir besprechen MapReduce als Programmiermodell und betrachten, wie dies von Apache Hadoop und Apache Spark umgesetzt wird, um verteiltes Rechnen mit Big Data zu ermöglichen.

12.4 MapReduce

Bei MapReduce handelt es sich um ein Programmiermodell, dass Daten-Parallelismus ermöglicht, um den Entwurf von Algorithmen für Berechnungen mit Big Data zu vereinfachen. Vorgestellt wurde MapReduce bereits 2004 in einer Publikation von Google [Dean & Ghemawat 2008]. Die Grundidee ist, dass Berechnungen durch zwei Funktionen ausgedrückt werden: `map` und `reduce`. Beide Funktionen arbeiten mit *Key-Value*-Paaren. Die `map`-Funktionen sind ideal für die datenparallele Berechnung innerhalb von Algorithmen, mit `reduce` werden Ergebnisse aggregiert. Das Konzept von `map` und `reduce` existiert auch unabhängig von MapReduce als allgemeines Konzept, das man in vielen funktionalen Programmiersprachen wiederfindet. Damit MapReduce für Big Data geeignet ist, gibt es noch eine dritte

Funktion, die man als `shuffle` bezeichnet. Die Aufgabe von `shuffle` besteht darin, die Zwischenergebnisse von Algorithmen zu arrangieren, sodass die effiziente Kommunikation zwischen `map`- und `reduce`-Funktionen gewährleistet ist. Abbildung 12–5 fasst die Arbeitsweise von MapReduce zusammen.

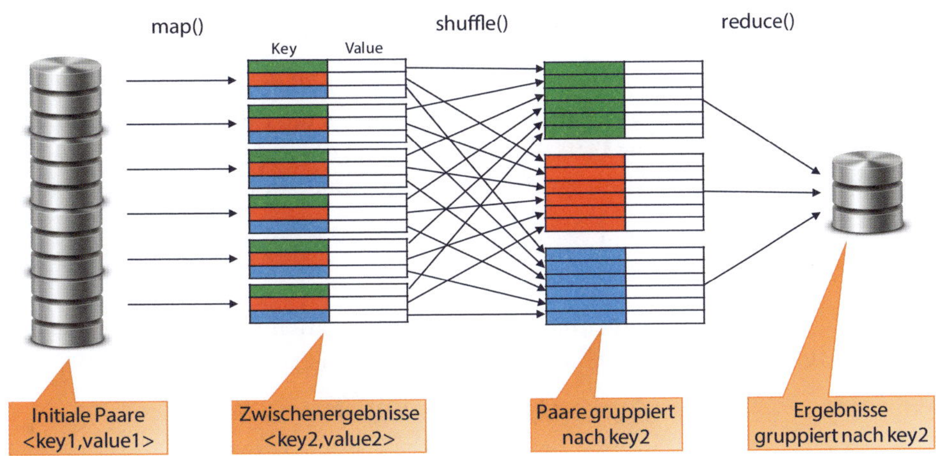

Abb. 12–5 *Übersicht des Ablaufs bei MapReduce*

12.4.1 map()

Die `map`-Funktion bekommt als Eingabe die initialen Key-Value-Paare, die analysiert werden sollen. Diese werden zum Beispiel aus einem verteilten Speicher gelesen und könnten auch das Ergebnis einer bereits erfolgten Berechnung mit MapReduce sein. Die `map`-Funktion berechnet für jedes *einzelne* Key-Value-Paar ein von allen anderen Paaren unabhängiges Ergebnis. Das Ergebnis sind neue Key-Value-Paare. Die `map`-Funktion ist also definiert als

$$map(f_{map}, <key1, value1>) \rightarrow list(<key2, value2>),$$

wobei f_{map} eine *User-Defined Function* (UDF) ist, also eine Funktion, die vom Benutzer an das MapReduce-Framework zur Berechnung des Ergebnisses für ein Key-Value-Paar übergeben wird. Es hängt von der UDF f_{map} ab, ob die Schlüssel der Ausgaben die gleichen sind wie bei den Eingaben oder ob neue Schlüssel berechnet werden. Im Allgemeinen sind beliebige Typen für die Schlüssel und Werte der Key-Value-Paare möglich. Dies kann aber auch von der Implementierung in einem MapReduce-Framework eingeschränkt werden. Die ursprüngliche MapReduce-Implementierung von Google hat zum Beispiel nur Strings erlaubt, sodass die Benutzer alle anderen Datentypen in Strings konvertieren mussten.

12.4.2 shuffle()

Die Key-Value-Paare, die von der `map`-Funktion berechnet werden, werden durch die `shuffle`-Funktion so organisiert, dass sie durch den Schlüssel gruppiert sind. Es gilt also

$$shuffle(list{<}key2, value2{>}) \rightarrow list({<}key2, list(value2){>}),$$

wodurch wir eine Liste von Werten pro Schlüssel erhalten. Häufig werden diese Daten auch noch nach dem Schlüssel sortiert, da dies die Effizienz der folgenden Aufgaben erhöhen kann. Die `shuffle`-Operation ist in der Regel nicht für den Benutzer sichtbar und wird im Hintergrund vom MapReduce-Framework ausgeführt.

12.4.3 reduce()

Die `reduce`-Funktion berechnet basierend auf allen Werten für einen Schlüssel ein einziges Ergebnis pro Schlüssel. Die `reduce`-Funktion ist also definiert als

$$reduce(f_{reduce}, {<}key2, list(value2){>}) \rightarrow value3,$$

wobei f_{reduce} eine UDF ist. Die UDF f_{reduce} *reduziert* also alle Werte eines Schlüssels zu einem aggregierten Wert. Ähnlich wie bei der `map`-Funktion sind die Datentypen im Allgemeinen nicht beschränkt, können aber von der Implementierung eingeschränkt sein. Je nach Aufgabenstellung könnten die Ausgaben Key-Value-Paare für weitere MapReduce-Berechnungen sein oder auch Endergebnisse der Algorithmen.

12.4.4 Worthäufigkeiten mit MapReduce

Das Konzept von MapReduce ist relativ abstrakt, wenn man es nicht bereits aus der funktionalen Programmierung kennt und gewohnt ist. Wie MapReduce funktioniert, kann man sich aber gut an einem Beispiel veranschaulichen. Das »Hello World« von MapReduce ist das Zählen der Häufigkeit von Wörtern im Text. Das Schöne an diesem Beispiel ist, dass es auch praxisrelevant ist, zum Beispiel für die Erstellung eines Bag-of-Words (siehe Kap. 10). Wir benutzen den folgenden Text als Beispiel:

```
Wie ist Ihr Name?
Mein Name ist Bond, James Bond.
```

Unsere Daten sind als Textdatei mit einer Zeile pro Satz gespeichert. Unsere initialen Key-Value-Paare haben die Zeilennummer als Schlüssel und den Text der Zeile als Wert.

```
<1, "Wie ist Ihr Name?">
<2, "Mein Name ist Bond, James Bond.">
```

Die map-Funktion ist so definiert, dass sie ein Paar der Form <Wort, 1> für jedes Wort der Eingabe ausgibt, wobei Satzzeichen ignoriert werden und alles kleingeschrieben wird. Wenn wir dies auf die initialen Paare anwenden, bekommen wir also zehn Paare, für jedes Wort im Text eines:

```
<"wie", 1>
<"ist", 1>
<"ihr", 1>
<"name", 1>
<"mein", 1>
<"name", 1>
<"ist", 1>
<"bond", 1>
<"james", 1>
<"bond", 1>
```

Die shuffle-Funktion gruppiert diese Daten jetzt nach ihrem Schlüssel und arrangiert die Werte als Listen.

```
<"bond", list(1, 1)>
<"ist", list(1, 1)>
<"james", list(1)>
<"name", list(1, 1)>
<"mein", list(1)>
<"wie", list(1)>
<"ihr", list(1)>
```

Zuletzt erzeugt die reduce-Funktion als Ausgabe eine Zeile pro Schlüssel mit der Worthäufigkeit des jeweiligen Schlüssels.

```
bond 2
ist 2
james 1
name 2
mein 1
wie 1
ihr 1
```

12.4.5 Parallelisierung

Das Design von MapReduce erlaubt es uns, jeden Schritt zu parallelisieren. Die Eingaben können parallelisiert gelesen werden, sofern dies vom Speicherformat zugelassen wird. Dies ist zum Beispiel der Fall, wenn es mehrere Textdateien gibt, sodass jede Datei 1000 Zeilen enthält. Die Performanz dieser Parallelisierung ist jedoch durch die Geschwindigkeit des Speichermediums begrenzt und in der Regel nur sinnvoll, wenn die Daten verteilt auf mehreren physischen Maschinen gespeichert sind.

Da bei der map-Funktion die Berechnung für alle Key-Value-Paare unabhängig ist, ist die Parallelisierung trivial. Es ist theoretisch möglich, das Ergebnis für alle Key-Value-Paare parallel zu berechnen.

Die `shuffle`-Funktion kann starten, sobald das erste Key-Value-Paar von der `map`-Funktion berechnet wurde. Hierdurch lassen sich die Wartezeiten reduzieren, da `shuffle` bereits im Hintergrund der `map`-Funktionen arbeiten kann und daher häufig gleichzeitig mit `map` fertig wird.

Die `reduce`-Funktion kann für jeden Schlüssel unabhängig berechnet werden und somit auch parallelisiert werden. Der Grad der Parallelisierung hängt somit lediglich von der Anzahl der einzigartigen Schlüssel ab, die von `map` berechnet werden. Hinzu kommt, dass `reduce` schon starten kann, sobald alle Ergebnisse für einen Schlüssel zur Verfügung stehen. Dies ist auch der Grund, warum Sortieren bei `shuffle` sinnvoll sein kann: Wenn die Ergebnisse bei `reduce` sortiert ankommen, kann `reduce` die Verarbeitung der Daten für einen Schlüssel starten, sobald die Daten für den nächsten Schlüssel eintreffen.

12.5 Apache Hadoop

Apache Hadoop[1] ist eine Open-Source-Implementierung von MapReduce. Für viele Jahre war Hadoop die Standardlösung für MapReduce-Anwendungen. Auch wenn die Relevanz von Hadoop im Laufe der Jahre abgenommen hat, gibt es immer noch viele Anwendungen, die auf Hadoop basieren, und es wird von allen großen Cloud-Dienstleistern als Service zur Verfügung gestellt. Hinzu kommt, dass Hadoop sehr gut geeignet ist, um die technischen Anforderungen an ein MapReduce-Framework zu demonstrieren.

Hadoop 2.0 implementiert MapReduce in einer Architektur mit drei Schichten, die in Abbildung 12–6 dargestellt ist. Die unterste Schicht ist das *Hadoop Distributed File System* (HDFS), das für das Datenmanagement verantwortlich ist. Hierauf baut *Yet Another Resource Negotiator* (YARN) auf, um die Rechenressourcen zu verwalten. Anwendungen für die Datenverarbeitung setzen auf YARN auf und liegen in der dritten und obersten Schicht von Hadoop. Diese Anwendungen kann man zum Beispiel mit dem MapReduce-Framework von Hadoop umsetzen. Aufgrund des Erfolgs von Hadoop, insbesondere von HDFS und YARN, gibt es aber noch viele weitere Technologien zur Datenverarbeitung, die darauf aufbauen, wie zum Beispiel Apache Spark, das wir in diesem Kapitel auch noch betrachten.

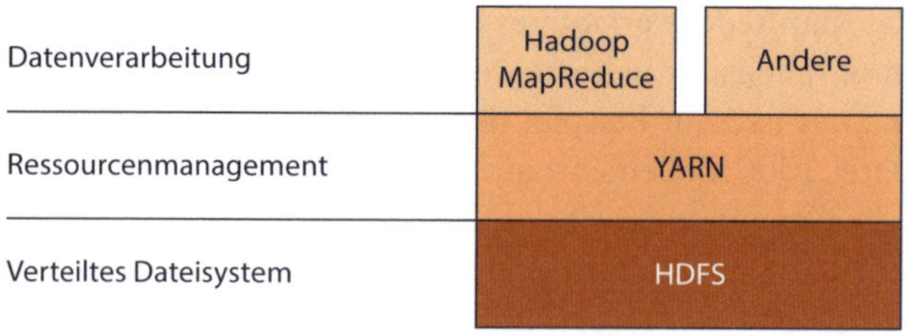

Abb. 12–6 *Architektur von Apache Hadoop 2.0*

1. *https://hadoop.apache.org/*

12.5.1 HDFS

Das *HDFS* ist die Kernkomponente von Hadoop. Alle Daten, die analysiert werden sollen, müssen im HDFS gespeichert sein. HDFS wurde für die Verarbeitung von Big Data entwickelt und verhält sich deshalb in einigen wichtigen Aspekten anders als die im Alltag verwendeten Dateisysteme wie NTFS, ext3 oder xfs.

- HDFS ist auf den Durchsatz optimiert und hat im Gegenzug eine relativ hohe Latenz. Dies bedeutet, dass das Laden und Speichern von großen Datenmengen schnell ist, es aber eventuell etwas dauert, bis diese Operationen starten.
- HDFS unterstützt extrem große Dateien. Die Dateigröße ist nur durch die Größe des *verteilten* Speichers begrenzt, was bedeutet, dass Dateien größer sein können als der Speicher einer physischen Maschine.
- HDFS wurde für datenlokale Berechnungen entwickelt mit dem Ziel, den Austausch von Daten zwischen physischen Maschinen zu minimieren.
- Da Hardwareausfälle und Softwareprobleme bei einer großen Anzahl von physischen Maschinen nicht die Ausnahmen sind, sondern alltäglich, wurde HDFS robust entwickelt, sodass es auch im Fall von Hardwareausfällen keinen Datenverlust gibt und Berechnungen weiterhin möglich sind.

Um diese Designziele zu erreichen, verwendet HDFS ein Master/Worker-Paradigma mit einem *NameNode*, der die *DataNodes* verwaltet. Abbildung 12–7 zeigt die Aufgaben des NameNode und der DataNodes. Clients können auf das HDFS über den NameNode zugreifen. Die Dateisystemoperationen, wie Erstellen, Löschen und Kopieren von Dateien, werden aus Nutzersicht daher über den NameNode durchgeführt. Bei der Erstellung werden Dateien in Blöcke unterteilt. Die Blöcke werden entsprechend der Konfiguration des HDFS repliziert, das heißt, nicht nur auf einem DataNode gespeichert, sondern auf mehreren. Dies ist eine wesentliche Komponente, um den Datenverlust oder Systemausfall bei Hardwarefehlern zu vermeiden. Wie die Blöcke auf den DataNodes erstellt, gelöscht und repliziert werden, wird vom NameNode organisiert. Damit das HDFS nicht komplett ausfällt, wenn es ein Problem mit dem NameNode gibt, ist auch ein sekundärer NameNode vorgesehen, der im Fehlerfall die Aufgaben des primären NameNode übernehmen kann.

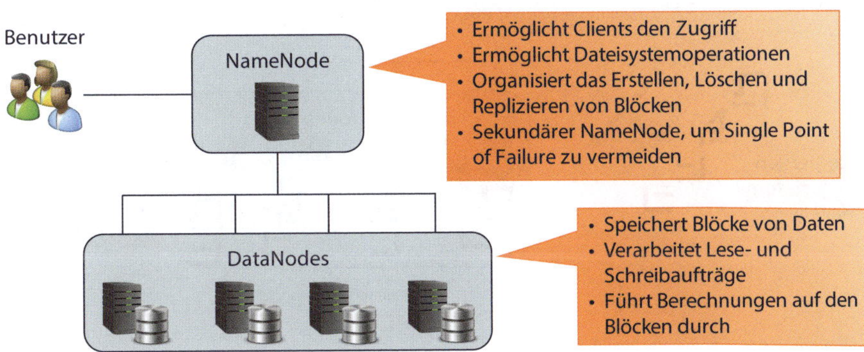

Abb. 12–7 *NameNode und DataNodes des HDFS*

Obwohl Benutzer nur über den NameNode auf das HDFS zugreifen, werden die eigentlichen Daten nie über den NameNode geleitet, sondern direkt vom Nutzer zu den DataNodes. Andernfalls wäre der NameNode ein Bottleneck. Abbildung 12–8 veranschaulicht, wie Daten vom Benutzer in das HDFS gelangen.

1. Der Benutzer kontaktiert den NameNode und beantragt, eine Datei zu schreiben.
2. Der NameNode beantwortet die Anfrage mit einem Datenstrom, den der Benutzer zum Schreiben verwenden kann. Aus der Nutzerperspektive sieht dies wie eine normale Dateioperation aus, ähnlich wie zum Beispiel `FileOutputStream` in Java, `std::ofstream` in C++ und `open` in Python.
3. Der Benutzer schreibt den Inhalt der Datei in den Datenstrom. Der NameNode hat den Datenstrom so konfiguriert, dass er weiß, wie Blöcke erstellt werden sollen und wo die Daten hin übermittelt werden müssen. Die Daten werden blockweise direkt an die DataNodes geschickt.
4. Der DataNode empfängt den Block, speichert ihn aber nicht unbedingt selbst. Stattdessen wird der Block möglicherweise an andere DataNodes zum Speichern weitergeleitet. Jeder Block wird nach Möglichkeit bei einem anderen DataNode gespeichert, sodass jeder DataNode möglichst wenig Blöcke der gleichen Datei speichert. Außerdem wird jeder Block auf mehreren DataNodes gespeichert, abhängig vom *Replication Level.*
5. Wenn ein DataNode einen Block speichert, wird dies beim DataNode, der die Daten empfängt, bestätigt.
6. Sobald alle Replikationen eines Blocks gespeichert sind, beginnt der Datenstrom automatisch mit dem Schreiben des nächsten Blocks (Schritt 3), bis alle Blöcke geschrieben sind. Dies geschieht automatisch im Hintergrund und ist für den Benutzer nicht transparent.
7. Sobald der Datenstrom alle Daten verarbeitet hat, informiert der Benutzer den NameNode, dass die Schreiboperation beendet ist und der Datenstrom geschlossen werden kann.

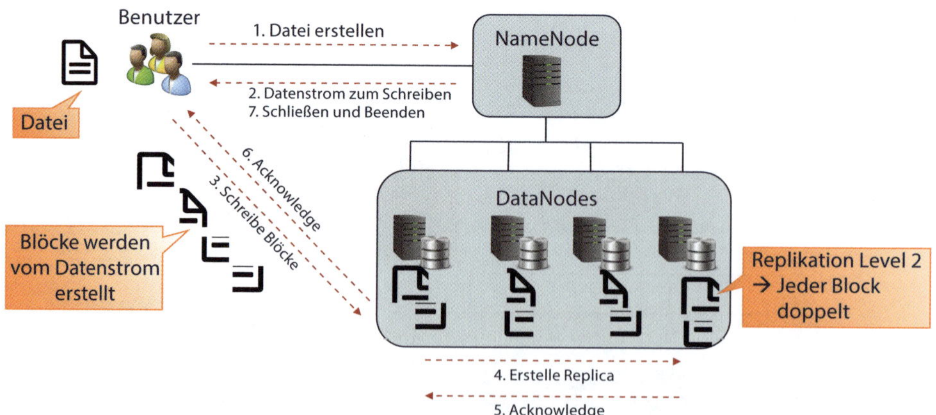

Abb. 12–8 *Der Weg der Daten vom Benutzer in das HDFS*

12.5.2 YARN

YARN wurde entwickelt, um Hadoop-Anwendungen die benötigten Ressourcen für Berechnungen zur Verfügung zu stellen, und zwar so, dass die Berechnungen nach Möglichkeit lokal am Speicherort der Daten im HDFS durchgeführt werden. Wie das HDFS, setzt auch YARN auf ein Master/Worker-Paradigma, bei dem ein *Resource Manager* die *NodeManager* verwaltet. Abbildung 12–9 zeigt die Aufgaben dieser Komponenten. Der Resource Manager fungiert als Scheduler und stellt auf Anfrage die benötigten Rechenressourcen zur Verfügung. Die NodeManager sind eine auf den DataNodes laufende Anwendung, die für die lokale Ausführung von Aufgaben verantwortlich ist. Hierdurch wird jeder DataNode zu einem Rechenknoten von Hadoop. Die Aufgaben werden vom Resource Manager so zugeteilt, dass sie nach Möglichkeit von einem NodeManager am Ort, wo die benötigten Daten gespeichert sind, ausgeführt werden. Hierzu braucht der Resource Manager detailliertes Wissen über die Speicherorte der Daten im HDFS, kann dieses Wissen aber benutzen, um datenlokale Berechnungen zu erwirken. Die Aufgaben sind zum Beispiel MapReduce-Anwendungen. YARN kann jedoch auch beliebige andere Anwendungen ausführen und ist nicht auf MapReduce beschränkt.

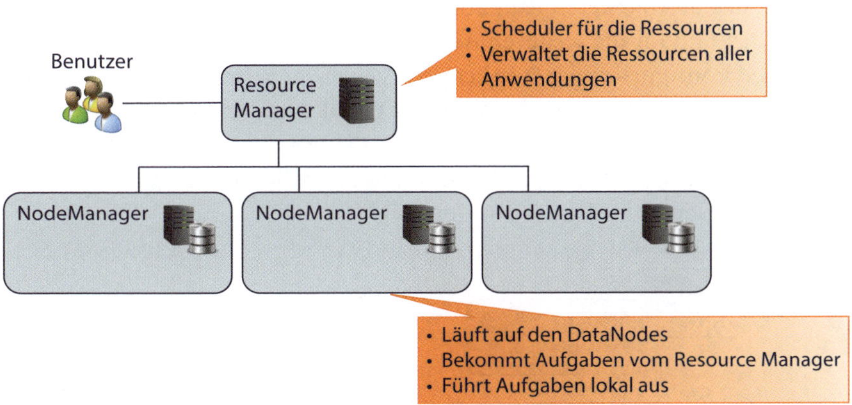

Abb. 12–9 *Resource Manager und NodeManager von YARN*

Der Resource Manager sollte die Rechenzeit so zuteilen, dass die Ressourcen (CPU-Kerne, Arbeitsspeicher) effizient genutzt werden. Dies heißt auch, dass jeder NodeManager nur die Aufgaben bekommt, die er mit den lokal verfügbaren Ressourcen bewältigen kann, um eine Überauslastung zu vermeiden. Eine Unterauslastung sollte jedoch ebenfalls vermieden werden: Wenn Jobs auf ihre Ausführung warten und es freie Kapazitäten bei den NodeManagern gibt, sollten diese Jobs diese Kapazitäten auch nutzen können. Der Resource Manager muss also in der Lage sein, mehrere Jobs, möglicherweise von mehreren Benutzern, gleichzeitig durchzuführen und die Ressourcen hierbei fair zu verteilen. Abbildung 12–10 beschreibt, wie YARN Ressourcen verwaltet und Anwendungen verteilt ausführt.

1. Der Benutzer schickt eine Anwendung an den Resource Manager. Der Resource Manager fügt diese Anwendung in der Warteschlange hinzu, bis die benötigten Ressourcen zu Verfügung stehen.
2. Der Resource Manager allokiert einen *Container* auf einem der NodeManager und startet den *Application Master*. Der Application Master ist nicht die Anwendung selbst, sondern ein generisches Programm, das weiß, wie die Anwendung ausgeführt werden soll, also welche Aufgaben durchgeführt werden müssen und welche Ressourcen hierfür benötigt werden.
3. Der Application Master beantragt die benötigten Ressourcen beim Resource Manager.
4. Die NodeManager werden vom Resource Manager beauftragt, weitere Container zu allokieren. In unserem Beispiel werden zwei Container benötigt.
5. Der Resource Manager informiert den Application Master, dass die benötigten Ressourcen zur Verfügung stehen. Dem Application Master wird hierbei auch mitgeteilt, wo sich die Ressourcen befinden und wie auf die Ressourcen zugegriffen werden kann.
6. Der Application Master führt die Anwendung in den Containern aus. Wenn die Anwendung aus mehreren Aufgaben besteht, wird nur ein Teil der Anwendung ausgeführt und für die weiteren Aufgaben werden neue Ressourcen beantragt. Eventuell konfiguriert der Application Master hierfür die Ausführungsumgebung, zum Beispiel indem Umgebungsvariablen gesetzt werden. In der Regel benutzen die Anwendungen Ressourcen, die auf dem jeweiligen NodeManager lokal zur Verfügung stehen, zum Beispiel installierte Anwendungen, die ausgeführt werden, oder Daten aus dem HDFS.

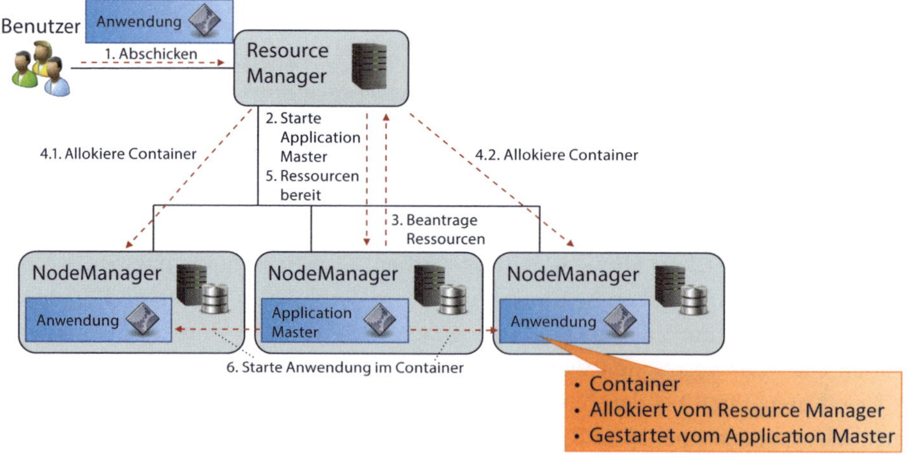

Abb. 12-10 *Verteilung von Anwendungen mit YARN*

Sobald eine Anwendung beendet ist, werden alle Container zerstört und die Ressourcen wieder freigegeben. Auf die Ergebnisse der Ausführung kann man nur über das HDFS zugreifen. Um im dritten Schritt Ressourcen zu beantragen, werden die folgenden Informationen benötigt:

- Die Anzahl der benötigten Container
- Der erforderliche Arbeitsspeicher und die Anzahl der CPU-Kerne pro Container
- Die Priorität der Ressourcenanfrage. Diese Priorität ist nur für die Anwendung gültig und nicht global. Das heißt, dass die Priorität nur wichtig ist, wenn in einer Anwendung mehrere Aufgaben durchgeführt werden müssen, bei denen einige wichtiger sind. Eine hohe Priorität verschafft keinen Vorteil gegenüber anderen Anwendungen, die parallel ausgeführt werden.
- Es ist auch möglich, bestimmte Ressourcen namentlich zu identifizieren und direkt zu beantragen. Das könnte zum Beispiel ein bestimmter NameNode sein, aber auch eine topografische Komponente aus einem größeren Cluster, zum Beispiel ein NodeManger der auf einer physischen Maschine in einem bestimmten Rack eines Serverschranks läuft.

12.5.3 MapReduce mit Hadoop

Es gibt auch ein *MapReduce-Framework* als Teil von Hadoop, das die Anwendungen mithilfe von YARN ausführt. Die MapReduce-Anwendungen werden vom Benutzer als Sequenz von `map`/`reduce`-Funktionen zum Lösen einer Aufgabenstellung definiert. Die Funktionen werden dann von der Java-Anwendung `MRAppMaster` ausgeführt. Der `MRAppMaster` definiert einen Application Master, der die Ausführung mithilfe von YARN organisiert, die Ressourcen für die `map`- und `reduce`-Aufgaben beantragt und die Funktionen startet. Die Anwendung selbst wird in Java programmiert.

Die `map`- und `reduce`-Funktionen werden durch Vererbung definiert. Unterklassen der Klasse `Mapper` definieren die `map`-Funktionen, Unterklassen von `Reducer` definieren die `reduce`-Funktionen. Der folgende Quelltext definiert eine `map`-Funktion für unser Worthäufigkeitsbeispiel. Wir lassen den Boilerplate-Quelltext weg, zum Beispiel zum Importieren von Klassen. Das vollständige Beispiel befindet sich in der offiziellen Hadoop-Dokumentation[2]:

2. *https://hadoop.apache.org/docs/current/hadoop-mapreduce-client/hadoop-mapreduce-client-core/MapReduceTutorial.html#Example:_WordCount_v1.0*

```
public static class TokenizerMapper extends Mapper<Object, Text, Text,
                                              IntWritable> {
    private final static IntWritable one = new IntWritable(1);
    private Text word = new Text();

    @Override
    public void map(Object key, Text value, Context context
                ) throws IOException, InterruptedException {
        // text into tokens
        StringTokenizer itr = new
                        StringTokenizer(value.toString().toLowerCase());
        while (its.hasMoreTokens()) {
            // add an output pair <word, 1> for each token
            word.set(itr.nextToken());
            context.write(word, one);
        }
    }
}
```

Der `TokenizerMapper` erweitert die generische Klasse `Mapper` mit vier Parametern der Typen `Object`, `Text`, `Text` und `IntWritable`. Die ersten beiden Parameter definieren die Typen der Eingabepaare, also vom Schlüssel und Wert der Eingaben. Die Eingaben haben demnach Schlüssel vom Typ `Object` und Werte vom Typ `Text`. Die letzten beiden Parameter definieren den Typ der Ausgaben. Die `map`-Funktion berechnet also Key-Value-Paare mit Schlüsseln vom Typ `Text` und Werten vom Typ `IntWritable`. `Text` und `IntWritable` sind von Hadoop zur Verfügung gestellte Datentypen, die ähnlich zu den Java-Datentypen `String` und `Integer` sind. Der Hauptunterschied ist, dass diese aus Effizienzgründen *mutable* sind, das heißt, dass die Werte der Objekte verändert werden können. Außerdem sind die Hadoop-Datentypen für die Serialisierung optimiert, um den effizienten Austausch von Key-Value-Paaren zwischen `map`- und `reduce`-Aufgaben zu gewährleisten.

Die Klasse hat zwei Attribute `one` und `word`, die für die Erzeugung der Ausgaben benutzt werden. Da es sich um Attribute handelt, werden diese nur einmal initialisiert, was die Effizienz erhöht. Die `map`-Funktion selbst definiert, wie die Ausgaben aus den Eingaben berechnet werden. Als Parameter bekommt die `map`-Funktion neben dem Eingabepaar aus Key und Value auch noch den `context`. Dieser Kontext spezifiziert die Hadoop-Ausführungsumgebung und beinhaltet zum Beispiel die Werte von Umgebungsvariablen. Außerdem werden die Ausgaben durch den Aufruf von `context.write()` in den Kontext geschrieben. Die `map`-Funktion hat also keinen Rückgabewert. Stattdessen werden die Ergebnisse kontinuierlich in den Kontext geschrieben. Die `shuffle`-Funktion ist Teil des Kontexts und kann Key-Value-Paare verarbeiten, sobald diese geschrieben wurden. Hierdurch kann `shuffle` nebenläufig zu `map` arbeiten.

Der folgende Quelltext zeigt die zum Beispiel gehörende reduce-Funktion:

```
public static class IntSumReader extends Reducer<Text, IntWritable, Text,
                                                IntWritable> {
    private IntWritable result = new IntWritable();

    @Override
    public void reduce(Text key, Iterable<IntWritable> values, Context context
                      ) throws IOException, InterruptedException {
        // calculate sum of word counts
        int sum = 0;
        for (IntWritable val : values) {
            sum += val.get();
        }
        result.set(sum);
        // write result
        context.write(key, result);
    }
}
```

Der IntSumReader erweitert die generische Klasse Reducer. Die Parameter beschreiben wie beim TokenizerMapper die Typen der Key-Value-Paare. Wie oben wird das Attribut result aus Effizienzgründen verwendet und die Ergebnisse in den Kontext geschrieben. Der Hauptunterschied zwischen map und reduce ist, dass die reduce-Funktion ein Iterable der Werte übergeben bekommt statt eines einzelnen Wertes. Hierdurch kann reduce auf alle zu einem Schlüssel gehörenden Werte zugreifen.

Zuletzt benötigt eine Hadoop-MapReduce-Anwendung noch eine Klasse, die die Anwendung selbst definiert, in der die Daten sowie die Aufrufe der map- und reduce-Funktionen spezifiziert werden.

```
public class WordCount {
    public static void main(String[] args) throws Exception {
        // Hadoop configuration
        Configuration conf = new Configuration();

        // Create a Job with the name "word count"
        Job job = Job.getInstance(conf, "word count");
        job.setJahrByClass(WordCount.class);

        // set mapper, reducer, and output types
        job.setMapperClass(TokenizerMapper.class);
        job.setReduczer(IntSumReducer.class);
        job.setOutputKeyClass(Text.class);
        job.setOutputValueClass(IntWritable.class);

        // specify input and output files
        FileInputFormat.addInputPath(job, new Path(args[0]));
        FileOutputFormat.setOutputPath(job, new Path(args[1]));

        // run job and wait for completion
        job.waitForCompletion(true);
    }
}
```

Es handelt sich hierbei um eine normale Java-Anwendung mit einer `main`-Methode, deren Quelltext großteils selbsterklärend ist. Zuerst wird die Hadoop-Anwendung konfiguriert. Das `conf`-Objekt beinhaltet unter anderem den Kontext und die MapReduce-Aufgaben. Wir benutzen den Kontext, um den MapReduce-Job zu erstellen. Dann konfigurieren wir den Job. Hierzu definieren wir die Klassen, die die `map`- und `reduce`-Funktionen bereitstellen, sowie die Typen der Ausgabe. Anschließend definieren wir, von wo die Daten gelesen und wohin die Ergebnisse geschrieben werden. In der letzten Zeile wird der Job gestartet und die Anwendung wartet auf die Beendigung des Jobs, also auf den Zeitpunkt, an dem die `map`- und die `reduce`-Funktionen auf alle Daten angewendet wurden und die Ergebnisse in das Dateisystem geschrieben wurden.

Diese Anwendung können wir jetzt mithilfe von YARN ausführen. Im Folgenden erklären wir die durchgeführten Schritte, die auch in den Abbildungen 12–11 bis 12–15 dargestellt sind:

1. Der Benutzer erstellt ein jar-Archiv der MapReduce-Anwendung und schickt dieses an den Resource Manager.
2. Der Resource Manager startet den `MRAppMaster` als Application Master für die Anwendung, um die Ausführung von `WordCount.jar` zu orchestrieren.

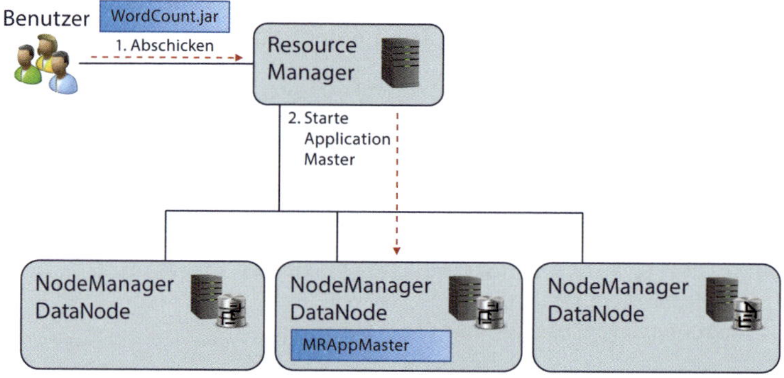

Abb. 12–11 *Wörter zählen mit Hadoop: Starten der Anwendung.*

3. Der `MRAppMaster` wertet die Konfiguration der Hadoop-Anwendung in `WordCount.jar` aus und findet einen Job mit einer `map`- und einer `reduce`-Funktion. Der `MRAppMaster` beantragt die Ressourcen für die `map`-Funktion vom Resource Manager.
4. Der Resource Manager stellt die Ressourcen für die Ausführung von `map` bereit. Hierzu werden zwei Container auf den DataNodes, wo die Daten gespeichert sind, allokiert. Hierdurch müssen die Daten nicht über das Netzwerk übertragen werden.
5. Der Resource Manager sendet die Informationen über die Container an den `MRAppMaster`.

6. Der `MRAppMaster` führt die `map`-Funktion in den Containern aus. Die Daten werden lokal aus dem HDFS gelesen.
7. Die `map`-Funktion wurde ausgeführt und die Zwischenergebnisse werden lokal im HDFS abgelegt.

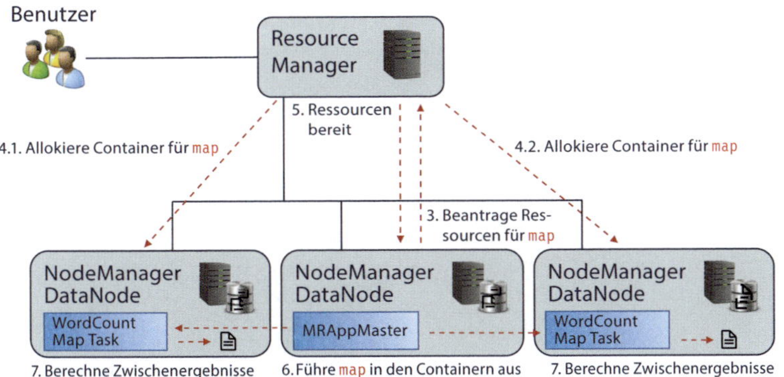

Abb. 12–12 *Wörter zählen mit Hadoop: Ausführen von* `map`.

8. Der `MRAppMaster` informiert den Resource Manager, dass die Container für `map` nicht mehr benötigt werden.
9. Der Resource Manager zerstört die für `map` allokierten Container und gibt die Ressourcen wieder frei.

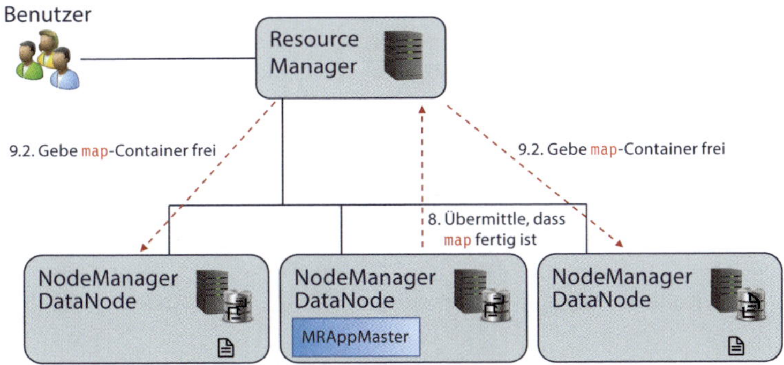

Abb. 12–13 *Wörter zählen mit Hadoop: Freigabe der* `map`*-Ressourcen.*

10. Der `MRAppMaster` beantragt die Ressourcen für die `reduce`-Funktion. Hierfür wird nur ein Container benötigt, da die Ergebnisse aggregiert werden sollen.
11. Der Resource Manager allokiert die Ressourcen für einen Container.
12. Der Resource Manager sendet die Informationen über den Container an den `MRAppMaster`.
13. Der `MRAppMaster` führt die `reduce`-Funktion in dem Container aus.

14. Der `MRAppMaster` sorgt für die Ausführung von `shuffle` bei den NodeManagern um die Zwischenergebnisse zu gruppieren und an die `reduce`-Funktion weiterzuleiten.
15. Die `reduce`-Funktion schreibt die Ergebnisse ins HDFS.

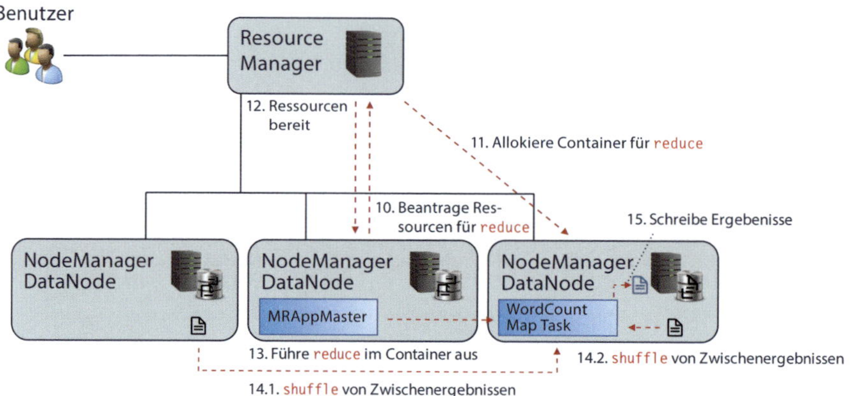

Abb. 12–14 *Wörter zählen mit Hadoop: Ausführen von* `reduce`.

16. Der `MRAppMaster` teilt dem Resource Manager mit, dass die Ausführung aller Aufgaben beendet ist.
17. Der Resource Manager gibt die noch allokierten Ressourcen frei.

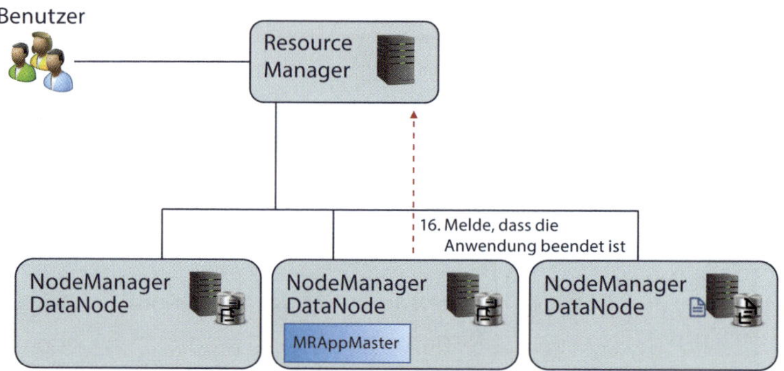

Abb. 12–15 *Wörter zählen mit Hadoop: Beenden der Anwendung.*

12.5.4 Streaming Mode

Als Teil von Hadoop gibt es auch eine Java-Anwendung zur Ausführung von Hadoop im *Streaming Mode*. Beim Streaming Mode wird die Standardeingabe und die Standardausgabe benutzt, ähnlich wie bei Linux Pipes. Die Daten werden vom HDFS gelesen und an eine beliebige, vom Benutzer definierte Anwendung über den Standardinput weitergeleitet. Die Ergebnisse der Anwendung werden auf die Standardausgabe geschrieben. Hier ist ein Beispiel für eine Python-Anwendung, die die map-Funktion für das Wörterzählen im Streaming Mode definiert:

```
#!/usr/bin/env python
"""mapper.py"""

import sys

# read from standard input
for line in sys.stdin:
    # split line into words
    words = line.strip().split()
    # create output pairs
    for word in words:
        # print output pairs to standard output
        # key and value are separated by tab (standard for Hadoop)
        print('%s\t%s' % (word, 1))
```

Auf ähnliche Weise können wir auch eine reduce-Funktion definieren.

```
#!/usr/bin/env python
"""reducer.py"""

from operator import itemgetter
import sys

# init current word and counter as not existing
current_word = None
current_count = 0
word = None

# read from standard input
for line in sys.stdin:
    # read output from mapper.py
    word, count = line.strip().split('\t', 1)
    count = int(count)

    # Hadoop shuffle sorts by key
    # -> all values with same key are next to each other
    if current_word==word:
        current_count += count
    else:
        if current_word:
            # write result to standard output
            print('%s\t%s' % (current_word, current_count))
        # reset counter and update current word
        current_count = count
        word = word
# output for last word
if current_word==word:
    print('%s\t%s' % (current_word, current_count))
```

Zur Ausführung des Streaming Mode wird die `hadoop-streaming.jar`-Anwendung, die Bestandteil von Hadoop ist, eingesetzt. Mit dem folgenden Befehl könnten wir mit unseren Python-Anwendungen die Wörter zählen:

```
hadoop jar hadoop-streaming.jar \
  - input myInputDirs \
  - output my OutputDir \
  - mapper mapper.py \
  - reducer reducer.py \
  - file mapper.py \
  - file reducer.py
```

Bei `hadoop-streaming.jar` handelt es sich um eine ganz normale MapReduce-Anwendung für Hadoop, die mit Java wie oben beschrieben definiert ist. Die `map`-Funktion dieser Anwendung macht aber nichts anderes, als die Eingabepaare auf die Standardeingabe zu schreiben, wo sie dann von `mapper.py` gelesen werden. Außerdem liest die `map`-Funktion von der Standardeingabe und schreibt die gelesenen Werte in den Kontext. Analog ist auch die `reduce`-Funktion bei der `hadoop-streaming.jar`-Anwendung definiert. Die `input`- und `output`-Parameter geben die Speicherorte für die Daten im HDFS an. Die `file` Parameter werden benötigt, um die Python-Anwendungen auf die NodeManager zu kopieren. Mit dem Streaming Mode kann man beliebige Sprachen und Technologien zur Definition von Hadoop-Anwendungen benutzen.

12.5.5 Weitere Komponenten von Hadoop

Neben den bisher beschriebenen Kernkomponenten hat Hadoop noch einige weitere wichtige Komponenten. Auch wenn wir diese nicht im Detail diskutieren, wollen hier noch die wichtigsten beiden kurz ansprechen.

Die `combine`-Funktion ist ähnlich zur `reduce`-Funktion, läuft jedoch lokal auf den DataNodes bevor die Daten durch `shuffle` zu anderen Knoten für das `reduce` übertragen werden. In vielen Anwendungsfällen ist `combine` identisch zu `reduce`. Beim Wörterzählen können wir zum Beispiel `reduce` problemlos mehrfach in Folge ausführen, da wir einfach nur Werte aufsummieren. Ohne `combine` werden aktuell nur Einsen summiert. Mit einer `combine`-Funktion werden bereits lokal Worthäufigkeiten berechnet, sodass `shuffle` für jedes lokal vorkommende Wort nur noch ein Key-Value-Paar mit der Häufigkeit dieses Worts an `reduce` übertragen muss. Hierdurch kann `combine` die Daten, die für `reduce` übertragen werden müssen, erheblich reduzieren. Bei unserem Beispiel müsste man nur ein Paar `<bond, 2>` statt zwei Paare `<bond, 1>` übertragen. Je höher der Anteil der Daten, die bereits lokal aggregiert werden können, desto stärker sind die Auswirkungen einer `combine`-Funktion. Damit man, wie eben beschrieben, Funktionen beliebig mehrfach hintereinander ausführen kann, müssen diese *Idempotent* sein.

Der *MapReduce Job History Server* bietet Benutzern die Möglichkeit, sich über den Status von Anwendungen zu informieren. Hierzu stellt der Server unter anderem Logdateien der Anwendungsausführung, die Start- und Endzeitpunkte sowie den Zustand der Anwendung bereit, zum Beispiel ob eine Anwendung auf die Ausführung wartet (*pending*), aktuell ausgeführt wird (*running*), bereits beendet ist (*finished*) oder ob die Ausführung fehlgeschlagen ist (*failing*). Ähnliche Komponenten wie den MapReduce Job History Server gibt es auch in anderen Big-Data-Technologien zur Überwachung von Anwendungen.

12.5.6 Grenzen von Hadoop

Auch wenn insbesondere das HDFS und YARN von Hadoop immer noch häufig zur Entwicklung von neuen Anwendungen verwendet werden, ist die MapReduce-Implementierung von Hadoop etwas in die Jahre gekommen und hat zwei große Probleme. Das erste Problem ist, dass viele Algorithmen nicht nur aus einer `map`- und einer `reduce`-Funktion bestehen, sondern viele solche Operationen benötigen, um das gewünschte Ergebnis zu berechnen. Bei Hadoop muss man die Abhängigkeiten hierbei als Entwickler durch die Erstellung und manuelle Verknüpfung von `Job`-Objekten definieren. Für mehrere `map`- und `reduce`-Jobs braucht man also viele `Job`-Objekte und man muss für jedes Objekt festlegen, welche Jobs vorher beendet sein müssen, wann auf die Beendigung eines Jobs gewartet werden muss und an welche Jobs Ausgaben weitergeleitet werden müssen. Dies ist aufwendig, fehleranfällig und führt häufig zu einer nicht optimalen Modellierung der Abhängigkeiten.

Das zweite große Problem besteht darin, dass alle Zwischenergebnisse im HDFS gespeichert werden. Das ist kein Problem, wenn die Daten nur ein einziges Mal gelesen und verarbeitet werden müssen. Je mehr Verarbeitungsschritte es aber für die Daten gibt, desto höher wird der Mehraufwand durch das wiederholte Schreiben in das Dateisystem. Es wäre besser, wenn die Daten lokal im Arbeitsspeicher vorgehalten und so einfacher von folgenden Jobs nachgenutzt werden könnten. In der Konsequenz werden insbesondere iterative Algorithmen von Hadoop nicht sehr effizient ausgeführt.

12.6 Apache Spark

Apache Spark ist eine Big-Data-Technologie und wurde mit dem Ziel entwickelt, die oben beschriebenen Grenzen von Hadoop zu überwinden und *In-Memory*-Analysen zu ermöglichen sowie die Definition von komplexen Algorithmen zu vereinfachen.

12.6.1 Architektur

Im Gegensatz zu Hadoop liefert Spark einen mächtigen Softwarestack zur Datenverarbeitung. Hier stellt Hadoop nur grundlegende Funktionen bereit, mit denen die Benutzer selbst Funktionalität definieren können. Die Kernkomponenten von

Spark zur Verarbeitung von Big Data sind in Abbildung 12–16 abgebildet. Auf der untersten Ebene stellt Apache Spark die benötigten Funktionen zur Datenverarbeitung bereit. Darauf aufbauend gibt es vier Bibliotheken, um die Entwicklung von Anwendungen zu unterstützen.

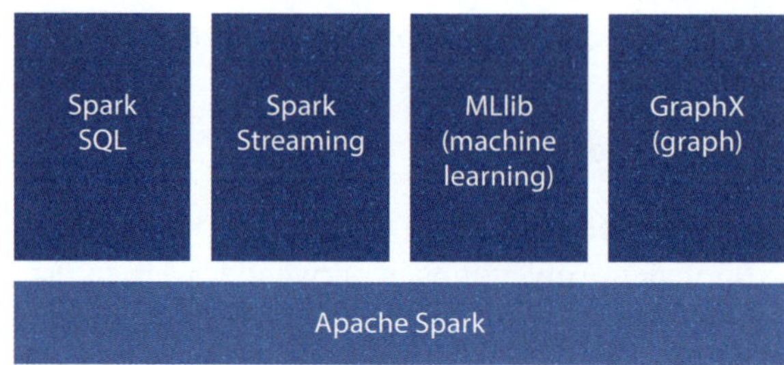

Abb. 12–16 *Architektur von Apache Spark*

Spark SQL unterstützt an SQL angelehnte Anfragen an die Daten, die für die Analyse genutzt werden sollen. Da SQL weit verbreitet ist, hilft Spark SQL beim Einstieg in die Spark-Entwicklung erheblich. *Spark Streaming* unterstützt das Arbeiten mit *Streaming-Daten*. Hierdurch kann Spark mit kontinuierlichen Datenströmen umgehen und diese verarbeiten. Dies ist mit Hadoop nicht möglich. Mit *MLlib* und *GraphX* stellt Spark auch zwei Bibliotheken mit vordefinierten Algorithmen zur Datenverarbeitung zur Verfügung. MLlib beinhaltet viele Algorithmen, die wir in den letzten Kapiteln kennengelernt haben. GraphX beinhaltet die benötigten Hilfsmittel zur Analyse von Graphen, um zum Beispiel soziale Netzwerke zu analysieren.

12.6.2 Datenstrukturen

Die von Spark verwendeten Datenstrukturen sind für *In-Memory*-Datenverarbeitung entwickelt, was ein starker Gegensatz zum dateisystembasierten Ansatz von Hadoop ist. Der Kern von Spark sind die *Resilient Distributed Datasets* (RDDs). Die Datenstruktur wird als Abstraktionsebene für alle Operationen auf den Daten verwendet, unabhängig vom eigentlichen Datentyp. Die RDDs organisieren die Daten in unveränderbaren Partitionen, sodass alle Elemente innerhalb eines RDD parallel verarbeitet werden können. Die RDDs sind also ähnlich zu den Key-Value-Paaren, die wir aus MapReduce kennen. Entsprechend ermöglicht Spark auch die Definition von `map`- und `reduce`-Funktionen auf den RDDs, sofern diese Key-Value-Paare beinhalten. Man kann jedoch auch beliebige andere Datentypen in RDDs speichern, es müssen also keine Key-Value-Paare sein. Außerdem sind nicht nur `map` und `reduce` erlaubt, sondern beliebige UDFs. Bei Bedarf können die Inhalte von RDDs auch persistent gespeichert werden, zum Beispiel in einem Dateisystem oder einer Datenbank, um Ergebnisse zu speichern.

Seit Spark 2.0 gibt es auch Dataframes in Spark, die als weitere Abstraktionsschicht oberhalb der RDDs liegen. Diese Dataframes sind ähnlich zu den Dataframes, die es zum Beispiel in Python mit pandas oder in der Programmiersprache R gibt. Die Dataframes sind direkt in Spark SQL integriert. Da Dataframes ein sehr mächtiger und intuitiver Datentyp sind, ist das Arbeiten mit Apache Spark daher oft für Benutzer einfacher als mit anderen Big-Data-Technologien.

12.6.3 Infrastruktur

Auch wenn es möglich ist, ein Rechencluster direkt mit Apache Spark zu betreiben, ist dies nicht der Hauptanwendungsfall von Spark. Stattdessen werden die RDDs als Kompatibilitätsschicht zu anderen Technologien genutzt. Spark kann zum Beispiel mit YARN und dem HDFS verwendet werden, sodass die Daten innerhalb eines Hadoop-Clusters mit Spark verarbeitet werden können. Es werden aber auch viele weitere Technologien unterstützt, zum Beispiel Amazons EC2 Clouds und Kubernetes für Berechnungen oder Datenbanken wie Cassandra, HBase und MongoDB. Daher sind Analysen, die auf Apache Spark aufbauen, nicht an eine bestimmte Infrastruktur gebunden und können relativ flexibel in verschiedene Infrastrukturen portiert werden.

12.6.4 Worthäufigkeiten mit Spark

Auch wenn Spark selbst in Scala entwickelt wird, können Spark-Anwendungen neben Scala auch in Java, Python (PySpark) und R (SparkR) entwickelt werden. Benutzer müssen die Abhängigkeiten zwischen Datenverarbeitungsschritten nicht manuell definieren. Stattdessen geht Spark davon aus, dass die Reihenfolge, in der die Aufgaben definiert werden, auch die Reihenfolge ist, in der die Aufgaben ausgeführt werden. Aufgaben, die nicht dieselben Daten verwenden, werden hierbei parallel ausgeführt. Wenn eine Aufgabe die Ergebnisse eines vorherigen Schritts benötigt, erkennt Spark dies automatisch anhand des Datenflusses und überträgt die Daten mithilfe einer shuffle-Funktion. Daher benötigt man bei Spark weniger Boilerplate-Quelltext zur Definition von Abhängigkeiten als bei Hadoop. Mit PySpark sieht das Worthäufigkeitsbeispiel wie folgt aus:

```
# sc is the SparkContext, which is similar to the Configuration of Hadoop
text_file = sc.textFile("hdfs://data.txt")
# flatMap can map the input to multiple outputs
# map maps each input to exactly one output
# reduce by key is the same as reduce in Hadoop
counts = text_file.flatMap(lambda line: line.split(" ")) \
             .map(lambda word: (word, 1)) \
             .reduceByKey(lambda a, b: a + b)
counts.saveAsTextFile("hdfs://wc.txt")
```

Der Quelltext ist deutlich kürzer als bei Hadoop und gleichzeitig einfacher zu lesen. Außerdem sieht man, dass es bei Spark verschiedene Varianten von map und reduce gibt. Bei einer flatMap wird zum Beispiel für jede Ausgabe genau ein Ausgabepaar erzeugt, bei einer map werden, wie oben, beliebig viele Paare erzeugt.

Bemerkung:

Bei `lambda`-Funktionen handelt es sich in Python um anonyme Funktionen, die in einer Zeile definiert werden. Der Ausdruck `lambda a, b: a+b` ist zum Beispiel identisch zur Definition zum Aufruf folgender Funktion:

```
def fun(a, b):
   return a+b
```

12.7 Jenseits von Hadoop und Spark

Mit Hadoop und Spark haben wir zwei wichtige Big-Data-Technologien beleuchtet. Aufgrund der Bedeutung von Big Data sind noch sehr viele weitere Technologien entstanden, insbesondere Datenbanken, die für Big Data optimiert wurden, mächtige Stream-Processing-Bibliotheken und Werkzeuge zur Verwaltung von Big-Data-Rechenclustern. Es gibt alleine ein ganzes Ökosystem innerhalb der Apache Foundation rund um Hadoop, Spark und weitere Technologien, die sich alle ergänzen und zu einem gewissen Grad zueinander kompatibel sind. Hinzu kommt ein stetig wachsendes Angebot an vorgefertigten Lösungen von Cloud-Dienstleistern. Diese Technologielandschaft entwickelt sich immer noch weiter und verändert sich ständig, auch wenn einige Kerntechnologien wie Apache Spark, aber auch Apache Kafka für die Streamverarbeitung oder Apache Cassandra als Big-Data-Datenbank kaum noch wegzudenken sind.

Ein positiver Aspekt der Big-Data-Technologielandschaft ist der starke Fokus auf Open Source. Viele State-of-the-Art-Werkzeuge werden als Open Source entwickelt, sodass für die Benutzung der Software in der Regel keine Lizenzkosten entstehen. Dennoch ist die Analyse von Big Data in der Regel relativ teuer, da Administration und Wartung von Infrastrukturen kostenintensiv sind, selbst wenn diese bei einem Cloud-Dienstleister gehostet werden.

13 Weiterführende Konzepte

Zum Abschluss dieses Crashkurses wollen wir noch einige wichtige weiterführende Konzepte erwähnen, die wir nicht behandelt haben. Dieses Kapitel ist also ein Hilfsmittel für alle, die sich weiter mit dem Thema beschäftigen wollen.

Nicht alle Merkmale werden von jedem Algorithmus benötigt. Manchmal sind die Merkmale redundant, da es Korrelationen gibt, manchmal helfen die Merkmale auch einfach nicht bei der Analyse. Einige von den betrachteten Algorithmen haben das bereits berücksichtigt. Die Lasso-Regularisierung (siehe Kap. 8) eliminiert unwichtige Merkmale, indem die Koeffizienten auf null gesetzt werden. Entscheidungsbäume wählen nur die informativsten Merkmale aus (siehe Kap. 7, sodass einige Merkmale eventuell nicht berücksichtigt werden. Die meisten Algorithmen nutzen aber alle Merkmale, die zur Verfügung stehen. Mehr Merkmale führen aber zu komplexeren Modellen, was sich auch negativ auf die Rechenzeit auswirkt. Mithilfe von Techniken zur *Merkmalsauswahl* (engl. *feature selection*) kann man dieses Problem unabhängig vom Algorithmus lösen. Solche Techniken suchen nach einer Teilmenge von Merkmalen, die nicht korreliert sind, oder eliminieren Merkmale, die nicht relevant sind. Zwei Verfahren haben wir sogar behandelt: Mit der PCA (siehe Kap. 4) lassen sich neue Merkmale berechnen, sodass man eine kleinere und unkorrelierte Menge von Merkmalen nutzen könnte. Und der Informationsgewinn, den wir bei den Entscheidungsbäumen kennengelernt haben, kann auch dazu benutzt werden, Merkmale mit einem sehr geringen Informationsgewinn zu entfernen.

Wir haben auch oft von Skaleneffekten gesprochen und davon, Merkmale zu normalisieren. Im Detail haben wir dieses Thema jedoch nicht behandelt und verglichen, wie die Auswirkungen von verschiedenen Techniken sind. Auch einen vollständigen Überblick haben wir nicht gegeben: Neben der im Buch vorkommenden Normierung, Logarithmierung und Z-Score-Standardisierung gibt es zum Beispiel auch kernelbasierte Verfahren und quantilbasierte Verfahren. Je nach Datenlage und Anwendungsfall kann dies einen großen Unterschied machen.

Bei der Klassifikation haben wir im Zuge der Gütemaße auch über die Class Level Imbalance gesprochen, nicht jedoch, wie man dieses Problem lösen kann. Hierzu gibt es viele Verfahren, zum Beispiel durch das *Resampling* oder durch

Gewichte. Beim Resampling werden Instanzen der Klasse, die seltener vorkommt, hinzugefügt (*Oversampling*) oder aus der Mehrheitsklasse entfernt (*Undersampling*), manchmal wird auch beides kombiniert. Mit Gewichten kann man dafür sorgen, dass bestimmte Instanzen einen höheren bzw. geringeren Einfluss auf das Ergebnis haben. Durch höhere Gewichte der unterrepräsentierten Klasse können wir also Problemen entgegenwirken.

Außerdem haben wir gesehen, dass die Algorithmen Parameter haben, mit denen man sie konfigurieren kann. Beispiele hierfür sind die Tiefe von Entscheidungsbäumen oder die Struktur eines neuronalen Netzwerks. Wir haben auch erwähnt, dass man die Validierungsdaten zur Wahl geeigneter Parameter benutzen kann. Wie das jedoch genau funktioniert, zum Beispiel durch eine *Grid Search*, *Random Search* oder gezielte Suchalgorithmen, haben wir nicht behandelt.

Mit der Kreuzvalidierung haben wir ein Konzept kennengelernt, wie man auch bei einer kleinen Datenmenge mit einer Art Testdaten arbeiten kann. Es gibt noch weitere Verfahren, die je nach Datenmenge und Anwendungsfall relevant sein können, zum Beispiel *Leave-One-Out* (auch *Jackknife* genannt), *Bootstrap Sampling* (kennen wir von den Random Forests) und das *Stratified Sampling*, das berücksichtigt, dass sich die Verteilung nicht ändert.

Außerdem haben wir natürlich nicht alle Algorithmen betrachtet, die es gibt. Insbesondere beim Clustern (z.B. spektrales Clustering, Self-Organizing Maps) und bei der Klassifikation (z.B. Ripper zum Lernen von Disjunktionen, AdaBoost und Gradient Boosting Trees als Boosting-Algorithmen, gaußsche Prozesse, Bayesian Networks) gibt es noch viele weitere Verfahren. Bei den neuronalen Netzen haben wir auch nur an der Oberfläche gekratzt, hier gibt es viele weitere Netzwerkstrukturen, die wir nur kurz genannt oder gar nicht betrachtet haben. Mit dem *Reinforcement Learning* haben wir auch einen wichtigen Anwendungsfall nicht betrachtet: Wie können Systeme sich mit der Zeit selbst verbessern, indem sie ihre Beobachtungen nutzen, um ständig neue Daten zu erzeugen, die direkt zur Modellverbesserung verwendet werden?

Bei allem, was wir betrachtet haben, blieb außerdem die Theorie im Hintergrund. Wie die meisten Algorithmen ihre Lösungen berechnen, zum Beispiel mit Verfahren wie dem *Stochastic Gradient Descent*, haben wir nicht behandelt. Auch die Theorie des maschinellen Lernens, also wie man diesen Bereich in der theoretischen Informatik betrachtet und hier unter bestimmten Annahmen zeigen kann, dass es Lösungen einer bestimmten Güte gibt, haben wir ignoriert.

Zusammengefasst kann man also sagen, dass dieser Crashkurs zwar ein guter Start in das Thema war, aber es noch vieles gibt, was man zusätzlich lernen kann und sollte, bevor man diese Disziplin gemeistert hat.

Anhang

A Selbst ausführen

Das Buch ist so geschrieben, dass nicht nur alle Quelltextbeispiele vorhanden sind. Es ist sogar möglich, sich das komplette Buch herunterzuladen und alles selbst auszuführen, anzupassen und mit den Beispielen zu experimentieren. Hier ist eine kurze Erklärung, wie das unter Linux (getestet mit Ubuntu 20.04) geht. Windows-Nutzer müssen entweder Python unter Windows installieren oder – wie ich selbst – mit dem Windows Subsystem for Linux (WSL) arbeiten[1]:

1. Wir beginnen mit dem Installieren der benötigten Linuxpakete. Python sollte bereits installiert sein (mindestens Version 3.6). Wir brauchen noch eine virtuelle Umgebung für Python (`venv` genannt). Außerdem wird noch Graphviz benötigt, jedoch nur für das Zeichnen der Struktur des neuronalen Netzes in Kapitel 7.

   ```
   sudo apt-get update
   sudo apt-get install python3-venv graphviz
   ```

2. Jetzt können wir Inhalte herunterladen, entpacken und in den Ordner wechseln.

   ```
   cd ~
   wget https://github.com/sherbold/data-science-crashkurs/archive/refs/
   heads/main.zip
   unzip main.zip
   cd data-science-crashkurs-main
   ```

3. Jetzt können wir uns in diesem Ordner eine virtuelle Python-Umgebung erstellen, aktivieren und die benötigten Python-Pakete installieren.

   ```
   python3 -m venv venv
   source venv/bin/activate
   pip install -r requirements.txt
   ```

4. Jetzt muss noch das Jupyter Lab gestartet werden.

   ```
   cd content
   jupyter-lab
   ```

1. *https://ubuntu.com/wsl*

5. Fertig! Jetzt können wir das Jupyter Lab im Browser öffnen (der Link wird ja angezeigt) und sehen die Jupyter Notebooks für alle Kapitel, mit denen wir alles selbst ausprobieren können. Die Daten für die Übungen sind auch direkt mitgeliefert.

Wenn wir fertig sind, können wir die Notebooks einfach schließen und mit `Strg+C` das Jupyter Lab im Terminal beenden. Beim nächsten Starten müssen wir nur in den Ordner wechseln, die `venv` aktivieren und können dann direkt das Jupyter Lab starten.

```
cd ~
cd data-science-crashkurs-main/content
source venv/bin/activate
jupyter-lab
```

B Notationen

In diesem Buch verwenden wir viele mathematische Notationen. Hier sind noch einmal die wichtigsten zum Nachschlagen als Tabelle.

Notation	Definition
$\mathbb{R}$	Die reellen Zahlen, also mehr oder weniger beliebige numerische Werte
$\mathbb{N}$	Die natürlichen Zahlen, also alle ganzen Zahlen, die größer null sind.
O	Objektraum, also die Menge der Objekte aus der realen Welt
ϕ	Feature Map, also eine Abbildung, die definiert, wie Merkmale für Objekte berechnet werden.
$\mathcal{F}$	Merkmalsraum (engl. *feature space*), also die Dimension und die möglichen Werte der Merkmale. Häufig ist dies der $\mathbb{R}^d$, also die d-dimensionalen reellen Zahlen. In diesem Fall gibt es $d \in \mathbb{N}$ Merkmale.
X (Clustering, Klassifikation, Regression)	Instanzen von Objekten im Merkmalsraum. Je nach Kontext ist X entweder eine Menge von Instanzen $X = \{x_1, ..., x_n\} \subseteq \mathcal{F}$ oder eine Zufallsvariable, sodass die Instanzen Realisierungen dieser Zufallsvariablen sind.
Y (Klassifikation, Regression)	Wert von Interesse, also die Klasse bei der Klassifikation oder die abhängige Variable bei der Regression. Wie X wird Y auch entweder als Menge $Y = \{y_1, ..., y_n\}$ oder als Zufallsvariable definiert.
I	Endliche Menge von Gegenständen $I = \{i_1, \ldots, i_m\}$

→

Notation	Definition
T	Endliche Menge von Transaktionen $T=\{t_1,...,t_n\}$, wobei $t_i \subseteq I$ für $i=1,...,n$.
X (Assoziationsregeln)	Bedingung (engl. *antecedent*) einer Assoziationsregel
Y (Assoziationsregeln)	Folgerung (engl. *consequent*) einer Assoziationsregel
$X \Rightarrow Y$	Assoziationsregel, wobei X die Bedingung und Y die Folgerung ist.
$\binom{n}{k}$	Binomialkoeffizient $\binom{n}{k} = \frac{n!}{(n-k)!k!}$
$P(I)$	Die Potenzmenge einer endlichen Menge I
$\lvert\cdot\rvert$	Die Kardinalität einer Menge, zum Beispiel $\lvert X\rvert$ für die Anzahl der Elemente der Menge X
$d(x, y)$	Distanz zwischen zwei Vektoren x und y, zum Beispiel die euklidische Distanz, die Manhattan-Distanz oder die Chebyshev-Distanz
$\arg\min_{i=1,...,k} f(i)$	Der Wert i, für den die Funktion f minimiert wird.
$\arg\min_{i\in\{1,...,k\}} f(i)$	Andere Schreibweise für $\arg\min_{i=1,...,k} f(i)$
$\min_{i=1,...,k} f(i)$	Das Minimum der Funktion f über die verschiedenen Werte von i
$\min_{i\in\{1,...,k\}} f(i)$	Andere Schreibweise für $\min_{i=1,...,k}$
arg max	Siehe arg min
max	Siehe min
$\sim$	Definiert die Verteilung einer Zufallsvariablen. Wir schreiben $X \sim (\mu, \sigma)$, um zu definieren, dass X normalverteilt ist mit dem Mittelwert μ und der Standardabweichung σ.
C (Klassifikation)	Menge der Klassen
C (Clustering)	Beschreibung der Cluster
h	Hypothese, Konzept, Klassifikator, Klassifikationsmodell
h^*	Zielkonzept
h'_c	Score einer Hypothese für die Klasse c

→

Notation	Definition
$P(X{=}x)$	Wahrscheinlichkeit, dass die Zufallsvariable X den Wert x annimmt.
$p(x)$	Kurzform für $p(x){=}P(X{=}x)$ bei einer Zufallsvariablen x
$P(X\|Y)$	Bedingte Wahrscheinlichkeit einer Zufallsvariablen X, wenn der Wert einer anderen Zufallsvariablen Y bekannt ist.
$H(X)$	Entropie einer Zufallsvariablen X
$H(X\|Y)$	Bedingte Entropie der Zufallsvariablen X, wenn der Wert einer anderen Zufallsvariablen Y bekannt ist.
$I(X;Y)$	Informationsgewinn (engl. *information gain*) für X bzw. Y, wenn die andere Variable bekannt ist. Wird auch als gemeinsame Information (engl. *mutual information*) bezeichnet.
e_x	Residuen einer Regression
x_t	Werte einer Zeitreihe $\{x_1,\ldots,x_T\}=\{x_t\}_{t=1}^{T}$
T_t	Trend einer Zeitreihe
S_t	Saisonalität einer Zeitreihe
R_t	Autoregressiver Teil einer Zeitreihe

C Abkürzungen

AIC	Akitake Information Criterion
ANOVA	Analysis of Variance
AR	Auto-Regressive
ARIMA	Auto-Regressive Integrated Moving Average
ARMA	Auto-Regressive Moving Average
AUC	Area Under the Curve
BIC	Bayesian Information Criterion
CERN	Conseil Européen pour la Recherche Nucléaire
CNN	Convolutional Neural Network
CSV	Comma-Separated Values
DBSCAN	Density-Based Spatial Clustering of Application with Noise
DNN	Deep Neural Network
EM	Expectation Maximization
FDR	False Discovery Rate
FNR	False Negative Rate
FOR	False Omission Rate
FPR	False Positive Rate
GAN	Generative Adversarial Network
HDFS	Hadoop Distributed File System
IDF	Inverse Document Frequency
IQR	Interquartile Range
JSON	JavaScript Object Notation
KDE	Kernel Density Estimation
LIDAR	Light Detection and Ranging

LSTM	Long Short-Term Memory
MA	Moving Average
MAD	Median Absolute Deviation
MAE	Mean Absolute Error
MCC	Matthews Correlation Coefficient
ML	Machine Learning
MLP	Multilayer Perceptron
MSE	Mean Squared Error
NOIR	Nominal, Ordinal, Intervall, Rational
NPV	Negative Predictive Value
NTFS	New Technology File System
OLS	Ordinary Least Squares
PCA	Principal Components Analysis
PPV	Positive Predictive Value
RBF	Radiale Basisfunktion
RDD	Resilient Distributed Dataset
RelU	Rectified Linear Unit
RNN	Recurrent Neural Network
ROC	Receiver Operator Characteristic
ROI	Return on Investment
SAN	Storage Area Network
SLINK	Single Linkage
SQL	Structured Query Language
SVM	Support Vector Machine
TF	Term Frequency
TF-IDF	Term Frequency – Inverse Document Frequency
TNR	True Negative Rate
TPR	True Positive Rate
UDF	User-Defined Function
WSL	Windows Subsystem for Linux
XML	Extensible Markup Language
YARN	Yet Another Resource Negotiator

D Literatur

[**Barnard & Meng 1999**] Barnard, J., Meng, X-L.: Applications of multiple imputation in medical studies: from AIDS to NHANES. Statistical Methods in Medical Research. 1999; 8(1):17-36. *https://doi.org/10.1177/096228029900800103.*

[**Bhattacharyya 2018**] Bhattacharyya, S.: Ridge and Lasso Regression: L1 and L2 Regularization. 2018. *https://towardsdatascience.com/ridge-and-lasso-regression-a-complete-guide-with-python-scikit-learn-e20e34bcbf0b.*

[**Brooks 1975**] Brooks, F. P.: The Mythical Man-Month. ACM SIGPLAN Notices, Vol. 10, Issue 6, June 1975. *https://doi.org/10.1145/390016.808439.*

[**Dean & Ghemawat 2008**] Dean, J., Ghemawat, S.: MapReduce: simplified data processing on large clusters. *Communications of the ACM, Vol. 51, Issue 1*, January 2008, pp 107–113. *https://doi.org/10.1145/1327452.1327492.*

[**Harrison 2016**] Harrison, C.: The Costs of Misclassifications. 2016. *https://www.kdnuggets.com/2016/12/salford-costs-misclassifications.html.*

[**Hwangbo et al. 2019**] Hwangbo, J., Lee. J., Dosovitskiy, A., Bellicoso, D., Tsounis, V., Koltun, V., Hutter, M.: Learning agile and dynamic motor skills for legged robots. Science Robotics, Vol. 4, Issue 26, 2019. *https://doi.org/10.1126/scirobotics.aau5872.*

[**ISIS-2 1988**] ISIS-2: Randomised trial of intravenous streptokinase, oral aspirin, both, or neither among 17,187 cases of suspected acute myocardial infarction: ISIS-2. Lancet, Vol. 332, Issue 8607, pp 349–360, August 13, 1988. *https://doi.org/10.1016/S0140-6736(88)92833-4*

[**Kader & Perry 2017**] Kader, G. D., Perry, M.: Variability for Categorical Variables. Journal of Statistics Education, 15:2. *https://doi.org/10.1080/10691898.2007.11889465.*

[**Kim et al. 2017**] Kim, M., Zimmermann, T., DeLine, R., Begel, A.: Data Scientists in Software Teams: State of the Art and Challenges. IEEE Transactions on Software Engineering, Vol. 44, Issue 11, pp. 1024-1038, 1 Nov. 2018. *https://doi.org/10.1109/TSE.2017.2754374.*

[Matejka & Fitzmaurice 2017] Matejka, J., Fitzmaurice, G.: Same Stats, Different Graphs: Generating Datasets with Varied Appearance and Identical Statistics through Simulated Annealing. CHI '17: Proceedings of the 2017 CHI Conference on Human Factors in Computing Systems, May 2017, pp 1290–129. *https://doi.org/10.1145/3025453.3025912.*

[Michalski, Carbonell & Mitchell 1984] Michalski, R. S., Carbonell, J. G., Mitchell, T. M.: Machine Learning: An Artificial Intelligence Approach. Springer-Verlag, 1984.

[Newborn 1997] Newborn, M.: Kasparov versus Deep Blue. Springer-Verlag, 1997. *https://doi.org/10.1007/978-1-4612-2260-6.*

[Porter 1980] Porter, M.F.: An algorithm for suffix stripping. Program: electronic library and information systems, Vol. 14, No. 3, pp. 130–137, 1980. *https://doi.org/10.1108/eb046814.*

[Sawilowsky 2009] Sawilowsky, S. S.: New Effect Size Rules of Thumb. Journal of Modern Applied Statistical Methods, Vol. 8, No. 2, pp. 597–599, 2009. *https://doi.org/10.22237%2Fjmasm%2F1257035100.*

[Shafer 2017] Shafer, T.: The 42 V's of Big Data and Data Science. 2017. *https://www.kdnuggets.com/2017/04/42-vs-big-data-data-science.html.*

[Silver et al. 2017] Silver, D., Hubert, T., Schrittwieser, J., Antonoglou, I. et al.: Mastering Chess and Shogi by Self-Play with a General Reinforcement Learning Algorithm. 2017. *https://arxiv.org/abs/1712.01815.*

[Stevens 1946] Stevens, S. S.: On the Theory of Scales of Measurement. Science, Vol. 103, Issue 2684, pp. 677–680, 1946. *https://doi.org/10.1126/science.103.2684.677.*

[Strickland 2019] Strickland, E.: How IBM Watson Overpromised and Underdelivered on AI Health Care. IEEE Spectrum. 2019. *https://spectrum.ieee.org/how-ibm-watson-overpromised-and-underdelivered-on-ai-health-care.*

[Webb 2017] Webb, G.I.: Occam's Razor. In: Sammut C., Webb G.I. (eds): Encyclopedia of Machine Learning and Data Mining. Springer-Verlag, Boston, MA. *https://doi.org/10.1007/978-1-4899-7687-1_614.*

[Whitwam 2019] Whitwam, R.: It Took Half a Ton of Hard Drives to Store the Black Hole Image Data. 2019. *https://www.extremetech.com/extreme/289423-it-took-half-a-ton-of-hard-drives-to-store-the-black-hole-image-data.*

[Wolpert & Macready 1997] Wolpert, D. H., Macready, W. G.: No free lunch theorems for optimization. IEEE Transactions on Evolutionary Computation, Vol. 1, Issue 1, pp. 67–82, April 1997. *https://doi.org/10.1109/4235.585893.*

Index

A

B

C

D

E

F

G

H

I

J

K

L

M

N

O

P

Q

R

S

T

U

V

W

Y

Z

Jon Krohn • Grant Beyleveld • Aglaé Bassens

Deep Learning illustriert

Eine anschauliche Einführung in Machine Vision, Natural Language Processing und Bilderzeugung für Programmierer und Datenanalysten

2020
472 Seiten
komplett in Farbe, Broschur
€ 39,90 (D)

ISBN:
Print 978-3-86490-663-3
PDF 978-3-96088-751-5
ePub 978-3-96088-752-2
mobi 978-3-96088-753-9

Auf *dpunkt.de* auch als Bundle (Print & E-Book) erhältlich.

Jon Krohn und Grant Beylefeld präsentieren eine einzigartige visuelle Einführung in Techniken und Anwendungen von Deep Learning. Kombiniert mit den anschaulichen Illustrationen von Aglaé Bassens ebnen Ihnen die Erläuterungen einen einfachen und unterhaltsamen Zugang zu Deep-Learning-Modellen.

Der erste Teil des Buches gibt Ihnen einen allgemeinen Überblick darüber, was Deep Learning ist, warum es so allgegenwärtig geworden ist und wie es mit Konzepten wie künstlicher Intelligenz, Machine Learning oder künstlichen neuronalen Netzen interagiert.

Auf dieser Grundlage erstellen die Autoren eine praktische Referenz zur Anwendung bewährter Techniken des Deep Learning. Die Theorie wird mit so wenig Mathematik wie möglich behandelt und mit Python-Code veranschaulicht. Mit praktischen Beispielen, die kostenfrei online verfügbar sind (Jupyter-Notebooks), erlangen Sie ein pragmatisches Verständnis aller wichtigen Deep-Learning-Ansätze und ihrer Anwendungen, etwa: Machine Vision, Natural Language Processing, Generative Adversarial Networks (GANs), Bilderzeugung und Spielalgorithmen.

Paolo Perrotta

Machine Learning für Softwareentwickler

Von der Python-Codezeile zur Deep-Learning-Anwendung

2020
396 Seiten
komplett in Farbe, Broschur
€ 34,90 (D)

ISBN:
Print 978-3-86490-787-6
PDF 978-3-96910-025-7
ePub 978-3-96910-026-4
mobi 978-3-96910-027-1

Auf *dpunkt.de* auch als Bundle (Print & E-Book) erhältlich.

Sie möchten sich mit dem maschinellen Lernen vertraut machen – aber wo beginnen? Selbst für Softwareentwickler und Programmiererinnen ist der Einstieg manchmal nicht einfach. Es muss aber nicht so kompliziert sein: Starten Sie, indem Sie Zeile für Zeile Code schreiben, vom einfachen Machine-Learning- bis hin zum kompletten Deep-Learning-System. Schwierige Themen werden verständlich, wenn Sie sie in Teilprobleme zerlegen, sodass jeder Schritt leicht nachvollziehbar ist.

Der Schwerpunkt des Buchs liegt auf den drei Aspekten des Machine Learning, die heutzutage als die wichtigsten gelten: auf überwachtem Lernen, neuronalen Netzen und Deep Learning. Indem Sie bei Null beginnen und den ganzen Weg bis zum Deep Learning gehen, werden Sie ganz allmählich mit der Materie vertraut. Weil Sie dazu den Python-Code selbst schreiben, ohne Bibliotheken, die das eigentliche Geschehen verschleiern, werden Sie besser verstehen, wie die Dinge funktionieren.

Verstehen Sie Machine Learning, indem Sie es selbst programmieren!